Tim Kramer

Epistemologische Urteile von Lehrkräften und Lehramtsstudierenden

Empirische Befunde zu Generierung, Veränderung und Kontextsensitivität

Logos Verlag Berlin

Bibliografische Information der Deutschen Nationalbibliothek

Die Deutsche Nationalbibliothek verzeichnet diese Publikation in der
Deutschen Nationalbibliografie; detaillierte bibliografische Daten sind
im Internet über http://dnb.d-nb.de abrufbar.

© Copyright Logos Verlag Berlin GmbH 2017

Alle Rechte vorbehalten.

ISBN 978-3-8325-3835-4

Logos Verlag Berlin GmbH
Comeniushof, Gubener Str. 47,
10243 Berlin

Tel.:   +49 (0)30 / 42 85 10 90
Fax: +49 (0)30 / 42 85 10 92
http://www.logos-verlag.de

Inhalt

1 **Einleitung** 1
   1.1 Epistemische Kognition 1
   1.2 Die Generierung epistemologischer Urteile 1
   1.3 Erkenntnisziel und Vorgehensweise 6

2 **Theoretische Grundlagen und empirische Befunde** 9
   2.1 Terminologische Klärungen 9
      2.1.1 Epistemische Kognition („epistemic cognition") als Oberbegriff 9
      2.1.2 Epistemisch und epistemologisch 11
      2.1.3 Zusammenfassung und Bedeutung für die vorliegende Arbeit 12
   2.2 Kognition, Metakognition und epistemische Kognition 12
   2.3 Bildungstheoretische Bedeutung epistemischer Kognition 16
   2.4 Drei Forschungsphasen epistemischer Kognition 17
      2.4.1 Phase 1: Entwicklungsmodelle epistemischer Kognition 18
          2.4.1.1 The Perry Scheme 18
          2.4.1.2 Women´s Ways of Knowing (Belenky et al.) 20
          2.4.1.3 Epistemological-Reflection-Model (Baxter Magolda) 22
          2.4.1.4 Development of Reflective Judgment (King & Kitchener) ... 23
          2.4.1.5 Epistemological Thinking (Kuhn, Cheney & Weinstock) ... 25
          2.4.1.6 Zusammenfassung und heutige Bedeutung 26
      2.4.2 Phase 2: Unabhängige Dimensionen, quantitative Fragebögen und die Verbindung zu anderen psychologischen Konstrukten 28
      2.4.3 Phase 3: Theoretische, kulturelle und methodologische Expansion 33
          2.4.3.1 Persönliche epistemologische Theorien als neues Paradigma ... 34
          2.4.3.2 Domänenspezifische und soziokulturelle epistemische Kognition 41
          2.4.3.3 Epistemische Kognition und der situative Kontext 52

  2.4.3.4 Beziehungen zu anderen Konstrukten: Schulleistung, Lernstrategien und Fachinteresse 58

  2.4.3.5 Veränderung epistemischer Kognition in Interventionsstudien 62

  2.4.3.6 Methodologische Kritik und Expansion 70

  2.4.3.7 Epistemologische Ressourcen 78

  2.4.3.8 Kontextsensitive epistemologische Urteile 83

3 Untersuchung zur Generierung epistemologischer Urteile mittels halbstrukturierter Interviews 93

 3.1 Hypothesen der Studie 95

 3.2 Methode 97

  3.2.1 Instrument 97

  3.2.2 Stichprobe 104

  3.2.3 Untersuchungsdurchführungen 105

  3.2.4 Datenanalyse 105

  3.2.5 Gütekriterien 112

 3.3 Ergebnisse 113

  3.3.1 Befunde 113

  3.3.2 Prüfung der Gütekriterien 129

 3.4 Diskussion 133

4 Untersuchung zur Generierung epistemologischer Urteile mittels Online-Fragebögen 143

 4.1 Hypothesen der Studie 143

 4.2 Methode 147

  4.2.1 Instrumente 148

  4.2.2 Stichproben 158

  4.2.3 Untersuchungsdurchführungen 161

  4.2.4 Datenanalyse 162

  4.2.5 Gütekriterien 164

4.3 Ergebnisse 166

    4.3.1 Befunde 166

    4.3.2 Prüfung von Gütekriterien 190

4.4 Diskussion 193

5 Veränderung epistemologischer Urteile durch eine Intervention des Projekts „SysThema", erhoben mittels Reflexionsjournalen und Fragebögen 205

    5.1 Hypothesen der Studie 207

    5.2 Methode 213

        5.2.1 Instrumente 213

        5.2.2 Stichprobe 219

        5.2.3 Untersuchungsdurchführungen 220

        5.2.4 Datenanalyse 221

        5.2.5 Gütekriterien 226

    5.3 Ergebnisse 226

        5.3.1 Befunde 226

        5.3.2 Prüfung der Gütekriterien 263

    5.4 Diskussion 266

6 Gesamtdiskussion 279

    6.1 Zusammenfassung der Ergebnisse der drei empirischen Studien 279

    6.2 Generierung, Kontextsensitivität und Veränderung epistemologischer Urteile 281

    6.3 Schlussfolgerungen für die Lehrerbildung 287

    6.4 Vorschläge für weitere Forschungsfragen 288

Literatur 293

Dank 309

Anhang **311**

    A.1 Fragebogen SysThema 312

    A.2 Reflexionsjournal Einstieg 315

    A.3 Reflexionsjournal 316

1 Einleitung

1.1 Epistemische Kognition

Mit dem Oberbegriff *epistemische Kognition* bezeichnet empirische Lehr-Lernforschung das Forschungsfeld individueller Überzeugungen zur Beschaffenheit von Wissen und Prozessen des Wissenserwerbs (z.B. Greene, Sandoval & Bråten, 2016; Hofer, 2016; vgl. Kapitel 2.1.1). Das Forschungsinteresse zu *epistemischer Kognition* und ihrer Bedeutung für Lernprozesse wuchs in den letzten Jahrzehnten stetig. Im Zentrum widmet es sich den Fragen „Woher wissen wir, was wir wissen?", „Inwiefern beeinflussen unsere Überzeugungen zu Wissen und dem Wissenserwerb unser Lernen?" und „Wie lässt sich Wissen beweisen, widerlegen oder verändern?". Die Untersuchung dieses Feldes ist bedeutsam, da zahlreiche Studien belegen, dass individuelle epistemische Kognition eine wichtige Rolle in der intellektuellen Entwicklung und in Lernprozessen spielt (vgl. Kapitel 2.4; z.B. Burr & Hofer, 2002; Hofer, 2008) Es wird angenommen, dass epistemische Kognition Schlussfolgerungen, Denkprozesse, Informationsverarbeitung, Motivation, das Lernen und akademische Leistungsfähigkeit bedeutsam beeinflusst (vgl. Kapitel 2.4; z.B. Schommer, 1990; Köller, Baumert & Neubrand, 2000). Insbesondere spielt dabei die epistemische Kognition der Lehrpersonen eine Rolle, die im pädagogischen und unterrichtlichen Handeln offenbar wird, also im epistemischen Klima des Unterrichts (vgl. Kapitel 2.4; z. B. Haerle & Bendixen, 2008). In angemessener epistemischer Kognition und dem damit verbundenen Wissenschaftsverständnis liegt außerdem eine wichtige Voraussetzung, um aktiv an der modernen wissenschafts- und technikbasierten Gesellschaft teilzunehmen (vgl. Kap. 2.3; z. B. Bromme, 2005).

1.2 Die Generierung epistemologischer Urteile

In den Untersuchungen der vorliegenden Arbeit geht es um die *Generierung epistemologischer Urteile* („epistemological judgments"). Diese Generierung bildet den Kern der Theorie der *Generative Nature of Epistemological Judgments* (z. B. Bromme, Kienhues & Stahl, 2008; Stahl 2011). Die Theorie versucht u. a. Replikationsprobleme bisheriger Instrumente mit einem veränderten Verständnis des Kontexts und einer Neuinterpretation des Konstrukts *epistemischer Kognition* zu erklären (Stahl, 2011). Empirisch soll dieser Ansatz in den vorliegenden Untersuchungen geprüft werden. Die Autoren [1] nehmen an, dass sich ein epistemologisches Urteil aus epistemischen Überzeugungen (zur Beschaffenheit des Wissens und dem Prozess des Wissenserwerbs) generiert. Je nach Kontext können epistemische Überzeugungen jedoch mit weiteren kognitiven Elementen wie *themenbezogenem Wissen*, *persönlichen Erfahrungen* oder *forschungsmethodischen Kenntnissen* interagieren, um ein situatives epistemologisches Urteil zu fällen.

Zur Verdeutlichung von *epistemologischen Urteilen* werden in den folgenden Vignetten drei Lehrkräfte von ihren Schülerinnen und Schülern gebeten, Aussagen wissenschaftlichen Wissens zu bewerten und einzuordnen.

Die Weltgesundheitsorganisation WHO veröffentlichte im Herbst 2015 die Kurzfassung einer Metastudie, die 800 Einzelstudien zum Fleischkonsum und Zusammenhängen zum Darmkrebs auswertet. 22 Experten aus zehn Ländern kommen zum Ergebnis, dass Fleischprodukte wie Salami, Wurst oder Räucherspeck zu Darmkrebs führen können. Aus den Daten der Studien haben sie errechnet, dass das Risiko mit dem Konsum steige: Je 50 Gramm Wurst pro Tag lassen das Risiko, an Darmkrebs zu erkranken, um 18 Prozent steigen. Die Meldung geht durch klassische Medien wie Zeitung und Rundfunk, aber auch in sozialen Netzwerken wird die Studie aufgegriffen. So kursieren noch am selben Tag Fotomontagen mit Würstchen, die aus Zigarettenschachteln mit entsprechenden Warnungen ragen. Auch die Schülerinnen und Schüler verschiedener Klassen einer Gemeinschaftsschule stoßen auf die Meldungen und konfrontieren ihre Lehrerinnen und Lehrer am nächsten Tag im Unterricht mit den Meldungen:

Klasse 9b, Frau Schäfer

Zunächst freut sich Frau Schäfer, dass die Schüler mit eigenen Ideen kommen und Meldungen aus Medien aufgreifen, die sogar ein wenig zur gerade behandelten Lehrplaneinheit „den eigenen Körper verstehen" passen. Zudem ernährt sich Frau

---

[1] In der vorliegenden Arbeit wird aus Gründen der einfacheren Lesbarkeit das generische Maskulinum verwendet, selbstverständlich sind stets beide Geschlechter gleichermaßen gemeint. Da dieses Vorgehen eine wenig geschlechtergerechte Lösung darstellt, werden zudem häufig geschlechtsneutrale Bezeichnungen oder die Nennung beider Geschlechter gewählt, wenn dies den Lesefluss nicht erheblich beeinflusst.

Schäfer vegetarisch – von wenigen Ausnahmen abgesehen. Und so ist ihr die Meldung auch inhaltlich erstmal sympathisch.

Gleichwohl ist ihr die Aussage der WHO, so wie sie die Schüler mitbringen, zu pauschal: „WHO warnt vor Krebs durch Wurst und Schinken" heißt es in dem Artikel einer Zeitungshomepage. Frau Schäfer hat gerade in der Projektwoche mit Schülerinnen und Schülern zur Ernährung gearbeitet und weiß: In anderen Kulturen erkranken viel weniger Menschen an Darmkrebs, obwohl auch hier viel rotes Fleisch verzehrt wird. Und sie weiß auch, dass in Japan und Korea die Dickdarmkrebsrate stark anstieg, als der Verzehr von halb gegartem Rindfleisch in Mode kam.

Klasse 9a, Herr Gerhardt

Eine Tür weiter unterrichtet Herr Gerhardt. Als einige Schülerinnen ihm einen Ausdruck mit der Meldung zeigen, denkt er intuitiv daran, dass der Bierschinken, den er gerade auf seiner Pausensemmel zu sich genommen hat, sein Wohlbefinden auch nicht gerade gefördert hat. Aber eben stand er noch in Klasse 9a, Mathematikunterricht, Prozentrechnung: Und für eine Steigerung des Darmkrebsrisikos um 18 Prozent müsse man erstmal wissen, wo das Darmkrebsrisiko überhaupt liege. Wenn er an seinen Bekanntenkreis denkt, kann das Risiko nicht so groß sein. Außer einem Onkel seiner Frau fällt ihm niemand ein, bei dem Darmkrebs diagnostiziert wurde.

Herr Gerhard erteilt einen Auftrag an zwei Schüler: Da der Konsum von rotem Fleisch das Darmkrebsrisiko den Untersuchungen zufolge um 18 Prozent steigere, könnten doch zwei Schüler herausfinden, wie es mit dem grundsätzlichen Risiko aussieht, an Darmkrebs zu erkranken. Und wie sich eine Steigerung von 18 Prozent auswirken würde. Max und Martin erklären sich gleich bereit, dies bis zum nächsten Tag herauszufinden.

Klasse 10a, Herr Steinfeld

In der Klasse gegenüber unterrichtet Herr Steinfeld. Er ist am Vortag auch über die Meldung gestolpert, überrascht hat sie ihn nicht. Risiken übermäßigen Fleischverzehrs seien ja lange bekannt. Er nimmt den Einwurf seiner Schülerin als Anlass, der Klasse einen Kurzvortrag über Studien und Metastudien zu halten und zu verdeutlichen, wie Forscher zu ihren Erkenntnissen kommen. Danach weist Steinfeld aber darauf hin, dass Fleisch unter anderem Eisen und wichtige Vitamine liefert. Wer kein Fleisch essen möchte, müsse sich andere Lieferanten für wichtige Nährstoffe suchen. Danach wird der Unterricht wie ursprünglich geplant fortgesetzt.

In den Vignetten geht es nicht um eine grundsätzliche Rückmeldung zu wissenschaftlichem Wissen und dessen Erwerb. Die Lehrpersonen haben in den Vignetten Urteile zu einer konkreten Wissensbehauptung in einem speziellen Kontext gefällt. Stahl (2011) geht bei solchen epistemologischen Urteilen von einer hohen Flexibilität in Bezug auf den Kontext aus. In den Vignetten werden die drei Lehrenden zu einer konkreten Untersuchung befragt. Die Schülerinnen und Schüler erwarten von ihren Lehrenden Stellungnahmen explizit zur WHO-Studie. Alle drei Lehrpersonen äußern sich und fällen ein epistemologisches Urteil zur Behauptung, dass Fleischprodukte wie Salami, Würstchen oder Räucherspeck zu Darmkrebs führen können. Die Lehrpersonen nehmen explizit zu der Meldung Stellung und antworten nicht (nur) mit ihren grundsätzlichen epistemischen Überzeugungen. Es treten kontextbezogen - und dies ist eine grundlegende Annahme der *Generative Nature of Epistemological Judgments* - weitere Elemente wie *themenbezogenes Wissen*, *rationale Überlegungen*, *Intuitionen* oder *forschungsmethodische Kenntnisse* hinzu:

Frau Schäfer nutzt ihr Hintergrundwissen, um die Studienergebnisse zu bewerten. Sie hat Kenntnisse zur Welternährung parat (= *kognitive Elemente themenbezogenen Wissens*) und bewertet die Aussagen der Metastudie unter diesen Gesichtspunkten. Grundsätzlich passt die Meldung zu ihrer eigenen Ernährungsweise, sie lässt sich davon aber nicht in ihrer Bewertung der Studienergebnisse leiten.

Herrn Gerhardt erinnern die Studienergebnisse zunächst kurz an das von ihm gerade gegessene Frühstück mit Wurstscheiben, das ihm nun schwer im Magen liegt. Intuitiv und aufgrund seiner gerade gemachten Erfahrung kann er die Ergebnisse gut nachvollziehen (= *kognitive Elemente persönlicher Erfahrung* und *Intuition*). Aber auch er lässt sich davon nicht so einfach leiten und denkt ganz rational: Wie viele Menschen erkranken an Darmkrebs? Was macht eine Risikosteigerung von 18% aus (= *kognitive Elemente rationaler Überlegungen*)?

Für Herrn Steinfeld im dritten Szenario passen die Forschungsergebnisse zu dem, was er ohnehin über Fleischkonsum weiß (= *kognitive Elemente themenbezogenen Wissens*). Die Quelle WHO bewertet er zudem als grundsätzlich seriös. Herr Steinfeld stellt die Ergebnisse nicht in Frage, nutzt aber die Gelegenheit, seinen Schülerinnen und Schülern zu erklären, was eine Metaanalyse ist, was mit ihr bezweckt werden soll und was an Metaanalysen kritisch gesehen wird (= *kognitive Elemente forschungsmethodischen Wissens*).

Die Vignetten sollen zeigen, dass für alle drei Lehrpersonen für die Bewertung der Studie neben ihren epistemischen Überzeugungen andere kognitive Elemente eine Rolle spielen und diese im Kontext aktiviert werden. Frau Schäfer und Herr Steinfeld greifen in erster Linie auf ihr themenbezogenes Wissen zurück, Herr Gerhardt, der gerade noch Wahrscheinlichkeitsrechnung unterrichtet hat, lässt sich von rationalen Überlegungen zur Risikoeinschätzung leiten.

Weitere Unterrichtssituationen lassen sich als Kontext anführen, für die sich ebenfalls kontextbezogene (und keine generellen) epistemologische Urteile generieren und in denen neben epistemischen Überzeugungen ebenfalls weitere kognitive Elemente bedeutsam sind. Wird beispielsweise nicht nach der Bewertung des Risikos des Fleischkonsums gefragt, sondern ein Urteil zu Wissensbehauptungen gefordert, das nach Rückständen von Antibiotika in Fleisch, dem gesundheitlichen Wert von Fischfett oder einer angemessenen täglichen Dosis Salz fragt, könnten andere Kategorien kognitiver Elemente aktiviert werden - obwohl auch diese Beispiele einem ähnlichen Kontext entstammen.

Diese situative und kontextabhängige Generierung epistemologischer Urteile in Verbindung von epistemischen Überzeugungen mit weiteren kognitiven Elementen stellt den Kern der *Generative Nature of Epistemological Judgments* dar.

1.3 Erkenntnisziel und Vorgehensweise

Die Studien der vorliegenden Arbeit prüfen die Theorie der *Generative Nature of Epistemological Judgments* (Bromme et al., 2008, Stahl, 2011) empirisch.

Mit den Vignetten wurde versucht, die Annahme darzustellen, dass sich epistemologische Urteile aus sehr unterschiedlichen kognitiven Elementen zusammensetzen können. Es wird angenommen, dass epistemologische Urteile nicht nur Resultat genereller und domänenspezifischer epistemischer Überzeugungen sind, sondern dass im jeweiligen Kontext oder der Situation weitere kognitive Elemente, wie beispielsweise *themenbezogenes Wissen* oder *persönliche Erfahrung* aktiviert werden (können). Entsprechend wird zur Prüfung der Theorie untersucht, ob für epistemologische Urteile von Lehrpersonen neben ihren epistemischen Überzeugungen je nach Kontext verschiedene Kategorien kognitiver Elemente bedeutsam sind. Lehrerinnen und Lehrer als Probanden erscheinen sinnvoll, da angenommen wird, dass ihre epistemische Kognition über ihre Unterrichtstätigkeit und ihr pädagogisches Handeln einen bedeutenden Prädiktor für die Entwicklung epistemischer Kognition bei Lernenden darstellt (z. B. von Hofer, 2001). Um die Arbeit theoretisch zu fundieren und um die substantielle Bedeutung *epistemischer Kognition* für Lehr-Lernprozesse zu betrachten, werden im zweiten Kapitel zunächst Termini, Theorien, Modelle und Erkenntnisse dargestellt. Eine Interviewstudie in Kapitel 3 prüft, ob bzw. welche Kategorien kognitiver Elemente in epistemologische Urteile von Lehrerinnen und Lehrern einfließen. Die Studie ermöglicht einen subjektnahen und offenen Einblick in den Urteilsprozess der Befragten und die für die Lehrenden relevanten Kategorien kognitiver Elemente. In Kapitel 4 werden die in der Interviewstudie gefundenen Kategorien kognitiver Elemente an einer größeren Stichprobe in einer Onlineerhebung quantitativ geprüft. Ferner wird diese Onlineerhebung mit einer zweiten Stichprobe repliziert, um die Ergebnisse zu kontrollieren und zu prüfen, ob sich trotz einer Flexibilität epistemischer Urteile replizierbare Muster zu einzelnen Kontexten zeigen. In Kapitel 5 werden Veränderungsprozesse in epistemologischen Urteilen von angehenden Lehrerinnen und Lehrern untersucht, die durch eine Intervention mit Seminarveranstaltungen zum systemischen Denken angestoßen wurden. Dies ist bedeutend, da es als Aufgabe der Lehrerausbildung angesehen wird, epistemologische Urteile wünschenswert zu beeinflussen bzw. zu verändern (z.B.

von Hofer, 2006). Im Sinne der Theorie der *Generative Nature* interessiert, welche Rolle *kognitive Elemente* dabei spielen. Abgeschlossen wird die Arbeit mit einer Zusammenfassung der zentralen empirischen Ergebnisse und einem Ausblick auf Forschung und Praxis in Kapitel 6.

2 Theoretische Grundlagen und empirische Befunde

Im folgenden Kapitel werden theoretische Grundlagen und empirische Befunde dargestellt, die für ein Verständnis des Forschungsfeldes epistemischer Kognition notwendig erscheinen. Es erfolgen zunächst terminologische Klärungen in Kapitel 2.1. Dem Verhältnis zwischen epistemischer Kognition und Metakognition widmet sich Kapitel 2.2. Das darauffolgende Kapitel 2.3 zeigt, dass epistemische Kognition neben einer instrumentellen Bedeutung für Lernprozesse eine bildungstheoretische Bedeutung hat.

Im anschließenden Kapitel 2.4 werden drei Forschungswellen epistemischer Kognition mit ihren wesentlichen Modellen, Untersuchungsgegenständen, Erkenntnissen, Diskussionen und Theorien vorgestellt.

2.1 Terminologische Klärungen

Im folgenden Kapitel werden grundlegende Begriffe der Lehr-Lernforschung zu Überzeugungen zur Beschaffenheit des Wissens und zu Prozessen des Wissenserwerbs beschrieben. Dabei wird im Kapitel 2.1.1 auf den Oberbegriff *epistemische Kognition* eingegangen, Kapitel 2.1.2 erläutert den Unterschied zwischen *epistemisch* und *epistemologisch* und Kapitel 2.1.3 fasst die wesentlichen Begriffe und deren Verwendung in der vorliegenden Arbeit zusammen.

2.1.1 Epistemische Kognition („epistemic cognition") als Oberbegriff

Arbeitsgruppen, die das Feld der kognitiven Prozesse zu Wissen und dem Wissenserwerb erheben, fanden für ihre Untersuchungsgegenstände in den letzten Jahrzehnten jeweils eigene sinnvolle Bezeichnungen: In Veröffentlichungen der psychologischen Lehr-Lernforschung finden sich somit zahlreiche Begriffe, die kognitive Prozesse in Bezug auf Überzeugungen zu Wissen und dem Wissenserwerb beschreiben: *epistemological beliefs* (z.B. Schommer, 1990), *epistemic beliefs* (z.B. Bendixen, Schraw & Dunkle, 1998), *personal epistemology* (z.B. Hofer & Pintrich, 2002) *reflective judgment* (King & K. Kitchener, 1994), *folk epistemology* (R. Kitchener, 2002), *epistemological reflection* (Baxter Magolda, 1992), *women´s ways of knowing* (Belenky, Clinchy, Goldberger & Tarule, 1986), *epistemological theories* (Hofer & Pintrich, 1997), *epistemic validation* (Richter, 2003,

2011) *epistemological judgments* (z.B. Stahl, 2011), *epistemological rescources* (z.B. Hammer & Elby, 2002), *epistemological understanding* (z.B. Kuhn, Cheney & Weinstock, 2000), *epistemological world views* (z.B. Olafson & Schraw, 2006) und *epistemic cognition* (z.B. K. Kitchener, 1983; Greene, Torney-Purta & Azevedo, 2010; Chinn, Buckland & Samarapungavan, 2011). Greene, Sandoval und Bråten (2016b) haben eine Liste von 63 verschiedenen Begriffen zusammengestellt, die in englischsprachigen Veröffentlichungen empirischer Lehr-Lernforschung verwendet werden, um kognitive Prozesse in Bezug auf Überzeugungen zu Wissen und dem Wissenserwerb zu beschreiben.

Im deutschsprachigen Raum findet sich häufig der Begriff „epistemologische Überzeugungen" (z.B. Priemer, 2006). Hinzu kommt, dass auch fachdidaktische Studien kognitive Prozesse und Überzeugungen zu Wissen und dem Wissenserwerb untersuchen, sie sprechen häufig von *Nature of science* (z.B. Höttecke, 2001) und meinen damit die Beschaffenheit der Naturwissenschaften.

In der psychologischen Lehr-Lernforschung zeichnet sich zurzeit ein Konsens für *epistemic cognition* als Oberbegriff ab. Er wird von Hofer (2016, 20) definiert als „a set of mental processes that involve the development of one´s conceptions of knowledge and knowing", also ein Feld mentaler Prozesse, das die Entwicklung und den Einsatz von individuellen Konzeptionen zum Wissen und dem Wissenserwerb einschließt.

Der Begriff wurde erstmals von K. Kitchener (1983) verwandt, um epistemische Kognition von „einfachen" Kognitionen und Metakognitionen abzugrenzen (vgl. Kapitel 2.2).

Nach Hofer (2016) soll *epistemic cognition* vorherige Bezeichnungen keineswegs ersetzen, sondern vielmehr als gemeinsamer Oberbegriff für das Forschungsfeld fungieren. Es ist nach wie vor sinnvoll, die Bezeichnungen der jeweiligen Arbeitsgruppen und Konstrukte zu verwenden (z.B. *epistemological resources* oder *epistemological judgments*), wenn explizit auf die Nuancen der jeweiligen Modelle oder Theorien eingegangen werden soll.

Unterschied zwischen beliefs und Überzeugungen

In deutschsprachiger Literatur zu epistemischer Kognition werden *epistemic beliefs* in der Regel mit *epistemischen* (z. B. Bromme, Kienhues & Stadtler, 2016) oder *epistemologischen Überzeugungen* übersetzt (z.B. Priemer, 2006). In dieser Arbeit werde ich die beiden Begriffe *belief* und *Überzeugung* synonym verwenden, wenngleich die Übersetzung nicht ganz exakt ist. So können *beliefs* im englischen Sprachgebrauch auch subtil oder unbewusst konnotiert sein. In der deutschen Übersetzung „Überzeugung" liegt dagegen eine stärker externalisierte Konnotation, so dass die englischsprachliche Verwendung das Erhebungsproblem der Externalisierbarkeit von *beliefs* (vgl. Kapitel 2.4.3.6) stärker zum Ausdruck bringt.

2.1.2 Epistemisch und epistemologisch

Einige Studien und Veröffentlichungen diskutieren Überzeugungen zu Wissen und Wissenserwerb als *epistemic beliefs*, andere als *epistemological beliefs*, also als epistemische und als epistemologische Überzeugungen. Der Philosoph Richard Kitchener (2002) unterscheidet:

Etymologisch bezeichnet *Epistemologie* die Theorie (*logos*) des Wissens (*episteme*). Damit liegen zwei Ebenen vor: Die Ebene des Wissens selbst und eine Theorie über das Wissen. Ähnlich wie Metakognition Kognitionen reflektiert, reflektieren epistemische Kognitionen oder die Epistemologie das Epistemische, also das Wissen (= K. Kitchener, 1983; siehe folgendes Kapitel 2.2 zu Kognition, Metakognition und epistemischer Kognition). In diesem Sinne ist meta-epistemisch ein Synonym für epistemologisch. Somit können eine Reihe von Begriffen im Rahmen epistemischer Kognition genauer bestimmt werden: *Personal epistemology* ist die persönliche Theorie über das Wissen, nicht die persönliche Theorie über Epistemologie. Wenn im deutschsprachigen Raum häufig von *epistemologischen Überzeugungen* gesprochen wird, ist dies verwirrend, denn gemeint sind in der Regel Überzeugungen zum Wissen (und dem Wissenserwerb) und nicht Überzeugungen zu Theorien darüber.

So untersucht beispielsweise Urhahne (2006) in seiner Veröffentlichung „Die Bedeutung domänenspezifischer epistemologischer Überzeugungen für Motivation, Selbstkonzept und Lernstrategien von Studierenden" Vorstellungen über die Struktur des Wissens von Lehramtsstudierenden in Biologie und nicht die Überzeugungen der Lehramtsstudierenden über Theorien des Wissens.

Im Sinne von R. Kitchener sind diese Überzeugungen damit *epistemische Überzeugungen*, da sie nicht per se auf einer Metaebene Wissenstheorien reflektieren, sondern Überzeugungen zum Wissen selbst darstellen.

2.1.3 Zusammenfassung und Bedeutung für die vorliegende Arbeit

In dieser Arbeit wird in Einklang mit aktuellen Veröffentlichungen (z.B. Hofer, 2016; Chinn et al., 2011) der Oberbegriff *Epistemic Cognition* bzw. sein deutsches Pendant *epistemische Kognition* verwendet.

Gleichwohl wird speziell die Theorie der *Generative Nature of Epistemological Judgments* geprüft und es werden zahlreiche weitere Modelle und Konzepte epistemischer Kognition beschrieben und diskutiert. Dazu ist es an der jeweiligen Stelle sinnvoll, die Bezeichnungen der jeweiligen Arbeitsgruppen zu verwenden: Um die Besonderheit eines *epistemologischen Urteils* (nach Stahl, 2011) im Forschungsfeld *epistemischer Kognition* aufzuzeigen, wenn in dieses neben *epistemischen Überzeugungen* kognitive Elemente wie *themenbezogenes Wissen* oder *Intuition* einfließen (könnten), wird dieses als epistemologisches Urteil bezeichnet. Auch wenn die Autoren in neueren Veröffentlichungen inzwischen die Bezeichnung *Generative Nature of Epistemic Cognition* wählen (in: Kienhues, Ferguson & Stahl, 2016).

Entsprechend wird mit anderen Konstrukten verfahren: *Epistemologische Ressourcen* wird beispielsweise explizit verwendet, wenn das Konstrukt von Hammer & Elby (z.B. 2002) bezeichnet werden soll.

Im Rahmen *epistemischer Kognition* kann mit der Verwendung dieser Definitionen zwischen unterschiedlichen Konstrukten unterschieden werden.

2.2 Kognition, Metakognition und epistemische Kognition

Grundsätzlich ist ein Überblick über die Begriffe Kognition, Metakognition und epistemische Kognition für die Theoriedarstellung in der vorliegenden Arbeit von Bedeutung, da epistemologische Überzeugungen als kognitive Merkmale angesehen werden (z. B. von Schoenfeld, 1983). Zweitens interagieren unterschiedliche Elemente von Kognition in epistemischen Modellen und Theorien miteinander (z. B. bei Bendixen und Rule, 2004, vgl. Kapitel 2.4.3.5; Stahl, 2011, vgl. Kapitel 2.4.3.8).

Drittens ist die Zuordnung von Kognitionsprozessen in Modellen epistemischer Lehr-Lernforschung umstritten, beispielsweise inwiefern Dimensionen wie Geschwindigkeit und Kontrolle der Wissensaufnahme (Schommer, 1990) zu epistemischer Kognition gehören (vgl. Kapitel 2.4.2 & 2.4.3), ob epistemische Kognition Teil von Metakognition ist (z. B. Hofer, 2004a) oder ob epistemische Kognition der Metakognition übergeordnet ist (z. B. K. Kitchener, 1983).

Viertens soll die Annahme verdeutlicht werden, dass kognitive Merkmale bei der Lösung schlecht-strukturierbarer Probleme („ill-structured problems", K. Kitchener, 1983) und genereller Problemlösungsversuche (Schoenfeld, 1983) in Interaktion miteinander treten.

Um epistemische Kognition im Rahmen von Kognitionsprozessen einordnen und von anderen Kognitionen und Metakognition abgrenzen zu können, haben sowohl K. Kitchener (1983) als auch Kuhn (2000a) auf das Modell von Metakognition des Entwicklungspsychologen John Flavell (1971) zurückgegriffen.

Grundsätzlich wird Kognition als Sammelbegriff für bewusste und unbewusste mentale Prozesse verstanden, die von *Wahrnehmung* bis *Denken* reichen (Gigerenzer, 2013b). Metakognition stellt nach Flavell (1971) Wissen und Kognition über die eigenen mentalen Prozesse dar. Innerhalb dieser Metakognition unterscheidet Flavell zwischen *metakognitivem Wissen* einerseits und *metakognitiver Überwachung* und *Selbstregulierung* andererseits. Metakognitives Wissen umfasst Wissen über die eigene Person bzw. die Einschätzung eigener kognitiver Leistungen, Wissen über die Beschaffenheit (Komplexität, Vertrautheit) einer Aufgabe und deren Anforderungen sowie Wissen über verschiedene Strategien. Mit metakognitiver Überwachung und Selbstregulierung meint Flavell Aktivitäten, die über den Fortschritt im kognitiven Prozess informieren. Diese können metakognitive Erfahrungen mit kognitiven oder affektiven Elementen enthalten wie z.B. ein Aha-Erlebnis oder ein Gefühl der Unsicherheit (Rapp, 2013; Hofer, 2001).

In Anlehnung an diese erste entwicklungspsychologische Unterscheidung haben Kitchener (1983) und Kuhn (2000a) Vorschläge zur Einordnung und Abgrenzung *epistemischer Kognitionen* aufgestellt, die Tabelle 2.1 zeigt.

Tabelle 2.1. Vorschläge zur Einordnung und Abgrenzung *epistemischer Kognitionen* (Tabelle nach Hofer, 2001, 364)

Verordnung epistemologischen Denkens in der kognitiven Entwicklung	
3-Level model of cognitive processing (K. Kitchener, 1983)	3-Level model of meta-knowing (Kuhn, 2000b)
Kognition Metakognition	Metakognitives Wissen Metastrategisches Wissen
Epistemische Kognition	Epistemologisches Wissen

In ihrem *3-Level model of cognitive processing* unterscheidet Kitchener zwischen drei hierarchisch getrennten Niveaustufen: Kognition, Metakognition und epistemische Kognition. Dabei stellt jeweils eine Studie die Voraussetzung für die nächste Stufe dar. Ein kognitiver Prozess wie das Lesen ist auf Stufe 1 angesiedelt. Auf dem Niveau der Metakognition überwacht das Individuum diesen Prozess (z.B. ob es sich auf die Informationsaufnahme beim Lesen konzentrieren kann oder ihn inhaltlich versteht). Die dritte Niveaustufe, *epistemische Kognition*, reflektiert die beiden unteren Stufen unter Berücksichtigung der Grenzen und Sicherheit sowohl von Wissen als auch von der Überwachung des Wissenserwerbsprozesses, und sie bezieht sich auf das Lösen von Problemen. Insbesondere beim Lösen schlecht strukturierter Probleme („ill-structured problems") hat diese dritte Niveaustufe Bedeutung. K. Kitchener verortet die Entwicklung epistemischer Kognition entwicklungspsychologisch in die späte Adoleszenz und eine Weiterentwicklung ins Erwachsenenalter (Kitchener, 1983; vgl. Hofer, 2001).

Kuhn (2000a) schlägt mit ihrem *3-Level model of meta-knowing* vor, die Qualität des Wissens einer Person über „Erkenntnis und Wissen" in Entwicklungsstufen einzuteilen. Die niedrigste Stufe *metacognitive knowing* umfasst die Kenntnis von deklarativem Wissen und die Kenntnis von Wissen als Produkt. Das *metastrategic knowing* umfasst die Kenntnis von Wissen als einem Prozess. Die dritte Ebene des *epistemological knowing* umfasst den Übergang vom einfachen Verständnis, das etwas wahr ist, bis hin zur Erkenntnis und Bewertung, inwiefern etwas wahr sein könnte („from simply knowing that something is true to evaluating whether it might be" (Kuhn, 2000b, 317). Sie sieht darin die Fähigkeit zur „epistemologischen

Bestimmung", die dem Individuum kritisches Denken ermöglicht (Kuhn, 2000b; Hofer 2001).

Für Hofer (2004a) ist epistemische Kognition dagegen Teil von Metakognition. Flavells Unterscheidung zwischen *metakognitivem Wissen* einerseits und *metakognitiver Überwachung* und *Selbstregulierung* andererseits, vergleicht sie in Bezug auf epistemische Kognition mit ihren und Pintrichs Dimensionen zur *Beschaffenheit von Wissen* einerseits und Dimensionen zum *Wissenserwerb* andererseits (vgl. Kap. 2.4.3.1). Auf einer metakognitiven Ebene fragen sich Lernende beispielsweise: „Weiß ich das?"; auf einer Ebene epistemischer Kognition fragen sie sich ganz ähnlich: „Woher weiß ich das?". In diesem Sinne plädiert Hofer (2004a) für eine Integration *epistemischer Kognition* in das Konstrukt der Metakognition, womit sie nach Bromme et al. (2010) das Konstrukt der Metakognition erweitert.

Schoenfeld (1983) unterscheidet drei Gruppen kognitiver Merkmale: Erstes Merkmal stellen *kognitive Ressourcen* dar, dazu zählt Schoenfeld z. B. Faktenwissen, prozedurales Vorwissen, Heuristiken (Faustregeln), Problemlösestrategien, aber auch kognitive Grundfähigkeiten wie bspw. Intelligenz. Zweites Merkmal stellen Kontrollkognitionen dar. Schoenfeld gruppiert darunter bewusste Metakognitionen wie Planungs-, Überwachungs-, Regulations- und Korrekturstrategien. Zum dritten Merkmal *belief systems* zählen bewusste und unbewusste *beliefs* über sich selbst, die Umwelt, ein Thema oder beispielsweise die Mathematik. Damit zählen auch epistemische Überzeugungen zu den Überzeugungssystemen.

Schoenfeld hat bei „laut denkenden" Probanden untersucht, welchen Einfluss Überzeugungssysteme, soziale Kognition und Metakognition auf das Lösen von (mathematischen) Problemen haben und daraus das gerade dargestellte Modell kognitiver Merkmale und ihren Einfluss auf Problemlöseprozesse entwickelt. Zentrales Ergebnis von Schoenfelds Untersuchungen ist, dass nicht nur reine Denkprozesse („pure cognitive") eine Rolle für das Lösen von Problemen spielen, sondern dass Problemlöseprozesse von weiteren kognitiven Merkmalen stark beeinflusst werden. Ein Beispiel: Unterschiedliche *beliefs* wie „mathematische Beweise sind Zeitverschwendung" oder „mathematische Beweise sind nützlich" beeinflussen die Auseinandersetzung mit den Problemen signifikant (Schoenfeld, 1983). Damit haben epistemische Überzeugungen als Teil kognitiver Merkmale der

Überzeugungssysteme bedeutenden Einfluss auf menschliche Problemlösungen (vgl. Kapitel 2.4.3.4). Nach Köller, Baumert & Neubrand, 2000 stellt epistemische Kognition aus diesem Grund ein bedeutendes Feld empirischer Lehr-Lernforschung dar.

Zusammenfassung und Bedeutung für die vorliegende Arbeit
Zusammenfassend zeigen verschiedene Modelle, dass epistemische Kognition sowohl mit „einfachen" Kognitionen, als auch mit Metakognitionen interagiert und Problemlöseprozesse beeinflusst.
Für die in der Einleitung (und Kapitel 2.4.3.8) dargestellte Generierung epistemologischer Urteile sind metakognitive Prozesse (Hofer, 2004a) und eine Interaktion kognitiver Merkmale nach Schoenfeld (1983) von Bedeutung. Für ein epistemologisches Urteil interagieren epistemische Überzeugungen (die nach Schoenfeld zu den *belief systems* gehören) mit von Schoenfeld als *kognitiven Ressourcen* bezeichneten kognitiven Elementen, wie Faktenwissen oder prozeduralem Vorwissen.
Epistemische Kognition kann dabei nach Hofer als Teilgebiet von Metakognition verstanden werden: Im metakognitiven Rahmen fällt *epistemische Kognition* in Prozessen der Interaktion von *kognitiven Elementen* mit epistemischen Überzeugungen *epistemologische Urteile*.

2.3 Bildungstheoretische Bedeutung epistemischer Kognition
Für die Untersuchung und Bedeutung epistemischer Kognition lassen sich empirisch belegte instrumentelle Gründe wie die Bedeutung für die Förderung wünschenswerter Lernprozesse finden (vgl. z.B. Kapitel 2.4.3.5). Daneben liegt in der Entwicklung differenzierter und angemessener epistemischer Kognition ein normativ-bildungstheoretischer Anspruch: Individuen bewerten mit ihren fachbezogenen Theorien über Wissen, Wissenserwerb und Wissensgenese u.a. wie Universitätsdisziplinen zu ihren Erkenntnissen kommen, mit welcher Sicherheit die Fragen in den jeweiligen Domänen beantwortet werden können und wo ihre jeweiligen Grenzen liegen. Damit ist differenzierte epistemische Kognition Teil eines angemessenen Wissenschaftsverständnisses und gilt als eine wichtige

Voraussetzung, um aktiv an der modernen wissenschafts- und technikbasierten Gesellschaft teilzunehmen (Bromme, 2005).

Ferner wird der überwiegende Teil von Informationen, die Individuen in ihrer Entwicklung erwerben, heutzutage nicht durch eigene Erfahrungen, sondern durch Medien wie Bücher, Zeitschriften, Internet, Fernsehen (Bergstrom, Moelmann & Boyer, 2006), aber auch durch andere Menschen wie Lehrende, Freunde oder Eltern vermittelt. Individuen müssen diese vielfältigen Informationsangebote auf ihren Wissensgehalt hin auswerten und mit widersprüchlichen Informationen umgehen können (Porsch & Bromme, 2011).

Epistemische Überzeugungen haben als Elemente epistemischer Kognition somit „gleichzeitig instrumentelle und substantielle Bedeutung" (Baumert et al., 2000, 65).

Bromme und Kienhues (2007) sehen in diesem Sinne differenzierte epistemische Überzeugungen als wichtigen Teil der Allgemeinbildung, Baumert et al. (2000) zählen sie zum Kern der mathematischen und naturwissenschaftlichen Grundbildung und Hofer (2016) sieht in ihnen eine wichtige Komponente bzw. Voraussetzung kritischen Denkens.

2.4 Drei Forschungsphasen epistemischer Kognition

Im Forschungsfeld zu *epistemischer Kognition* zeichnen sich (nach Hofer, 2016) drei Phasen ab. Eine erste Phase war zunächst vom Einsatz qualitativer Instrumente bzw. Interviews geprägt. Es entstanden verschiedenen Entwicklungsmodelle (z.B. Perry, 1970, Belenky et al., 1986, Baxter Magolda, 1992, King & Kitchener, 1994). Eine zweite Phase verstand das Konstrukt epistemischer Kognition als System weitgehend voneinander unabhängiger Überzeugungsdimensionen und war forschungsmethodisch durch den Einsatz von Fragebögen mit Likert-Skalen anstelle von Interviews sehr viel stärker quantitativ ausgerichtet. Außerdem standen im Zentrum der Forschung die Untersuchung von Korrelationen epistemischer Kognition mit anderen Konstrukten wie z.B. dem Textverständnis oder der akademischen Leistung (z.B. Schommer, 1990).

Eine dritte Forschungswelle in der Untersuchung *epistemischer Kognition* ist durch *theoretische, kulturelle und methodische Expansion* gekennzeichnet (Hofer, 2016). Es entstehen neue theoretische Rahmen (z.B. Hofer & Pintrich, 1997; Hammer & Elby, 2002; Bromme, Kienhues & Stahl, 2008), neue Instrumente (z.B. Stahl &

Bromme, 2007), die Diskussion um Domänenspezifität und Domänenstabilität wird geführt (z.B. Hofer, 2000; Buehl & Alexander, 2006), ein neues Verständnis von angemessener epistemischer Kognition in Bezug auf Kontextsensitivität zeichnet sich ab (Louca et al, 2004; Bromme, Kienhues & Stahl, 2008; Richter, 2011), dem Kontext wird insgesamt größere Bedeutung zugesprochen (z.B. Hammer & Elby, 2002; Buehl & Alexander, 2006; Bromme, Kienhues & Stahl, 2008) und die kulturelle Einbettung epistemischer Kognition wird untersucht (z.B. Buehl & Alexander, 2006; Khine, 2010).

2.4.1 Phase 1: Entwicklungsmodelle epistemischer Kognition

Die ersten entstandenen Modelle zu epistemischer Kognition sind Entwicklungsstufenmodelle, die im Folgenden mit ihren zentralen Stufen dargestellt werden.

2.4.1.1 The Perry Scheme

Anfang der 1950er Jahre begann Perry Forschungen zu einer epistemischen Entwicklungstheorie. Perry war damals in der Studienberatung in Harvard tätig. Sein Forschungsinteresse entstand, als ihm auffiel, wie unterschiedlich sich Studierende intellektuell und sozial mit ihrem Studium beschäftigten und im universitären Umfeld bewegten.

Als Grundlage zog Perry Adornos *Studien zum autoritären Charakter* (Adorno, Frenkel-Brunswik, Levinson & Sanford, 1950) sowie Sterns *Instrument of beliefs* (Stern, 1953) heran. Perry entwickelte zunächst ein Instrument für Interviews zur Erhebung studentischer Erfahrungen, den CLEV (Check-List of Educational Values; Perry, 1970). Dabei ging er zunächst analog zu Adorno davon aus, dass der Unterschied zwischen einerseits absolutistischen, einseitigen Sichtweisen und andererseits relativistischen („sophistizierten") Überzeugungen im Charakter des Einzelnen läge. Von einer Entwicklung in Stufen, die für sein theoretisches Modell charakteristisch werden sollte, ging Perry damals noch nicht aus.

Nach Initiationsinterviews mit Hilfe des CLEV folgten in den späten 1950er Jahren zwei Längsschnittstudien mit (zum Großteil männlichen) Havard-Studierenden. Es entstand das 1970 veröffentlichte Entwicklungsschema "Abstract Structural Aspects of Knowing and Valuing", von dem inzwischen als *The Perry Scheme* gesprochen wird (Perry, 1970; Hofer, 2001). Es gliedert sich in neun Stufen, die in einem Entwicklungsprozess vom Einzelnen durchlaufen werden. Diese werden häufig (z. B. von Hofer, 2001) in vier Hauptgruppen zusammengefasst:

Dualismus (Dualism; Stufe 1-2)
In diese Kategorie fallen die zwei am wenigsten entwickelten Stadien, sie charakterisieren das Wissensverständnis zu Beginn der intrapersonellen Entwicklung: Typisch sind ein „Schwarz-Weiß-Denken", die Neigung zu „Wahr-oder-Falsch"-Aussagen und absolutistische Sichtweisen in einem Sinne, dass Autoritäten die Wahrheit kennen und diese ihren Schülern vermitteln.

Multiplismus (Multiplicity; Stufe 3-4)
In Stufe 3 werden Unsicherheiten und unterschiedliche Sichtweisen zunehmend akzeptiert. Es gibt die Wahrheit (*truth*), gegebenenfalls wurde sie von den Autoritäten aber (noch) nicht erkannt. In Stufe 4 stehen Meinungen gleichberechtigt nebeneinander, sofern auf bestimmte Fragen noch keine endgültigen Antworten gefunden wurden.

Kontextueller Relativismus (Contextual Relativism; Stufe 5-6)
Stufe 5 markiert den Schritt von akzeptierten unterschiedlichen Sichtweisen in einen kontextuellen Relativismus, also zur Einsicht, dass bestimmte Ansätze – je nach Situation – besser geeignet sind, um bestimmte Fragen zu beantworten oder Probleme zu Lösen.

Eigene Standpunkte im Relativismus (Commitment within Relativism; Stufe 7-9)
In dieser Stufe können Personen innerhalb von konkurrierenden Standpunkten eine eigene Position einnehmen und diese begründen.

Perry hat ein interaktionistisches Modell zur Interpretation von studentischen Epistemologien begründet. Damit war er der erste, der interpretiert hat, dass unser Umgang mit Wissen in erster Linie keine Frage des Charakters ist, sondern einem klar gestuften Entwicklungsprozess unterliegt. Perry (1970) hat bereits auf etliche Einschränkungen zu seinen Ergebnissen hingewiesen: So waren alle Probanden

Freiwillige einer einzigen Hochschule, dazu meist „weiß", männlich und als Havard-Studierende einem elitären Kreis zugehörig. Damit stieß Perry eine Reihe weiterer Forschungen an, die sich zunächst auf dem Gebiet der Gender-Forschung bewegten (z.B. Belenky et al, 1986; Baxter Magolda, 1992) und zu eigenen Entwicklungsmodellen führten. Ein ausführliches Review seiner Arbeit findet sich z.B. in Hofer & Pintrich (1997) und Moore (2002). Auf Perry folgende Arbeiten übernahmen sowohl die grundsätzlichen Pole, die damals als naiv einerseits und sophistiziert andererseits beschrieben wurden, als auch verschiedene Entwicklungsstufen. Gleichwohl lagen ihnen maßgebliche Erweiterungen zu Grunde, die im Folgenden kurz beschrieben werden:

2.4.1.2 Women´s Ways of Knowing (Belenky et al.)

Im Forschungsanliegen von Belenky, Clinchy, Goldberg & Tarule (1986) steht die Beziehung der Frau zum Wissen und ihrem Selbstkonzept als Wissende im Focus. Im Vorhaben wurden US-amerikanische Frauen ($N = 135$) unterschiedlicher Bildungsschichten zu ihrem Selbstbild, zu Beziehungen, zur Entscheidungsfindung, zu moralischen Fragen und der Vorstellung zu ihrer Zukunft interviewt.

Es entstand ein 5-stufiges Schema, wie Frauen das Wissen in der Welt sehen. Vier Stufen sind in ähnlicher Weise auch bei Perry wiederzufinden. Unterhalb dieser Stufen siedeln Belenky et al. noch eine weitere Stufe („silence") an. Die fünf Stufen im Einzelnen:

Silence

Die Frauen nehmen sich selbst als unwissend wahr. Wissen ist bei Autoritäten aufgehoben, denen sie sich ausliefern.

Received knowing

Diese Stufe korrespondiert mit Perrys Stufe des Dualismus. Frauen dieser Stufe teilen Wissen in richtig und falsch ein. Auf jede Frage gibt es jeweils eine richtige Antwort. Wissen wird von Autoritäten empfangen und reproduziert, aber nicht selbstständig produziert.

Subjektive knowing

Diese Stufe entspricht in einigen Punkten Perrys Stufe des Multiplismus: So werden verschiedene Wissensannahmen neben der eigenen akzeptiert. Anders als in der vorherigen Stufe erwirbt die Frau Wissen jedoch selbst und übernimmt es nicht nur von Autoritäten. Die Haltung zu Autoritäten kann durchaus kritisch sein.

Procedural knowing

Eigene Reflektionen, Empathie oder logische Schlussfolgerungerungen spielen für die Bewertung von Wissen eine wichtige Rolle. So wenden Personen dieser Stufe objektive und systematische Analysemethoden an, Intuitionen reichen nicht aus.

Diese Stufe lässt sich nochmals in zwei Unterstufen unterteilen. Einerseits sprechen Belenky et al. von „connected knowing", Frauen dieser Kategorie suchen nicht nach logischen oder empirischen Erklärungen, sondern versuchen empathisch andere Positionen zu verstehen. Das Verständnis anderer Positionen ist ihnen wichtiger als die empirische oder logische Prüfung. Ganz anders die zweite Unterkategorie „seperate knowing": Kritisches Denken, wissenschaftsmethodische Überlegungen spielen für diese Kategorie eine wichtige Rolle. Personen dieser Kategorie spielen gerne den „Anwalt des Teufels" oder versuchen Positionen logisch zu widerlegen.

Constructed knowing

Wissen als auch Wahrheit werden in dieser Position als kontextabhängig angesehen, die Komplexität von Wissen wird akzeptiert. Verbindliche Antworten auf Fragen sind bei Personen dieser Kategorie eher die Ausnahme. Diese Stufe entspricht dem *commitment within relativism* bei Perry.

Im Modell von Belenky et al. wird der Persönlichkeit der einzelnen Frau ein besonderes Gewicht in Bezug auf ihre epistemische Kognition zugeschrieben. Das Selbstkonzept der Frau ist somit bedeutsam. Die Autorinnen gehen davon aus, dass epistemische Kognition von Frauen durch eine unterschiedliche Erziehung von Mädchen und Jungen geprägt ist (Belenky, Clinchy, Goldberg & Tarule, 1986; Khine & Hayes, 2010).

2.4.1.3 Epistemological-Reflection-Model (Baxter Magolda)

Nachdem Perry in erster Linie männliche Collegestudierende untersucht hat und Belenky et al. sich auf Frauen der US-amerikanischen Gesellschaft konzentriert haben, interessierte sich Baxter Magolda (1992) in ihrer Untersuchung insbesondere für geschlechtsspezifische Unterschiede in epistemischer Kognition. In einer Längsschnittstudie untersuchte sie mit Interviews und Fragebögen, inwiefern epistemische Kognition die Studienerfahrungen US-amerikanischer Collegestudierender (N = 101, davon 51 weiblich) beeinflusst. Zur Auswertung ihrer Daten nutze Baxter Magolda zunächst die Modelle von Perry (1970) und Belenky et al. (1986). Als eigenes Schema entstand das vierstufige Epistemological-Reflection-Modell. Auf den unteren drei Stufen fand Baxter Magolda einen geschlechtsspezifisch unterschiedlichen Umgang mit Wissen, bei Personen der höchsten Entwicklungsstufe ließ sich dieser nicht mehr feststellen. Die vier Stufen und ihre geschlechtsspezifischen Unterschiede im Einzelnen:

Die unterste Stufe bildet das *absolute knowing*. Personen dieser Kategorie sehen Wissen als sicher an und glauben an Autoritäten, die auf nahezu jede Frage eine entsprechende Antwort haben. Geschlechtsspezifisch fand Baxter Magolda zwei unterschiedliche Ausprägungen: Frauen nehmen eher ihre eigene Rolle beim Lernen wahr und setzen sich mit Wissen in Diskussionen stärker auseinander („mastering knowledge"), Männer erwerben ihr Wissen dagegen eher durch Aufschreiben und Zuhören („receiving knowledge").

Personen der zweiten Stufe *transitional knowing* gehen davon aus, dass bestimmte Wissensbereiche unsicher sind. Ferner spielt für sie das Verstehen anstelle des Auswendiglernens zunehmend eine Rolle. Auf dieser Ebene können geschlechtsspezifische Tendenzen zwischen den Gruppen der *interpersonal* und *intrapersonal* Lernenden differenziert werden: Die *interpersonal* Lernenden (häufiger weiblich) tauschen sich mit anderen Lernenden aus und verstehen ihre Perspektive als eine innerhalb von anderen, speziell in Bezug auf unsicheres Wissen. Die häufiger bei männlichen Studierenden anzutreffende Kategorie der *intrapersonal* Lernenden konzentriert sich dagegen mehr auf eigene Perspektiven und verteidigt eigene Ansichten, insbesondere durch logisches Schlussfolgern und eigene Recherchen.

Dritte Stufe bildet das *Independent knowing*: Wissen wird als meist unsicher empfunden, die Personen bilden sich eigene Urteile und kreieren ihre eigenen Wahrheiten (bzw. *truths*). Autoritäten werden nicht mehr als einzige Quelle von Wissen gesehen, vielmehr werden eigene Verständnisse den Aussagen von Autoritäten gleichbedeutend gegenübergestellt. Geschlechtsspezifisch unterscheiden sich Frauen und Männer tendenziell dadurch, dass Studienteilnehmerinnen fremden Ideen mehr Bedeutung schenken und ihre eigenen Ansichten gegebenenfalls anpassen und männliche Studienteilnehmer stärker dazu neigen, an eigenen Vorstellungen festzuhalten.

Auf der höchsten Ebene des *contextual knowing* bewerten Personen Kontexte differenziert und entwickeln auf dieser Grundlage individuell eigene Urteile. Wissen entwickelt sich kontinuierlich auf Basis neuer Erkenntnisse. Grundsätzlich lassen sich keine geschlechtsspezifischen Tendenzen bei Personen dieser Ebene mehr differenzieren (Baxter Magolda, 1992; Baxter Magolda, 2004).

Baxter Magolda differenziert die vier Stufen noch weiter aus, dies würde den Rahmen der vorliegenden Arbeit jedoch sprengen. In Bezug auf ihre Genderfragestellung bilanziert Baxter Magolda (1992, 8) Wege des Wissens als "related to, but not dictated by gender". Focus von Baxter Magoldas Modell stellen allerdings nicht nur geschlechtsspezifische Unterschiede dar, sondern insbesondere auch die Vorstellungen, die Lernende vom Lernen (und nicht nur vom Wissen) haben. Der Schwerpunkt liegt somit insbesondere auch darin, wie Lernende zu Wissen kommen.

2.4.1.4 Development of Reflective Judgment (King & Kitchener)

Während es in den drei zuvor dargestellten Modellen stärker um individuelle Interpretation der eigenen Erfahrungen zu Wissen und dem Wissenserwerb geht, untersuchen King und K. Kitchener (1994) stärker Rechtfertigungen und Begründungen in epistemischer Kognition. Die Autorinnen bewegen sich theoretisch in Kitcheners Konzept der epistemischen Kognition (vgl. Kapitel 2.2) und untersuchen auf dieser Ebene Denkprozesse, inwiefern Probanden mit schlecht-strukturierbaren Problemen („ill-structured problems") umgehen und wie sie diese individuell beurteilen. Im Zentrum steht die Frage nach individueller Reflexion über „the limits of knowing, the certainty of knowing, and criteria of knowing"(K. Kitchener 1983, 222).

In den 1970er Jahren begannen King und Kitchener mit ihren Untersuchungen und interviewten mit ihrer Arbeitsgruppe bis 1994 mehr als 1700 Probanden. Das Vorhaben entstand aus einer Kritik an Perrys Schema. Die Autorinnen empfanden Perrys Modell als unvollständig, da die drei höchsten Entwicklungsstufen dieses Schemas (auf der Ebene des „commitment in relativism") nach Ansicht der Autorinnen etwas über individuelle Ethik oder Werte sowie Identitätsentwicklung aussagen, jedoch weniger über die kognitive Entwicklung in Bezug auf Urteilsfähigkeit. Sie selbst definieren das „reflektierte Urteil" als höchste Entwicklungsstufe der Argumentation mit der Fähigkeit, Wissensbehauptungen angemessen zu evaluieren.

Das entstandene Entwicklungsmodell verortet den intellektuellen Entwicklungsprozess des „reflektierenden Denkens" vom frühen Jugend- bis zum Erwachsenenalter. Es versteht sich theoretisch stark von entwicklungspsychologischen Modellen von Piaget (z. B. Piaget & Inhelder, 1969) und Kohlberg (1969) beeinflusst. Das Schema geht von sieben Entwicklungsstufen aus. Mit der jeweils nächst-höheren Stufe werden Bewertungsprozesse komplexer und differenzierter. Die sieben einzelnen Entwicklungsstufen fassen King & Kitchener zu drei Stadien zusammen:

Pre-reflective thinking

Individuen, die auf den Ebenen dieses Stadiums (Stufe 1-3) argumentieren, gehen davon aus, dass Wissen sicher erworben werden kann. Es kommt von Autoritäten oder eigenen Beobachtungen. Korrekte Antworten existieren, gegebenenfalls müssen bestimmte Fakten noch gesammelt oder untersucht werden. Grundsätzlich wird Wissen als korrekt und sicher angesehen. Unstrukturierte Probleme empfinden Prä-reflektierende Denker als wenig problematisch, da sie davon ausgehen, dass es grundsätzlich auf jede Frage eine Antwort gibt und diese nur gefunden werden muss.

Quasi-reflective thinking

Individuen dieses Stadiums (Stufe 4 und 5) sind sich Problemen der Unsicherheit von Wissen deutlich stärker bewusst und halten abschließende Urteile zu bestimmten Fragen für nicht möglich. Wissen wird aber grundsätzlich noch als subjektiv verstanden. Dass Urteile auf kritischer Prüfung und Beweisen gefällt werden sollten, bahnt sich erst an.

Reflective thinking

Individuen, die in diesem Stadium (Stufe 6 und 7) argumentieren, sind sich grundsätzlich bewusst, dass ihre Urteile zu schlecht-strukturierbaren Problemen nicht wahr oder richtig sein müssen. Sie sind in der Lage, ihre Urteile und Schlüsse differenziert zu begründen. Auch Unsicherheit von Wissen ist ihnen bewusst, gleichzeitig können sie aber souveräne Urteile fällen und dabei - soweit möglich - differenziert Aussagen und Evidenzen bewertend einbeziehen und gegebenenfalls zurückweisen. Es geht darum, zu einer möglichst plausiblen Entscheidung zu kommen. Ferner ist ihnen ihre aktive Rolle im Verständnis der Welt sowie der Kontext der Entstehung von Wissen bewusst.

Die siebte und höchste Stufe der „reflective judgements" sieht Wissen per se als Resultat kritischer Prüfung. Prozesse der Wissensgenerierung können fehlerhaft sein und bedürfen ständiger Reflexion. Durch neue Informationen oder Theorien ist eine Ergänzung oder Veränderung von Wissen stets möglich.

Zusammenfassend liegt die Bedeutung von King und Kitcheners Modell in einer Weiterentwicklung des Perry-Schemas in Bezug auf die höchstentwickelten Stufen insbesondere in Bezug auf den Einfluss epistemischer Kognition auf reflektierte Urteile.

2.4.1.5 Epistemological Thinking (Kuhn, Cheney & Weinstock)

Kuhn entwickelt mit Cheney und Weinstock (z. B. Kuhn, 1991; Kuhn, Cheney & Weinstock, 2000; Kuhn und Weinstock, 2002) ein weiteres epistemisches Entwicklungsmodell: Development of Epistemological Thinking. Epistemische Kognition bildet das Modell auf drei Entwicklungsstufen ab: *Absolutismus*, *Multiplismus* und *Evaluativismus*. Absolutismus stellt die unterste Entwicklungsstufe dar. Absolutistische Positionen nehmen Wissen als objektive Einheit wahr, Aussagen sind entweder richtig oder falsch. Wissen kann sicher erkannt werden und repräsentiert die Wirklichkeit. *Multiplismus* bildet die zweite Stufe. Für multiplistische Positionen spielen Unsicherheit und subjektive Bewertung von Wissen und Quellen eine charakteristische Rolle. *Evaluativismus* bildet die am weitesten entwickelte

Stufe. Evaluativistische Positionen nehmen Wissen als unsicher an. Wissensaussagen können jedoch im Kontext als für gültig befunden werden. Für die Generierung von Wissen wird angenommen, dass sowohl subjektive als auch objektive Aspekte Bedeutung haben.

Besonderheit des Modells ist, dass es Urteile zu verschiedenen Gegenstandsbereichen in den Focus nimmt, die von den Autoren als Domänen bezeichnet werden. So untersucht es Urteile zum persönlichen Geschmack, zur Ästhetik, zu Werten sowie zur sozialen und zur physischen Welt.

2.4.1.6 Zusammenfassung und heutige Bedeutung

Die Phase der Stufenmodelle epistemischer Lehr-Lernforschung hat entwicklungspsychologisch gezeigt, dass sich Überzeugungen von einfachen Auffassungen - nach denen es immer eine einfache Möglichkeit gibt wahres Wissen aufzufinden - zu komplexeren und differenzierten Überzeugungen entwickeln. Je differenzierter epistemische Überzeugungen sind, desto eher wird wissenschaftliches Wissen in den Modellen als historisch relativ und konstruiert gesehen. Gleichwohl sehen neuere Ansätze differenzierte epistemische Kognition in einer situationsangemessenen Bewertung epistemischer Fragestellungen und nicht in einem permanenten absolutistischen oder multiplistischen Bewusstsein in Bezug auf Wissen (vgl. Kapitel 2.4.3.3; z.B. Louca, Elby, Hammer & Kagey, 2004; Bromme, Kienhues & Stahl, 2008). Dennoch stellen bereits die höher entwickelten Stufen der Entwicklungsmodelle einen Rahmen von Möglichkeiten, unterschiedliche Perspektiven auf Wahrheit zu sehen und zugleich einen eigenen Standpunkt zu entwickeln. Auch die Bewertung von Wissen im Kontext spielt in höher entwickelten Stufen bereits eine Rolle. Solche wissenschaftlich angemessenen, elaborierten oder differenzierten epistemischen Überzeugungen ermöglichen es, Informationen kritisch zu bewerten und mit konkurrierenden (wissenschaftlichen) Behauptungen angemessen umzugehen (Kuhn, 1991; King & Kitchener, 1994).

Dass Collegestudierende oder Frauen der amerikanischen Gesellschaft sich eindeutig und kontextübergreifend in eine Kategorie wie Absolutist/-in, Dualist/-in oder Relativist/-in einordnen lassen, gilt heute als widerlegt (siehe folgende Kapitel). Theoretisch werden klare Entwicklungsstufen inzwischen nur noch von wenigen

Forschern angenommen. Zum Beispiel Weinstock (2016; Barzalai & Weinstock, 2015) arbeitet heute noch mit Entwicklungsstufen. Er versteht dieses Modell zwar als „Theories-in-Action", in der Wissensaussagen je nach Domäne nicht statisch, sondern kontextsensitiv beurteilt werden. Gleichwohl zeigen sich für ihn bei Nicht-Experten - insbesondere in der Konfrontation mit neuem Wissen - typische Muster epistemischer Orientierung, die von ihm auch weiterhin als absolutistisch, multiplistisch oder evaluistisch charakterisiert werden.

Auch wenn die kontextübergreifenden Stufen der Modelle als obsolet gelten, bilden sie wichtige Forschungsarbeiten: Die Langzeitstudien von Perry und Baxter Magolda mit intra-subjektiven Entwicklungen zeigen beispielsweise, dass Individuen ihre epistemische Kognition weiterentwickeln und ihre (Hochschul-) Sozialisation darauf offenbar wichtigen Einfluss hat. Insbesondere für die psychologische Lehr-Lernforschung haben sie damit ein wichtiges Forschungsfeld erschlossen. Die in dieser Periode aufgeworfene Fragestellung nach individueller Reflexion über „the limits of knowing, the certainty of knowing, and criteria of knowing" (K. Kitchener 1983, 222) steht immer noch im Zentrum epistemischer Lehr-Lernforschung.

Ferner diskutiert bereits Perry, wie Studierende ihre epistemische Kognition weiterentwickeln können, beispielsweise wie sich dualistische epistemische Sichtweisen zu multiplistischen Sichtweisen entwickeln (Perry, 1970; Elby, Macrander & Hammer, 2016).

Die Modelle aus dem Bereich der Genderforschung zeigen außerdem geschlechtsspezifische Besonderheiten epistemischer Kognition: Beispielsweise Belenky et al. mit der Entwicklungsstufe *silence,* die eine unterwürfige Haltung einiger amerikanischer Frauen zu Wissensfragen offenbart. Außerdem zeigt sich in den drei unteren Stufen von Baxter Magolda jeweils ein geschlechtsspezifisch tendenziell unterschiedlicher Umgang mit Wissen, auch wenn dieser nicht durch das Geschlecht determiniert ist, da alle Kategorisierungen auch bei beiden Geschlechtern vorkommen.

Epistemische Kognition ist somit auch ein Gender-Thema. Ob sich auch bei Lehrenden oder Lernenden sozialisationsbedingt ein unterschiedlicher Umgang mit Wissen zeigt, sollte weiterhin untersucht werden und auch aktuellere Studien zeigen geschlechtsspezifische Unterschiede in epistemischer Kognition von Lernenden (vgl. Kapitel 2.4.3.4). Damit ergeben sich auch für die Prüfung der Theorie der Generative

Nature Forschungsfragen: Beanspruchen Lehrende oder Lehramtsstudierende geschlechtsspezifisch tendenziell unterschiedliche kognitive Elemente?

Kritisiert wird an den Entwicklungsstufenmodellen ferner ein angenommener Alterseffekt: Lernende sollten sich mit ihrem Alter weiter und zu nächsthöheren Stufen entwickeln. Grundsätzlich werfen Chandler, Hallett & Sokol (2002) dazu die Frage auf, warum bei Studien zu verschiedenen Altersgruppen immer wieder dieselben Entwicklungsstadien vorkommen und stellen die Entwicklungsstufenmodelle von dieser Seite aus in Frage. Mögliche Erklärung könnte sein, dass Lernende verschiedener Altersstufen sich stets in ähnlichen (z.B. absolutistischen) Sichtweisen bewegen. Gleichwohl argumentiert ein absolutistisch denkender Grundschüler anders als ein absolutistisch denkender Student. Mit der in Theorie der Generative Nature könnte dies damit erklärt werden, dass beide in ihren Argumentationen absolutistische Tendenzen zeigen, allerdings auf andere kognitive Elemente zurückgreifen, beispielsweise andere *persönliche Erfahrungen* oder *themenbezogenes Wissen* (Stahl, 2011; vgl. Kapitel 1 und Kapitel 2.4.3.8).

2.4.2 Phase 2: Unabhängige Dimensionen, quantitative Fragebögen und die Verbindung zu anderen psychologischen Konstrukten

Die *zweite Welle* (Hofer, 2016) von Forschungsvorhaben zur epistemischen Kognition ist von Schommers (1990) Modell sich voneinander unabhängig entwickelnden Dimensionen epistemischer Überzeugungen geprägt: Das Modell geht davon aus, dass die Vernetzung von epistemischen Überzeugungen mit kognitiven und metakognitiven Prozessen zu komplex ist, um sie in eindimensionalen Stufen abbilden zu können. Zwar definiert Schommer u.a. Dimensionen, die bereits bei Perry und den Entwicklungsmodellen eine zentrale Rolle gespielt haben (Struktur, Sicherheit und Quelle von Wissen), in Schommers Modell sind diese Dimensionen aber nicht wie in vorausgegangenen Entwicklungsstufenmodellen direkt voneinander abhängig, sie sind nicht Teil eines gemeinsamen Ganzen.

So können Individuen Schommers Modell zufolge auf der Ebene der Sicherheit bzw. Beständigkeit von Wissen sehr elaboriert urteilen, in Bezug auf Quellen von Wissen dagegen unangemessen (z.B. Schommer, 1990; Schommer & Walker, 1995). Da vorrausgegangene Entwicklungsstufenmodelle die Entwicklung der unterschiedlichen Dimensionen als gemeinsame Stufe darstellten (vgl. Kapitel 2.4.1), leitete Schommer mit dieser neuen Sichtweise einen Paradigmenwechsel in Untersuchungen zu epistemischer Kognition ein.

Fragebögen als zentrales Erhebungsinstrument und die Entwicklung des SEQ
Aber nicht nur in ihrem theoretischen Modell, auch forschungsmethodisch unterscheidet sich die von Schommer angestoßene Forschungsphase von der Periode der Entwicklungsstufenmodelle: Arbeiteten Perry (1970), Belenky et al. (1986), Baxter Magolda (1992), Kuhn (1991) oder King & Kitchener (1994) in ihren Untersuchungen mit Interviews als Hauptinstrument und legten sie diese häufig als Langzeitstudie an, so folgt mit der zweiten Welle eine methodisch deutlich stärker quantitativ ausgerichtete Forschungsphase. So passt zu Schommers Konzept von unabhängigen Dimensionen eine Erhebung per Fragebögen: Items bzw. Statements wie *„Das Einzige was sicher ist, ist die Unsicherheit."* oder *„Für Erfolg in der Schule ist es am besten, nicht zu viele Fragen zu stellen."* können Überzeugungen zu den Dimensionen repräsentieren, denen jeweils im Likert-Antwortformat von 1 (strongly disagree) bis 5 (strongly agree) zugestimmt bzw. widersprochen wird. Schommer entwickelte ein Instrument, den Fragebogen *Schommer Epistemological Questionnaire* (SEQ, Schommer, 1990), in dem es 63 Aussagen zu bewertenden gilt. Als Grundlage für die Konzeptualisierung ihrer ersten drei Dimensionen (Quelle, Sicherheit, Struktur) dienten Schommer Perrys (1970) Arbeiten inklusive seines Interviewleitfadens CLEV.

Für Items zur Geschwindigkeit und Kontrolle der Wissensaufnahme stützte sie sich auf Dweck und Leggetts (1988) Forschungen zu Überzeugungen über die Natur der Intelligenz sowie Schoenfelds (1983, 1985) Arbeiten zu Überzeugungen zur Mathematik.

Der entstandene *(Schommer) Epistemological Beliefs Questionnaire* (SEQ) wird als richtungsweisend bezeichnet (z.B. von Hofer & Pintrich, 1997; Hofer, 2000; Priemer, 2006) und inspirierte zahlreiche weitere Forschungsvorhaben (kritisch dazu Clarebout et al. 2001; vgl. Kapitel 2.4.3.6).

Faktorenanalytisch entstand ein System von fünf Überzeugungsdimensionen, die sich nicht unbedingt synchron entwickeln und somit in kein gemeinsames Stufenschema pressen lassen. Allen Dimensionen ist gleichwohl eine Bandbreite gemein, die von eher unangemessenen Überzeugungen - die ursprünglich als naiv bezeichnet wurden - bis hin zu angemessenen Überzeugungen reicht, letztere werden insbesondere in englischsprachiger Literatur häufig als „sophisticated" bezeichnet, also als entwickelt oder differenziert. Eine Annahme, dass allwissende Autoritäten Wissen weitergeben, wäre unangemessen (oder nach Schommers damaliger Terminologie „naiv"), die Überzeugung, dass Wissen durch persönliche Erfahrungen oder Empirie erworben wird, wurde im Sinne des Konstrukts als sophistiziert gesehen (kritisch dazu z. B. Bromme, Kienhues & Stahl, 2008; Hammer & Elby, 2002; vgl. Kapitel 2.4.3.3).

Schommers Dimensionen im Einzelnen:

a.) Quelle von Wissen (Omniscient authority)
Auf der unangemessenen Seite steht die Sicht, dass Wissen von allwissenden Autoritäten (z. B. Experten, Lehrenden) weitergegeben wird. Differenziertere Positionen nehmen an, dass Wissen durch persönliche und objektive Erfahrungen erworben wird. Beispielitems in Schommers (1990) SEQ für bzw. gegen Autoritäten als Quelle von Wissen sind: „Wieviel jemand in der Schule lernt, liegt an seinen Lehrern" oder „Jemand, der sich ständig mit den Autoritäten anlegt, ist zu selbstsicher".
Im Gegensatz zu den vier folgenden Dimensionen konnte Schommer diese Dimension nicht empirisch (durch eine Faktorenanalyse) belegen.

b.) Sicherheit von Wissen (Certain Knowledge)
Diese Dimension reicht von der unangemessenen Überzeugung, dass Wissen absolut und zeitlich stabil sei, bis zu der differenzierteren Annahme, dass es einem stetigen Entwicklungs- und Veränderungsprozess unterliege. Beispielitem in Schommers SEQ: „Das einzige was sicher ist, ist die Unsicherheit."

c.) Struktur von Wissen (Simple Knowledge)
Diese Dimension reicht von der eher unangemessenen Sichtweise, dass Wissen einfach strukturiert und eine Sammlung isolierter Fakten darstelle, bis hin zur differenzierteren Überzeugung, dass Wissen komplex und zusammenhängend sei. Ein Beispielitem: „Die meisten Worte haben nur eine klare Bedeutung."

d.) Geschwindigkeit des Lernens (Quick learning)

Unterschieden wird von unangemessenen Sichtweisen, dass Lernen schnell oder gar nicht gelingt, bis hin zu differenzierteren Überzeugungen, dass Lernen ein allmählicher Prozess sei. Ein Beispielitem: „Erfolgreiche Studierende lernen Dinge schnell."

e.) Angeborene Fähigkeiten zum Lernen (Innate Ability)

Es geht um die Bewertung, ob die Fähigkeit zum Lernen eine angeborene Größe ist oder ob sie durch Erfahrungen beeinflusst wird. Ein Beispielitem in Schommers Fragebogen: „Die wirklich schlauen Studenten müssen sich in der Schule nicht anstrengen, um gute Leistungen zu erzielen."

Schommer hebt dabei hervor (z.B. Schommer-Aikins & Hutter, 2002), dass jede dieser Dimensionen komplexer als eine einfache Dichotomie im Sinne von „sicher gegen unsicher" ist. So sieht sie die Dimensionen weniger als Kontinuum, sondern eher als Verteilung. Eine nach Schommer unangemessene Sichtweise bzw. Verteilung wäre demnach hinsichtlich der Dimension Sicherheit: 70% des Wissens sind absolut sicher, 20% werden gerade genauer entdeckt *("is yet to be discovered")* und 10% entwickeln sich. Eine differenziertere Sichtweise würde annehmen, dass 10% des Wissens absolut sicher ist, 20% gerade genauer entdeckt werden und sich 70% entwickeln. Jener Teil, auf den die höchste angenommene Prozentzahl entfällt, entspricht der Standardannahme, die dem Lernenden bewusst ist, wenn er Informationen interpretiert. Ein Lernender mit unangemessener epistemischer Kognition nimmt Wissen schnell als sicher an, während Lernende mit einem differenzierten Verständnis erstmal skeptisch sind. Dieser erste schnelle Eindruck könne von einem Fragebogen gut erfasst werden (Schommer-Aikins & Hutter, 2002).

Bezug zu anderen Konstrukten der Lehr-Lernforschung

Es lassen sich die jeweiligen Ausprägungen der voneinander weitgehend unabhängigen Dimensionen mit Hilfe von Fragebögen in Beziehung zu anderen Konstrukten wie dem Textverständnis oder der akademischen Leistung untersuchen. Damit ist eine unterschiedliche methodische Arbeitsweise auch unterschiedlichen Forschungsschwerpunkten geschuldet: So liegt ein wesentlicher Unterschied zwischen erster und zweiter Forschungsphase darin, dass Forschungsprogramme der ersten Forschungsphase die individuelle Entwicklung der epistemischen Kognition untersucht haben, während Schommer epistemische Überzeugungen zu anderen kognitiven Konstrukten in Beziehung setzt. Sie war zunächst interessiert, inwiefern epistemische Überzeugungen das Textverständnis und die schulische Leistungsfähigkeit beeinflussen (Schommer, 1990).

Die Dimensionen *Geschwindigkeit der Erlernbarkeit von Wissen* und *Bedeutung angeborener Fähigkeiten zum Lernen* stehen für Hofer und Pintrich (1997) zwar in Verbindung mit epistemischen Überzeugungen, sind aber kein Teil davon und sollten somit getrennt untersucht werden. So haben sie die ersten drei Dimensionen auch für ihre eigenen Konzeptionen übernommen, schlossen aber die letzten zwei Dimensionen aus.

Die Fähigkeit, *Wissen aufzunehmen* als Dimension epistemischer Kognition, wird (z.B. von Hofer & Pintrich, 1997) kritisch gesehen, da es sich weniger um epistemische Überzeugungen als vielmehr um eine Überzeugung zum Konstrukt Intelligenz handele. Ferner korrelieren die Ergebnisse dieser Dimension nicht mit Werten anderer Dimensionen. Schommer hat somit einen umfassenderen Begriff epistemischer Kognition bzw. epistemischer Überzeugungen als Hofer und Pintrich (1997, 109).

Schommers Grundannahme einer mehrdimensionalen Struktur epistemologischer Überzeugungen konnte in zahlreichen Studien bekräftigt werden (z.B. Jehng, Johnson & Anderson, 1993; Qian & Alvermann, 1995; Schraw, Bendixen & Dunkle, 2002; Conley, Pintrich, Vekiri & Harrison, 2004). Die zwei bis fünf Dimensionen dieser Studien stimmen allerdings nicht immer mit Schommers fünf Dimensionen überein und Schommer selbst kann den Faktor *Quelle von Wissen* empirisch nicht belegen.

Hier zeigt sich das grundsätzliche Problem an Schommers Modellhypothese: Die Dimensionen lassen sich nicht sauber replizieren und somit empirisch belegen (Brownlee, Schraw, Walker & Ryan, 2016), worauf in Kapitel 2.4.3.6 im Rahmen methodologischer Kritik detaillierter eingegangen wird.

Zusammenfassung und heutige Bedeutung

Die zweite Phase epistemischer Forschung hat wichtige Meilensteine angestoßen. Mit Schommers Instrument wurden quantitative Methoden etabliert und sie begann epistemische Kognition in Verbindung mit anderen Konstrukten der Lehr-Lernforschung zu untersuchen (z. B. Textverständnis, akademische Leistungsfähigkeit).

Die Dimensionen Struktur („Simple knowledge") und Sicherheit („Certain knowledge") stellen gleichwohl kein neues Forschungsfeld dar, sondern sind auch schon in bisherigen Entwicklungsmodellen untersucht worden.

Das grundsätzliche Problem ihres Modells und Instruments ist, dass die 5-dimensionale Faktorenstruktur empirisch nicht bestätigt und nicht repliziert werden konnte (Brownlee, Schraw, Walker & Ryan, 2016). In der dritten Forschungsphase epistemischer Kognition entstanden zahlreiche von Schommers SEQ inspirierte Fragebogeninstrumente, bei denen sich Replikationen ebenfalls als schwierig herausstellten.

Für ein angemessenes Verständnis von Schommers Arbeiten sei nochmals darauf hingewiesen, dass sie die beschriebenen Dimensionen nicht als Kontinuum, sondern vielmehr als Verteilung sieht. Stahl (2011) interpretiert diese Sichtweise als kontextbezogen, da Schommer nicht von generell-gültigen und einheitlichen epistemischen Überzeugungen ausgeht, sondern innerhalb der Dimensionen unterschiedlich verteilte (und somit kontextbezogene) epistemische Überzeugungen annimmt (z.B. 30% des Wissens ist sicher, 70% unsicher), auch wenn ihre Forschungsvorhaben und ihr Instrument generelle Tendenzen erheben.

2.4.3 Phase 3: Theoretische, kulturelle und methodologische Expansion

In den letzten zwei Dekaden stieg die Zahl von Forschungsvorhaben im Bereich epistemischer Kognition exponentiell an. Die Arbeiten widmeten sich neuen Feldern und Fragestellungen. Von Bedeutung für die vorliegende Arbeit sind neue theoretische Rahmen und Modelle (z.B. Kapitel 2.4.3.1 und 2.4.3.8), methodologische Kritik und Expansion (Kapitel 2.4.3.6), Untersuchungen und Modelle zu generellen und domänenspezifischen epistemischen Überzeugungen (Kapitel 2.4.3.2), die Beziehung zu anderen Konstrukten wie Lernerfolg (Kapitel 2.4.3.4), Interventionsstudien und die Veränderbarkeit von Prozessen epistemischer Kognition (Kapitel 2.4.3.5), ein neues Verständnis von angemessener epistemischer

Kognition (Kapitel 2.4.3.3) und die Kontextsensibilität epistemischer Kognition (z.B. Kapitel 2.4.3.3).

Ferner sieht Hofer (2016) Forschungsfelder, die die vorliegende Untersuchung zumindest nicht zentral betreffen wie die Ausweitung der zu untersuchenden Populationen (beispielsweise zu Vorschülern: Barth, Bhandari, Garcia, MacDonald & Chase, 2014). Auch eine Rückbesinnung auf in der Philosophie diskutierte epistemologische Fragen und Verständnisse findet in epistemologischer Lehr-Lernforschung statt (z.B. Chinn et al., 2011).

2.4.3.1 Persönliche epistemologische Theorien als neues Paradigma

Die dritte Welle epistemischer Forschungsvorhaben beginnt mit Hofer und Pintrichs Annahme, dass sich epistemische Überzeugungen weder als dimensionsübergreifende Stufen entwickeln (wie in der ersten Phase), noch als voneinander weitgehend unabhängige Dimensionen organisieren (wie in der zweiten Phase), sondern als subjektive Theorien. Hofer & Pintrich (1997) sprechen von *Epistemological Theories*. Mit dem Ansatz wird erneut ein Paradigmenwechsel in epistemischer Lehr-Lernforschung angestoßen.

Unterschiede zwischen wissenschaftlichen und subjektiven Theorien

Wissenschaftliche Theorien zeichnen sich durch eine systematische und kohärente Herleitung aus. Dabei basieren sie auf überprüfbaren Hypothesen und müssen intersubjektiv nachvollziehbaren Standards genügen.

Subjektive Theorien von Individuen können, aber müssen nicht mit solchen wissenschaftlichen Theorien in Einklang stehen. Subjektive Theorien sind komplexe und kohärente Kognitionssysteme, in denen sich subjektive Welt- und Selbstsichten manifestieren und die zumindest implizit eine Argumentationsstruktur erkennen lassen. Sie können nach der Definition des *Forschungsprogramms Subjektive Theorien* als ein Bündel von Annahmen, Motiven, Vermutungen, Vorstellungen und Kognitionen von Alltagsmenschen zu deren Welt- und Selbstsicht betrachtet werden (Groeben, Schlee & Scheele, 1998; Schmidt & Lutz, 2007).

Bedeutung persönlicher epistemischer Theorien, bzw. Laientheorien

Für das vorliegende Forschungsvorhaben zur epistemischen Kognition von Lehrenden und angehenden Lehrenden sind solche Theorien zentral. So wird angenommen, dass Lehrende im Laufe ihrer akademischen und beruflichen Sozialisation Vorstellungen über Lehren und Lernen (z.B. Pajares, 1996), über ihr Fach (z.B. Prosser et al., 2005) und über sich selbst als Lehrende entwickeln. Diese Vorstellungen entwickeln sich zu „subjektiven Theorien" und können mehr oder weniger in Einklang mit wissenschaftlichen Lehrmeinungen stehen. Dabei sind subjektive Theorien dem Individuum nicht stets bewusst, dennoch wirken sie handlungsleitend (z.B. Staub & Stern, 2002; Dubberke et al, 2008). Es ist anzunehmen, dass sie einen Einfluss auf Unterrichtsgespräche und das Unterrichtsgeschehen insgesamt haben. Für die vorliegende Arbeit sind solche Theorien Lehrender insbesondere als epistemische Theorien in Bezug auf das Wissen in ihrem Fach von Bedeutung.

Schmidt und Lutz (2007) beschreiben epistemische Kognition von Individuen als eine kohärente Laientheorie. Auch Hofer (2001, 360) versteht sie in diesem Sinne, als „interrelated propositions that are interconnected and coherent". Somit wird in den Positionen von einer Kohärenz in den individuellen Verständnismustern von Wissen ausgegangen. Ähnlich sprechen Bromme und Kienhues (2007) in Bezug auf den Zusammenhang epistemischer Überzeugungen von einer „intuitiven Wissenschaftstheorie", die mit mehr oder weniger angemessenen epistemischen Überzeugungen näher oder ferner an dem ist, was als „wissenschaftliches Wissen" als wünschenswert gilt. Solch eine Laien-Theorie betrifft dabei nicht nur logische Grundlagen zu wahren oder falschen Behauptungen, sondern auch Annahmen zur Entstehung und Entwicklung wissenschaftlichen Wissens in sozialen Prozessen.

Hofer und Pintrich (1997) gehen davon aus, dass Individuen ihre epistemischen Überzeugungen über Wissen und Wissenserwerb in eigenen Theorien organisieren und zwar in Strukturen zusammenhängender Annahmen, die sich gegenseitig beeinflussen.

Wann von einer persönlichen Theorie gesprochen werden kann, fundieren Hofer und Pintrich (1997) für ihr Modell von persönlichen epistemischen Theorien insbesondere mit Wellmans (1990) Annahme, dass der Einzelne sein Wissen auf einem speziellen Gebiet ähnlich strukturiert, wie dies bei Theorien in der Wissenschaft der Fall ist. Da diese Annahme für das Modell der *Epistemological Theories* grundlegend ist, wird kurz darauf eingegangen:

Wellman (1990) gibt drei Kriterien vor, die eine Sammlung von Wissen (*body of knowledge*) zu einer Theorie werden lassen:

a.) Eine Theorie muss einen kohärenten Zusammenhang zwischen den Ideen und Konzepten (im Sinne von Grundvorstellungen) herstellen, die die Ansammlung von Wissen ausmachen. Haben Ideen und Konzepte keinen Zusammenhang und wurde in erster Linie nur isoliertes Wissen angehäuft, so könne nicht von einer Theorie gesprochen werden. Dem gegenüber steht am anderen Ende der Entwicklung eine formale Theorie (vielleicht ähnlich einer wissenschaftlichen Theorie) mit Theoremen und Prinzipien, die einen Zusammenhang zwischen den Ideen und Konzepten herstellen. Wenn sich das Wissen mit den Grundvorstellungen verbindet und die individuellen Konzepte Beziehungen zu anderen Ideen und Konzepten des Fachgebiets herstellen, entspräche dies auf die bisherige epistemologische Forschung bezogen einer angemessenen Theorie. Epistemische Theorien von Einzelnen sind, auch wenn sie sich auf differenziertem Niveau bewegen, in der Regel nicht so elaboriert wie dies bei professionellen Philosophen oder Wissenschaftlern der Fall wäre. Aber dennoch haben sie zusammenhängende Vorstellungen über Wissen, die über ein loses Nebeneinander hinausgehen.

b.) Eine Ansammlung von Wissen wird ferner durch einige ontologische Unterschiede zwischen bestimmten Teilen und Prozessen innerhalb des Feldes zur Theorie. Die Theorie ordnet, was zum Gebiet gehört und wie es unter- bzw. eingeteilt werden kann. Auf die epistemische Forschung bezogen: Die vorrausgehenden Modelle haben bereits implizit zwischen *nature of knowledge* und *process of knowing* unterschieden, auch wenn erst Hofer und Pintrich selbst auf diese Einteilung hinweisen (s.u.). Ferner unterscheiden die vorausgegangenen Modelle, ob Wissen gesichert ist und wo es herkommt. Diese Unterscheidungen wirken auf das Denken des Einzelnen. Relativisten denken beispielsweise ontologisch anders über ihre epistemologischen Überzeugungen nach als Absolutisten.

c.) Wellmans drittes Kriterium beinhaltet die Idee, dass eine Theorie Individuen einen kausal-erklärenden Rahmen für die Erklärung von Phänomenen innerhalb des Fachgebiets liefert. Zum Beispiel: Wenn wir „naive" Theorien von Fächern wie Biologie, Psychologie oder Physik haben, so beinhalten diese Theorien den Rahmen zur Erklärung biologischer oder psychologischer Phänomene. Es ist nicht ganz klar, ob dies auf epistemische Überzeugungen übertragen werden kann. Gleichwohl können Annahmen über die Natur von Wissen Annahmen über den Prozess des Wissens beeinflussen. Wer glaubt, dass Wissen absolut ist, für den macht es Sinn, dass Autoritäten Quelle unseres Wissens sind.

Eine solche Konzeptualisierung von epistemischer Kognition in persönlichen Theorien über die Natur des Wissens und den Prozess des Wissenserwerbs halten Hofer und Pintrich grundsätzlich für hilfreich, um das Konstrukt *epistemischer Kognition* zu klären und zu definieren.

Vier Dimensionen epistemischer Kognition

Hofer und Pintrich führen die Unterscheidung zwischen *Nature of Knowledge* (= Beschaffenheit von Wissen; was der Einzelne glaubt, was Wissen ist) und *Process of Knowing* (wie der Einzelne zu Wissen kommt) ein. Innerhalb ihres Konstrukts von *epistemologischen Theorien* dient diese Unterscheidung dazu, gemeinsame Elemente zu identifizieren bzw. im Sinne einer persönlichen Theorie einzuordnen. Die in Kapitel 2.4.2 beschriebenen Dimensionen *Quick Learning* und *Innate Ability* aus Schommers Modell werden nicht übernommen. Beide Dimensionen werden von Hofer und Pintrich nicht als Teil epistemischer Kognition, sondern eher als Annahmen über das Konstrukt Intelligenz gesehen.

Nature of knowledge und *Process of Knowing* untergliedern Hofer und Pintrich nochmals in insgesamt vier identifizierbare, sich beeinflussende Dimensionen. Nach wie vor geht es um eine Hierarchie von unangemessenen Sichtweisen zu stärker differenzierten („sophistizierten") Vorstellungen (z. B. von *„Wissen ist absolut"* zu *„Wissen ist relativ und im Kontext zu sehen"* oder von *„Wissen ist eine Ansammlung von Fakten"* zu *„Wissen ist ein komplexes Netzwerk"*).

Auch in neueren Veröffentlichungen haben diese Dimensionen Bedeutung (z.B. Bråten, Britt, Strømsø & Rouet, 2011; Sinatra, Kienhues & Hofer, 2014), bzw. werden sie erweitert (Chinn et al., 2011).

Alle vier Dimensionen spielen bereits im Perry-Schema eine Rolle und definieren dort Entwicklungslinien durch die jeweiligen Stufen. Gleichwohl entwickeln sich diese

Dimensionen im Modell von Hofer und Pintrich nicht unbedingt synchron, sondern sind einerseits im Sinne von Schommers Modell unabhängig, andererseits können sie durchaus miteinander in Beziehung stehen. Individuen verbinden die Dimensionen zu ihrer eigenen *persönlichen epistemischen Theorie.* Hofer (2000) konnte die vier Dimensionen faktorenanalytisch mit ihrem Instrument DEBQ (vgl. Kapitel 2.4.3.2) bestätigen. Auch 2014 hält Hofer die Dimensionen noch für zentrale Elemente epistemischer Kognition (Sinatra et al, 2014). Die Dimensionen im Einzelnen:

Überzeugungen zur Natur (bzw. Beschaffenheit) des Wissens

Sicherheit von Wissen
Diese Dimension beschreibt, inwiefern Wissen als sicher und stabil oder eher als im Wandel angenommen wird. Dass Wissen in Frage gestellt wird und sich verändert, ist eines der Fundamente wissenschaftlicher Erkenntnisprozesse. Wissenschaft forscht zu ungeklärten und ungewissen Fragestellungen. Die Annahme absoluter Sicherheit würde einem angemessenen Wissen(schaft)sbild widersprechen.
Der Einfluss dieser Dimension auf Lernprozesse ist in zahlreichen Untersuchungen deutlich geworden. Beispielsweise Pischl, Stahl und Bromme (2008) konnten zeigen, dass Probanden ($N = 51$), die Wissen in Bezug auf Genetik als vorläufig annahmen, mehr Zeit mit dem Lesen zu unsicheren Aspekten zum genetischen Fingerabdruck verbrachten als Probanden, die Wissen zur Genetik als sicher einstuften. Bråten et al. (2011) diskutieren anhand einer Reihe von eigenen und weiteren Untersuchungen, dass Personen, die an absolute Sicherheit von Wissen glauben, frustriert und konfus reagieren, wenn sie mit widersprüchlichen Informationen konfrontiert werden.
Normativ ist es nach wie vor wünschenswert, dass Wissen nicht als endgültig angesehen wird, sondern sich neuen Interpretationen öffnet.

Struktur von Wissen

Diese Dimension beschreibt, inwiefern und ob Wissen miteinander verwoben ist. Dem Pol *„Wissen ist eine Ansammlung von Fakten"* steht die differenziertere Annahme *„Wissen ist ein komplexes Netzwerk verschiedener Theorien"* gegenüber. Personen mit der Ansicht, Wissen sei eine Ansammlung von Fakten, neigen dazu, Informationen einseitig zu sehen, während differenziertere Ansichten die Integration verschiedener Standpunkte in eine eigene reflektierte Sichtweise erleichtern (Rukavina & Daneman, 1996, zit. nach Sinatra et al., 2014, 128).

Überzeugungen zum Wissenserwerb

Rechtfertigung von Wissen

Diese Dimension beinhaltet, wie Individuen Wissensbehauptungen rechtfertigen und begründen. Dabei geht es um grundlegende wissenschaftsmethodische Argumentationen. Häufig zeigt sich eine Lücke an grundlegenden wissenschaftsmethodischen Kenntnissen bei der Bewertung von Wissensbehauptungen. In einer Studie von Hofer et al. (2010; zit. nach Sinatra, Kienhues & Hofer, 2014) zeigten sich beispielsweise Lücken in Bezug auf sinnvolle Stichprobengrößen. Häufig wurde argumentiert: „Wenn ich so viele Bienen wie möglich überprüfe, bekomme ich das beste Ergebnis."

Bråten et al. (2011) weisen ferner auf die spezielle Rolle der Rechtfertigung von Wissen beim Verständnis unterschiedlicher Texte hin: Wie rechtfertigen Menschen ihre Standpunkte, wenn sie zwischen unterschiedlichen Standpunkten abwägen müssen oder plötzlich mit Argumenten konfrontiert sind, die bisherigen Verständnissen widersprechen.

Die Rechtfertigung von Wissen ist ferner eine bedeutende Dimension, insbesondere für die normativ-bildungstheoretische Bedeutung der epistemischen Kognition (vgl. Kap. 2.3): Sind Individuen in der Lage, wissenschaftliche Erkenntnisse sinnvoll einzuordnen und zu bewerten? Können sie sich angemessen mit durch Medien transportierten Wissensbehauptungen auseinandersetzen?

Quelle von Wissen

(„*Wissen ist objektiv und vorhanden*" vs. „*Wissen ist subjektiv und konstruiert*"). In dieser Dimension geht es insbesondere um die Beziehung zu Autoritäten. Die Vorstellungen reichen vom unangemessenen Pol, der davon ausgeht, dass Wissen außerhalb der eigenen Person bei Autoritäten und Lehrern liegt, zu einem „angemesseneren" Pol, der die eigene Person am Wissensprozess beteiligt. Außerdem erweitern Hofer und Pintrich diese Dimension insofern, als dass nicht nur Autoritäten wie Experten als Quelle angesehen werden, sondern beispielsweise auch Eltern, Mitschüler und die Rolle der eigenen Person. Individuen mit in dieser Dimension als unangemessen betrachteten Positionen trauen sich die eigene Auseinandersetzung mit wissenschaftlichen Aussagen nicht zu und fragen nach Autoritäten, denen dann blind vertraut wird und deren Wissensbehauptungen keiner kritischen Prüfung unterzogen werden. Strømsø, Bråten & Britt (2011) haben Korrelationen zwischen epistemischer Kognition im Glauben an Quellen von Wissen und der Vertrauenswürdigkeit von Texten gefunden: Studierende, die Texten stärker trauen, glauben auch stärker an Autoritäten.

Zusammenfassend lässt sich festhalten, dass Hofer und Pintrich wichtige Elemente der ursprünglichen Stufenentwicklungsmodelle und Schommers Ansatz mit voneinander unabhängigen Dimensionen im Sinne neuer Konzepte kognitiver Forschung interpretieren und integrieren.

Die als Dimension neudefinierte Rechtfertigung von Wissen ist außerdem bedeutend, um zwischen unterschiedlichen Standpunkten abwägen zu können oder in der Auseinandersetzung mit Argumenten, die bisherigen Verständnissen widersprechen. Insbesondere zeigt sich auch hier die bildungstheoretische Bedeutung epistemischer Kognition: Diese Dimension widmet sich der Bewertung von Hinweisen und der Begründung von Überzeugungen, die als bedeutende Kompetenzen für einen angemessenen Umgang mit verschiedenen Wissensbehauptungen angesehen werden. Sie bildet somit normativ ein Kennzeichen für einen wichtigen Teil der Allgemeinbildung (vgl. Kapitel 2.3).

Epistemische Kognition im Verständnis kohärenter wissensbezogener Theorien zeigt ferner Parallelen zur Theorie des *Conceptual Change* (Posner, Strike, Hewson & Gertzog, 1982; Guzzetti, Snyder, Glass, & Gamas, 1993; Vosniadou, 2003, Sinatra et al., 2014). Beispielsweise steht auch in der Forschung zum *Conceptual Change* die Stabilität und die Veränderung theoretischer Konzepte im Focus (vgl. Kapitel 2.4.3.5). Ferner kann epistemische Kognition im Verständnis kohärenter wissensbezogener Theorien Wissen analog zu wissenschaftlichen Theorien domänenspezifisch deuten (Sinatra et al., 2014). Untersuchungen zeigen, dass persönliche Theorien epistemischer Kognition sowohl domänenspezifische als auch domänenübergreifende epistemische Überzeugungen beinhalten (Kapitel 2.4.3.2) und dass die Dimensionen epistemischer Kognition kontextsensibel erweitert werden (Kapitel 2.4.3.3), wie die folgenden Kapitel zeigen werden. Das Modell von Hofer und Pintrichs wurde z.B. von Chinn et al. (2011) erweitert und wird inzwischen auch von Hofer selbst sehr viel stärker im Kontext gesehen (vgl. Kapitel 2.4.3.3).

2.4.3.2 Domänenspezifische und soziokulturelle epistemische Kognition

Domänenspezifische und domänenübergreifende epistemische Kognition
Ob epistemische Kognition über verschiedene Domänen hinweg stabil ist oder domänenspezifisch abläuft, wurde mehrfach untersucht. Der Begriff *Domäne* (engl. *domain*) wird gleichwohl unterschiedlich verstanden. So definieren Kuhn und Weinstock (z.B. 2004) sehr umfangreiche Gegenstandsbereiche als *Domäne*, beispielsweise Urteile persönlichen Geschmacks, Urteile über die soziale oder physische Welt oder Urteile zu Fakten und Werten. Häufiger wird *Domäne* in Bezug auf bestimmte Universitätsdisziplinen bzw. Fächer oder ähnliche Fachrichtungen wie Mathematik, Geschichte, Biologie bzw. generell für Natur- oder Geisteswissenschaften verwandt (z. B. von Schommer & Walker, 1995; Hofer, 2000; Buehl, Alexander & Murphy, 2002; Buehl & Alexander, 2006).

Da die meisten Forschungsvorhaben *Domäne* in letzterem Sinne verstehen und sich die vorliegende Arbeit in ihren Forschungsfragen dem Kontext und Urteilen zu wissenschaftlichem Wissen und nicht Urteilen des persönlichen Geschmacks oder Werten widmet, wird Domäne in dieser Arbeit ebenfalls in Bezug auf bestimmte Universitätsdisziplinen bzw. Fächer oder ähnliche Fachrichtungen verstanden.

Wissenschaftsdisziplinen wie Mathematik, Erziehungswissenschaft oder Biologie sind unterschiedlich geordnet und unterscheiden sich methodisch (Buehl, Alexander

& Murphy, 2002). Somit ist anzunehmen, dass sich auch epistemische Kognition zu unterschiedlichen Fächern und Fachgebieten unterscheidet.

Im Folgenden werden verschiedene Studien angeführt, die Beiträge zur Diskussion um Domänenspezifität und –generalität leisten. Empirische Befunde zur Domänenspezifität epistemischer Überzeugungen stellten sich anfangs gegensätzlich dar:

Schommer & Walker (1995) ließen Psychologiestudierende in einem Between-subjects-Vergleich Schommers Fragebogen SEQ ausfüllen. Dabei sollte eine Gruppe (n = 39) den Fragebogen hinsichtlich ihrer Vorstellungen von Sozialwissenschaften bearbeiten und eine andere Gruppe (n = 56) hinsichtlich ihrer Vorstellungen von Mathematik. Die jeweiligen Antworten der Gruppen korrelierten in hohem Maße miteinander

In einem vergleichbaren Setting haben Schommer und Walker ihr Ergebnis mit 114 Psychologiestudierenden repliziert. Gleichwohl wollten Schommer und Walker die zwei unterschiedlichen Wissenschaftsdomänen nochmals stärker kontrastieren, da sie unsicher waren, ob den Studierenden die Domänenspezifität (zu Mathematik bzw. Sozialwissenschaften) bei der Bearbeitung der 63 Items von Schommers SEQ stets bewusst war. So wurde in jedem dritten Item nochmals auf die Domäne hingewiesen. Trotz dieser Verstärkung ließen sich Korrelationen aus der ersten Studie replizieren.

Hofer (2000) kam mit einem Within-Subjects-Vergleich zu Befunden, die sich zu Schommer und Walkers Studie konträr darstellen: Sie ließ Psychologiestudierende im ersten Studienjahr (N = 326) sowohl eine kürzere Version von Schommers SEQ (nach Qian & Alvermann, 1995) ausfüllen, um generelle epistemologische Überzeugungen zu erheben, als auch ein von Hofer (2000) selbst entwickeltes Instrument DEBQ (= *Discipline-focused epistemological beliefs questionnaire*). Der DEBQ wurde den Studierenden dabei in zwei nahezu identischen Ausführungen vorgelegt, die sich nur darin unterschieden, dass in einer Version in Bezug auf Naturwissenschaften geantwortet werden sollte und im zweiten Fall in Bezug auf Psychologie.

Faktorenanalytisch konnte Hofer die vier Dimensionen ihres Modells der „Epistemological Theories" (Hofer & Pintrich, 1997; vgl. Kapitel 2.4.3.1) nachweisen. Alle vier Dimensionen („certainty/simplicity of knowledge", „Justification for knowing:

personal", "Source of knowledge: authority" und "Attainability of truth") unterscheiden sich dabei in Abhängigkeit vom Fach signifikant voneinander. Naturwissenschaftliches Wissen wird von den Studierenden als sicherer angesehen als psychologisches Wissen.

In einer ähnlich wie bei Hofer angelegten Serie von drei Within-Subjects-Studien untersuchten Buehl, Alexander & Murphy (2002) domänenspezifische epistemische Überzeugungen zu den Disziplinen Mathematik und Geschichte bei Studienanfängern (N = 1338; n = 182, n = 633, n = 523). Die Autorinnen entwickelten das domänenspezifische Instrument DSBQ (Domain-Specific Beliefs Questionnaire), bei dem sie von einer Vier-Faktoren-Lösung ausgingen („Need for Effort in Mathematics", „Integration of Information and Problem Solving in Math", „Need for Effort in History" und „Integration of Information and Problem Solving in History"). Entsprechend der Untersuchung von Hofer waren die Items in den Instrumenten für beide Disziplinen grundsätzlich identisch und unterschieden sich nur darin, dass einmal in Bezug auf Mathematik und einmal in Bezug auf Geschichte geantwortet werden sollte. In einer ersten Untersuchung zeigte sich exploratorisch die angenommene Vier-Faktoren-Struktur, die in den zwei folgenden Studien repliziert werden konnte. Bei einer Teilpopulation ließen Buehl et al. ferner eine Adaption von Schommers SEQ mitlaufen, um generelle epistemische Überzeugungen zu erheben und mögliche Korrelationen zwischen fachspezifischen und generellen epistemischen Überzeugungen zu untersuchen. Mit ihrem Verfahren stellten die Autorinnen domänenspezifische epistemische Überzeugungen in den Fächern Mathematik und Geschichte fest. Zugleich lassen sich aber auch Korrelationen zwischen den Faktoren des DSBQ und dem SEQ feststellen, so dass die Autorinnen neben domänenspezifischen auch generelle epistemische Überzeugungen annehmen.

Sowohl domänenspezifische als auch domänenübergreifende epistemische Überzeugungen („*epistemological world views*") nehmen auch Olafson und Schraw (2006) an. Sie haben Grundschullehrkräfte sowohl interviewt als auch ihre Ansichten mit dem Fragebogen-Instrument Epistemic Belief Inventory (EBI; Schraw, Bendixen & Dunkle, 2002) erhoben.

Der EBI besteht aus 32 Items, die anhand einer 5-stufigen Likert-Skala beantwortet werden müssen; dabei gehen die Autoren des Instruments von drei Dimensionen aus: *Simple knowledge* (zur Komplexität von Wissen), *Certain knowledge* (zur Sicherheit von Wissen) und *Omniscient authority* (zu Quellen von Wissen).

Ferner haben sie die so erhobene epistemische Kognition der Lehrkräfte anhand von Tagebuchaufzeichnungen und Fotodokumentationen mit ihren Unterrichtsstilen verglichen, um zu untersuchen, ob sich das eigene Verständnis epistemischer Kognition im Unterrichtsstil widerspiegelt.

Olafson und Schraw haben zunächst versucht, die Lehrkräfte mit ihren Überzeugungen in eine der drei folgenden und qualitativ zu unterscheidenden Kategorien epistemologischer world views einzuteilen: *realist* (= *Es gibt objektives Wissen, Wissen ändert sich nur selten*), *contextualist* (= *Wissen ist vom Kontext abhängig, indem es erworben wird und es ändert sich mit der Zeit*) und *relativist* (=*Wissen ist subjektiv und ändert sich mit in hohem Maße*).

Mit den Ergebnissen der Untersuchungen ließen sich die Lehrenden jedoch nicht eindeutig diesen Kategorien zuzuordnen, da sie je nach Kontext (z. B. Lernen, Naturwissenschaften, Unterrichtsarrangements) ganz unterschiedliche *world views* zeigten. Die Lehrenden haben dabei erstens verschiedene Fächer unterschiedlich bewertet. Zweitens war ihre eigene Unterrichtspraxis häufig nicht von ihren eigenen *world views* geprägt. So folgte der Unterricht häufig einem realistischen Weltbild, während die Lehrkräfte das Wissen selbst durchaus kontextuell oder relativistisch sahen.

Ferner wurden auch Unterrichtsfächer in den Interviews in Hinblick auf *world views* unterschiedlich eingeschätzt. Olafson und Schraw kommen zu der Annahme, dass Lehrpersonen sowohl generelle als auch domänenspezifische *epistemological world views* besitzen. Hinzu kommen noch spezielle *Lehrer-Worldviews* oder epistemische *Lehrer-Kognitionen*, die häufig nicht mit den fachlichen *world views* übereinstimmen, das Unterrichtsgeschehen aber prägen.

In einer Untersuchung von Stahl und Bromme (2007) haben Biologie-, Ökologie- und Geographiestudierende eines gemeinsamen Online-Pflanzenbestimmungsprojekts verschiedener deutscher Universitäten ($N = 634$) das Instrument CAEB dreimal ausgefüllt, jeweils für ihr Verständnis von Wissen in der Pflanzenbestimmung, in der Genetik und in der Physik. Das jeweilige Verständnis wird im CAEB über zwei Faktoren abgebildet: Textur und Variabilität.

Dabei beschreibt der Faktor Textur die Struktur und Genauigkeit von Wissen. Der Faktor Variabilität bildet die Stabilität und Dynamik wissenschaftlicher Erkenntnis ab. Die Autoren berechneten für die beiden Faktoren jeweils Gesamtsummen und verglichen die Ergebnisse der drei Wissensbereiche miteinander. Es zeigten sich signifikante Unterschiede mit einer großen Effektstärke. Wissen in der Physik wurde strukturierter und stabiler als in der Genetik eingeschätzt. Außerdem werteten die Studierenden Wissen in der Pflanzenbestimmung als unstrukturierter, aber stabiler als sowohl Wissen in Physik und Genetik.

In einer Replikation (Stahl & Bromme, 2007) der 2-Faktorenstruktur des CAEB ($N = 542$) sollten Studierende das Wissen jeweils in den Fachgebieten Pflanzenbestimmung und organischer Chemie beurteilen. Es zeigten sich ebenfalls signifikante Unterschiede in der Bewertung des Wissens. Die Studierenden schätzten das Wissen zur Pflanzenbestimmung über den Faktor Textur als signifikant unstrukturierter ein als das Wissen zur organischen Chemie. Der zweite Faktor Variabilität zeigte keine signifikanten Unterschiede. Mit Hilfe des Instruments CAEB lassen sich unterschiedliche epistemische Überzeugungen zwischen einzelnen Fachgebieten der Naturwissenschaften belegen.

Zwischenbetrachtung zur Domänenspezifität

Ergebnisse zur Domänenspezifität epistemischer Kognition zeigen sich inzwischen recht eindeutig. Zwar wurde zunächst davon ausgegangen, dass epistemische Kognition von der Wissensdomäne weitgehend unabhängig abläuft (z.B. Schommer & Walker, 1995), die beispielhaft gezeigten Untersuchungen von Hofer (2000) sowie Stahl und Bromme (2007) geben jedoch Hinweise auf disziplinspezifische epistemische Kognition. Zwischen verschiedenen Fächern wie Naturwissenschaften und Psychologie, aber auch zwischen speziellen Fachgebieten wie der Pflanzenbestimmung und organischer Chemie lassen sich signifikante Unterschiede in Hinblick auf die epistemologischen Überzeugungen feststellen. Theoretisch liegt diese Annahme nahe: Verschiedene wissenschaftliche Disziplinen haben unterschiedliche Strukturen. Es gibt „harte" und „weiche" Fächer, „angewandte" und „eher theoretische" Fächer. Weitere Untersuchungen z. B von Barzilai & Weinstock (2015), Jehng, Johnson & Anderson (1993), Voos, Tyler & Yengo (1983), Schoenfeld

(1993) geben ebenfalls Hinweise für disziplin- und domänenspezifische epistemische Kognition.

Die Untersuchungen von Buehl, Alexander und Murphy (2002) zeigen sowohl domänenspezifische epistemische Kognition in den Fächern Mathematik und Geschichte, liefern jedoch zudem Belege für Korrelationen zwischen den domänenspezifischen Faktoren ihres Instruments DSBQ und dem domänenübergreifend eingesetzten SEQ (Schommer, 1990), so dass von einer Koexistenz domänenspezifischer und genereller epistemischer Überzeugungen ausgegangen werden kann, was ebenfalls durch die Untersuchungen von Olafson und Schraw (2006) gestützt wird.

Somit lässt sich die Diskussion dahingehend zusammenfassen, dass von einer Koexistenz domänenspezifischer als auch genereller epistemischer Überzeugungen ausgegangen werden kann. Theoretische Modelle (Buehl & Alexander, 2006) und Veröffentlichungen (z.B. Olafson & Schraw, 2006; Urhahne, Kremer & Mayer, 2008) versuchen diese zu integrieren. Gill et al. (2004) und Stahl (2011) gehen davon aus, dass generelle epistemische Überzeugungen relativ stabil sind und domänenspezifische Überzeugungen variabler. Muis, Bendixen und Haerle (2006; zit. nach Kienhues et al., 2008) nehmen an, dass generelle Überzeugungen weniger dominant werden, sobald domänenspezifische Überzeugungen durch Bildungsprozesse bzw. eine Zunahme an Fachwissen einflussreicher werden.

Epistemisches Klima in verschiedenen Universitätsdisziplinen und Wechselwirkungen zwischen epistemischer Kognition von Lehrenden und Lernenden
Bereits in der zweiten Forschungswelle zu epistemischer Kognition finden sich Studien, die ein unterschiedliches *epistemisches Klima* in Bezug auf die den Studierenden begegnende Kultur im Umgang mit Wissen an ihren Hochschulen und ihren Disziplinen bzw. Domänen annehmen lassen (vgl. zum Begriff *epistemisches Klima* z. B. Feucht, 2010). Domänenspezifische Unterschiede epistemischer Überzeugungen zwischen Fächern können zwar einerseits auf verschiedene Strukturen das Wissens in verschiedenen wissenschaftlichen Disziplinen zurückgeführt werden (s.o.), andererseits kann auch ein unterschiedliches Klima in Bezug auf den Umgang mit Wissen und die Rechtfertigung von Wissen unterschiedliche epistemische Kognition evozieren.

Jehng, Johnson und Anderson (1993) haben Studierende ($N = 386$) unterschiedlicher Fächer zu ihren epistemischen Überzeugungen befragt. Als Instrument haben sie Schommers SEQ (siehe Kapitel 2.4.2) eingesetzt. Dabei zeigte sich, dass Studierende „weicher" Fächer wie Sozialwissenschaften und Kunst Wissen eher als unsicher einstufen, als Studierende „harter" Fächer wie Ingenieurswissenschaften oder Ökonomie. Außerdem verlassen sich die Studierenden „weicher" Fächer stärker auf ihre Argumentationsfähigkeit. Den Prozess des Wissenserwerbs sehen sie weniger stark als klar strukturierten Prozess an. Die Untersuchungen zeigen außerdem, dass Studierende in höheren Semestern stärker als Studierende in den ersten Semestern zur Einschätzung neigen, dass Wissen oft unsicher ist. Die Autoren führen dies auf die den Studierende begegnende Kultur im Umgang mit Wissen an ihren Hochschulen und ihren Fächern zurück.

Liu & Tsai (2008) haben mit einem selbstentwickelten Fragebogeninstrument (SEV-Questionnaire) epistemische Kognition von Erstsemestern ($N = 220$) naturwissenschaftlicher und nicht-naturwissenschaftlicher Hauptfächer verglichen. Erhoben wurden die fünf Dimensionen *„Bedeutung sozialer Aushandlung"*, *„erfundene und kreative Beschaffenheit der Naturwissenschaft"*, *„theoriegeleitete Exploration"*, *„kulturelle Einflüsse"* sowie *„wechselnde und sich entwickelnde Merkmale naturwissenschaftlichen Wissens"*.

Die Ergebnisse zeigen, dass Studierende der Naturwissenschaften (inkl. Naturwissenschaftsdidaktik) weniger angemessene Kognitionen in den Dimensionen *theoriegeleiteter Exploration* und *kultureller Einflüsse* von Naturwissenschaften zeigen, als Studierende in den nicht-naturwissenschaftlichen Fächern. Studierende der Naturwissenschaftsdidaktik schnitten über alle fünf erhobenen Dimensionen insgesamt am schwächsten ab. Die Autoren sehen eine Erklärungsmöglichkeit in einem unterschiedlichen epistemologischen Klima zu Beginn des jeweiligen Studiums. So könnte in naturwissenschaftlichen Studiengängen Wissen länger als objektiv und universell gelehrt werden. Alternativ könnten sich auch Studienanfänger und Studienanfängerinnen, die naturwissenschaftliches Wissen als sicher und objektiv ansehen, überdurchschnittlich häufig für ein naturwissenschaftliches oder fachdidaktisch-naturwissenschaftliches Studium entscheiden. Außerdem weisen existierende

Modelle und Befunde zu epistemischer Kognition in Unterricht und Seminaren auf Wechselwirkungen zwischen epistemischer Kognition der Lehrpersonen, ihrem Unterrichtsstil (bzw. dem „epistemischen Klima" im Klassenraum) und den epistemischen Überzeugungen der Lernenden hin. Buelens, Clement & Clarebout (2002) haben belgische Promovierende verschiedener Wissenschaftsdisziplinen ($N = 121$) befragt, die erste Lehrveranstaltungen halten. In einer Onlineerhebung wurden die Promovierenden gebeten, Fragen zu ihren Lehrkonzepten (*lehrpersonenzentriert* oder *studierendenorientiert*), Lernvorstellungen (*bedeutungsorientiert* oder *reproduktionsorientiert*) und Wissensvorstellungen (*absolut* oder *relativ*) zu beantworten. Die Arbeitsgruppe berichtet, dass relativistische Wissensvorstellungen und bedeutungsorientierte Lernvorstellungen von Promovierenden mit studierendenorientierten Lehrvorstellungen korrespondieren. Auf weitere Wechselwirkungen zwischen epistemischer Kognition von Lehrenden und ihrem Unterrichtsstil weisen z. B. Studien von Boscolo & Mason (2001), Brownlee & Berthelsen (2008), Haerle & Bendixen (2008) und Tsai (1998) hin. Allerdings stammen die Befunde meist aus anderen Ländern, sodass sich die Frage stellt, ob sich diese auf eine deutschsprachige Schul- und Hochschulsozialisation übertragen lässt und in Bezug auf Lernkulturen und epistemische Kognition überhaupt vergleichen lassen (Haerle & Bendixen, 2008).

Lehrpersonen verschiedener deutscher Schulformen (Grundschule, Hauptschule/Werkrealschule, Realschule und Gymnasium) durchlaufen in ihrer Ausbildung in Bezug auf fachwissenschaftliche und fachdidaktische Inhalte je nach studiertem Lehramt deutlich unterschiedlich angelegte Studiengänge. Es ließen sich jedoch keine Studien finden, die epistemische Kognition von Lehrerinnen und Lehrern unterschiedlicher Schulformen systematisch vergleichen, obwohl diese - bedingt durch unterschiedliche Ausbildungsgänge und -schwerpunkte - eine unterschiedliche Hochschulsozialisation erfahren, sodass hier ein Forschungsdesiderat vorliegt.

Kulturelle Unterschiede epistemischer Kognition
Studienergebnisse belegen, dass epistemische Kognition kulturell beeinflusst wird. Karabenik und Moosa (2005) verglichen omanische und US-amerikanische Collegestudierende in Bezug auf die vier Dimensionen von Hofer und Pintrich (1997;

vgl. Kapitel 2.4.3.1). Als Instrument wurde eine adaptierte Version von Schommers SEQ (Schommer, 1990) in Englisch und Arabisch eingesetzt. Omanische Studierende akzeptierten wissenschaftliche Autoritäten dabei stärker als US-amerikanische Studierende. Ebenso stuften omanische Studierende Wissen als sicherer und einfacher strukturiert ein, als US-amerikanische Probanden.

Tabak und Weinstock (2008) haben mit Kuhn, Cheney und Weinstocks (2000) Entwicklungsstufen-Instrument epistemische Kognition israelitischer Jugendlicher (N = 390) verglichen und kulturell zwischen säkularen Juden, religiösen Juden und Beduinen verschiedener Altersstufen unterschieden. Es zeigten sich in allen kulturellen Gruppen die für das Instrument typischen Gruppen Absolutisten, Multiplisten und Evalutisten (vgl. Kap. 2.4.1.5). In denselben Altersgruppen zeigten sich stets höhere Prozentzahlen an Absolutisten bei den Beduinen.

Kritisch zu kulturellen Unterschieden haben Chan und Elliot (2004) die Frage aufgeworfen, ob die Konzeption epistemischer Kognition auch für nicht-westliche Gesellschaften gilt.

Geschlechtsspezifische Unterschiede

Die Untersuchung von geschlechtsspezifischen Unterschieden zu epistemischen Überzeugungen hat eine lange Tradition. Bereits Baxter Magolda (1992) belegt mit ihrem Entwicklungsstufenmodell (vgl. Kapitel 2.4.1.3) geschlechtsspezifische Unterschiede auf unteren Ebenen epistemischer Kognition, während auf der elaboriertesten Stufe (*Contextual Knowing*) keine Unterschiede mehr festzustellen waren. Auch neuere Studien untersuchen geschlechtsspezifische Unterschiede. So berichtet eine Studie von Mason, Boldrin & Zurlo (2006) mit italienischen Schülerinnen und Schülern (N = 881) der Klassenstufen 5, 8, 11 und 13, dass Jungen signifikant stärker zu absolutistischer epistemischer Kognition neigen als Mädchen. Eingesetzt wurde das Instrument zu fünf unterschiedlichen Domänen von Kuhn, Cheney und Weinstock (2000), wobei die Autoren nicht wissenschaftliche Disziplinen als Domänen bezeichnen, sondern persönlichen Geschmack, ästhetische Urteile, Werte sowie die soziale und physische Welt.

Auch Trautwein und Lüdtke (2007) berichten in der in Kapitel 2.4.3.4 beschriebenen TOSCA-Studie geschlechtsspezifische Unterschiede in epistemischer Kognition bei

Lernenden an Gymnasien. Schülerinnen neigen danach weniger zu dualistischen epistemischen Überzeugungen als Jungen.

Karabenik und Moosa (2005; siehe oben) untersuchten in ihrer Studie mit omanischen und US-amerikanischen Collegestudierenden ebenfalls geschlechtsspezifische Unterschiede. Bei den omanischen Studierenden zeigten sich geschlechtsspezifische Unterschiede: Männliche Studierende akzeptierten wissenschaftliche Autoritäten stärker als weibliche Studierende. Bei den US-amerikanischen Studierenden zeigten sich keine Unterschiede.

Eine Studie von Urhahne und Hopf (2004; vgl. Kapitel 2.4.3.4) konnte dagegen keine Unterschiede zwischen Jungen und Mädchen in der Sekundarstufe 1 feststellen. Auch Conley et al. (2004) konnten in einer Interventionsstudie mit 187 Grundschulkindern, die vor und nach einer 9-wöchigen Einheit zu Naturwissenschaften mit einem Fragebogen befragt wurden, keine geschlechtsspezifischen Unterschiede in den vier Dimensionen epistemischer Kognition nach Hofer und Pintrich (1997) feststellen.

Aufgrund der Unterschiede in einigen der Studien wird angenommen, dass die Sozialisation der Geschlechter weiterhin Einfluss auf die Entwicklung epistemischer Kognition hat.

Buehl und Alexander ordnen "Beliefs about Academic Knowledge"

Aufgrund von Belegen für kulturelle und domänenspezifische Unterschiede aber auch auf Basis von Korrelationen zwischen domänenspezifischen und generellen epistemischen Überzeugungen entwickelten Buehl und Alexander (2006) ihr Modell zu *Beliefs about Academic Knowledge*, das Abbildung 2.2 zeigt. Damit entwerfen sie ein Modell epistemischer Kognition mit verschiedenen aber miteinander interagierenden Ebenen. Zwischen generellen und domänenspezifischen epistemischen Überzeugungen in Bezug auf die von Schommer (1990) definierten Dimensionen Struktur, Stabilität und die Quelle von Wissen beschreibt das Modell gegenseitige Beeinflussungen und Entwicklungen. Ferner betrachtet das Modell epistemische Kognition insbesondere auch in den soziokulturellen Kontext der einzelnen Person eingebettet, wie Alter und Bildungsniveau (z.B. Schommer, 1993), Geschlecht, (z.B. Baxter Magolda, 1992; Mason et al., 2006) und Kulturkreis (z.B. Tabak & Weinstock, 2008). Somit gehen auch Buehl und Alexander davon aus, dass generelle und domänenspezifische epistemische Überzeugungen nebeneinander existieren.

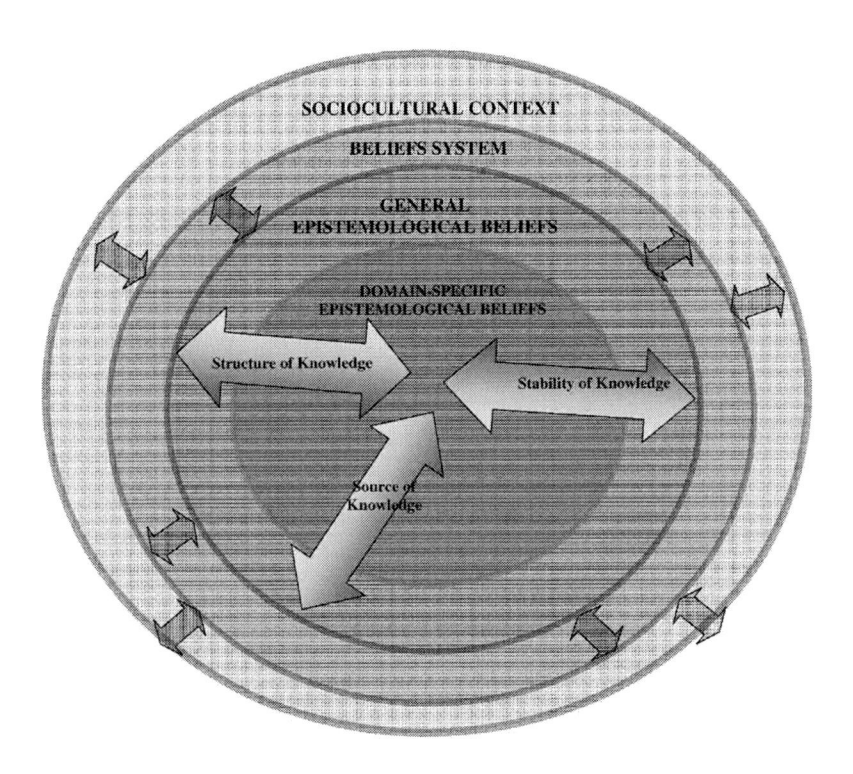

Abbildung 2.2. Beliefs about academic knowledge (aus: Buehl & Alexander, 2006, 30)

Grundsätzlich wird individuelles Wissen von den Autorinnen als komplex, mehrdimensional und vielschichtig angesehen. In diesem Sinne sollte auch epistemische Kognition als komplex, mehrdimensional und vielschichtig betrachtet und untersucht werden. Das Modell geht davon aus, dass im Bewusstsein von Individuen verschiedene Wissenselemente nebeneinander existieren, die sich zugleich widersprechen können. Dazu verweisen die Autorinnen auf Erkenntnisse der *Conceptual Change*-Forschung, die zeigen, dass sich widersprechendes Schul- und Alltagswissen nebeneinander im Gedächtnis existieren kann (z.B. Vosniadou & Brewer, 1992). Lernende, die mit ihrem Schulwissen Fragen im Physikunterricht beantworten können, beantworten Alltagsphänomene mit Prinzipien, die exakt diesen Antworten aus dem Physikunterricht widersprechen. Damit nehmen die Autorinnen an, dass je nach Kontext oder Situation unterschiedliche Überzeugungen und Prozesse epistemischer Kognition aktiviert werden und epistemische Kognition stets im Kontext betrachtet werden muss.

Die Autorinnen nennen ferner Beispiele aus eigener Forschung, die sie annehmen lassen, dass sich domänenspezifische epistemische Überzeugungen häufig aus generellen epistemischen Überzeugungen entwickeln und Lernende diese im Zuge fortscheitender schulischer Sozialisation domänenspezifisch weiter ausdifferenzieren.

Nach dem Modell von Buehl und Alexander muss epistemische Lehr-Lernforschung insbesondere den jeweiligen Kontext in den Focus nehmen. So zeigt sich in der Diskussion um Domänenspezifität, dass Elemente epistemischer Kognition immer feinkörniger werden, dass epistemische Kognition auch im domänenspezifischen Kontext gemessen werden sollte.

2.4.3.3 *Epistemische Kognition und der situative Kontext*

In den vergangenen 15 Jahren wird in der Forschung zu epistemischer Kognition die Kontextabhängigkeit intensiver diskutiert (z.B. von Hammer & Elby, 2002; Buehl & Alexander, 2006; Bromme, Kienhues & Stahl, 2008; Chinn, Buckland & Samarapungavan, 2011). Bereits in Schommers Verständnis unabhängiger Dimensionen sieht Stahl (2011) Kontextbezüge, da Schommer die Bewertung von Wissen und Wissenserwerb in den einzelnen Dimensionen als tendenzielle Verteilung (beispielsweise 70% des Wissens ist sicher, 30% Prozent unsicher) und nicht als Kontinuum deutet (z.B. Schommer-Aikins & Hutter, 2002).

Auf kontextsensitive epistemische Kognition weisen weitere Belege hin: Hammer (1994) berichtet am Beispiel der Physik, dass epistemische Kognition nicht nur domänenspezifisch ist, sondern dass sich auch innerhalb der Physik je nach Kontext intrasubjektiv deutliche Unterschiede epistemischer Kognition zeigen. Ferner berichten Kuhn, Cheney und Weinstock in ihren Untersuchungen (2000), dass die individuelle Tiefe des epistemologischen Verständnisses zwischen verschiedenen zu beurteilenden Feldern variiert. Auf Kuhn et al. aufbauend und ihr Instrument einsetzend, kamen Mason & Boscolo (2004) ferner zum Untersuchungsergebnis, das bei Oberstufenschülerinnen und -schülern ($N = 70$; 38 weiblich) die Tiefe der epistemischen Beurteilung von ihrem persönlichen Interesse an den jeweiligen Texten beeinflusst wird.

Mit der dargestellten zunehmenden Bedeutung des Kontexts in epistemischer Lehr-Lernforschung verändert sich auch der Blick darauf, was als epistemologisch angemessen gilt.

Ein neues Verständnis angemessener epistemischer Kognition

„Sophistizierte" oder angemessene epistemische Kognition wurde in zahlreichen Modellen (z.B. Perry, 1970; Schommer, 1990; Hofer & Pintrich, 1997) u. a. in dem Sinne verstanden, dass sich die Lernenden dem Prozess der Genese von Wissen bewusst sein sollten und somit in Fragebögen oder Interviews Wissen als vorläufig zu sehen hatten. Verschiedene Veröffentlichungen halten dieses ursprüngliche Verständnis sophistizierter epistemischer Kognition für zu undifferenziert (z. B. Bromme, Kienhues & Stahl, 2008; Greene, Sandoval & Bråten, 2016; Murphy & Alexander, 2016). Die Arbeitsgruppe um Hammer und Elby (z.B. Louca, Elby, Hammer & Kagey, 2004) sieht in bisherigen Instrumenten (z.B. SEQ, Schommer 1990; DEBQ, Hofer, 2000) und Modellen epistemischer Kognition unangemessene Generalisierungen in Bezug auf die zunächst als sophistiziert und naiv[2] bezeichneten Pole, da sie eine Kontextabhängigkeit nicht angemessen berücksichtigen.

Dass sich wissenschaftliches Wissen entwickelt und im Wandel begriffen ist, lässt sich nicht für alle Kontexte gleichermaßen behaupten. So werden fortgeschrittene Lernende die Behauptung, dass die Erde rund und keine Scheibe sei, kaum als im Wandel begriffene Aussage verstehen. Dagegen könnten sie Theorien zum Aussterben der Dinosaurier deutlich vorsichtiger einstufen. Dennoch werden diese kontextuellen Nuancen von vielen Fragebogen- und Interviewinstrumenten nicht beachtet, sondern diese erwarten für eine angemessene Sichtweise, die Beurteilung, dass Wissen vorläufig und im Wandel sei (Elby & Hammer, 2001).

Ferner sind sich Individuen mit differenzierter epistemischer Kognition nach Bromme et al. (2008) der grundsätzlichen Genese wissenschaftlichen Wissens und ihrer Bedingtheit zwar bewusst, doch reflektieren sie in ihrem täglichen Leben nicht ständig darüber. Theorien, dass ein hoher Gemüseanteil in der Ernährung gesund

---

[2] Die Bezeichnungen „naiv" und „sophistiziert" werden heute in Veröffentlichungen epistemischer Lehr-Lernforschung nur noch selten verwendet. Inzwischen werden diese Pole häufig mit „unangemessen" und „angemessen" beschrieben.

sei, dass mit der ^{14}C-Methode das Alter organischer archäologischer Funde bestimmt werden könne (und die Halbwertszeit des ^{14}C 5730 Jahre beträgt oder dass es radioaktiv sei), werden als Fakten angesehen und im täglichen Leben und wissenschaftlichen Erkenntnisprozessen in der Regel auch als Fakt und nicht als Übergangstheorie behandelt. Nach klassischen Instrumenten (z.B. SEQ, Schommer 1990; DEBQ, Hofer, 2000) gehen Forschende ihren alltäglichen Aufgaben somit epistemologisch unangemessen an. Im Verständnis von Bromme et al. (2008) ist eine Flexibilität im Wissenschaftsprozess dagegen Grundlage sinnvoller wissenschaftlicher Arbeit: Einerseits sollte nicht jede zur Zeit gültige Theorie in jedem Arbeitsschritt wieder in Frage gestellt werden, andererseits bedarf es aber eines Bewusstseins, dass wissenschaftliche Erkenntnis und Modelle einem Prozess unterliegen, der zeitweise auch von radikalen Paradigmenwechseln geprägt ist (z. B. T. Kuhn, 1968). Es komme auf den Kontext an, ob es sinnvoll ist, Wissensaussagen als im Wandel begriffen oder als Fakten zu betrachten (z.B. Elby & Hammer, 2001; Bromme, Kienhues & Stahl, 2008). Somit sollten Prozesse und Urteile als angemessene epistemische Kognitionen betrachtet werden, die Wissensaussagen kontextsensitiv angemessen bewerten (z.B. Bromme, 2005; Chinn et al., 2011, Sinatra, Kienhues & Hofer, 2014; Murphy & Alexander, 2016).

Kontextsensitive Erweiterung der Dimensionen zu der Beschaffenheit des Wissens und dem Prozess des Wissenserwerbs

Verschiedene Veröffentlichungen (z.B. Chinn et al., 2011) heben hervor, dass die Interaktion zwischen den Dimensionen von Hofer & Pintrich (1997) nicht generell, sondern in Bezug auf konkrete Lernsituationen verstanden und untersucht werden müssen, um Lernprozesse und deren Ergebnisse zu erklären und vorhersagen zu können. Eine grundsätzlich kontextübergreifende Sicht auf epistemische Kognition halten Chinn et al. (2011, 146) nicht für überzeugend: „... EC [= epistemic cognition] is often highly specific and often varies from situation to situation. To predict and explain learning in a given situation, one needs to know the specific epistemic cognitions that are operative in the situation."

Chinn et al. gehen davon aus, dass die von Hofer und Pintrich vorgeschlagenen Dimensionen (vgl. Kapitel 2.4.3.1) weiterhin dabei helfen können, spezifische epistemische Kognitionen zu identifizieren, um Lernprozesse differenziert und situationsbezogen zu verstehen, gleichwohl sollte dies heute kontextsensitiv geschehen. Die kontextsensitive Erweiterung wird im Folgenden an den Dimensionen zur *Struktur von Wissen, Sicherheit von Wissen* und *Quelle von Wissen* dargestellt:

Dimension Struktur von Wissen: kontextsensitiv
Chinn et al. (2011) erweitern die Dimension *Struktur von Wissen* in Hinblick auf Kontextsensitivität und konzentrieren sich nicht mehr nur auf den Gegensatz *Einfache Ansammlung* vs. *Komplexes Gebilde.* Die Arbeitsgruppe hat philosophische Veröffentlichungen der vorausgegangenen zwei Dekaden in Hinblick auf epistemische Fragestellungen untersucht und diskutiert deren Bedeutung für die Lehr-Lernforschung. Die Dimension *Struktur des Wissens* verstehen sie in der Folge kontextsensibel im Sinne von universalen vs. Einzelerkenntnissen und interpretieren sie damit nicht mehr nur mit den zwei Gegenpolen der Ansammlung von Wissen einerseits und den eng miteinander verbundenen Konzepten andererseits. Chinn et al. (2011) geht es darum, ob Erkenntnisse universell gültig sind oder kontextsensitiv betrachtet werden müssen. Ein Beispiel: Ein Studierender, der annimmt, Wissen über die soziale Welt gelte generell und universell, wird eine detaillierte Fallstudie in Bezug auf die Effekte einer Reform des Sozialstaats in den meisten Ergebnissen ignorieren und stattdessen versuchen, diese auf ein oder zwei generelle Prinzipien zu abstrahieren. Anders ein Studierender, der annimmt, Wissen sei detailliert und bestehe aus vielen kontextuellen Einzelerkenntnissen. Dieser Student wird sich Details der Studie ansehen und versuchen, differenzierte und kausale Interaktionen zu verstehen.
Außerdem ergänzen Chinn et al. (2011) diese Dimension in Bezug auf die Entwicklung eines Verständnisses für Wahrscheinlichkeiten, das bei der Bewertung von wissenschaftlichen Behauptungen relevant wird und von den Autoren mit den Polen deterministisches vs. stochastisches Wissen beschrieben wird. So sind viele wissenschaftliche Aussagen keineswegs deterministisch. Ein Beispiel: Die in der Einführung erwähnte WHO-Metaanalyse diskutiert das Risiko erhöhten Fleischkonsums und prophezeit nicht das sichere Eintreten einer Krebserkrankung durch bestimmte Mengen an verzehrtem Fleisch. Vielmehr geht sie von einer Erhöhung des Risikos um 18 Prozent aus.

Inzwischen weist auch Hofer (z.B. Sinatra, Kienhues & Hofer, 2014) auf die Kontextsensitivität dieser Dimension hin und schließt sich damit einer Erweiterung ihres Ansatzes an.

Dimension Sicherheit von Wissen: kontextsensitiv
Die Dimension *Sicherheit von Wissen* wird von Hofer (Sinatra et al, 2014) inzwischen ebenfalls im Kontext gesehen. Es lassen sich zahlreiche Beispiele finden, die die Sicherheit wissenschaftlicher Erkenntnisse als kontextsensitiv definieren. Historische Erkenntnisse über den zweiten Weltkrieg könnten beispielsweise sicherer beantwortet werden als jene über die persischen Kriege (Bråten et al., 2009; zit. nach Sinatra et al., 2014). Weitere Beispiele wurden bereits in der Einleitung zu diesem Kapitel erwähnt.

Dimension Quelle von Wissen: kontextsensitiv
In Bezug auf diese Dimension machen z.B. Sinatra, Kienhues und Hofer (2014) deutlich, dass Vertrauen in Autoritäten nicht zwangsweise naiv sein muss, wie in bisherigen Modellen und Instrumenten angenommen. So müssen Menschen Expertenmeinungen auch vertrauen können. Im Idealfall sind sie in der Lage, verschiedene Expertenmeinungen differenziert abzuwägen. Für Bromme et al. (2008) beinhaltet ein angemessenes Verständnis von Sophistizität einen kontextsensitiven Einsatz epistemischer Kognition, der im Sinne kognitiver Arbeitsteilung auch Experten bzw. deren Argumentationen anerkennt. So bezeichnet Bromme (2005) mit „kognitiver Arbeitsteilung" den Umstand, dass sowohl die Produktion als auch die Sicherung im Sinne von Gewährleistung und Gültigkeit von Wissen arbeitsteilig erfolgt. Normativ verstehen klassische Modelle und Instrumente epistemischer Lehr-Lernforschung selbst erworbenes Wissen implizit als höherwertiger als von anderen übernommenes Wissen. Von der Arbeitsgruppe um Bromme wird diese Annahme in Frage gestellt (z.B. Bromme, Kienhues & Stadtler, 2016). Wissenschaftler untersuchen nicht jede Hypothese selbst (vgl. Chinn et al., 2011), sondern verfolgen spezielle Fragestellungen in bereits diskutierten Theoriegebilden, die sie gegebenenfalls leicht verändern. Wissenschaftliche Revolutionen (T. Kuhn, 1968) sind Forschenden zwar bewusst, aber nicht Teil jeder erneuten Forschungsfrage. Ferner ist wissenschaftliches Wissen grundsätzlich in

Disziplinen organisiert und wird von Expertinnen und Experten erarbeitet, die dann auch für die Gültigkeit dieses Wissens garantieren. Wissenschaftliche Erkenntnisse können nicht von jeder Forscherin und jedem Forscher selbst repliziert werden und somit sind auch sie auf Nachweise ihrer Fachkolleginnen und -kollegen angewiesen, denen sie vertrauen müssen (z.B. Chinn et al., 2011; Bromme et al., 2016).

Zudem erwerben Individuen moderner Gesellschaften den größten Teil ihrer Informationen und ihres Wissens nicht aus eigener Erfahrung, sondern durch Medien wie Bücher, Fernsehen oder Internet. Und für die Bewertung von Wissensaussagen fehlt dem Individuum häufig nötiges Fachwissen. So muss es sich zwangsweise auf Expertenaussagen stützen, um sinnvolle epistemologische Urteile zu fällen. Angemessene epistemische Kognition sollte sich somit kognitiver Arbeitsteilung bewusst sein und das durch eigene Erfahrung erworbene Wissen nicht als Maß aller Dinge ansehen. So sollte sich differenzierte epistemische Kognition angemessen mit Aussagen von Spezialisten auseinandersetzen können (Bromme et al., 2016).

Eine per se skeptische oder gar ablehnende Haltung gegenüber Autoritäten ist somit nicht (mehr) gleichbedeutend mit einer angemessenen epistemischen Kognition, auch wenn bestehende Instrumente wie SEQ und DEBQ sie heute noch so messen würden. Der Ökonomie-Nobelpreisträger Paul Krugman kommentierte 2013 die Vergabe des Ökonomie Nobelpreises an seinen Kollegen Lars Peter Hansen in der New York Times vom 14.10.2013 mit dem Satz: „As for Hansen, his work involves econometric methods on which I have no expertise at all, but I'll trust the experts who consider it great work."

Der Nobelpreisträger betont, dass er selbst nicht beurteilen könne, ob Hansens Arbeiten einen Nobelpreis der Ökonomie verdienen, traut der Jury aber die Expertise zu. Klassische Fragebogeninstrumente verwenden ganz ähnliche Sätze als Items („Sometimes you just have to accept answers from the experts even if you don´t understand them.", DEBQ, Hofer, 2000), werten eine Zustimmung jedoch als unangemessene epistemische Kognition.

Zusammenfassung und Ausblick
Mit den in diesem Kapitel dargestellten Erkenntnissen und theoretischen Erweiterungen zeigt sich, dass die Bedeutung des Kontexts ins Zentrum epistemischer Lehr-Lernforschung rückt. Theoretisch wird epistemische Kognition

inzwischen als situativ-kontextsensibles Konstrukt angenommen, was sich empirisch in ersten Belegen zeigt. Von Schommer (1990) sowie Hofer und Pintrich (1997) definierte Dimensionen werden im Sinne eines kontextabhängigen Verständnisses erweitert. Auch in folgenden Teilkapiteln wird der Kontext bedeutsam.

In den Kapiteln 2.4.3.7 und 2.4.3.8 wird beschrieben, wie einerseits die Arbeitsgruppe um Hammer und Elby und andererseits Stahl (2011) das Konstrukt epistemischer Kognition kontextsensitiv verstehen. In Kapitel 2.4.3.6 zur methodischen Kritik wird das Problem der Kontextsensitivität in Bezug auf Erhebungs- und Reliabilitätsprobleme diskutiert. Zunächst folgt jedoch die Bedeutung epistemischer Kognition für wünschenswerte Lernprozesse.

2.4.3.4 Beziehungen zu anderen Konstrukten: Schulleistung, Lernstrategien und Fachinteresse

In der Lehr-Lernforschung wird eine Reihe von Beziehungen epistemischer Kognition zu anderen Konstrukten untersucht. Zahlreiche Studien belegen, dass differenzierte epistemische Kognition oftmals mit angemesseneren Lernprozessen und besseren Lernergebnissen einhergeht. Der Stand der Forschung aus der psychologischen (und fachdidaktischen) Lehr-Lernforschung lässt sich dahingehend zusammenfassen, dass epistemische Kognition einen bedeutsamen Prädiktor in der schulischen und universitären Lehre darstellt und sich differenzierte epistemische Kognition positiv auf akademische Leistungen auswirkt.

Effekte und Korrelationen epistemischer Kognition mit Studien- und Schulleistungen
Bereits Schommer-Aikins (2002; Schommer, 1990) geht von direkten und indirekten Effekten epistemischer Kognition auf Studien- und Schulleistungen aus. Indirekt wirke epistemische Kognition über eine Auswahl der Lernstrategien, direkt über eine Art Filter, der nicht-eindeutige Texte interpretiert und daraus Schlussfolgerungen ziehen kann. Somit werden Lernende mit der Vorstellung, dass Wissen in der Regel sicher sei, durch vorläufige oder widersprüchliche Aussagen verunsichert, während Lernende mit differenzierteren epistemischen Vorstellungen mit solchen Texten souveräner umgehen können. Köller et al. (2000) nehmen ferner an, dass epistemische Kognition Fachinteresse, Kurswahl und Lernstrategien beeinflusst und sich diese drei Faktoren somit indirekt auf die schulische Leistung auswirken. Auch

Hofer (z. B. 2001) nimmt an, dass sich epistemische Kognition indirekt auf das schulische Lernen und die Leistung auswirkt. Hofer geht von Einflüssen epistemischer Kognition auf Motivation, die Wahl von Lernstrategien und Vorstellungen zum Lernen aus, von denen sie annimmt, dass diese wiederum die Lernleistung beeinflussen.

In der Literatur werden in diesem Sinne Fachinteresse, Motivation, fachspezifisches Selbstkonzept, Lernstrategien und -vorstellungen als bedeutende Prädiktoren der Schulleistung angenommen, die von epistemische Kognition beeinflusst werden.

Hinweise darauf geben u. a. folgenden Studien: Urhahne (2006) hat von einem Biologie-domänenspezifischen Ansatz ausgehend die Verbindung epistemischer Kognition in den Naturwissenschaften zu Motivation, Selbstkonzept und Lernstrategien analysiert. Die domänenspezifische epistemische Kognition wurde mit Hilfe eines Testinstruments von Conley, Pintrich, Vikiri und Harrisson (2004) in der Übersetzung von Urhahne und Hopf (2004) bei Studierenden des Lehramtes Biologie ($N = 120$) erhoben. In der Studie zeigt sich, dass differenziertere epistemische Überzeugungen mit einer höheren Leistungsmotivation und einem höheren fachspezifischen Selbstkonzept einhergehen. Ferner vermeiden Lernende mit angemesseneren epistemischen Überzeugungen oberflächliche und bevorzugen tiefer gehende Lernstrategien. Die Untersuchung identifiziert Gruppen von Lernenden durch eine Clusteranalyse und zeigt, dass Personen mit einer relativistischen Weltsicht über ein höheres Selbstkonzept und bessere Lernstrategien verfügen als Personen mit einer konservativen Weltsicht.

Ferner stellten Urhahne und Hopf (2004; Pilotstudie zur oben erwähnten Studie von Urhahne, 2006) in Bezug auf das fachspezifische Selbstkonzept bei Lernenden der Sekundarstufe I fest, dass ein höheres fachspezifisches Selbstkonzept mit der Überzeugung korreliert, dass das naturwissenschaftliche Wissen ständigen Veränderungen unterliegt und sich die Naturwissenschaften entwickeln.

Ein weiterer Befund von Urhahne und Hopf (2004) zeigt, dass Lernende der Sekundarstufe I stärker an Autoritäten zweifeln und naturwissenschaftliches Wissen unsicherer einschätzen, wenn sie ein eher geringes Interesse an Naturwissenschaften zeigen.

Studienergebnisse zur Korrelation mit Schulleistungen kommen zu unterschiedlichen Ergebnissen. In einer Reihe von Studien korreliert die Schulleistung positiv mit differenzierter epistemischer Kognition. Köller et al. (2000) zeigen in der TIMS-Studie (Hauptstichprobe: $N = 5345$), dass Lernende im Abiturjahrgang der Sekundarstufe II eher Oberflächenstrategien beim Lernen verwenden, wenn sie der Überzeugung sind, dass Mathematik das bloße Anwenden von Lösungsalgorithmen sei.

In der TIMS-Studie korreliert bei Lernenden ein relativistisches Weltbild in Mathematik und Physik mit der Motivation für diese Fächer (Köller et al, 2000).

Richter (2003) zeigt an vier definierten epistemologischen Strategien, dass epistemische Kognition von Studierenden der Psychologie ($N = 289$) Einfluss auf die Einschätzung der Validität von Textaussagen hat. Als epistemologische Strategien nutzen die Studierenden dabei (a) die *Anwendung von Überzeugungswissen*, (b) eine *Konsistenzprüfung,* (c) eine *überlegte Bewertung* und (d) *Leichtigkeit und Sicherheit der Textbewertungen.*

In der TOSCA-Studie (Trautwein & Lütdke, 2007) wurden Oberstufenschülerinnen und –schüler ($N = 2854$; 55% weiblich) im Abiturjahrgang sowie erneut zwei Jahre danach zur Sicherheit von Wissen befragt. Grundsätzliches Ziel der Studie war es, die Anschlussfähigkeit des Wissens der Sekundarstufe II in Richtung akademischer Karrieren zu prüfen. Das eingesetzte Instrument basiert auf Items von Schommers SEQ (1990) und Hofers DEBQ (2000) sowie einigen von der Forschungsgruppe selbst entwickelten Items. Außerdem wurde die Abiturgesamtnote erhoben. Abiturienten und Abiturientinnen mit relativistischer epistemischer Kognition erzielten dabei bessere Abiturdurchschnittsnoten, als solche mit dualistischer epistemischer Kognition (Trautwein & Lüdtke, 2004).

Die TIMS-Studie weist nach, dass Lernende der Sekundarstufe II mit einem relativistischen Weltbild bessere Leistungen in Mathematik und Physik haben, als solche mit einem schematischen oder realistischen Weltbild (Köller et al, 2000).

Auch in einer Studie von Barnard, Lan, Crooks und Paton (2008) korrelieren die epistemischen Überzeugungen von Studierenden verschiedener Fachrichtungen eines Online-Kurses positiv mit ihren sonstigen Studienleistungen.

Auch weitere Studien kommen zu ähnlichen Ergebnissen: So korrelieren in einer Studie von Urhahne et al. (2008) angemessenere epistemische Überzeugungen mit den Schulleistungen in naturwissenschaftlichen Fächern. Die Ergebnisse könnten eine lineare Beziehung zwischen umfangreicherem Wissen einerseits und angemesseneren Überzeugungen andererseits implizieren.

Gleichwohl berichten Studien, dass sie keine lineare Beziehung zwischen umfangreicherem Wissen einerseits und differenzierteren epistemischen Überzeugungen andererseits abbilden konnten, sondern dass hier negative Korrelationen bestehen.

In der TIMS-Studie werden der Oberstufenschülerinnen und -schüler in drei Gruppen verglichen, je nachdem ob sie Physik als Leistungskurs, Grundkurs oder (ab)gewählt haben. Dabei zeigt sich, dass Lernende der Leistungskurse, die besonders lange und intensiv Physikunterricht hatten, stärker zu dualistischen epistemischen Überzeugungen neigen und eher denken, dass in der Physik absolute Wahrheit erreicht werden könne, als ihre Mitschüler mit weniger intensivem Physikunterricht (Köller, Baumert & Neubrand, 2000).

Schiefele, Streblow, Ermgassen & Moschner (2003) konnten dagegen bei Studierenden ($N = 285$) 15 verschiedener Fächer keine Korrelationen zwischen epistemischer Kognition (erhoben mit einer Abwandlung von Schommers SEQ, 1990) und Studienleistung (Vordiplomsnoten) feststellen.

Die zitierten Studien mit positiven und negativen Korrelationen zwischen Schulleistung und differenzierter epistemischer Kognition arbeiten methodologisch unterschiedlich, was als Ursache für unterschiedliche Studienergebnisse gewertet werden kann. Bromme et al. (2008) sehen darin nicht die einzige Erklärung. Die Arbeitsgruppe bezeichnet Fragen nach Sicherheit, Gültigkeit oder Wahrheit von Wissen als zentrales Thema epistemischer Lehr-Lernforschung. In Bezug auf die Beurteilung dieser Fragen benötigen Lernende zunächst ein gewisses Grundwissen zur Disziplin. Dieses Grundwissen beinhaltet auch Vorstellungen von den Methoden der Wissensgenerierung eines Faches. Wer mit physikalischem Grundwissen argumentiert, wird bei physikalischen Methoden möglicherweise an das Messen von Temperaturen denken – was als stabil und sicher angenommen werden kann. Neuere Methoden wie das polarisationskorrelierende Messen befinden sich gleichwohl weiterhin in der Entwicklung. So beurteilen Personen mit sehr umfangreichem physikalisch-forschungsmethodischen Fachwissen Fragen nach der Sicherheit offenbar differenzierter. Wenn sich Lernende in diesem Sinne mit einem Fach intensiver beschäftigen, kann dies zunächst zur Annahme führen, Wissen in dieser Disziplin sei stabil, sicher und absolut. Wenn sie sich aber mit den Grenzen des Faches, aktuellen Diskussionen, moderner Forschungsmethodik oder konkurrierenden Theorien beschäftigen, sehen sie Unsicherheiten stärker und urteilen differenzierter (Bromme et al., 2008). Bromme und Kienhues (2008) erwägen deshalb in Bezug auf den Erwerb von Fachwissen und epistemische Kognition eine U-förmige Entwicklung.

Zusammenfassung: Epistemische Kognition und Lernprozesse
Forschungsergebnisse lassen sich dahingehend zusammenfassen, dass epistemische Kognition einen bedeutsamen Prädiktor in der schulischen und universitären Lehre darstellt. Dieser beeinflusst Motivation, fachspezifisches Selbstkonzept und führt somit indirekt zu wünschenswerten Lernprozessen im Sinne besserer Schulleistungen und direkt über die Auswahl an Lernstrategien.
Gleichwohl zeigt sich zwischen dem Erwerb von Fachwissen und einer in der Literatur als wünschenswert angenommenen Entwicklung epistemischer Kognition kein lineares Ansteigen, was damit interpretiert wird, dass eine intensivere Beschäftigung mit Disziplinen und deren grundlegenden Erkenntnisprozessen epistemische Grundfragen zu Sicherheit und Gültigkeit von Wissen zunächst in einem eher absolutistischen Sinne als sicher bezeichnet. Beschäftigen sich Lernende mit weiterführenden Fragen eines Faches, werden Fragen nach Sicherheit und Gültigkeit wieder als unsicherer beurteilt.

2.4.3.5 *Veränderung epistemischer Kognition in Interventionsstudien*

Anfangs wurde epistemische Kognition bei Lernenden als relativ stabiles Konstrukt gesehen, das sich über lange Zeiträume in Bildungsprozessen entwickelt (z.B. Perry, 1970; King & Kitchener, 1994; Kuhn & Weinstock, 2002; vgl. Kapitel 2.4.1).
Inzwischen zeigen Studienergebnisse (z.B. Ferguson & Braten, 2013; Porsch & Bromme, 2011; Kienhues, Bromme & Stahl, 2008) Entwicklungen durch kurzfristige Interventionen.

Veränderung epistemischer Kognition
Bendixen und Rule haben mit ihrem *Process Model of Epistemic Belief Change* (2004) ein Modell entwickelt (vgl. Abb. 2.3), das die Veränderung epistemischer

Überzeugungen mit den drei Komponenten epistemischer Zweifel („epistemic doubt"), epistemischer Wille („epistemic volition") und Lösungsstrategien („resolution strategies") in Interaktion miteinander beschreibt.

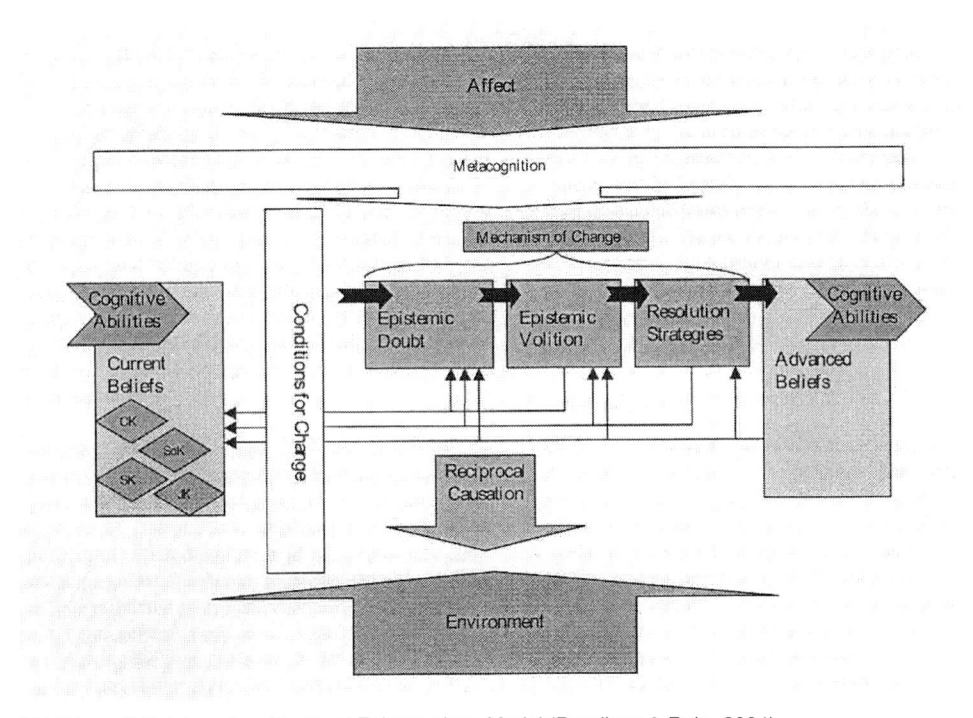

Abbildung 2.3. Integrative Personal Epistemology Model (Bendixen & Rule, 2004)

Aus einem epistemischen Zweifel entwickelt sich ein Wille, die eigene Überzeugung zu verändern und eine Lösungsstrategie wird gesucht. Voraussetzung für eine Veränderung sind also sowohl persönliche Relevanz als auch eine Dissonanz zu bisherigen Überzeugungen. Gleichwohl verläuft die Veränderung nicht zwangsweise linear und mündet in angemesseneren Überzeugungen, sondern kann beispielsweise auch zu einer Festigung bisheriger Überzeugungen führen. Als wichtige Umwelteinflussfaktoren für einen Wechsel nennen Bendixen und Rule kognitive Fähigkeiten und die soziale Interaktion insbesondere mit ihrer Peergroup. Metakognitive Prozesse (vgl. Kapitel 2.2) überwachen diese Veränderungen epistemischer Kognition.

In Entwicklungspsychologie, pädagogischer und kognitiver Psychologie sowie in der Naturwissenschaftsdidaktik werden Veränderungen naturwissenschaftlicher Konzepte als *Conceptual Change* untersucht (Posner et al., 1982; Guzzetti et al., 1993; Vosniadou, 2003; Sinatra et al, 2014). Die *Conceptual Change*-Forschung zeigt, dass Individuen zu verschiedenen naturwissenschaftlichen Themen über Vorwissen verfügen, das teilweise fragmentiert, teilweise gut strukturiert ist und auf ihrer eigenen Erfahrung beruht. Dieses Vorwissen steht oft im Widerspruch zu wissenschaftlichen Erkenntnissen, weshalb die *Conceptual Change*-Forschung versucht, Erkenntnisse zu Veränderungen von Misskonzepten zu gewinnen, um Individuen zu einem wissenschaftlich adäquaten Verständnis zu führen (Sinatra et al., 2014). Um bei Lernenden solche *Conceptual Change*-Prozesse zu bewirken, bedarf es nach Posner et al. (1982) folgender Vorrausetzungen: Der Lernende muss - ähnlich wie in Bendixen und Rules Modell - Unzufriedenheit mit seinem bisherigen Verständnis erfahren und das neue Konzept als verständlich, überzeugend und fruchtbar („fruitful") empfinden.

Sinatra und Chinn (2011) nehmen erweiternd an, dass das Wissenschaftsverständnis von Individuen nicht nur von Misskonzepten über wissenschaftliche Inhalte beeinflusst wird, sondern auch von Misskonzepten über die Beschaffenheit („*nature*") von Wissen, wissenschaftlichem Denken und Begründen. Somit erweitern sie das Anliegen eines *Conceptional Change* in ein *Epistemic Conceptional Change*. Um Veränderungsprozesse in epistemischer Kognition zu bewirken, wurde in Interventionsstudien mit widerlegenden Texten gearbeitet, es wurde epistemische Kognition reflektiert und es wurde versucht, bestehende Annahmen anzupassen („to calibrate").

Veränderungen epistemischer Kognition durch widerlegende Texte, Kalibrierung und Reflexion

Interventionsstudien belegen, dass Texte, die Wissensannahmen kontrovers diskutieren, epistemische Kognition beeinflussen können und dass Aufforderungen zur kritischen Auseinandersetzung die Veränderung verstärken kann. Gill, Ashton & Algina (2004) konnten mit einer Intervention Entwicklungen in den domänenspezifischen epistemischen Überzeugungen von zukünftigen Mathematiklehrenden (N = 161) im Vorbereitungsdienst anstoßen. Sie haben die

Teilnehmenden zufällig auf zwei Gruppen verteilt. Dabei bekam eine Gruppe widerlegende Texte sowie die spezielle Aufgabenstellung, dass die Teilnehmenden insbesondere darauf achten sollten, ob der Text Ideen enthält, denen sie möglicherweise nicht zustimmen. Die zweite (Kontroll-)Gruppe bekam erklärende Texte sowie traditionelle Aufgabenstellungen. Als Instrumente wurden Qian und Alvermanns (1995) Version von Schommers SEQ, ein Fragebogen zur Erfassung mathematikspezifischer epistemischer Überzeugungen (*Cognitively Guided Instruction Belief Survey* = CGI; Peterson, Fennema, Carpenter & Loef, 1989, zit. nach Gill et al., 2004) sowie acht zu bewertende Unterrichtsvignetten eingesetzt. Die Untersuchung zeigt stärkere Veränderungen in der epistemischen Kognition in der Gruppe mit widerlegenden Texten und spezieller Aufgabenstellung.

In einer Interventionsstudie zum kritischen Denken konnten Valanides & Angeli (2005) kurzfristige Effekte auf epistemische Kognition nachweisen. Sie haben Studierende (N = 108; 74 weiblich) in einer Intervention (drei Seminarsitzungen; insgesamt 180min) zunächst mit unterschiedlichen Sichtweisen von Experten mit der Frage konfrontiert, ob amerikanische Werte durch die Massenmedien geprägt sind.

Im zweiten Teil wurden die Teilnehmenden zufällig auf drei Experimentalgruppen verteilt und bekamen unterschiedliche Seminarprogramme. Zwei Experimentalgruppen erhielten unterrichtsmethodisch spezielle Veranstaltungen um ihr eigenes Denken zu reflektieren, eine dritte Gruppe erhielt eine regulär ausgerichtete Veranstaltung mit typischer Vorlesung.

Vor und nach der Intervention wurde epistemische Kognition mit einer Version von Schommers (1990) SEQ erhoben. Es zeigte sich ein Haupteffekt auf epistemische Überzeugungen. Ferner war der Effekt bei Lehramtsstudierenden der Experimentalgruppen mit einem Unterricht, der das eigene Denken reflektiert, stärker als in der regulär mit einer Vorlesung unterrichteten Gruppe.

Auch Ferguson und Braten (2013) konnten in einem Experiment Veränderungen epistemischer Kognition nachweisen. Sie haben 65 norwegische Schülerinnen und Schüler (39 weiblich) der 10. Klasse mit fünf Texten zur Wirkung von Sonne auf die Gesundheit konfrontiert. Die authentischen Texte wurden dem Internet entnommen und gegebenenfalls geringfügig einer für Zehntklässler geeigneten Sprache angepasst. Die Texte stellen die Gefahr der Sonneneinstrahlung deutlich unterschiedlich dar. Es wurde themenbezogenes Wissen erhoben sowie die

Einschätzung von Urteilen von Autoritäten sowie von Urteilen durch unterschiedliche Quellen.

In einer Clusteranalyse ergaben sich vor der Intervention zunächst zwei Gruppen: (1) Lernende mit moderatem Wissen zum Thema und relativ schwachen Überzeugungen in Bezug auf persönliche Urteile und ein zweites Cluster von Lernenden mit relativ wenig Wissen und grundsätzlich moderaten Überzeugungen in Bezug auf persönliche Urteile. Nach dem Lesen der miteinander in Konflikt stehenden Texte zeigten sich bei allen Lernenden starke Wissenszuwächse und es entwickelten sich drei neue Cluster/Gruppen von Lernende. Gruppe 1: Lernende mit mittlerem Wissen und moderaten epistemischen Überzeugungen ($n = 17$). Gruppe 2: Lernende mit viel Wissen, geringem Glaube an persönliche Urteile, aber hohem Glauben an Urteile von Autoritäten ($n = 24$), sowie Gruppe 3 mit viel Wissen, geringem Glaube an persönliche Urteile und einem starken Glaube an Urteile durch verschiedene Quellen ($n = 24$). Die Gruppe 3 der Schülerinnen und Schüler mit großem Wissen und relativ schwachem Glauben an persönliche Urteile zeigte sich bei einem abschließenden Textverständnis am stärksten.

Kienhues, Bromme und Stahl (2008) konnten Veränderungen in den epistemischen Überzeugungen durch eine Intervention bei Studierenden ($N = 58$) sowohl mit eher angemessenen als auch eher unangemessenen epistemischen Überzeugungen nachweisen. Die teilnehmenden Studierenden wurden durch die Bearbeitung eines Fragebogens vorausgewählt, sodass sich zwei gleichgroße Gruppen von Studierenden mit differenzierteren sowie wissenschaftlich-unangemesseneren epistemischen Überzeugungen ergaben. Zufällig wurden die Studierenden auf zwei verschiedene Interventionsgruppen verteilt. Die erste Gruppe bekam traditionelle Informationstexte zum genetischen Fingerabdruck, für die zweite Gruppe wurden diese Texte durch widerlegende Aussagen ergänzt.

Mit den Fragebogeninstrumenten DEBQ (Hofer, 2000) und CAEB (Stahl & Bromme, 2007) wurden jeweils vor und nach der Intervention epistemische Überzeugungen der Studierenden festgehalten. Dabei zeigte sich, dass die Konfrontation mit widerlegenden Texten zur Entwicklung differenzierterer epistemischer Überzeugungen führte, während traditionelle Informationstexte bei Studierenden eine rückwärtsgewandte Veränderung zu wissenschaftlich eher unangemessenen Vorstellungen bewirkte.

Porsch und Bromme (2011) haben Sekundarstufenschülerinnen und -schüler in einer Intervention kurzfristig „epistemologisch sensibilisiert". Sie haben die Lernenden (in einer ersten Studie $N = 96$) zunächst das Instrument CAEB (ausführlichere Darstellung in Kap. 2.4.3.6) ausfüllen lassen. Im Anschluss wurden die Lernenden zufällig auf zwei Gruppen verteilt. Dazu wurden Texte zu den Gezeiten variiert, ein Text versuchte die Gezeiten als bekanntes und gut einschätzbares Phänomen darzustellen, der zweite Text stellte die Gezeiten als Phänomen umstrittener wissenschaftlicher Kontroversen dar. In dem im Anschluss ausgefüllten Fragebogen CAEB zeigt sich, dass Schülerinnen und Schüler, die den Text mit den Gezeiten als kontrovers diskutiertem Phänomen gelesen haben, ihr Wissen zu den Gezeiten stärker hinterfragten als jene, die den Text zu Gezeiten als gut einschätzbarem Phänomen gelesen haben. So bewerteten die Schülerinnen und Schüler aus der Gruppe mit dem Gezeiten kontrovers diskutierenden Text das Wissen im Posttest als eher unstrukturiert und dynamisch, während die Gruppe mit dem strukturierten Text Wissen zu den Gezeiten als strukturierter und statischer annahm.

Ferner konnten die Autoren nachweisen, dass die Motivation einen Einfluss auf epistemische Kognition ausübt und der Kontext die Motivation beeinflussen kann. Eine Gruppe bekam einen Kontext zu den Gezeiten mit einer typischen Schulsituation. Sie sollten sich vorstellen, das Lesen des Textes sei eine Hausaufgabe und sie müssten für die kommende Unterrichtsstunde eine Präsentation vorbereiten. Der zweiten Gruppe wurde ebenfalls ein Kontext zu den Gezeiten gegeben, allerdings mit einem Szenario, dass die Probanden eine Wanderung in einem Küstengebiet vorbereiten sollten und sie für die Sicherheit der Gruppe verantwortlich seien. Schülerinnen und Schüler des Wanderungs-Kontexts zeigten sich bemüht, zur Vorbereitung auf mehr Quellen zurückzugreifen als jene, denen der Schulkontext vorgestellt wurde. In einem ähnlichen Setting konnten Porsch und Bromme (2011) ihre Ergebnisse replizieren.

Veränderungen in epistemischer Kognition ließen sich ebenfalls durch explizite Reflexion der Beschaffenheit von Wissen und dem Wissenserwerb bewirken, wie Muis und Duffy (2013) berichten. Sie haben die Entwicklung epistemischer Kognition in zwei verschiedenen Statistikseminaren untersucht, die jeweils ein eigenes Treatment bekommen haben. Eine Interventionsgruppe wurde mit konstruktivistischen Unterrichtspraktiken unterrichtet, die kritisches Denken,

Problemlösestrategien und Anknüpfungen an Vorwissen zum Inhalt hatte. Von einem solchen Unterrichtsarrangement versprachen sich die Autorinnen ein epistemisches Klima, das die Entwicklung wünschenswerter Veränderungen in epistemischer Kognition begünstigt. Verglichen haben die Autorinnen die Entwicklung dieser Interventionsgruppe (n = 31) mit einer Kontrollgruppe (n = 32). Die Unterrichtsinhalte selbst waren identisch (z.B. *t*-Tests, Varianzanalysen, Korrelation, Regression). In den wöchentlichen 3h-Seminaren bekamen beide Gruppen zunächst dieselbe 1,5h-Powerpoint-Einführung. Während die Interventionsgruppe im anschließenden Übungsteil durch gezielte Fragen darauf getrimmt wurde, über die vier epistemischen Dimensionen nach Hofer und Pintrich (vgl. Kapitel 2.4.3.1) nachzudenken, wurde die Kontrollgruppe methodisch traditionell unterrichtet. Um beispielsweise eine Veränderung zur Dimension Sicherheit („certainty") anzustoßen, sollten Studierende der Interventionsgruppe in den Übungsteilen jeweils neu erlernte Verfahren mit zuvor gelernten Verfahren vergleichen. Dabei konnte es vorkommen, dass die Nullhypothese bei Auswertung eines *t*-Tests bestätigt wurde. Verglich die Seminargruppe dieselben Daten jedoch mit Bayes-statistischen Verfahren, zeigten sich signifikante Unterschiede, was zu Diskussionen in der Interventionsgruppe führte. Muis und Duffy ließen beide Seminargruppen zu fünf Messzeitpunkten Hofers (2000) DEBQ ausfüllen und analysierten die Entwicklung anhand von Varianzanalysen mit Messwiederholung (pro Dimension eine ANOVA). Als weitere Konstrukte wurde Lernstrategien und Motivation erhoben, ferner wurden die Leistungsnoten zum Statistikkurs festgehalten. Die epistemische Kognition der Interventionsgruppe veränderte sich im Laufe des Seminars in eine wünschenswerte Richtung, während das Niveau der Kontrollgruppe unverändert blieb. Ebenso verbesserten sich Lernstrategien der Interventionsgruppe, während sich auch hier bei der Kontrollgruppe keine Veränderung zeigte. Letztendlich schlossen die Studierenden der Interventionsgruppe das Statistikseminar mit besseren Leistungsnoten ab, als ihre Kommilitonen in der Kontrollgruppe. Damit liefern Muis und Duffy Hinweise für Veränderungen durch explizite epistemische Reflexion.

Ferner lassen sich Belege finden, dass epistemische Kognition durch Abgleichung/Kalibrierung verändert werden kann. Existierendes Wissen kann beim Erwerb neuen Wissens angepasst werden. So konnte durch „Kalibrations-Trainings" das Bewusstsein über Wissen und Überzeugungen gesteigert werden, was eine wichtige Vorrausetzung für die Veränderung von epistemischen Kognitionen darstellt. Maggioni & Parkinson (2008) verweisen auf Studien von Cunningham et al. (2004), die bei Pädagogen der frühkindlichen Bildung nachweisen, dass diese, wenn sie mit einem angemessenen Bewusstsein Wissen zu Themen wie Kinderliteratur, phonologischer Bewusstheit und Phonetik begegnen, dieses in entsprechenden Seminaren verbessern konnten. In diesem Sinne empfehlen zahlreiche Veröffentlichungen in ihren Empfehlungen für die Lehrerbildung Reflexionen epistemischer Vorstellungen explizit zu thematisieren (z.B. Hofer, 2006; Bondy et al., 2007; Chai et al, 2006). Maggioni & Parkinson (2008) beschreiben solche expliziten Reflexionen als „Epistemological Moves", also *epistemologische Bewegungen*, in denen Dozenten Studierenden explizit deutlich machen, was als Wissen zählt und angemessene Wege aufzeigen, dieses zu erwerben.

Zusammenfassung zur Veränderung in Interventionsstudien und Bedeutung für diese Arbeit

In empirischen Untersuchungen konnte bestätigt werden, dass sich epistemische Kognition nicht nur über längere Zeiträume (beispielsweise in der Hochschulsozialisation) entwickelt, sondern auch in kurzfristigen Interventionen mit widerlegenden Texten oder expliziten Reflexionen epistemischer Fragen verändern lässt. Im Sinne eines *Epistemic Conceptual Change* und Bendixen und Rules Modell könnten die Kontroversen Zweifel angestoßen und die Probanden epistemisch verunsichert haben.

Erstens stellt sich jedoch die Frage, inwiefern von den Interventionen langfristige Effekte zu erwarten sind, da keine der Studien von einem Follow-Up-Test berichtet, der mittel- oder langfristige Veränderungen untersucht. Zweitens sollte untersucht werden, ob sich epistemologische Überzeugungen verändert haben oder womöglich das in der Einleitung als kognitives Element dargestellte *themenbezogene Wissen* angewachsen ist und kontextbezogen zu einem veränderten epistemischen Urteil geführt hat. So sei an dieser Stelle bereits erwähnt, dass Stahl (2011) solche Veränderungen der Beantwortung von Fragebögen mit einer unterschiedlichen Aktivierung kognitiver Elemente und nicht mit einer generellen Veränderung epistemischer Überzeugungen erklärt. Nach Stahl wächst durch eine Intervention beispielsweise die Kategorie *themenbezogenes Wissen* an (oder wird differenzierter) und somit spielt das *themenbezogene Wissen* eine veränderte Rolle bei der Beurteilung von Items in Erhebungsinstrumenten (vgl. Kapitel 2.4.3.8).

2.4.3.6 Methodologische Kritik und Expansion

In der ersten Forschungswelle epistemischer Kognition wurden Interviews als zentrale Erhebungsmethode eingesetzt (vgl. Kapitel 2.4.1), in der zweiten Welle wurden Daten häufig quantitativ mit Fragebögen auf Basis von Likert-Skalen erhoben. Beide Verfahren werden auch in der dritten Phase weiterhin verwendet. Dennoch scheinen insbesondere letztere problematisch zu sein (Hofer, 2016). In diesem Kapitel werden Probleme und die Kritik an bisherigen Erhebungsverfahren dargestellt. Am Ende des Kapitels folgt ein Überblick zur methodischen Expansion in der dritten Phase mit entstandenen Instrumenten.

Probleme der Externalisierbarkeit und Operationalisierbarkeit

Übereinstimmend stellen zahlreichende Untersuchungen und Reviews fest, dass epistemische Kognition ein schwer zu erfassendes Konstrukt ist (z.B. Hofer & Pintrich, 1997; Duell & Schommer-Aikens, 2001; Priemer, 2006; Müller, 2009; Stahl, 2011; Zinn, 2013; Hofer, 2016). Um epistemischen Kognition zu erfassen, müssen Probanden ihre Innensicht verbalisieren. Die Forschung zu subjektiven Theorien hat gezeigt, dass dies selbst durch gezieltes Nachfragen schwierig und nicht immer möglich ist (z.B. Groeben et al., 1988; Groeben & Scheele, 2010). Aus diesem Grunde sind Verfahren zu entwickeln, die den Probanden Hilfestellung bei der Verbalisierung ihrer inneren Kognitionen bieten (Müller, 2009).

Validitätsprobleme von Fragebogeninstrumenten

Seit der zweiten Forschungswelle epistemischer Kognition wird methodisch häufig mit Fragebögen wie Schommers (1990) SEQ oder daraus entstandenen Weiterentwicklungen (z.B. Epistemological Beliefs Instrument, Jehng, Johnson & Anderson, 1993; DEBQ, Hofer, 2000; Epistemic Beliefs Inventory, Schraw, Bendixen & Dunkle, 2002; DSBQ, Buehl, Alexander & Murphy, 2002) gearbeitet.
Forschungsökonomisch haben die Instrumente den großen Vorteil, dass mit ihnen recht einfach große Stichproben untersucht werden können und die erhobenen Daten zur epistemischen Kognition mit anderen Konstrukten wie der akademischen

Leistungsfähigkeit, dem Textverständnis, der Motivation oder dem fachspezifischen Selbstkonzept (vgl. Kapitel 2.4.3.4) in Beziehung gesetzt werden können (Mason, 2016).

Gleichwohl existieren Probleme in Bezug auf Validität dieser Instrumente (Clarebout, Elen, Luyten & Bamps, 2001; Mason, 2016).

Die Validität von Fragebögen mit Likert-Skalen scheint problematisch, da diese Instrumente nicht alle angenommenen Dimensionen epistemischer Kognition adäquat abbilden. Schommers Instrument wird weiterhin eingesetzt, ohne alle angestrebten Dimensionen replizieren zu können. Im deutschsprachigen Raum konnte die komplette von Schommer begründete mehrdimensionale Struktur noch nicht repliziert werden – trotz nah am Original gehaltener Übersetzungen (Müller, 2009). Müller (2009) konnte zumindest die beiden Dimensionen zur Beschaffenheit von Wissen *Stabilität/Sicherheit* und *Struktur* replizieren. Hofer (2004a) schlägt vor, auch nur diese Dimensionen mit Hilfe von Likert-Skalen zu erheben und sich bei der Erhebung der zwei Dimensionen zum Wissenserwerb (*Rechtfertigung* und *Quelle von Wissen*) eher auf Interviews zu stützen, da die Dimensionen zu komplex seien, um sie über Likert-Skalen angemessen abzubilden.

Doch selbst wenn nur die zwei Dimensionen zur *Beschaffenheit von Wissen* über Likert-Skalen erhoben werden, zeigen sich Validitätsprobleme (Mason, 2016), da in Untersuchungen diese zwei Dimensionen gelegentlich in nur einem gemeinsamen Faktor abgebildet werden (z.B. Qian & Alvermann, 1995; Schommer, Mau, Brookhart & Hutter, 2000). Theoretisch angenommene und praktisch gefundene Dimensionen variieren somit in verschiedenen Studien, bzw. lassen sich mit klassischen Fragebögen nicht konsistent replizieren (Clarebout, Elen, Luyten & Bamps, 2001).

Erhebungsinstrumente scheinen nicht alters-entwicklungsspezifisch
Chandler, Hallet & Sokol (2002) haben an Entwicklungsmodellen kritisiert, dass diese nicht altersspezifisch sind. Die Erhebungsinstrumente führen zu ähnlichen Entwicklungsstufen (z.B. absolutistisch, multiplistisch und evaluistisch), unabhängig davon, ob in den Studien sehr junge Kinder oder Erwachsene befragt werden. Doch Argumentationsstrukturen und das urteilende, kognitive Denken sind in verschieden Altersstufen sehr unterschiedlich voneinander ausgeprägt. Ein epistemologisches Urteil eines Grundschülers, das als absolutistisch eingestuft wird, ist grundsätzlich

anders als das eines absolutistisch denkenden Studenten. Es reicht demnach nicht, einzelne, operationalisierte Items anzusehen, vielmehr sollten Argumentationen und die spezielle Situation einbezogen werden (Stahl, 2011).

Fragebogeninstrumente bilden kein Bewusstsein kognitiver Arbeitsteilung ab
Individuen moderner Gesellschaften können sich nur einer begrenzten Zahl von Fragen persönlich widmen. Wissen ist nicht nur im individuellen Bewusstsein organisiert, sondern beispielsweise auch in Büchern oder dem Internet. Im kulturellen Kontext bedienen sich Individuen einer „kognitiven Arbeitsteilung", um ihr Wissen zu rechtfertigen und es zu benutzen. Dies bilden verschiedene Fragebogeninstrumente in Bezug auf die Dimension *Quelle von Wissen* nicht angemessen ab (Bromme, 2005; Bromme, Kienhues & Stahl, 2008).

Bromme (2005) verdeutlicht seine Bedenken exemplarisch an zwei Items aus Hofers (2000, 399) Instrument DEBQ:

- Sometimes you just have to accept answers from the experts even if you don´t understand them.
- If you read something in a textbook for this subject, you can be sure that it´s true.

Zustimmung zu diesen Aussagen wird im DEBQ als Indikator für den Glauben an Autoritäten und somit als wenig angemessene epistemische Kognition gewertet.

Das mag in bestimmten Kontexten zutreffen. Bromme sieht in einer Zustimmung zu den Aussagen aber ebenfalls die Möglichkeit, dass sich die Probanden kognitiver Arbeitsteilung in unserer Gesellschaft bewusst sind, dass sie wissen, dass sie nicht jede Fragestellung selbst erheben können und sich bei bestimmten Fragen auf Experten verlassen und ihnen vertrauen müssen. Ein angemessenes epistemologisches Verständnis drückt sich somit in einer kontext-angemessenen Bewertung von Wissensbehauptungen aus und nicht in einem Bewusstsein, dass generell alles relativ sei.

Ein kontextsensibles Konstrukt wird nicht kontextspezifisch gemessen
Stahl (2011) sieht die Replikationsprobleme auch in einer nicht berücksichtigten Kontextabhängigkeit des Konstrukts *epistemische Kognition* in den eingesetzten Instrumenten. Zahlreiche Veröffentlichungen betonen diese Kontextabhängigkeit (z.B. Chandler, Hallet & Sokol, 2002; Hammer & Elby, 2002; Hofer, 2006; Buehl & Alexander, 2006). Das verbreitetste und auch in deutscher Übersetzung häufig

eingesetzte Instrument SEQ (Schommer, 1990; Einsatz z.B. Clarebout, Elen, Luyten & Bamps, 2001, Schraw, Bendixen & Dunkle, 2002; Müller, 2009) ist jedoch nicht kontextspezifisch, sondern möglichst allgemein gehalten. Auch zahlreiche folgende Instrumente (siehe oben) bauen auf Schommers SEQ auf und halten sich ähnlich allgemein. Zur Prüfung der Domänenspezifität wird in der Regel lediglich zu Wissen in unterschiedlichen wissenschaftlichen Disziplinen oder Domänen gefragt (vgl. Kapitel 2.4.3.2).

Stahl (2011) stellt die Reliabilität dieser Instrumente in Frage, da die Lernenden bei der Beantwortung jeweils an unterschiedliche Kontexte denken könnten und sie die angebotenen und zu bewertenden Statements somit unterschiedlich verstehen. Das ist einerseits Kritik an eingesetzten Instrumenten, andererseits aber auch grundsätzliche Kritik am Konstrukt epistemischer Kognition, die kontextabhängig und nicht über verschiedene Kontexte hinweg als stabil zu interpretieren sei. Um reliablere Instrumente zu entwickeln, sei es somit zunächst nicht sinnvoll, bestehende Instrumente wie Schommers SEQ immer weiter zu verbessern, sondern den Kontext und die Kontextabhängigkeit stärker in Forschungsvorhaben zu integrieren. Wenn die Idee des Kontextes ernst genommen werden soll, wie in etlichen Veröffentlichungen eingefordert (z.B. Hofer, 2001; Buehl & Alexander, 2001; Buehl & Alexander, 2006), dann muss sie auch eine viel wichtigere Rolle in empirischen Untersuchungen bekommen.

Zusammenfassung methodologischer Kritik an Fragebogeninstrumenten

In den vorhergehenden Ausführungen wurde dargestellt, welche Kritik an eingesetzten Fragebogeninstrumenten gegenwärtig in epistemischer Lehr-Lernforschung diskutiert wird. Zentrales methodologisches Problem stellt erstens die mangelnde Replizierbarkeit der angenommenen Dimensionen dar. Da sich die theoretisch Dimensionen in Faktorenanalysen teilweise über gemeinsame Faktoren abbilden, weist dies auf ein Validitätsproblem hin. In zahlreichen Veröffentlichungen wird zweitens auf die Bedeutung des Kontexts für epistemische Kognition hingewiesen. Häufig eingesetzte Instrumente wie der SEQ und seine Nachfolger erheben epistemische Kognition nicht im Kontext, sondern fragen höchstens auf das jeweilige Wissen in Bezug auf bestimmte Disziplinen oder Fachgebiete. Drittens wird diskutiert, dass das den Fragebögen zu Grunde liegende Verständnis unangemessen sei, da zentrale Prinzipien wissenschaftlicher und gesellschaftlicher Erkenntnisgewinnung unberücksichtigt bleiben (im Sinne einer kognitiven Arbeitsteilung). Bisherige Fragebögen sollten somit erweitert oder ergänzt eingesetzt werden. Beispiele dazu zeigt die folgende Darstellung methodologischer Expansion.

Methodologische Expansion

Die letzte Dekade epistemologischer Forschung zeichnet sich nicht nur durch methodologische Kritik, sondern auch durch methodologische Expansion aus (Hofer, 2016). Somit wurden neue Instrumente entwickelt, um durch die methodologische Kritik an bisherigen Instrumenten offenbar gewordenen Begrenzungen bisheriger Instrumente zu begegnen. So wurden bisherige Erhebungsmethoden durch neue Instrumente erweitert (z. B. durch den Fragebogen CAEB, Stahl & Bromme, 2007), es wurden neue Methoden angewandt, um epistemische Kognition zu erfassen wie z.B. Protokolle lauten Denkens (z.B. Ferguson, Bråten, Strømsø, 2011) und Klassenraum-Beobachtungen (z.B. Elby & Hammer, 2010). Ferner haben z. B. Olafson & Schraw (2006, vgl. Kapitel 2.4.3.2) und Many, Howard & Hoge (2002) Lehrkräfte im Rahmen einer Intervention ein Tagebuch führen lassen, um deren Reflexionen zu erheben. Im Folgenden wird eine Auswahl erfolgreicher Beispiele für Instrumente vorgestellt, die das Instrumentarium zur Erfassung epistemischer Kognition ergänzen:

Fragebogeninstrument CAEB

An dieser Stelle wird der CAEB etwas ausführlicher als andere alternative Instrumente vorgestellt, da er in den Studien in Kapitel 4 und 5 eingesetzt wird.
Mit dem CAEB (Stahl & Bromme, 2007) entstand ein Fragebogen, der epistemische Kognition nicht über Ablehnung oder Zustimmung zu Statements erhebt, sondern auf Basis der Methode des semantischen Differentials (Osgood, Suci & Tannenbaum, 1957).
Der CAEB erfasst konnotative epistemische Überzeugungen: assoziative Mitbedeutungen eines Konzepts oder von Fächern, bzw. Fachgebieten (beispielsweise „Wissen in der Biologie"). Diese assoziativen Mitbedeutungen epistemischer Überzeugungen werden über 24 Adjektivpaare, beispielsweise objektiv-subjektiv, stabil-instabil oder sicher-unsicher erhoben, indem über eine

siebenstufige Skala in Richtung des einen oder anderen Adjektivs Position bezogen werden muss. Bei der Konstruktion wurde daran gedacht, die Dimensionen anderer theoretischer Modelle und deren Instrumente wie SEQ (Schommer, 1990), EBI (Jacobson & Jehng, 1999) oder DEBQ (Hofer, 2000) abzubilden. Durch eine Faktorenanalyse entstanden die zwei Dimensionen „Textur" und „Variabilität" von Wissen, die an die Dimensionen „Simplicity" (Struktur) und „Certainty" (Sicherheit) erinnern (vgl. Schommer, 1990; Hofer, 2000), mit diesen aber nicht identisch sind, weshalb sie von den Autoren etwas anders bezeichnet wurden.

Der CAEB wurde in den letzten Jahren häufig und effektiv und teilweise als Ergänzung zu bestehenden Instrumenten eingesetzt (bspw. von Porsch & Bromme, 2011 sowie Mason, Pluchino & Ariasi, 2014). Die zwei Faktoren scheinen über verschiedene Studien recht reliabel abgebildet zu werden (Mason, 2016).

Der CAEB sollte den Autoren zufolge nicht als einziges Instrument zur Erhebung eingesetzt werden, da er epistemische Kognition nicht in ihrer Ganzheit abbildet und alle Dimensionen des Konstrukts misst, sondern sich auf Faktoren zur Beschaffenheit von Wissen Textur/Struktur und Variabilität/Sicherheit beschränkt. Dimensionen wie die Rechtfertigung oder Quelle von Wissen scheinen zu differenziert, um durch ein semantisches Differential abgebildet werden zu können. Aufgrund dieser Einschränkungen empfehlen die Autoren den CAEB als Ergänzung zu anderen Instrumenten einzusetzen (Stahl & Bromme, 2007).

Protokolle lauten Denkens

Mit Protokollen lauten Denkens versuchen verschiedene Vorhaben epistemische Kognition im Kontext und in speziellen Lernsituationen zu erheben. Dabei soll herausgefunden werden, welche kognitiven Prozesse bei der Auseinandersetzung mit den Aufgaben ablaufen. Mason, Ariasi & Boldrin (2011) haben Lernende der 13. Klasse ($N = 64$) gebeten, während der Online-Recherche zu einem kontroversen Thema laut zu denken, um spontane Prozesse epistemischer Kognition zu erheben. Erfolgreich konnten mit den Protokollen aktivierte epistemische Überzeugungen zu allen vier in der Literatur beschriebenen Dimensionen in verschiedenen Stufen der Angemessenheit wiedergegeben werden.

Ferguson, Bråten und Strømsø (2012) haben Protokolle lauten Denkens in einer Erhebung mit norwegischen Studierenden ($N = 51$) zum Umgang mit widersprüchlichen Texten verwendet. Die Studierenden wurden gebeten, während der Auseinandersetzung mit sechs Artikeln zur Nutzung von Mobiltelefonen und möglichen Gesundheitsrisiken laut zu denken. Epistemische Kognition zu den Dimensionen Sicherheit und Struktur von Wissen wurde dabei jeweils in einer Dimension erfolgreich abgebildet.

Kardash & Howell (2000) ließen Psychologiestudierende ($N = 40$; 27 weiblich) einen Text mit zwei unterschiedlichen Positionen zur Beziehung von HIV und AIDS zueinander bearbeiten. Im Anschluss wurden die Studierenden gebeten, zu den Aussagen des Textes Stellung zu beziehen und ihre Gedanken dazu zu äußern, die als Protokolle lauten Denkens dokumentiert wurden. Die Protokolle erfassten dabei Lernstrategien und mentalen Prozesse zum Textverständnis, dem Zweifel und der Argumentation und zeigen Belege für Schommers Annahme, dass epistemische Kognition Lernstrategien beeinflusst (1990).

Lerntagebücher

Many, Howard & Hoge (2002) konnten mit einer qualitativen Studie bei Studierenden der Englischdidaktik ($N = 19$; 15 weiblich) durch die Analyse von Lerntagebüchern belegen, dass angehende Lehrende mit unangemessenen epistemischen Überzeugungen weniger in der Lage sind, ein Lerntagebuch zum Spiegel ihres eigenen Lernens zu machen und es eher als eine Inhaltszusammenfassung nutzen, als zukünftige Lehrende mit angemesseneren epistemischen Überzeugungen.

Klassenraumbeobachtungen

Ein weiteres methodisches Vorgehen zeigen Hammer und Elby (z. B. in Louca et al., 2004) mit Klassenraumbeobachtungen. Um differenzierte epistemische Kognition von Grundschulkindern im Unterrichtsgeschehen zu erfassen, setzen sie zur Erhebung Klassenraumbeobachtungen ein. Mit diesen Unterrichtsbeobachtungen versuchen Hammer und Elby ferner ein konkretes Beispiel zu geben, wie didaktisch und forschungsmethodisch an typische Vorverständnisse von Lernenden angeknüpft werden kann und diese durch gezielte Impulse wünschenswert verändert werden können.

Szenario-basierte Instrumente

Barzilai und Weinstock (2015) haben das Szenario-basierte Instrument *Epistemic Thinking Assassment* (ETA) entwickelt, um epistemische Kognition in Bezug auf Beschaffenheit, Quelle, Sicherheit, Rechtfertigung und Reliabilität in einem biologischen Szenario (zu deformierten Fröschen) und einem historischen Szenario zu den fünften Livianischen Kriegen (fiktiv) zu erheben. Dabei wird zunächst ein spezielles Thema oder Dilemma präsentiert und zwei miteinander in Konflikt stehende Expertenmeinungen vorgestellt. Im Anschluss werden den Probanden zahlreiche zu bewertende Fragen zum Szenario gestellt, zum Beispiel: Worauf sollte Wissen zu diesem Szenario basieren? Die drei vorgegebenen Antwortmöglichkeiten lauten: (a) in der Hauptsache auf Theorien, die das Thema erklären, (b) in der Hauptsache auf Meinungen von Leuten zu dem Thema, (c) nur auf detaillierten Daten zu dem Thema. Das endgültige Instrument besteht aus 48 Items und in einer Faktorenanalyse zeigten sich die drei epistemischen Positionen nach Kuhn Absolutist, Multiplist und Evaluist, wobei sich diese in Bezug auf das biologische Szenario besser abbilden ließen als in Bezug auf das Geschichtsszenario. Ferner wurde Wissen in Bezug auf Biologie eher absolutistisch gesehen. Das Fragebogeninstrument erhebt epistemische Kognition zu konkreten Kontexten und wird somit dem Anspruch gerecht, dass epistemische Kognition im Kontext erhoben werden sollte. Da es in seiner jetzigen Form nur Szenarien aus verschiedenen Domänen erhebt, kann in den Ergebnissen nicht sauber zwischen domänenspezifischer und kontextspezifischer epistemischer Kognition unterschieden werden.

Zusammenfassend lässt sich festhalten, dass neuere Instrumente die Erhebung epistemischer Kognition sinnvoll ergänzen und sich direkt um Kontextabhängigkeit, Bezüge zum Unterrichtsgeschehen, persönliche Reflexionen und assoziative Mitbedeutungen epistemischer Kognition bemühen. Ferner scheinen sich die Faktoren des CAEB bisher recht stabil replizieren zu lassen. Um das Konstrukt epistemischer Kognition möglichst differenziert abbilden zu können, scheint ein Einsatz unterschiedlicher Instrumente in den denselben Studien im Sinne von Mixed-Method-Studien (vgl. z. B. Mayring, 2001) sinnvoll.

2.4.3.7 Epistemologische Ressourcen

Für die in der dritten Forschungswelle epistemischer Lehr-Lernforschung diskutierte Frage nach der Kontextsensitivität epistemischer Kognition (vgl. Kapitel 2.4.3.3) legt die Arbeitsgruppe um Hammer und Elby mit ihrem kontextsensitiven Ansatz *epistemologischer Ressourcen* einen Rahmen vor (z.B. Elby & Hammer, 2010; Louca, Elby, Hammer & Kagey, 2004; Hammer, 1994).

Elby und Hammer nehmen an, dass epistemische Kognition in Lernsituationen nicht durch stabile Strukturen wie Entwicklungsstufen (vgl. Kapitel 2.4.1), Überzeugungen (vgl. Schommer, 1990; Kapitel 2.4.2) oder persönliche Theorien (vgl. Hofer & Pintrich, 1997; Kapitel 2.4.3.1) geprägt ist, sondern durch deutlich kleinere kognitive Elemente. Diese werden kontextsensitiv aktiviert und von Elby und Hammer als *kognitive Ressourcen* bezeichnet.

Phenomenological primitives („p-prims")

Theoretisch sieht die Arbeitsgruppe *kognitive Ressourcen* analog zu diSessas (1993) *phenomenological primitives* („p-prims"), die von diSessa in Untersuchungen zu Konzepten intuitiver Physik, bzw. Mechanik beschrieben werden.

Er stellt p-prims als kleine, vorkonzeptuelle Wissenselemente dar, die kontextspezifisch aktiviert und durch die Vorhersagen, Erwartungen oder einfache Erklärungen und Urteile ermöglicht werden. Beispiele solcher vorkonzeptuellen Wissenselemente sind die p-prims *force as a mover* und *dying away*. *Force as a mover* beschreibt die Vorstellung, dass ein Stoß auf einen Gegenstand eine Bewegung des Gegenstandes in Richtung des Stoßes bewirkt. *Dying away* beschreibt, dass sich bewegende Gegenstände langsamer werden und schließlich zum Stillstand kommen.

Für ihr Wissensverständnis haben Lernende (zumindest im Kindesalter) nach Elby und Hammer keine generellen Überzeugungen oder Theorien, sondern schöpfen aus einem Arsenal kognitiver Ressourcen nach Vorbild der *p-prims*. Diese kognitiven Ressourcen werden von den Autoren kategorisiert:

Knowledge as transmitted stuff (Weitegegebenes Wissen)

Auf Fragen nach der Quelle von Wissen antworten Lernende, dass es an sie weitergegeben wurde. Beispielsweise auf die Frage, warum ein 6-jähriges Mädchen weiß, was es zum Abendessen gibt, antwortet es: „Weil Papa es mir erzählt hat!" Die Antwort zeigt nach den Autoren ein grundsätzliches Verständnis, dass Wissen zwischen Personen weitergegeben wird (Louca et al., 2004).

Knowledge as fabricated stuff (Selbstkonstruiertes Wissen)
Auf Fragen nach der Quelle von Wissen antworten Lernende, dass sie es sich aus dem Zusammenhang erschließen konnten. Ein Beispiel: Dasselbe Mädchen wie im vorherigen Beispiel antwortet auf die Frage der Mutter, woher es weiß, dass sie ihr ein Geschenk gekauft hat: „Ich habe es herausgefunden, denn ich habe Geburtstag und ich habe gesehen, dass du etwas unter deinem Mantel versteckst." Mit dem Beispiel wollen Louca et al. (2004) zeigen, dass ein grundlegendes Bewusstsein von Wissen als Konstruktion aus anderem Wissen besteht.

Hammer und Elby (2002) nennen als weitere Kategorien epistemologischer Ressourcen für das Wissensverständnis Wissensformen (Geschichten, Regeln, Fakten) und Haltungen (Akzeptanz, Zweifel). Die Kategorien stellen zunächst eine theoretische Annahme dar, es ist geplant, sie weiter in Unterkategorien zu differenzieren.
Unterschiedliche Kontexte wie der Wechsel der Disziplin (von Chemie zur Psychologie), der Wechsel des sozialen Umfelds (von einer formalen Debatte zu einem Stammtischgespräch), des Themas (von Chancengleichheit zwischen Frauen und Männern zu Kosten des Gesundheitssystems) aktivieren dabei unterschiedliche kognitive Ressourcen. Und auch das Mädchen aus dem Beispiel aktiviert für die Frage nach dem Abendessen andere Ressourcen als für die Frage, woher es weiß, dass unter dem Mantel der Mutter ein Geschenk versteckt ist. Mit den „wirklichen" oder grundsätzlichen Überzeugungen bzw. Theorien des Kindes zur Quelle von Wissen korrespondiert aber keine der Fragen.
Die Arbeitsgruppe um Hammer und Elby hält deshalb Begriffe wie „Überzeugung" oder „Theorie" nicht angemessen, die epistemische Kognition von Lernenden wie 6-jährigen Kindern wiederzugeben. Zumindest solange nicht, bis die epistemologischen Ressourcen der Lernenden einen gewissen Grad an Organisation, Robustheit und bewusster Reflexion erreichen.

Die Autoren betonen, dass die oben genannten Kategorien noch nicht abschließend geprüft sind, vielmehr sollen sie einen möglichen theoretischen Weg weisen, der gegebenenfalls andere Kategorien beinhalten kann und noch weiter ausdifferenziert werden muss.

Computational Model of Mind

Ursprung des theoretischen Rahmens und auch des Begriffs „Ressourcen" liegt in Minskys (1986) *Computational Model of Mind*. In Minskys Modell wird Intelligenz als verwobenes Netz von unintelligenten *Agenten* dargestellt. Erst durch die Zusammenarbeit relativ einfacher Agenten entstehe Intelligenz. Minsky versucht zu zeigen, dass das menschliche Gehirn keine einzelne, große monolithische Struktur hat und an etwas denkt oder gerade nicht denkt. Vielmehr zeichnet er das Modell eines Gehirns, das aus unzähligen, unterschiedlichen, aber relativ simplen Agenten besteht. In diesem Sinne sehen Hammer und Elby einzelne kognitive Ressourcen.
Entwicklungspsychologisch argumentiert Siegler (1996, zit. nach Louca et al., 2004) in eine ähnliche Richtung wie Minsky, dass Kinder keine einzige Theorie oder Überzeugung haben, um Phänomene der Welt zu verstehen, sondern dies auf verschiedene Weise tun. In Sieglers Verständnis bestimmt das jeweilige Phänomen die angeregten Denkprozesse der Kinder – und unterschiedliche Kontexte triggern unterschiedliche Ressourcen.

Epistemological Frames

Trotz ihrer Annahme, dass sich epistemische Kognition aus kognitiven Elementen zusammensetze, gehen Elby und Hammer (2010) nicht davon aus, dass epistemische Kognition nur mit instabilen Elementen abläuft. Bestimmte Kontexte können bestimmte epistemologische Rahmen (*epistemological frames*) aktivieren, die aus einem recht stabilen und konsistenten Netzwerk verschiedener epistemologischer Ressourcen bestehen. Bestimmte epistemologische Ressourcen aktivieren in einem epistemologischen Rahmen wiederum andere Ressourcen. So verbinden sich epistemologische Ressourcen zu einem stabilen Netzwerk und aktivieren in bestimmten Kontexten den gesamten epistemologischen Rahmen. So entstehen auch im Modell von Elby und Hammer größere und stabilere Elemente, wenngleich die Aktivierung stets kontextsensitiv bleibt.

Elby und Hammer verdeutlichen ihr Modell eines stabilen epistemologischen Rahmens am Beispiel des Schülers Louis, der für einen Test in Physik lernt und versucht sein Gedächtnis mit möglichst viel Stoff zu füllen. Louis hat in naturwissenschaftlichen Tests – speziell in Chemie – immer dann besonders gut abgeschnitten, wenn er versucht hat, sich besonders viel einzuprägen. So nimmt er an, dass er auch im Physiktest gut abschneidet, wenn er möglichst viel im Gedächtnis behält.

Zu dieser Testvorbereitung aktiviert Louis die (offenbar in einem Netzwerk zusammenhängenden) kognitiven Ressourcen *Wissen ist Anhäufung von Stoff* (original: knowledge as propagated stuff) und *Akkumulation* (also seine Sicht, das Lernen in Anhäufung von Wissen besteht) sowie andere Ressourcen. Louis epistemologischer Rahmen zur Testvorbereitung besteht somit in der Ansicht *Lernen ist Erinnern*, die sich aus Ressourcen über eine Sichtweisen auf Wissen und Lernen zusammensetzt.

Kritik am Ressourcen-Ansatz
Stahl (2011) kritisiert, dass die beschriebenen Ressourcen nicht konkret genug sind, um die Entwicklung epistemischer Kognition von Lernenden in der jeweiligen Situation wirklich zu verstehen und dass die 2002 angekündigte empirische Prüfung sowie Ausdifferenzierung der Kategorien epistemologischer Ressourcen seitdem nicht erfolgt ist.

Ferner unterscheiden Hammer und Elby nach Stahl (2011) nicht deutlich zwischen *Wissen* und *Information*. In der Theorie liege der Focus häufig auf Informationen in verschiedenen Kontexten (und eben nicht auf Wissen): In der Regel muss nur auf eine Ressource zurückgegriffen werden, um eine Situation zu beurteilen, wie das oben dargestellte Beispiel mit dem Geburtstagsgeschenk zeigt. Für ein Urteil über Wissensaussagen könnte allerdings häufig ein Zusammenspiel verschiedener Ressourcen wie beispielsweise der Kategorien „knowledge related to facts" and „knowledge related to fabricated stuff" die Grundlage sein.

Wie epistemologische Urteile zu speziellen Wissensaussagen entstehen und wie zwischen Urteilen zwischen Informationen und epistemischen Dimensionen unterschieden werden kann, vermag der Ansatz somit zunächst nicht klären.

Zusammenfassung

Hammer und Elbys Ansatz der epistemologischen Ressourcen nimmt den (z. B. von Buehl & Alexander, 2006) geforderten Kontextbezug epistemischer Kognition ernst. Deutlich stärker als in bisherigen theoretische Modelle gehen die Autoren von einer situativen und kontextbezogenen epistemischen Kognition aus und erklären diesen mit einer kontextsensiblen Aktivierung kognitiver Ressourcen. Die Arbeitsgruppe folgert aus ihren Annahmen ferner, dass generelle Fragebögen wenig geeignet sind, epistemische Kognition zu verstehen. Interviews und Beobachtungen von Lernenden in verschiedenen Kontexten und Situationen scheinen für die Autoren produktiver.

Hammer und Elby versuchen mit Unterrichtsbeobachtungen ferner didaktisch und forschungsmethodisch an typische Vorverständnisse von Lernenden anzuknüpfen und diese durch gezielte Impulse wünschenswert zu verändern und Untersuchungsergebnisse damit für die Lehr-Lernforschung didaktisch fruchtbar zu machen.

Gleichwohl liegt bisher eine Schwäche des Ansatzes *epistemologischer Ressourcen* in der mangelnden Weiterentwicklung der definierten Kategorien und ausstehender empirischer Belege.

2.4.3.8 Kontextsensitive epistemologische Urteile

Mit dem Ansatz der *Generative Nature of Epistemological Judgments* (Bromme, Kienhues & Stahl, 2008; Stahl 2011; Kienhues, Ferguson & Stahl, 2016) wird versucht, durch eine Neuinterpretation des Konstrukts epistemischer Kognition zur Klärung einiger in den vorangegangen Kapiteln beschriebenen Problemen epistemischer Lehr-Lernforschung beizutragen. Dazu gehören Replikationsprobleme (vgl. Kapitel 2.4.3.6) als auch die Erklärung von kurzfristigen Veränderungen in epistemischer Kognition (vgl. Kapitel 2.4.3.5).

Um dem Problem der Externalisierbarkeit epistemischer Überzeugungen zu begegnen, wird zunächst zwischen dem Messen epistemischer Überzeugungen und epistemologischer Urteile unterschieden und vorgeschlagen, sich darauf zu konzentrieren, letztere zu messen.

Wie in der Einleitung beschrieben, sind *epistemologische Urteile* Urteile über Wissensaussagen, die im Kontext gefällt werden. Die Urteile generieren sich aus einer Interaktion zwischen generellen und/oder domänenspezifischen epistemischen Überzeugungen, zu denen je nach Kontext weitere kognitive Elemente hinzutreten können, beispielsweise *themenbezogenes Wissen* oder *persönliche Erfahrungen*. Die Autoren nehmen an, dass auch bestehende Messinstrumente (z.B. SEQ, Schommer, 1990; DEBQ, Hofer, 2001; CAEB, Stahl & Bromme, 2007; siehe Kapitel 2.4) letztendlich keine Überzeugungen oder *beliefs* messen, sondern Urteile. In diesem Sinne sollten gemessene Urteile als kontextabhängige Urteile interpretiert werden und nicht als Überzeugungen oder *beliefs*.

In Bezug auf die Flexibilität wird zwischen epistemologischen Urteilen und epistemischen Überzeugungen folgendermaßen unterschieden: Erstens existieren relativ stabile, generelle Überzeugungen über die grundsätzliche Beschaffenheit des Wissens und Prozesse des Wissenserwerbs. Zweitens bestehen relativ stabile Überzeugungen über verschiedene Disziplinen bzw. Domänen, die allerdings weniger stabil und zugleich kontextsensibler sind als generelle epistemische Überzeugungen. Drittens existieren situations- und kontextspezifische sehr flexible epistemologische Urteile (Stahl, 2011).

Von *epistemischen Überzeugungen* auf einem generellen und domänenspezifischen Niveau wird angenommen, dass sie sich in langwierigen Bildungsprozessen ändern.

Epistemologische Urteile bewerten Wissensbehauptungen zur Natur des Wissens und dem Wissenserwerb dagegen im situativen Kontext.

Die kontextabhängige Generierung eines epistemologischen Urteils stellen sich Bromme et al. (2008) und Stahl (2011) beispielsweise folgendermaßen vor:

Zur Beurteilung der Frage, ob Kaffee gesundheitsschädlich oder harmlos sei, greifen Individuen neben ihren epistemischen Überzeugungen gegebenenfalls auf weitere kognitive Elemente zurück. Aus einer Interaktion epistemischer Überzeugungen mit kognitiven Elementen bilden sie ihr epistemisches Urteil, wie Abb. 2.4 veranschaulicht. Stahl (2011) denkt u. a. an *themenbezogenes Wissen* (z.B. Kenntnisse über Wirkstoffe oder Wirkungen von Kaffee), *forschungsmethodische Kenntnisse* (wie in der entsprechenden Disziplin geforscht und Erkenntnisse begründet werden), *persönliche Erfahrungen* („Kaffee ist mir bisher immer gut bekommen"), *ontologische Annahmen* über die jeweilige Disziplin (z.B. die Biologie kommt zu exakten Erkenntnissen) und *Hinweisreize* (*engl. „cues"*) zum Kontext, auf die die Lernenden bei der Beurteilung der jeweiligen Situation stoßen. Diese interagieren mit epistemischen Überzeugungen (z. B. dass biologische und insbesondere ernährungswissenschaftliche Erkenntnisse einem stetigen Wandel unterliegen).

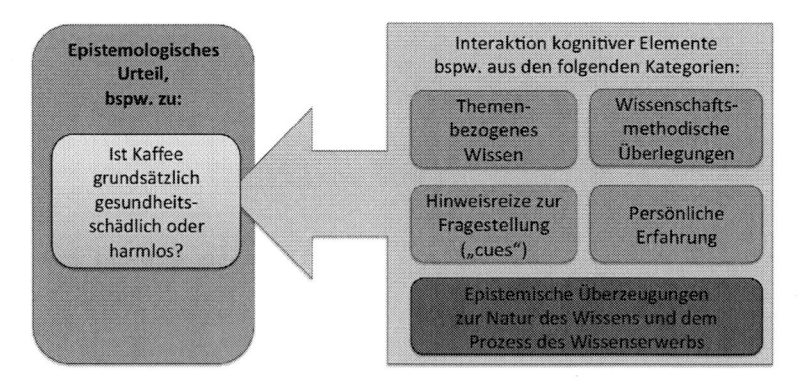

Abb. 2.4. Generierung epistemologischer Urteile nach Stahl (2011)

Von Individuen werden epistemologische Urteile zu Quelle, Rechtfertigung oder auch Vernetzung und Sicherheit von Wissen gefällt, wenn sie beispielsweise Artikel in Lehrbüchern oder im Internet lesen oder wenn sie mit Mitschülern, Kollegen, Kommilitonen oder Lehrenden diskutieren.

Epistemologische Urteile werden von Stahl auf einem metakognitiven Niveau angenommen, womit sich Stahl der Integration von epistemischer Kognition in Metakognition (nach Hofer, 2004; vgl. Kap. 2.2) anschließt: Epistemologische Urteile sind verbunden mit einer metakognitiven Überwachung und Kontrolle. Sie können sowohl bewusst als auch unbewusst geschehen und sowohl elaboriert als auch stereotyp ausfallen.

Kognitive Elemente in weiteren Veröffentlichungen
Der Philosoph R. Kitchener (2011) weist darauf hin, dass in der Lehr-Lernforschung häufig nicht alle Elemente berücksichtigt werden, die in der philosophischen Epistemologie von Bedeutung sind. In der Lehr-Lernforschung werde die Rolle von Autoritäten wie Lehrern oder wichtigen Lehrbüchern zentral diskutiert, diese seien in philosophischer Epistemologie jedoch nur eine Quelle für Wissen. Andere in der Philosophie diskutierte Quellen werden in der Lehr-Lernforschung dagegen wenig beachtet, beispielsweise Vertrauen, Erfahrung, Vernunft oder Erfolg. Auch der religiöse Glaube könnte nach Kitchener für junge (amerikanische) Studierende eine Rolle spielen.
Kitcheners Quellen könnten somit weitere kognitive Elemente im Sinne von Stahl darstellen. Die Aktivierung von *rationalen Überlegungen* oder *Vertrauen* kann bei zu beurteilenden Wissensbehauptungen somit ebenfalls eine Rolle spielen und zu prüfende Kategorien darstellen.

Kognitive Flexibilität als Fähigkeit eigenes Wissen zu strukturieren und situationsgerecht anzupassen
Für epistemologische Urteile wird von einer hohen Flexibilität ausgegangen, mit der Individuen zwischen verschiedenen Kontexten über die Wissensaussagen urteilen – gleichwohl sei ein solches Urteil nicht beliebig und dieselben Personen würden bei sehr ähnlichen Fragestellungen auch wieder zu ähnlichen Urteilen kommen.
Während epistemische Lehr-Lernforschung lange von recht stabilen Prozessen und Überzeugungen epistemischer Kognition ausging, die sich in langwierigen Bildungsprozessen entwickeln, versucht Stahl zu zeigen, dass kognitive Flexibilität in verschiedenen Theorien und Modellen der pädagogischen und kognitiven Psychologie die Regel und kein Sonderfall ist. Kognitive Flexibilität definiert er in

Anlehnung an Spiro & Jehng (1990) als die Fähigkeit, das eigene Wissen so zu strukturieren und situationsgerecht anzupassen, wie es wechselnde Ansprüche erfordern.

Dabei zeigt Stahl am Beispiel verschiedener Modelle, dass kontextspezifische kognitive Flexibilität häufig die Regel und nicht die Ausnahme darstellt. Es gibt in der kognitiven Psychologie Belege, dass diese Flexibilität kontextbezogen ist. Das Aktivieren verschiedener kognitiver kontextspezifischer Elemente steht dabei in einer Forschungstradition der kognitiven Psychologie (Grossberg, 1987; Kintsch, 1998). Beispiele von Theorien kognitiver Flexibilität, auf die Stahl sich beruft, werden im Folgenden kurz widergegeben:

a.) Memory Organization Packets (MOPs)

Die Ideen von Schemata (Bartlett, 1932; Schank, 1972) oder Skripten (Schank & Abelson, 1977) werden gemeinhin benutzt, um die komplexe Organisation von Wissen zu beschreiben. Häufig unbeachtet ist, dass diese Modelle modifiziert wurden, um einer größeren Flexibilität gerecht zu werden. Rumelhard et al. (1986, zit. nach Stahl, 2011) haben Schemata beispielsweise mit einer Idee der Verbundenheit erklärt: Konzepte treten hervor, sobald sie von Mustern verbundener Elemente aktiviert werden. Diese Konzepte liegen nicht fertig im individuellen Gedächtnis, sondern werden vielmehr im Prozess der Aktivierung verbundener Muster aktiv konstruiert.

Schank hat 1982 seine Theorie der MOPs (Memory Organization Packets) vorgestellt: Hierarchisch geordnete Pakete der Organisation unseres Gedächtnisses, die auf verschiedenen Stufen der Abstraktion miteinander agieren und zu Formskripten kombiniert werden können. Jedes MOP kann in verschiedenen Kontexten oder Situationen aktiviert werden: Das MOP zum Bezahlen beispielsweise zum Bezahlen im Supermarkt, beim Friseur oder im Restaurant.

Auch wenn die Hauptvorstellung stabil ist, kann sie in verschiedenen Kontexten abgerufen werden.

b.) Barsalou

Barsalou (1987) hat theoretisch in Frage gestellt, dass die Repräsentation von Konzepten relativ statisch ist und empirisch belegt, dass diese Konzepte je nach Kontext anders funktionieren und andere Assoziationen hervorrufen. Individuen aktivieren andere Konzepte, je nachdem, ob sie das Wort „Ente" am Teich oder im China-Restaurant hören.

c.) CI Model (Kintsch, 1998)

Vergleichbare Ideen, wie sie von Barsalou entwickelt wurden, hat Kintsch in sein Construction-Integration-Model des Textverständnisses aufgenommen. Wissen wird im Modell als ein Netzwerk von Vorstellungen repräsentiert. Je nach Kontext werden aber nur Teile dieses Netzwerkes aktiviert. Beim Lesen eines bestimmten Textes schränken sich Individuen semantisch ein: Haben sie den (Kon-)Text erkannt, aktivieren sie nur noch Vorstellungen, die zum Text passen. Bezogen auf das Enten-Beispiel von Barsalou würden sie in einem Text, der einen Spaziergang am Teich beschreibt, beim Begriff *Ente* nicht dieselben Assoziationen aktivieren wie in einem Text, in dem eine Familie ein Chinarestaurant besucht.

d.) Theory of Cognitive Flexibility

In der kognitiven Psychologie geht die Theorie der "cognitive flexibility" (CFT) auf die Arbeitsgruppe um Spiro zurück (z.B. Spiro, Feltovich, Jacobson, Coulson et al., 1992). Um Wissen an eine neue Situation anzupassen, muss der Lernende bedeutsame konzeptuelle und fallspezifische Wissenskomponenten zusammenfügen. Dabei kann er flexibel reagieren. Um die Bedeutung geistiger Flexibilität zu illustrieren, wird von Jacobsen & Spiro (und im Anschluss auch von Stahl) Wittgenstein mit seiner Kreuz-und-Quer-Landschafts-Metapher zitiert: Landschaften seien sehr komplex und erschließen sich aus verschiedenen Blickrichtungen unterschiedlich. Ein Wanderer muss eine Landschaft aus verschiedenen Perspektiven und auf verschiedenen Pfaden durchwandern, um sie sich zu erschließen. Nur so kann er verschiedene Merkmale der Landschaft erkennen und aufeinander beziehen (Stahl, 2001; Stahl, 2011).

Dasselbe gilt für komplexe Wissensgebiete: Nur aus einer Richtung betrachtet, ergeben sie ein unvollständiges und somit unzutreffendes Bild, weshalb bei fortgeschrittenen Lernern das Lernen in flexiblen Scenarios einen Wissenstransfer anstoßen kann. Spiro et al. haben Wittgensteins Metapher deshalb für die Cognitive Flexibility Theory (CFT) übernommen (zit. nach Stahl, 2001; Stahl, 2011).

Auf Basis der zitierten kognitiven Modelle stellt Stahl menschliche Informationsverarbeitung als ein hochflexibles System dar, geistige Flexibilität ist darin der Regelfall und nichts Außergewöhnliches. Auch epistemologische Urteile sind Teil des Denkens, sie sollten in diesem Sinne als Teil eines vergleichbaren Prozesses kontext-bezogen verstanden werden. Diese Sichtweise, dass auch in Bezug auf epistemologische Urteile in Kontexten gedacht und somit flexibel reagiert werden kann, entspricht Annahmen der vorgestellten Modelle.

Aus dieser Perspektive dürften die epistemologischen Urteile des Lernenden auf vergleichbaren kognitiven Mechanismen beruhen, wie sie von Spiro und Jehng (1990) als kognitive Flexibilität verstanden werden. Stahl betont, dass er kognitive Flexibilität nur in Bezug auf die Generierung eines epistemologischen Urteils annimmt, epistemische Überzeugungen dagegen seien nicht flexibel, sondern werden als stabil betrachtet (s.o).

Auch für Richter (2011) spielt kognitive Flexibilität bei epistemischen Einschätzungen eine Rolle. Empirisch hat er die Verbindung von kognitiver Flexibilität und epistemischen Einschätzungen beim Lernen und dem Umgang mit Texten in komplexen und teilweise widersprüchlichen und schlecht-strukturierbaren Feldern untersucht. Epistemische Einschätzungen (*epistemic validation*) unterteilt er dabei in zwei unterschiedliche kognitive Prozesse: Ein häufig automatisch ablaufendes epistemisches Überwachen (*epistemic monitoring*) und eine sehr bewusst ablaufende epistemische Bewertung (*epistemic elaboration*). Beim epistemischen Überwachen werden Informationen aus dem Text hinsichtlich interner Konsistenz und Plausibilität geprüft. Der Prozess läuft effizient ab und interagiert mit Vorwissen und bereits erworbenem Wissen. Wenn es auf dieser Ebene zu bedeutenden Widersprüchen kommt, könnten sich Lernende Prozessen *epistemischer Elaboration* bedienen.

Eingesetzte Instrumente messen nicht die Differenziertheit epistemischer Kognition
Wie in der Einleitung zu diesem Kapitel angemerkt, nimmt Stahl (2011) an, dass in der Regel eingesetzte Fragebogeninstrumente keine externalisierten epistemischen

Überzeugungen messen, sondern epistemologische Urteile im situativen Kontext. Der DEBQ (Hofer, 2000) konfrontiert Lernende beispielsweise mit folgender Aussage: „If you read something in a textbook for this subject, you can be sure that it´s true." Dieser Aussage muss (eher) zugestimmt oder sie muss (eher) abgelehnt werden.

Aus der Beurteilung solcher Behauptungen über Wissen geht nicht hervor, auf welcher Basis sie beantwortet wurden und es wird nicht erhoben, wie differenziert epistemische Kognition ausgeprägt ist. Dass solche Aussagen auf Basis unterschiedlich differenzierter epistemischer Kognition trotzdem ähnlich beantwortet werden können, verdeutlicht Stahl (2011) an verschieden, von denen eines hier wiedergegeben wird: Es geht um die Beurteilung der Aussage, dass der durchschnittliche Abstand zwischen Erde und Sonne 149,60 Millionen Kilometer betrage. Von Anne, Jane und Bill wird die Behauptung mit „wahr und sicher" beurteilt. Alle drei kommen zum selben Urteil. Doch sie haben bei der Beurteilung auf verschiedene und unterschiedlich ausgeprägte kognitive Elemente zurückgegriffen:

Anne ist Physikerin. Sie hat auf ihr *themenbezogenes Wissen*, ihre *forschungsmethodischen Kenntnisse* und ihr *ontologisches Verständnis* von Physik zurückgegriffen, bevor sie die Behauptung mit „wahr und sicher" beurteilt hat.

Jane studiert im ersten Semester Physik. Aus der Schule verfügt sich über gewisse inhaltliche Grundlagen, wenngleich sie keine Kenntnisse über Messungen von Himmelskörpern zueinander hat. Ihr *ontologisches Verständnis* der Physik ist zurzeit noch von Stereotypen geprägt: So greift sie bei der Beurteilung der Behauptung auf ihre Vorstellung zurück, die Physik generiere sicheres und stabiles Wissen und stimmt der eingangs vorgestellten Behauptung ebenfalls zu.

Bill ist Laie. Er interessiert sich nicht für Astrophysik. Er verfügt über kein *themenbezogenes Wissen* und auch keine *forschungsmethodischen Kenntnisse* zu der Aussage. Doch grundsätzlich vertraut er Forschung und Experten. Bill hält wissenschaftliche physikalische Erkenntnisse für seriös. Diese Vorstellungen dienen als Anker und somit bewertet er die Aussage auf Basis seines *ontologischen Verständnisses* und seines *Vertrauens* in die Physik ebenfalls als „wahr und sicher".

Mit dem Beispiel soll gezeigt werden, dass eingesetzte Instrumente epistemischer Forschung von der Anlage her nicht darüber aufklären, wie differenziert die epistemischen Vorstellungen ausgeprägt sind. Die drei Personen im Beispiel setzen unterschiedlich ausgeprägte kognitive Elemente für ihre Urteile ein, dennoch kommen alle drei zum selben Urteil.

Das soeben angeführte Beispiel zeigt die Schwierigkeit des Erfassens individueller epistemischer Kognition in standardisierten Fragebögen. Häufig stellen die Items stark verkürzte Aussagen oder Sachverhalte dar, die eine Einschätzung für die Probanden schwierig machen bzw. nur einen (Bruch-)Teil der individuellen Überzeugungen berücksichtigen. So besteht die Gefahr, dass komplexe Sachverhalte unzulässig verkürzt werden und die Probanden keine ausreichende Möglichkeit eines angemessenen Kommentars haben. Einige Instrumente (z. B. der SEQ; Schommer, 1990) halten die Aussagen bewusst möglichst allgemein, dabei kann die in der neueren Forschung nachgewiesene Kontextabhängigkeit nicht berücksichtigt werden. Nach Stahl dürften vorhandene Fragebogeninstrumente nicht nur so aussehen, dass nur nach Zustimmung oder Ablehnung gefragt wird. Vielmehr sollte nach dem Verständnis bzw. der Begründung der Aussage selbst gefragt werden.

Neuinterpretation von Replikationsproblemen

In einer weiteren zentralen Hinsicht hält Stahl (2011) eine Ergänzung des Instrumentariums zur Erhebung epistemischer Kognition für sinnvoll. Auf Basis der kognitiven Flexibilität interpretiert er die in Kapitel 2.4.3.6 geschilderten „methodologischen" Probleme in Hinblick auf die Replizierbarkeit von Faktorenstrukturen und Forschungsergebnissen neu.

Verschiedene Instrumente, die von Schommers SEQ (Schommer, 1990) inspiriert sind, versuchen das Instrument in Hinblick auf Reliabilität und Validität zu verbessern, z.B. EBI (Jehng, Johnson & Anderson, 1999), DEBQ (Hofer 2000), DBSQ (Buehl, Alexander & Murphy, 2002). Stahl nimmt aus Perspektive der kognitiven Flexibilität an, dass die Probanden in den (Replikations-)Studien deshalb anders urteilen, weil sie andere kognitive Elemente bei der Interaktion mit ihren epistemischen Überzeugungen aktivieren. Ein Beispiel: In Schommers SEQ (1990) findet sich das zu beurteilende Item „It is annoying to listen to a lecturer who cannot seem to make up his mind as to what he really believes"[3]. Dieses Statement kann

---

[3] dt.: „Es ärgert mich, wenn der Dozent nicht klar sagt, was er zu einem Problem denkt." Übersetzung: Eric Klopp

sowohl generell beantwortet werden als auch in Bezug auf eine speziellen Disziplin, Klassensituation oder einen bestimmten Lehrer. So kann es sein, dass die Probanden von kognitiven Elementen *persönlicher Erfahrung* geleitet werden und an einen speziellen Dozenten oder Lehrer denken, der keine klare Aussage treffen kann (oder will). Je nachdem, was die Lernenden mit dem Item assoziieren, aktivieren sie möglicherweise ganz unterschiedliche kognitive Elemente sowie unterschiedliche epistemische Überzeugungen und antworten mit unterschiedlichen Voraussetzungen in Bezug auf die Fragebogenitems.

Kognitive Flexibilität und Stufenmodelle

Neu und kontextsensitiv interpretiert werden können auch bestehende Modelle von Entwicklungen in Stufen, beispielweise von dualistischen und absolutistischen Sichtweisen hin zu evaluativen Perspektiven (vgl. Kapitel 2.4.1). Chandler, Hallet und Sokol (2002) warfen die Frage auf, warum dieselben Entwicklungsniveaus in allen Altersstufen erneut beschrieben werden und warum hier keine Entwicklungen stattfinden. Eine Erklärung ist, dass eine eindeutige und schrittweise Weiterentwicklung angezweifelt werden könnte und außerdem die Varianzen zwischen Personen und Kontexten größer sind, als dass sie mit Entwicklungsstufenmodellen erklärt werden könnten (z.B. Tabak & Weinstock, 2008). Im Sinne kognitiver Flexibilität können diese Ergebnisse interpretiert werden, indem die Einschätzungen von der Richtung her ähnlich sind (also zum Beispiel absolutistisch), aber die Argumentationsstrukturen sowie die aktivierten kognitiven Elemente, die zum jeweiligen Urteil führen, sich grundsätzlich unterscheiden. Ein Blick auf die Interaktion von kognitiven Elementen beispielsweise von Grundschulkindern als auch von Studierenden könnte hier Aufschluss geben. Um hier Antworten zu erhalten, müssten detaillierte Beziehungen zwischen kognitiven Elementen untersucht werden, um die Flexibilität epistemologischer Urteile zu verstehen.

Zusammenfassung

Mit der *Generative Nature of Epistemological Judgments* liegt eine Neuinterpretation des Konstrukts epistemischer Kognition vor. Der Ansatz könnte hilfreich sein, Probleme epistemischer Lehr-Lernforschung zu klären. In Analogie zu psychologischen Theorien kognitiver Flexibilität wird angenommen, dass Individuen je nach Situation flexibler reagieren, als dies in verschiedenen Arbeiten der epistemischen Lehr-Lernforschung bisher betrachtet wurde. Als Teil des kognitiven Systems werden epistemologische Urteile als kontextsensitiv angenommen und beurteilen Wissensaussagen aus einer Generierung zwischen generellen und/oder domänenspezifischen epistemischen Überzeugungen, zu denen je nach Kontext weitere kognitive Elemente hinzutreten können, beispielsweise *themenbezogenes Wissen, forschungsmethodische Kenntnisse* oder *persönliche Erfahrungen*.

Stahl rechnet diesen kognitiven Elementen einen bedeutenden Einfluss im Konstrukt epistemischer Kognition zu. Erstens erklärt er mit einer kontextsensitiven Interaktion zwischen epistemischen Überzeugungen und weiteren kognitiven Elementen Replikationsprobleme bisher eingesetzter Instrumente, zweitens stellen sie ein zentrales Element in individuellen epistemischen Urteilsprozessen dar, die von häufig eingesetzten Fragebogeninstrumenten nicht ausreichend abgebildet werden. Drittens erklärt Stahl durch kurzfristige Interventionen angestoßene Veränderungen in epistemischer Kognition mit einer Veränderung kognitiver Elemente, die zu veränderten epistemologischen Urteilen führen, und nicht in erster Linie mit einer direkten Veränderung epistemischer Überzeugungen. Viertens stößt er mit dem Konzept kognitiver Elemente einen veränderten Blick auf Positionen in Stufenmodellen an.

Kognitive Elemente und ihre Bedeutung für epistemische Kognition stellen gleichwohl ein empirisch wenig untersuchtes Forschungsfeld dar, sodass sie als Kern der Theorie der *Generative Nature of Epistemological Judgments* intensiver empirisch geprüft werden sollten.

3 Untersuchung zur Generierung epistemologischer Urteile mittels halbstrukturierter Interviews

Der Ansatz der Generative Nature of Epistemological Judgments (vgl. Kapitel 2; Stahl, 2011; Bromme, Kienhues & Stahl, 2008; Kienhues, Ferguson & Stahl, 2016) soll in der folgenden Studie empirisch geprüft werden. Wie in Kapitel 1 und Kapitel 2.4.3.8 gezeigt, nehmen die Autoren an, dass für epistemologische Urteile neben domänenspezifischen und generellen epistemischen Überzeugungen noch weitere kognitive Elemente wie *wissenschaftsmethodische Kenntnisse*, *themenbezogenes Wissen* oder *persönliche Erfahrung* bedeutsam sind. Epistemologische Urteile werden flexibel in Abhängigkeit vom situativen Kontext gefällt. Sollte sich die Annahme der *Generative Nature of Epistemological Judgments* als zutreffend herausstellen, könnte sie dabei helfen, Replikationsprobleme von Fragebogeninstrumenten und angenommenen Dimensionen epistemischer Kognition (vgl. Kapitel 2.4.3.6) zu erklären. Als Versuchsgruppe für diese Studie wurden Lehrende gewählt. Epistemische Kognition, der Umgang mit Wissen und dem Wissenserwerb steht im Zentrum ihrer täglichen Unterrichtspraxis. Ferner zeigen Befunde Wechselwirkungen zwischen epistemischer Kognition der Lehrpersonen und ihrem Unterrichtsstil (bzw. dem „epistemischen Klima" im Klassenraum), Lernstrategien und der epistemischen Kognition der Schülerinnen und Schüler (z.B. Muis, Trevors & Chevrier, 2016; Feucht, 2010; Brownlee & Berthelsen, 2008; Buelens et al., 2002; Boscolo & Mason, 2001).

Kombination qualitativer und quantitativer Forschung
Die Untersuchungen dieses und des folgenden Kapitels hängen in einem gemeinsamen Forschungsdesign zusammen und verbinden Elemente qualitativer und quantitativer Forschung. So werden in der Studie dieses Kapitels mit leitfadengeführten Interviews und offenen Antwortmöglichkeiten zunächst eher qualitativ die für Lehrende relevanten Kategorien epistemologischer Urteile erhoben. Bereits in der Auswertung treten mit dem Zählen von Häufigkeiten eingesetzter Kategorien quantitative Elemente hinzu und in der Studie des folgenden Kapitels wird mit der Befragung einer großen Stichprobe und statistischen Auswertung klassisch quantitativ gearbeitet. Mayring (2001) definiert auf Designebene vier Modelle der Kombination und Integration qualitativer und quantitativer Analysemethoden. Als

erste Möglichkeit nennt Mayring das *Vorstudienmodell*, das er als eine klassische Variante quantitativ orientierten Vorgehens beschreibt. Die qualitativen Anteile beschränken sich dabei auf eine der quantitativen Erhebung vorgeschaltete Phase, die in der Regel der Hypothesengewinnung dient. Als Einsatzbereich wird beispielsweise das Führen von offenen Interviews genannt, um zu Kategorien für ein geschlossenes Testinstrument zu gelangen.

Als zweite Variante nennt Mayring das *Verallgemeinerungsmodell*. Bei diesem Modell wird zunächst eine qualitative Studie komplett durchgeführt und ausgewertet und in einem zweiten Schritt mit quantitativen Mitteln abgesichert und verallgemeinert. Als Einsatzbereich nennt Mayring Ergebnisse eines Feldforschungs- oder Fallanalyseprojekts, die in einer Repräsentativstudie einer breiteren Überprüfung unterzogen werden sollen.

Das *Vertiefungsmodell* nennt Mayring als dritte Variante, bei dem das Vorgehen umgekehrt erfolgt: Eine quantitative Studie wird nach Abschluss durch qualitative Analysen vertieft. Beispielsweise durch Fallanalysen können Korrelationen der quantitativen Ergebnisse in Richtung von Kausalität gedeutet werden.

Eine vierte Möglichkeit stellt das *Triangulationsmodell* dar. Es verschränkt qualitative und quantitative Methoden und untersucht die Fragestellung aus verschiedenen Blickwinkeln. Die Analyseergebnisse sollen sich dabei gegenseitig unterstützen und die Schnittpunkte stellen die Endergebnisse dar.

Ziel der Untersuchung dieses Kapitels ist es, für eine nachfolgende quantitative Studie (Kapitel 4) zu relevanten Kategorien zu gelangen und Items zu generieren. Idealerweise könnten Antworten aus dieser Interviewstudie, Items im Fragebogen der anschließenden quantitativen Studie darstellen, bzw. Kategorien illustrieren. Das vorliegende Forschungsdesign orientiert somit in der Kombination von qualitativen und quantitativen Analysemethoden an einer Mischung aus *Vorstudienmodell* und *Verallgemeinerungsmodell*. In Anlehnung an das *Verallgemeinerungsmodell* wird zunächst eine Studie abgeschlossen durchgeführt und ausgewertet. Auf qualitativer Ebene werden jedoch keine differenzierten Fallanalysen erstellt, sondern es werden zu generalisierenden Hauptkategorien kognitiver Elemente ermittelt, sodass die Tiefe einer klassisch qualitativen Studie nicht erreicht wird und das Forschungsdesign in diesem Sinne eher dem *Vorstudienmodell* entspricht.

3.1 Hypothesen der Studie

Diese Studie verfolgt das Ziel, folgende Hypothesen zu prüfen und eine quantitative Studie vorzubereiten.

These 3.1: *Es wird angenommen, dass Lehrende zur Generierung epistemologischer Urteile kognitive Elemente einsetzen, die sich zu Hauptkategorien zusammenfassen lassen.*

Um Belege für eine epistemologische Urteilsbildung im Sinne des Ansatzes der *Generative Nature of Epistemological Judgments* (vgl. Kap. 2.4.3.8) zu sammeln, soll erstens untersucht werden, ob theoretisch beschriebene kognitive Elemente (vgl. Stahl, 2011; Kitchener, 2011), wie *themenbezogenes Wissen*, *persönliche Erfahrung* oder *wissenschaftsmethodische Kenntnisse* für die epistemologische Urteilsbildung von Lehrenden aktiviert werden und ob gegebenenfalls andere oder weitere kognitive Elemente bedeutsam sind.

Zweitens soll geprüft werden, ob sich die eingesetzten kognitiven Elemente der epistemologischen Urteilsbildung von Lehrenden zu zentralen Hauptkategorien zusammenfassen lassen. Die Ergebnisse könnten zu einem Kategoriensystem kognitiver Elemente führen, das von Probanden aktivierte kognitive Elemente vergleichbar macht.

These 3.2: *Es wird angenommen, dass Lehrende epistemologische Urteile kontextsensitiv fällen und dazu unterschiedliche Kategorien kognitiver Elemente einsetzen.*

Epistemische Kognition wird inzwischen als kontextabhängiges Konstrukt definiert (z. B. von Elby & Hammer, 2002; Buehl & Alexander, 2006; Chinn et al., 2011; vgl. Kap. 2.4.3.3). Der zu prüfende Ansatz der *Generative Nature of Epistemological Judgments* (Stahl, 2011) nimmt an, dass sich Urteile kontextsensitiv und flexibel durch Verbindung epistemischer Überzeugungen mit anderen kognitiven Elementen generieren. Daraus ergibt sich die zu prüfende Fragestellung, ob Lehrende bei der Beurteilung von Wissensbehauptungen zu verschiedenen Kontroversen flexibel und kontextsensitiv unterschiedliche kognitive Elemente für ihre epistemologischen Urteile aktivieren. Dies entspricht verschiedenen Modellen kognitiver Flexibilität (vgl.

2.4.3.8). Ferner konnte Schoenfeld (1983; vgl. Kap. 2.2) belegen, dass zum Lösen komplexer (mathematischer) Probleme epistemische Überzeugungen mit Faktenwissen oder prozeduralem Vorwissen interagieren.

These 3.3: *Es wird angenommen, dass sich zwischen verschiedenen Lehrämtern Unterschiede in der epistemologischen Urteilsbildung zeigen, die sich in einem unterschiedlichen Einsatz kognitiver Elemente abbilden.*

Lehrende des Gymnasiallehramts verfügen in der Regel über ein intensiveres fachwissenschaftliches Studium als Lehrende anderer Lehrämter. Es wird angenommen, dass sich dies in umfassenderen thematischen und gegebenenfalls auch wissenschaftsmethodischen Kenntnissen zeigt. Eventuell wirkt sich auch ein unterschiedliches epistemologisches Klima in verschiedenen Lehramtsstudiengängen aus. Nach Feucht (2010) sowie Muis, Trevors und Chevrier (2016) wird das epistemische Klima vom Kontext geprägt, indem mit epistemischen Faktoren umgegangen wird, beispielsweise wie naturwissenschaftliche Probleme den Lernenden angeboten werden und die Lösung solcher Probleme unterrichtet wird. Ferner berichten Untersuchungen von Jehng, Johnson und Anderson (1993), dass Studierende unterschiedlicher wissenschaftlicher Disziplinen sich in ihrer epistemischen Kognition unterscheiden (vgl. Kap. 2.4.3.2; z.B. Jehng, Johnson & Anderson, 1993). So könnte zwischen verschiedenen Lehramtsstudiengängen ein unterschiedliches epistemisches Klima herrschen und es könnte sich zeigen, dass stärker didaktisch ausgerichtete Lehramtsstudiengänge einen anderen Blick auf die Genese von Wissen evozieren, als Gymnasiallehramtsstudiengänge mit stark fachwissenschaftlich ausgerichtetem Profil. Ein solcher Vergleich ist dem Autor für deutsche Lehramtsstudiengänge nicht bekannt, sodass hier ein Forschungsdesiderat vorliegt. Da die Studie mit einer geringen Stichprobe arbeitet, lassen sich aus den Studienergebnissen zu der Fragestellung gegebenenfalls erste Hypothesen entwickeln, die in der anschließenden Studie mit quantitativen Methoden zu prüfen sind. Sofern sich verschiedene Kategorien kognitiver Elemente bestätigen lassen (These 3.1), lautet die Forschungsfrage: Setzen unterschiedliche Lehrergruppen (Grundschule, Realschule, Hauptschule/Werkrealschule, Gymnasium) auch unterschiedliche kognitive Elemente ein?

These 3.4: *Es wird angenommen, dass Lehrende bei der Beantwortung von Fragebogenitems zu epistemischer Kognition ein Bewusstsein von kognitiver Arbeitsteilung zeigen.*

Angemessene epistemische Kognition sollte sich (z.B. nach Bromme, Kienhues & Stadtler, 2016) *kognitiver Arbeitsteilung* bewusst sein und das durch eigene Erfahrung erworbene Wissen nicht per se als höherwertiger ansehen als übernommenes Wissen. Mit *kognitiver Arbeitsteilung* bezeichnet Bromme den Umstand, dass sowohl die Produktion, als auch die Sicherung im Sinne von Gewährleistung und Gültigkeit von Wissen arbeitsteilig erfolgt. Auch Chinn et al. (2011) und Sinatra et al. (2014) weisen auf arbeitsteilige Prozesse der Wissensgenese in Gesellschaft und Wissenschaft hin (vgl. Kap. 2.4.3.3). Bromme (z.B. 2005) kritisiert an bisherigen Fragebogeninstrumenten, dass diese ein Bewusstsein *kognitiver Arbeitsteilung* bei Probanden nicht in Erwägung ziehen (vgl. Kapitel 2.4.3.3). Normativ verstünden klassische Modelle und Instrumente epistemischer Lehr-Lernforschung selbst erworbenes Wissen implizit als höherwertiger als von anderen übernommenes Wissen. Somit ergibt sich die zu prüfende Fragestellung: Begründen Lehrpersonen ihre Zustimmung oder Ablehnung zu Items bisheriger Fragebögen im Sinne der Interpretation der Fragebögen (z.B. mit einem unangemessenen Respekt vor Autoritäten) oder zeigen die Probanden mit begründeten Verweisen auf Expertenmeinungen ein Bewusstsein kognitiver Arbeitsteilung?

3.2 Methode

3.2.1 Instrument

Erhebung mittels Leitfadeninterview
Aus der Kombination von sechs Gründen wurde für die Studie dieses Kapitels als Erhebungsinstrument ein halbstrukturiertes bzw. Leitfadeninterview gewählt.
Erstens ermöglichen offene Antworten einen subjektnahen und offenen Einblick, welche kognitiven Elemente die Probanden von sich aus aktivieren und die somit für ihre epistemologischen Urteile relevant sind. So wird erwartet, dass mit den

Interviews die „Relevanzsysteme" (Lamnek, 2005) der Probanden eruiert werden können. Gegebenenfalls ermöglicht die Vorgehensweise auch neuartige oder überraschende Erkenntnisse.

Zweitens bietet ein Leitfaden als Gerüst für die Datenerhebung die Möglichkeit, Ergebnisse unterschiedlicher Interviews strukturierter zu vergleichen (Bortz & Döring, 2006) als gänzlich narrative Interviews. Ein Leitfaden ermöglicht, dass sich alle Probanden mit denselben Wissensbehauptungen auseinandersetzen können.

Drittens scheint ein Interview zur Prüfung der These 3.4 angemessen, die annimmt, dass Probanden bei Items in Fragebögen mit einem Bewusstsein kognitiver Arbeitsteilung urteilen. Dabei ist von Forschungsinteresse, wie die Testpersonen Zustimmung oder Ablehnung zu Fragebogenitems begründen.

Die drei bisherigen Punkte könnten auch von einem schriftlichen Fragebogen mit offenem Antwortformat erfüllt werden. Viertens sind in einem Interview jedoch Anpassungen und kontrollierend lenkende Eingriffe durch den Interviewer möglich. Fünftens wird erwartet, dass in den Interviews durch einen direkten und verzögerungsfreien Kontakt mündlicher Kommunikation eine andere Befragungstiefe erreicht wird. Sechstens ermöglichen Verständnisrückfragen des Interviewers eine direkte kommunikative Validierung (Bortz & Döring, 2006; Kromrey, 2006).

Als Nachteil sei nach Stier (1996) betont, dass das Interview als *reaktives Messverfahren* zu sehen ist. Damit verbinden sich mögliche Verzerrungseffekte und Beeinflussung durch den Interviewer, die in einer Interaktion zwischen Interviewer und Befragtem durch Unterschiede im Geschlecht, in der Nationalität, in der Sprache, in der Kleidung, im Auftreten oder in der Schichtzugehörigkeit hervorgerufen werden können.

Der Leitfaden

Im Folgenden wird zuerst das endgültige Instrument vorgestellt. Zweitens wird die zugrunde liegende Materialentwicklung dargestellt und drittens von einer Pilotierung auf Basis von drei Testinterviews berichtet. Viertens wird die endgültige Materialauswahl anhand einer in Materialentwicklung und Pilotierung entstandenen Forderungsauswahl begründet.

Der endgültige Interviewleitfaden besteht aus zehn Kontroversen.[4] Zu jeder der Kontroversen werden die Lehrpersonen mit Wissensbehauptungen konfrontiert, zu denen begründet Stellung bezogen werden soll. Für die Erhebung interessiert, welche kognitiven Elemente (beispielsweise *themenbezogenes Wissen*, *persönliche Erfahrung* oder *forschungsmethodische Kenntnisse*) die Lehrenden bei der Beurteilung der Aussagen aktivieren. Folgende Kontroversen wurden in den Leitfaden aufgenommen:

1. Kann ein ungeschützter Kopf bei kaltem Wetter zu Erkältungen führen?
2. Ist es für gesunde Menschen notwendig, bewusst darauf zu achten, ausreichend zu trinken oder können sie sich auf ihren Durst verlassen?
3. Kann bei falscher Lagerung von Kartoffeln eine ernsthafte Gefahr von Solanin ausgehen?
4. Können Mücken (bei einem verschmutzen Rüssel) den HI-Virus übertragen?
5. Wirkt Kaffee bzw. Koffein gesundheitsschädlich oder ist er/es für gesunde Menschen harmlos?
6. Haben Tiere Möglichkeiten, Naturkatastrophen wie Erdbeben kommen zu sehen?
7. Hat die Reihenfolge des Genusses von Bier und Wein Einfluss auf zeitverzögerte alkoholinduzierte Kopfschmerzen?
8. Bevorzugen Stechmücken bei der Auswahl ihrer Opfer „süßes Blut"?
9. Können Mücken selbst betrunken werden, wenn sie betrunkene Menschen stechen?

In einer zehnten Kontroverse wird weniger kontextspezifisch und genereller nach der Sicherheit sozialwissenschaftlicher und naturwissenschaftlicher Erkenntnisse gefragt:

10. Entstehen in den Naturwissenschaften nachhaltigere Erkenntnisse als in den Sozialwissenschaften?

---

[4] Der komplette Leitfaden mit allen Materialbausteinen kann beim Autor unter tim.kramer@mac.com angefordert werden.

In einem ersten Schritt zu jeder Kontroverse erhalten die Probanden entweder eine Wissensbehauptung oder mehrere Eingangsstatements, die sich teilweise widersprechen. Stets gilt es, die Aussagen zu beurteilen. Wenn mehrere Statements abzuwägen sind, lautet die Einstiegsfrage: „Wer hat Recht und warum denken Sie das?" Bei nur einem Eingangsstatement wird gefragt: „Stimmen Sie der Aussage zu und warum oder warum nicht?" Ein Beispiel für Eingangsstatements in eine Kontroverse zeigt Abbildung 3.1.

| Es ist für gesunde Menschen überflüssig, bewusst darauf zu achten, dass sie ausreichend trinken. Der Körper hat einen ausgeklügelten Mechanismus, mit dem er den Menschen warnt, wenn er zu wenig Wasser hat. Das Phänomen nennt sich „Durst". | Unser Körper besteht zu 60 bis 70 Prozent aus Wasser, und jeden Tag verliert er durch Atmen, Schwitzen und Ausscheiden etwa zwei bis zweieinhalb Liter davon – das muss wieder nachgefüllt werden. Trinken ist also lebensnotwendig. Unbedingt sollte man darauf achten, täglich zwei oder besser drei Liter Wasser zu trinken. |

Abbildung 3.1. Einstieg in die Kontroverse *2 Liter trinken*

In einem zweiten Schritt bekommen die Probanden zu den jeweiligen Zitaten eine Quelle genannt. Erstens wird erwogen, dass die Quelle möglicherweise nochmals andere Kategorien kognitive Elemente aktiviert. Theoretische beschriebene kognitive Elemente wie *Vertrauen* (R. Kitchener, 2011) oder *epistemische Überzeugungen* zur Quelle von Wissen (z.B. Hofer und Pintrich, 1997) könnten hier eine Rolle spielen. Ebenso die Bewertung von Quellen im Sinne einer kognitiven Arbeitsteilung (vgl. Bromme, 2005). Abbildung 3.2 zeigt das soeben dargestellte Beispiel mit Quellenangabe.

Es ist für gesunde Menschen überflüssig, bewusst darauf zu achten, dass sie ausreichend trinken. Der Körper hat einen ausgeklügelten Mechanismus, mit dem er den Menschen warnt, wenn er zu wenig Wasser hat. Das Phänomen nennt sich „Durst".	Unser Körper besteht zu 60 bis 70 Prozent aus Wasser, und jeden Tag verliert er durch Atmen, Schwitzen und Ausscheiden etwa zwei bis zweieinhalb Liter davon – das muss wieder nachgefüllt werden. Trinken ist also lebensnotwendig. Unbedingt sollte man darauf achten, täglich zwei oder besser drei Liter Wasser zu trinken.
Die Zeit	Ratgeber Medizin, RN-Verlag

Abbildung 3.2. Einstieg der Kontroverse *2 Liter trinken* mit Quellenangabe

Nach der Quellenangabe werden die Lehrenden gefragt, ob sie aufgrund der Quelle ihr Urteil revidieren würden und warum oder warum nicht.

In einem dritten Schritt bekommen die Probanden nochmals vertiefende Aussagen zu den Kontoversen als Impuls zur Beurteilung. Abbildung 3.3 zeigt ein solch weiterführendes Beispiel.

Wir haben – ebenso wie andere neuerdings veröffentlichte Studien - keinen Beleg für irgendwelche positiven Wirkungen des übermäßigen Trinkens gefunden. Zu viel Wasser macht weder die Haut schöner, noch hilft es beim Abnehmen. Auch alte Menschen sollte man nicht zum Trinken zwingen, solange keine Anzeichen für einen tatsächlichen Wassermangel vorliegen.	Der Durst ist ein erstaunlich unzuverlässiger Mechanismus, manchmal setzt er immer noch nicht ein obwohl man schon dehydriert ist (während Hunger oft zu früh einsetzt). Das ist auch der Grund wieso in der amerikanischen Armee Soldaten bei Wüsteneinsätzen teilweise zum Trinken gezwungen werden. Ein weiteres Problem ist auch, dass der Durst eigentlich nur ein Notsignal für akute Dehydrierung darstellt, während man, z. B. auf einer Wanderung, am besten schon vor dem Durst trinkt um einen Leistungsverlust zu vermeiden. Auch beim Fasten kann Trinken meiner Meinung nach helfen um das Hungergefühl wenigstens zu dämpfen.	Der Körper kann seinen Wasserhaushalt regulieren. Wenn er weniger Wasser bekommt, dann scheidet er auch weniger aus. Zudem wird etwa die Hälfte des Bedarfs über feste Nahrung zugeführt. Dieser Wert schwankt natürlich von Mensch zu Mensch – wer viel Obst und Gemüse isst, der »trinkt« entsprechend mehr als jemand, der sich von Brot ernährt. Bleibt eine Menge von einem bis eineinhalb Litern, die man dem Körper in flüssiger Form zuführen sollte. Und dabei zählen Kaffee, Tee und schwach alkoholische Getränke wie Bier durchaus mit. Woher der Mythos von den zwei Litern kommt, ist nicht klar.
Journal of the American Society of Nephrology, 2008	Michael Beckmann, Ernährungsberater	Christoph Drösser, Die Zeit

Abbildung 3.3. Weiterführende Informationen zur Kontroverse *2 Liter trinken*

Bei den dargestellten Aussagen handelt es sich teilweise um Originalzitate mit Originalquellenangaben (wie im obigen Beispiel bei „Christoph Drösser, Die Zeit"; „Journal of the American Society of Nephrology, 2008"), teilweise um Texte aus anderen Quellen, die gegebenenfalls umgeschrieben und mit erfundenen Namen sowie Beruf versehen wurden (wie im obigen Beispiel bei „Michael Beckmann, Ernährungsberater").

Nach den zehn Kontroversen werden den Probanden zwei Aussagen von Hofers Fragebogeninstrument DEBQ [5] (Hofer, 2000) vorgelegt, um zu prüfen, welche Begründungen hinter Zustimmung und Ablehnung zu Statements in bisherigen Fragebögen stecken, und ob die Probanden ein Bewusstsein kognitiver Arbeitsteilung bei den Probanden zeigen. Die zwei Statements:

- Manchmal muss ich Experten glauben, auch wenn ich ihre Argumente nicht verstehe.

- Wenn ich etwas in einem Lehrbuch lese, kann ich sicher sein, dass es wahr ist.

Zur Entwicklung des Leitfadens

Zu Beginn der Materialauswahl wurde ein Pool von 20 Kontroversen mit Wissensbehauptungen zusammengestellt, die alle einen naturwissenschaftlich-biologischem Bezug haben. Die Kontroversen wurden von der Grundidee den Wissenschaftsteilen der populären Zeitschriften *Die Zeit* und *Der Spiegel* entnommen und durch weitere Quellen ergänzt (Veröffentlichungen in wissenschaftlichen Journalen, Lexikoneinträge, weitere populärwissenschaftliche Artikel, Leserkommentare auf Internetpräsenzen populärwissenschaftlicher Zeitschriften).

Neben einem biologischen Bezug wurde ein Alltagsbezug gewählt, damit zumindest die Möglichkeit gegeben ist, dass nicht bereits in ersten empirischen Prüfungen der Theorie ausschließlich mit speziellem biologischem Fachwissen in Interaktion mit epistemischen Überzeugungen geurteilt wird und die Varianz der Antwortmöglichkeiten eingeschränkt werden würde. Ferner sollten die Kontroversen zumindest vom grundsätzlichen Themenfeld auch einen Bezug zu Bildungsplänen haben, sodass ähnliche Auseinandersetzungen mit wissenschaftlichen Aussagen von Lehrpersonen durchaus auch in der Schulwirklichkeit eine Rolle spielen könnten und somit eine Nähe zum Gegenstand gewährt bleibt. In bundesdeutschen Lehr- und Bildungsplänen spielen die Themenfelder der Kontroversen Ernährung (z.B. Bildungsplan Baden-Württemberg 2016, Sekundarstufe Leitperspektive Alltagskultur, Ernährung, Soziales), Virenübertragungen (z.B. Bildungsplan Baden-Württemberg 2016, Humanbiologie: Themenbereich Fortpflanzung und Entwicklung 3.2.2.4),

---

[5] Im Original lauten die Items: „Sometimes you just have to accept answers from the experts in this field, even if you don't understand them.", „If you read something in a textbook for this subject, you can be sure it's true."

Insekten (z. B. Lehrplan Gymnasium G8, Bayern, ab Sj. 2008/09) und Alkoholgebrauch (z.B. Lehrplan Sek 1, Berlin, Biologie ab Sj. 2006/07) eine Rolle.

Testinterviews

Mit einem ersten Interviewleitfadenentwurf, der noch fünfzehn Kontroversen enthielt, wurden zunächst drei Testinterviews mit Lehrenden geführt. Die Testpersonen wurden dabei gebeten, jegliche Verständnisschwierigkeiten direkt anzusprechen, diese wurden während der Interviews schriftlich dokumentiert.

Anschließend erfolgte eine Auswertung der Rückmeldungen der Testprobanden in Bezug auf Verständlichkeit der Kontroversen und der diskutierten Positionen.

Forderungsliste

Aus der Materialentwicklung und den Testinterviews ergab sich eine Forderungsliste an die endgültig aufzunehmenden Kontroversen: Jede Kontroverse sollte folgende Aspekte erfüllen: (a) Alltagsbezug, (b) Biologiebezug, (c) Lehrplanbezug, (d) einfaches Verständnis der Kontroverse und der diskutierten Positionen in den Testinterviews, (f) Ausschluss möglicher sozialer Erwünschtheit.

Auf Basis dieser Forderungsliste wurden weniger geeignete Kontroversen ausgeschlossen und neun endgültig im Interviewleitfaden verwendete Kontroversen ausgewählt. Außerdem wurde eine zehnte Kontroverse aufgenommen, die grundsätzlicher nach sozialwissenschaftlicher und naturwissenschaftlicher Erkenntnis fragt, um die kontextspezifischen Kontroversen um eine Kontroverse genereller wissenschaftlicher Erkenntnis zu ergänzen. Abschließend wurden auf Grundlage der Auswertung der Anregungen und Kommentare aus den Testinterviews einzelne Formulierungen geändert.

3.2.2 Stichprobe

Die Stichprobe setzt sich aus 23 Lehrpersonen (20 weiblich) zusammen. Acht unterrichten primär an Grundschulen, fünf an Haupt-/bzw. Werkrealschulen, fünf an Realschulen und fünf an Gymnasien. Es wurde nicht das exakte Alter der Probanden erhoben, sondern eine Altersgruppe: So sind fünf Lehrende zwischen 25 und 35 Jahre, neun zwischen 36 und 45, zwei Lehrerinnen sind zwischen 46 und 55 Jahre alt und sieben Lehrerinnen sind 56 und älter.

22 der 23 Lehrenden unterrichten entweder Biologie oder Sachunterricht. Die beiden Items zu Statements bisheriger Fragebogeninstrumente zur Prüfung eines Bewusstseins kognitiver Arbeitsteilung (These 3.4) kamen später hinzu, deshalb wurden diese Fragen nur in den 17 letzten Interviews gestellt. Rekrutiert wurde die Stichprobe im Freiburger und Stuttgarter Raum durch Anfragen an Schulen sowie persönliche Kontakte. Alle Lehrpersonen sind im Schuldienst Baden-Württembergs. Die Teilnahme an der Untersuchung war freiwillig und die Probanden erhielten als Dank und Teilnahmeanreiz einen Büchergutschein im Wert von EUR 20.

3.2.3 Untersuchungsdurchführungen

Die Interviews wurden an den Schulen der Lehrpersonen (16 Interviews), an der Pädagogischen Hochschule Freiburg (2 Interviews), in Cafés (2 Interviews) oder bei den Lehrpersonen zu Hause (3 Interviews) durchgeführt. Die Entscheidung der Erhebungsorte wurde dabei den Lehrpersonen überlassen, um sicherzustellen, dass die Lehrpersonen sich an den Orten wohl fühlen und sich auf dieser Grundlage das ergiebigste Material erwarten lässt (vgl. Przyborski & Wohlrab-Sahr, 2014). Als Nachteil von unterschiedlichen Erhebungsorten kann dagegen eine unterschiedliche Wirkung auf die Interviewsituation angenommen werden.

Alle Gespräche wurden von derselben Person geleitet. Die Gespräche dauerten zwischen 30 und 60 Minuten und wurden mittels Audioaufnahme dokumentiert. Nach der Befragung wurden die Probanden darüber aufgeklärt, dass einige der Quellen und Namen zu den Kontroversen erfunden oder verändert worden sind.

3.2.4 Datenanalyse

Inhaltsanalytische Auswertungsmethoden

Forschungsmethodisch stehen sich verschiedene Varianten zur Datenauswertung gegenüber. Eine qualitative Inhaltsanalyse kann nach unterschiedlichen Techniken geschehen, beispielsweise der *Grounded Theory* nach Glaser und Strauss (1967), der *Globalauswertung* nach Legewie (1994) oder der *qualitativen Inhaltsanalyse* nach Mayring (z.B. 2010). Die *Grounded Theory* ist eine Auswertungstechnik zur Entwicklung und Überprüfung von Theorien, die eng am Material arbeitet (grounded). Ziel der Inhaltsanalyse ist die Identifikation der *Kernkategorie* (*Schlüsselkategorie*) der Texte, die in ein hierarchisches Netz von Konstrukten (die Theorie) eingebettet ist. Ferner erfolgen Schritte der Datenerhebung und der Datenauswertung nicht nacheinander, sondern sind in besonderer Weise miteinander verwoben. So wird die Fallauswahl ebenso wie die Entscheidung, welche weiteren Daten erhoben werden, nicht ausschließlich zu Beginn des Forschungsprozesses bestimmt, sondern in Abhängigkeit von der parallel zur Datenerhebung stattfindenden Datenauswertung durch den Prozess der Theoriegenerierung gelenkt. Nachdem erste Daten kodiert und analysiert wurden, wird weiterhin stetig geprüft, welche zusätzlichen Daten wo erhoben werden sollen, um die (vorläufigen) Konzepte einer entstehenden *Grounded Theory* empirisch anzureichern (Tiefel, 2012).

Die *Globalauswertung* nach Legewie (1994) als weitere Methode einer Inhaltsanalyse eignet sich für eine breite, übersichtsartige und zügige Auswertung von bis zu ca. 20-seitigen Dokumenten – bei längeren Dokumenten kann eine Untergliederung stattfinden. Die *Globalauswertung* durchläuft eine bestimmte Schrittfolge u.a. von Orientierung und der Aktivierung des Kontextwissens über das Durcharbeiten des Textes mit dem Notieren von Ideen und Fragestellungen bis hin zur Bewertung und Ergebnisdarstellung. Die Globalauswertung eignet sich besonders, um sich einen schnellen Überblick über ein Material zu verschaffen.

Qualitative Inhaltsanalyse nach Mayring

Für die Studie dieses Kapitels wurde eine dritte Methode gewählt: Die qualitative Inhaltsanalyse nach Mayring (1993, 2010). Grundsätzlich liegen Stärken der qualitativen Inhaltsanalyse in der Systematik des Analyseprozesses, der Präzisierung der Analyse durch ein Kategoriensystem und der Kontrolle der Quantifizierung. Sie stellt eine Anleitung zum regelgeleiteten und intersubjektiv nachvollziehbaren Durcharbeiten umfangreichen Materials dar. Dabei wird zwischen drei Grundformen unterschieden: Zusammenfassung, Strukturierung und Explikation. Die *zusammenfassende Inhaltsanalyse* reduziert das Material systematisch nach festgelegten Kriterien, zugleich soll jedoch ein wesentliches Abbild des Grundmaterials erhalten bleiben. Die *strukturierende Inhaltsanalyse* zielt anhand bestimmter Kriterien darauf ab, einen Querschnitt des Materials abzubilden, bzw. es einzuschätzen, um bestimmte Aspekte aus dem Material herauszufiltern. Mit der *explizierenden Inhaltsanalyse* sollen unklare Textstellen durch das Heranziehen weiteren Materials erläutert und erklärt werden (Mayring, König & Birk, 1996; Zinn, 2013).

In der Studie dieses Kapitels wird die *zusammenfassende Inhaltsanalyse* verwendet, um von Probanden verwendete kognitive Elemente in einem Kategoriensystem zusammenzufassen, was Ziel dieser Studie ist.

Mit der qualitativen Inhaltsanalyse wurde nicht nur auf der Ebene des Forschungsdesigns, sondern auch innerhalb der Studie dieses Kapitels eine Mischung aus qualitativem und quantitativem Vorgehen gewählt. Eher qualitativ durch den Einsatz eines Interviewleitfadens und der anschließenden qualitativen Kategorisierung von Interviewbestandteilen zu kognitiven Elementen. Quantitativ in einem zweiten Analyseschritt durch das Berechnen von Häufigkeiten der eingesetzten kognitiven Elemente in den Kategorien.

Deduktiv-induktive Kategorienbildung und Codierung

Das folgende Vorgehen kann als Mischform induktiver und deduktiver Kategorienbildung (Kuckartz, 2012, 69) bezeichnet werden: Die Kategorien wurden induktiv am Material gebildet. Gleichwohl waren dem Autoren bei der Arbeit am Material von Stahl (2011) und R. Kitchener (2011) diskutierte Kategorien wie *themenbezogenes Wissen, persönliche Erfahrung, ontologische Annahmen, wissenschaftsmethodische Kenntnisse, Vertrauen, religiöser Glaube* und *Vernunft* bewusst, sodass das Material mit einem Vorverständnis für mögliche Kategorien untersucht wurde (vgl. Kapitel 2.4.3.8).

Nach der Transkription der Audioaufnahmen wurden die Interviews unter Verwendung der Qualitative-Data-Analysis-Software MAXQDA 10 ausgewertet. Insgesamt wurden im Datenmaterial 630 Stellen codiert und analysiert.

Kuckartz (2012) hat ein ursprünglich von Mayring (1993, 2010) erstelltes Schema zur *Kategorienbildung am Material* ausgeweitet und konkretisiert. Dies bildete die Orientierung für die folgenden Schritte:

a.) Bestimmung des Ziels der Kategorienbildung anhand der Forschungsfrage

>Hauptforschungsfrage ist die Zusammenfassung kognitiver Elemente zu zentralen Kategorien und die Prüfung, ob dieselben Lehrkräfte bei

unterschiedlichen Kontroversen jeweils unterschiedliche kognitive Elemente beanspruchen. Für die Forschungsfrage ist es somit von zentraler Bedeutung, dass die Kategorien Gruppen kognitiver Elemente unterscheiden.

b.) Grad der Differenziertheit der Kategorien bestimmen

Die Forschungshypothese besagt, dass je nach Kontext bzw. Kontroverse epistemologische Urteile aus unterschiedlichen kognitiven Elementen gebildet werden, die aus verschiedenen Kategorien stammen können. Hauptkategorien reichen für die Beantwortung der Forschungsfragen zunächst aus, sodass differenzierte Unterkategorien noch nicht notwendig erscheinen.

c.) Abstraktionslevel festlegen

Es sollten sinnvolle und unterscheidbare grundsätzliche Kategorien entstehen. Da dies eine vorbereitende Studie für einen anschließend zu erstellenden Onlinefragebogen ist, ist es nicht sinnvoll, eine besonders große Zahl an Kategorien oder zahlreiche Unterkategorien zu bilden. Zugleich bieten die von Stahl (2011) angedachten Kategorien kognitiver Elemente vom Abstraktionslevel bereits eine sinnvolle und nicht zu differenzierte Einteilung.

d.) Mit der erste Textstelle beginnen

Nach Kuckartz (2012, 63) spielt die Reihenfolge der Textstellen zwar keine Rolle, gleichwohl wurden zunächst einzelne Kontroversen bei acht der 23 Probanden nacheinander analysiert.

e.) Textstellen sequentiell Zeile für Zeile lesen und Codierungen direkt den Kategorien zuordnen

Eine Codierung (Code) besteht aus einem Argumentations- bzw. Urteilselement (einem kognitiven Element in Form eines Satzteils, eines Satzes oder mehrerer Sätze), der einer der in den Interviews (wieder-) entdeckten Kategorien kognitiver Elemente eindeutig zugeordnet werden kann. Wenn ein Satz also mehrere kognitive Elemente anspricht, wurden Mehrfachkodierungen innerhalb des Satzes ausdrücklich zugelassen.

f.) Zuordnung, Neubildung und -ordnung von Kategorien

Mehrfach wurde das Kategoriensystem neu geordnet. Die anfangs unterschiedenen Hauptkategorien „Alltagswissen" und „Fachwissen" wurden zur gemeinsamen Hauptkategorie „themenbezogenes Wissen" zusammengelegt, da sich eine differenzierte Unterscheidung bei zahlreichen Textstellen nicht durchhalten ließ.

Ferner wurde zunächst angenommen, dass einige Urteile auf Intuition basierten, so entstand eine Kategorie *Intuition*. Außerdem wurde eine Kategorie *rationale Überlegungen* gebildet, da die Probanden bei manchen Kontroversen rational, aber ohne Einbindung anderer Kategorien argumentierten.

Die eindeutige Differenzierung zwischen den zwei entstandenen Kategorien „Intuition" und „rationalen Überlegungen" bereitete jedoch Probleme. So konnte bei den Auswertungen nicht übereinstimmend differenziert werden, ob beispielsweise die folgende Aussage in den Bereich der *Intuition* oder der *rationalen Überlegungen* fällt: *„So viele Menschen essen fast täglich Kartoffeln, ich kann wirklich nicht glauben, dass sie schädlich sind und niemand weiß es.",* (GS2TH).

Die Befragung eines Experten zur Intuition (Gigerenzer, MPI-Berlin) ergab, dass das zitierte Beispiel nach seinem Verständnis keine Intuition sei, da die Aussage begründet wurde. Intuitionen seien dagegen gefühltes Wissen, dass man (noch) nicht begründen könne.

Das traf nach weiterer Prüfung auch für andere als Intuition kategorisierte Elemente zu, die ebenfalls eine (in den Interviews eingeforderte) Begründung enthielten. So wurde die Kategorie Intuition für die Kategorienbildung wieder verworfen.

g.) Das Kategoriensystem fixieren

Nach der Codierung von acht Interviews wurde das Kategoriensystem in einem endgültigen Codierleitfaden mit Definitionen und Ankerbeispielen fixiert.

Die ersten 139 Codierungen zu den Kontroversen wurden von zwei unabhängig voneinander codierenden Inter-Ratern mit einer Cohens Kappa Übereinstimmung von .876 codiert. Beide Inter-Rater sind Teil der Forschergruppe und haben sich intensiv in die Theorie der *Generative Nature of Epistemological Judgments* sowie die Kategorien kognitiver Elemente eingearbeitet. Nicht-Übereinstimmungen wurden im Anschluss an die Codierungen diskutiert, die Berechnung des Cohens Kappa erfolgte jedoch auf Basis der Codierungen vor der gemeinsamen Diskussion.

Als Resultat der Kategorienbildung entstand ein Kategoriensystem, das vier Hauptkategorien enthält:

Wissensbasierende kognitive Elemente

Zur Beurteilung wird eigenes Fach- oder Alltagswissen aktiviert.

Kognitive Elemente basierend auf persönlicher Erfahrung

Zur Beurteilung werden eigene persönliche Erfahrungen aktiviert.

Rationale kognitive Elemente

Es fließt entweder eine Intuition in das Urteil ein oder es liegen rationale Überlegungen zugrunde, die nicht zugleich (!) auf wissenschaftsmethodischen Kenntnissen, persönlicher Erfahrung oder Alltags- und Fachwissen basieren.

Wissenschaftsmethodische kognitive Elemente

In das Urteil fließen wissenschaftsmethodische Überlegungen ein.

Nach Fixierung des Codierleitfadens fanden sich vereinzelt doch noch Stellen, auf die die Bezeichnung *Intuition* zutrifft (insgesamt 5). Ferner wurden noch Stellen gefunden (insgesamt 7), die als *epistemische Überzeugungen* zu wissenschaftlichen Disziplinen verstanden werden können. Für *epistemische Überzeugungen* und *Intuition* wurde keine Hauptkategorie mehr gebildet, dennoch werden sie im Ergebnisteil als weitere Befunde berichtet.

Auswertung zur Prüfung eines Bewusstseins kognitiver Arbeitsteilung

Ein eigener Codierleitfaden entstand deduktiv zur Prüfung von These 3.4 und den folgenden Statements:

- Manchmal muss ich den Experten glauben, selbst wenn ich ihre Argumente nicht verstehe.
- Wenn ich in einem Lehrbuch etwas darüber lese, kann ich sicher sein, dass es wahr ist.

Der Codierleitfaden entspricht den Kategorien und Definitionen in den Tabellen 3.1 und 3.2. So finden sich die für das erste Statement festgelegten Kategorien in Tabelle 3.1.

Tabelle 3.1. Kategorien zum Statement: Manchmal muss ich den Experten glauben, selbst, wenn ich ihre Argumente nicht verstehe.

Kategorie		Definition
A.	Unreflektiertes Vertrauen in Expertenmeinungen	Experten werden als Autoritäten distanzlos akzeptiert.
B.	Zustimmende Sichtweise im Sinne „kognitiver Arbeitsteilung", dass in best. Situationen auf Experten vertraut werden muss	Die Testpersonen sind sich der Begrenztheit ihres eigenen Wissens bewusst und vertrauen in bestimmten Situationen Experten. Sie glauben nicht unreflektiert an Experten, gleichwohl müssen sie anerkennen, dass sich in arbeitsteiligen Gesellschaften Experten bilden.
C.	Ablehnung	Auch Experten müssen ihre Argumentationen nachvollziehbar darlegen können, sonst werden Experten als Autorität abgelehnt.
D.	Sonstiges	Antwort lässt sich nicht in die anderen Kategorien einordnen.

Die für das zweite Statement festgelegten Kategorien finden sich in Tabelle 3.2.

Tabelle 3.2. Kategorien zum Statement: Wenn ich in einem Lehrbuch etwas darüber lese, kann ich sicher sein, dass es wahr ist.

Kategorie		Definition
A.	Unreflektiertes Vertrauen in Lehrbücher	Lehrbücher werden als Autorität distanzlos akzeptiert.
B.	Grundsätzliche Anerkennung von Lehrbüchern, aber Skepsis gegenüber absoluter „Wahrheit" in Lehrbüchern	Lehrbücher haben als Informationsquelle Bedeutung, gleichwohl ist unreflektiertes Vertrauen in Lehrwerke unangemessen
C.	Sonstiges	Antwort lässt sich nicht in die anderen Kategorien einordnen.

Das gesamte Material zur Prüfung der Statements wurden von zwei Inter-Ratern bearbeitet, einem Mitglied der Arbeitsgruppe, dass sich intensiv mit epistemischer Kognition auseinandergesetzt hat und einer speziell geschulten Inter-Raterin. Die Inter-Rater stimmen bei der ersten Aussage mit einem Cohen´s κ –Wert von .695 überein. Nach Fleiss & Cohen (zit. nach Bortz & Döring, 2006, 277) erfordert eine gute Übereinstimmung κ –Werte zwischen 0,60 und 0,75. Der erreichte Wert liegt in diesem Intervall. Für das zweite Statement waren die Inter-Rater-Übereinstimmungen vollständig deckungsgleich. Damit ergibt sich ein Cohens Kappa von 1.

3.2.5 Gütekriterien

Die Studie dieses Kapitels nutzt mit der qualitativen Inhaltsanalyse sowohl Elemente qualitativer als auch quantitativer Erhebungsformen. Bei der Kategorienbildung werden qualitativ zunächst Materialbestandteile der Interviews systematisch in Kategorien geordnet. In einem zweiten Analyseschritt werden dann quantitativ Häufigkeiten nach Auftauchen der Kategorien in den verschiedenen Kontroversen berechnet. Somit wird sowohl mit qualitativen Analysen und quantitativen Prozeduren gearbeitet (Mayring, 2001). Dadurch scheint eine Prüfung des Vorhabens sowohl mit qualitativen, als auch quantitativen Gütekriterien sinnvoll.

Zur Prüfung qualitativer Gütekriterien stützt sich die vorliegende Arbeit auf die sechs von Mayring (2002, 145-148) aufgestellten „allgemeinen Gütekriterien qualitativer

Forschung": Verfahrensdokumentation, Argumentative Interpretationsabsicherung, Regelgeleitetheit, Nähe zum Gegenstand, Kommunikative Validierung, Triangulation. Außerdem wird zur Prüfung das klassische Gütekriterien Reliabilität angewandt, da die verwendete Methode einer qualitativen Inhaltsanalyse den Anspruch hat, durch eine hohe Inter-Rater-Reliabilität reliabel zu sein und mit Elementen quantitativer Forschung arbeitet. Am Ende des Ergebnisteils werden Mayrings Gütekriterien zu Prüfung angewandt.

3.3 Ergebnisse

3.3.1 Befunde

Im Folgenden wird zuerst das entstandene Kategoriensystem kognitiver Elemente mit Originalzitaten aus den Interviews und den Häufigkeiten des Einsatzes der Elemente von den Probanden vorgestellt. Zweitens folgt eine Darstellung kontroversen-, und kontextspezifischer Aktivierung kognitiver Elemente am Beispiel von zwei Probanden. Drittens folgt eine Darstellung des Einsatzes kognitiver Elemente zwischen den verschiedenen Lehrämtern. Viertens werden die Ergebnisse zu den zwei Statements zur Prüfung der These 3.4 (*Bewusstsein kognitiver Arbeitsteilung*) vorgestellt.

Vier Hauptkategorien kognitiver Elemente

Hauptkategorie 1: Themenbezogenes Wissen
Bei Aktivierung von Elementen eigenen Wissens zur Unterstützung oder Ablehnung von Wissensaussagen, wurden diese als *themenbezogenes Wissens* kategorisiert. Dazu zählt:
- Eigenes Alltags- und Fachwissen
- Analogien, bei denen von einem biologischen Sachverhalt auf einen anderen geschlossen wird

- Verweise auf Lehrbücher und wissenschaftliche Quellen

- Gesellschaftliche Erfahrungen, die über den persönlichen Bekanntenkreis hinausgehen und Alltagsweisheiten (z. B. Die Menge macht das Gift.)

- Vertrauen in bestimmte Quellen

Beispiele für kognitive Elemente dieser Kategorie:

- Insekten besoffen? Eindeutiges ja, sie können, da gibt's Experimente von Drosophila, da gibt es Experimente wo sie dann richtig besoffen sind nachher. Also von diesen kleinen Taufliegen. Ja, klar, natürlich. Ob sie rückwärts laufen? Zickzack? Also von den Fliegen beispielsweise weiß ich zum Beispiel, dass sie einfach nicht mehr in der Lage sind, dann sich zu halten. (GY1AB)

- Es ist ähnlich wie bei Zecken, dass die eher über den Körpergeruch angezogen werden und nicht durch das Blut an sich. (HS5AB)

- Ich gehe davon aus, dass man die grünen Stellen an der Kartoffel wegmachen muss. Das ist aber auch etwas, was halt einem so gesagt wird, ja. (GS8IP)

Tabelle 3.4 zeigt die Aktivierung von kognitiven Elementen *themenbezogenen Wissens* der einzelnen Probanden zu den Kontroversen. Wichtig zum Verständnis der Ergebnisse in dieser und den folgenden Tabellen ist, dass die Probanden nicht gleichzeitig alle kognitiven Elemente aktiviert haben, sondern die gezählten Aktivierungen insgesamt im Verlauf des Gesprächs zu den verschiedenen Kontroversen aktiviert wurden.

Tabelle 3.4. Einsatz von Elementen *themenbezogenen Wissens* zur Beurteilung der Kontroversen

Proband/in	2 Liter trinken	Gift in Kartoffeln	Wein auf Bier	Süßes Blut	Betrunk. Mücken	HIV d. Mücken	Kaffee	Kalter Kopf	Tiere u. Erdbeben	Natur- u. Sozialw.
GY5BK	1	1	-	2	-	1	1	2	1	-
GY4SG	-	7	1	2	1	1	1	-	-	-
GY3WK	2	3	1	2	1	2	-	-	-	-
GY2KK	3	3	2	2	2	3	3	-	-	-
GY1AB	3	2	1	1	1	3	5	3	-	-
XX2BK	1	1	-	1	1	4	1	-	1	-
RS5CB	4	4	3	1	2	2	4	-	-	-
RS3HK	4	2	2	-	1	2	4	-	3	-
RS2AB	3	-	2	3	1	2	2	1	1	-
RS1SS	1	6	2	-	-	1	2	1	2	-
HS5AB	-	3	1	1	2	1	3	1	3	-
HS4NH	1	2	-	-	1	1	3	1	-	-
HS3FM	3	3	-	1	1	-	3	4	1	-
HS2SS	3	2	1	1	-	2	1	-	1	-
HS1MK	3	-	2	-	1	-	3	1	-	-
GS7GH	-	1	1	2	1	2	2	1	1	-
GS6MR	3	1	-	-	-	1	1	-	-	-
GS8IP	3	2	-	1	1	1	2	1	1	-
GS5SB	2	3	-	1	1	1	1	1	1	-
GS4CM	4	2	1	2	1	1	3	1	3	-
GS3CS	4	2	1	1	-	1	1	-	1	-
GS2TH	5	-	1	-	1	-	-	-	1	-
GS1JK	2	-	1	1	-	-	-	1	-	-
gesamt	55	50	23	25	20	32	46	19	21	0

Anmerkung. Der Code von Probanden, die in erster Linie am Gymnasium unterrichten, beginnt mit GY. Der Code von Lehrenden, die in erster Linie an Realschulen unterrichten, beginnt mit RS oder XX. Probanden, die in erster Linie an Hauptschulen unterrichten, wurden zu Beginn mit HS codiert und Lehrende, die in erster Linie an Grundschulen unterrichten, wurden zu Beginn mit GS codiert.

Aus der Tabelle 3.4 geht hervor, dass *themenbezogenes Wissen* über nahezu alle Kontroversen hinweg eine von Lehrenden häufig aktivierte Kategorie darstellt. Eine Ausnahme bildet lediglich die Kontroverse zur *Beschaffenheit von Natur- und Sozialwissenschaften*. Dazu aktivierte keine der Lehrpersonen *themenbezogenes Wissen* zur Beurteilung.

Hauptkategorie 2: Persönliche Erfahrung
Persönliche Erfahrungen sind biografisch eingebunden. Sie sind eigenständige, durch (meist wiederholtes) Erleben, Anschauen oder Empfinden von den Individuen

selbst hergestellte Wissensformen. Meyer (2004, 134) spricht von einem „Erfahrungs*schatz*", der häufig unser Handeln (und Argumentieren) bestimmt. Erfahrung wird in dieser Kategorie explizit als persönliche oder Lebenserfahrung verstanden, also als das im Laufe eines individuellen Lebens gewonnene, erprobte und bewährte Wissen. Diese Kategorie wird jedoch nicht im Sinne von wissenschaftlicher Erfahrung (Empirismus), also der systematisch durch Beobachtung bestätigten Erkenntnis verstanden (vgl. Wirtz, 2013). Als *persönliche Erfahrungen* werden gewertet:

- Eigene Erfahrungen

- Erfahrungen von persönlich Bekannten, wie Verwandten, Freunden oder Kollegen

Beispiele für kognitive Elemente dieser Kategorie:

- Kopfweh, kann nervös machen und schlaflose Nächte bereiten. Ja. Würde ich für mich persönlich behaupten, ja. (GY5BK)

- Letztendlich verhalte ich mich auch nach dem Durstphänomen. Mehr oder weniger. Also ich trinke nicht aus einem Bewusstsein heraus, ich sollte. (GY3WK)

- Aber ähm, ich mache das auch und lebe noch und habe von Kartoffeln noch kein Durchfall gekriegt. (XX2BK)

Tabelle 3.5 zeigt die Aktivierung von kognitiven Elementen *persönlicher Erfahrung* der einzelnen Probanden zu den Kontroversen.

Tabelle 3.5. Einsatz von Elementen *persönlicher Erfahrung* zur Beurteilung der Kontroversen

Proband/in	Kontroverse									
	2 Liter trinken	Gift in Kartoffeln	Wein auf Bier	Süßes Blut	Betrunk. Mücken	HIV d. Mücken	Kaffee	Kalter Kopf	Tiere u. Erdbeben	Natur u. Sozialw.
GY5BK	6	1	-	1	-	4	-	-	1	-
GY4SG	2	-	1	-	-	-	3	-	1	-
GY3WK	3	2	2	-	-	-	2	1	-	-
GY2KK	2	1	-	1	-	2	1	-	1	-
GY1AB	2	1	-	1	-	2	1	-	1	-
XX2BK	2	2	1	1	-	-	1	-	-	-
RS5CB	2	-	1	-	-	-	1	1	-	-
RS3HK	2	1	2	1	-	-	1	-	1	-
RS2AB	2	2	-	1	-	-	1	-	-	-
RS1SS	2	-	-	-	-	-	2	1	2	-
HS5AB	5	1	1	-	-	-	4	-	-	-
HS4NH	2	-	1	1	-	-	1	-	1	-
HS3FM	3	1	-	-	-	-	3	-	-	-
HS2SS	3	-	1	-	-	-	2	-	-	-
HS1MK	2	-	-	1	-	-	1	-	-	-
GS7GH	2	-	-	-	-	-	1	-	-	-
GS6MR	3	1	-	1	-	-	2	-	1	-
GS8IP	3	1	-	1	-	-	2	-	-	-
GS5SB	2	-	-	1	-	-	3	-	-	-
GS4CM	3	2	-	-	-	-	1	1	1	-
GS3CS	3	2	1	1	-	-	3	2	-	-
GS2TH	5	1	-	-	-	-	3	-	-	-
GS1JK	2	-	-	-	-	-	1	-	-	-
gesamt	63	19	11	12	0	8	40	6	10	0

Anmerkung. Der Code von Lehrenden, die in erster Line am Gymnasium unterrichten, beginnt mit GY. Der Code von Probanden, die in erster Line an Realschulen unterrichten, beginnt mit RS oder XX. Lehrende, die in erster Line an Hauptschulen unterrichten, wurden zu Beginn mit HS codiert und Probanden, die in erster Line an Grundschulen unterrichten, wurden zu Beginn mit GS codiert.

Es zeigt sich, dass sich die Aktivierung *persönlicher Erfahrungen* zur Beurteilung der Wissensaussagen in der Häufigkeit stark zwischen den Kontroversen unterscheidet. Besonders häufig und von fast allen Probanden werden *persönliche Erfahrungen* zu den Kontroversen *2 Liter trinken* und *Kaffee* aktiviert (jeweils insgesamt ≥ 40). Zur Beurteilung der Kontroversen zu *Wein auf Bier*, sogenanntem *süßen Blut*, einem *kalten Kopf* und *Tieren und Erdbeben* werden persönliche Erfahrungen weniger eingesetzt (jeweils insgesamt < 15).

Zur Beurteilung der Kontroversen zu *betrunkenen Mücken* und zur *Beschaffenheit von Natur- und Sozialwissenschaften* wird von keinem der Probanden auf *persönliche Erfahrung* zurückgegriffen.

Hautkategorie 3: Rationale Überlegungen

Die Kategorie *rationale Überlegungen* wurde immer dann gewählt, wenn es in dem Element um *rationale* Gedanken ging, die nicht (!) zugleich in Verbindung mit wissenschaftlichen Überlegungen, persönlichen Erfahrungen oder themenbezogenen Wissen standen. Allerdings wurden Gefühle als rationale Überlegungen kategorisiert, wenn ihnen eine Begründung zu Grunde gelegt wurde.

Als kognitive Elemente *rationaler Überlegungen* werden somit gewertet:

- Rationale Überlegungen, ohne dass (biologisches, bzw. naturwissenschaftliches) Fach- oder Alltagswissen einfließt.
- Verwendung von nicht-biologischen/nicht-naturwissenschaftlichen Analogien, Metaphern.
- Gefühle, die begründet werden.

Beispiele für kognitive Elemente dieser Kategorie:

- Mhm, meistens wenn er sich so lange hält, hat er irgendwo ein Kernchen Wahrheit könnte ich mir denken. (GS4CM)

- Also ich bin überzeugt davon, dass die Tiere in der Hinsicht einen besseren Überlebensinstinkt haben. (RS2AB)

- Also glaube ich dran, dass die das bei den Menschen aber vielleicht einfach verschüttet ist. Das es vielleicht durchaus da ist, aber nicht mehr entwickelt wird, oder nicht mehr gepflegt wird. Ja. Glaube ich. (GY5BK)

- Und von daher könnte ich mir jetzt auch bei der zweiten, beim zweiten Statement vorstellen, dass das schon seine Richtigkeit hat, das ähm, viel Wärme über den Kopf verloren geht. (GS3CS)

Tabelle 3.6 zeigt die Aktivierung von kognitiven Elementen *rationaler Überlegungen* der einzelnen Probanden zu den Kontroversen.

Tabelle 3.6. Einsatz von Elementen *rationaler Überlegungen* zur Beurteilung der Kontroversen

Proband/in	Kontroverse									
	2 Liter trinken	Gift in Kartoffeln	Wein auf Bier	Süßes Blut	Betrunk. Mücken	HIV d. Mücken	Kaffee	Kalter Kopf	Tiere u. Erdbeben	Natur- u. Sozialw.
GY5BK	2	2	2	-	1	2	4	1	1	-
GY4SG	-	3	-	-	-	1	5	-	2	-
GY3WK	-	4	1	-	-	1	2	-	2	-
GY2KK	-	1	-	-	-	2	4	2	3	-
GY1AB	-	1	-	-	-	2	4	2	3	-
XX2BK	-	1	-	-	1	1	3	-	-	-
RS5CB	-	6	-	1	3	2	5	1	2	-
RS3HK	1	1	2	1	2	1	2	-	2	-
RS2AB	-	2	-	2	-	2	4	1	3	-
RS1SS	-	1	-	-	-	1	2	2	2	-
HS5AB	-	3	4	-	1	4	3	-	2	-
HS4NH	-	2	-	-	-	2	3	-	2	-
HS3FM	-	1	1	-	1	3	3	1	1	-
HS2SS	-	2	-	-	-	2	2	-	2	-
HS1MK	1	1	-	-	1	1	3	-	2	-
GS7GH	-	1	-	-	-	1	2	-	3	-
GS6MR	-	1	3	-	1	3	3	-	3	2
GS8IP	-	1	-	1	1	1	2	-	1	-
GS5SB	-	2	1	-	1	1	3	-	1	-
GS4CM	1	3	2	2	-	1	3	-	3	-
GS3CS	1	3	1	1	1	1	2	2	2	-
GS2TH	3	2	1	1	1	2	2	2	3	-
GS1JK	-	1	-	-	-	1	2	-	1	-
gesamt	9	45	18	9	15	38	69	14	46	2

Anmerkung. Der Code von Probanden, die in erster Line am Gymnasium unterrichten, beginnt mit GY. Der Code von Lehrenden, die in erster Line an Realschulen unterrichten, beginnt mit RS oder XX. Probanden, die in erster Line an Hauptschulen unterrichten, wurden zu Beginn mit HS codiert und Lehrende, die in erster Line an Grundschulen unterrichten, wurden zu Beginn mit GS codiert.

Die Aktivierung *rationaler Überlegungen* erfolgt zu den Kontroversen sehr unterschiedlich. Für alle Probanden spielen *rationale Überlegungen* oder begründete Gefühle bei den Kontroversen zu „Gift in Kartoffeln", „HIV durch Mücken" und „Kaffee" eine Rolle, bei „Tieren und Erdbeben" spielen sie bei 22 von 23 Probanden eine Rolle. Ferner werden zu den vier genannten Kontroversen insgesamt die meisten *rationalen Überlegungen* aktiviert (jeweils > 35). Für die Beurteilung der Kontroversen „2 Liter trinken" und „Süßes Blut" werden dagegen jeweils insgesamt weniger als zehn Mal *rationale Überlegungen* aktiviert. Und für die Kontroverse zu „Natur- und Sozialwissenschaften" nur zwei Mal und zwar von derselben Probandin.

Hauptkategorie 4: Wissenschaftsmethodische Kenntnisse

Wenn mit wissenschaftsmethodischen Vorgehensweisen argumentiert wurde, wurden die Elemente als *wissenschaftsmethodische Kenntnisse* kategorisiert. Dazu zählen:

- Konkret angesprochene wissenschaftsmethodische Vorgehensweisen, beispielsweise ein Versuchsdesign.

- Fragen nach wissenschaftlichen Beweisen.

Beispiele für kognitive Elemente dieser Kategorie:

- Ja, das als Experiment mal durchtesten. Ja, also. Zwei Personengruppen, die einen trinken zuerst Bier und die anderen Wein […] (GY4SG)

- Nee, also süßes Blut gibt es sicher also in meinen Augen nicht, könnte man ja auch nachweisen, es gibt ja Messinstrumente um zu gucken, wie süß irgendetwas ist. (GY1AB)

- Aber da wäre ich vielleicht skeptisch und 64 Versuchspersonen ist vielleicht jetzt auch nicht so die repräsentative Zahl. (XX2BK)

- Müsste ich mir die Substanz angucken die im Bier und die im Wein sind und müsste dann nachschauen welches von den beiden wird [*unverständlich*] abgebaut, welches ist noch im Magen vorhanden. Vielleicht ist ja eins schon von den beiden schneller absorbiert und deshalb sagt man wenn das danach kommt ist nicht schlimm. (GY2KK)

Tabelle 3.7 zeigt die Aktivierung *wissenschaftsmethodischer Kenntnisse* der einzelnen Probanden zu den Kontroversen.

Tabelle 3.7. Einsatz von Elementen *wissenschaftsmethodischer Kenntnisse* zur Beurteilung der Kontroversen

Proband/in	Kontroverse									
	2 Liter trinken	Gift in Kartoffeln	Wein auf Bier	Süßes Blut	Betrunk. Mücken	HIV d. Mücken	Kaffee	Kalter Kopf	Tiere u. Erdbeben	Natur- und Sozialw.
GY5BK	2	-	-	-	-	-	3	-	-	-
GY4SG	1	-	1	1	-	-	1	-	1	2
GY3WK	1	-	-	-	-	-	1	-	-	2
GY2KK	2	-	1	2	1	2	1	1	-	1
GY1AB	2	2	1	1	-	-	1	-	-	4
XX2BK	1	-	-	1	-	-	1	-	-	-
RS5CB	2	-	1	-	-	-	1	-	-	3
RS3HK	2	-	-	-	-	-	1	-	-	-
RS2AB	1	2	2	-	-	-	1	-	-	-
RS1SS	1	-	-	1	-	2	2	1	1	-
HS5AB	1	1	-	1	1	-	2	-	-	-
HS4NH	1	-	-	1	-	-	1	-	-	1
HS3FM	2	-	-	1	-	-	4	-	-	1
HS2SS	2	-	-	-	-	-	1	-	-	-
HS1MK	1	-	1	1	1	1	2	-	-	-
GS7GH	1	-	-	-	-	-	2	-	-	-
GS6MR	1	1	-	-	-	-	1	-	1	1
GS8IP	1	-	-	-	1	1	1	-	-	-
GS5SB	1	-	1	-	-	-	1	-	1	-
GS4CM	1	-	-	-	-	1	2	-	-	-
GS3CS	1	-	-	-	-	-	1	1	-	-
GS2TH	1	-	1	-	-	-	1	-	-	-
GS1JK	1	-	-	-	-	-	1	-	-	-
gesamt	30	6	9	10	4	7	33	3	4	15

Anmerkung. Der Code von Lehrenden, die in erster Line am Gymnasium unterrichten, beginnt mit GY. Der Code von Probanden, die in erster Line an Realschulen unterrichten, beginnt mit RS oder XX. Lehrende, die in erster Line an Hauptschulen unterrichten, wurden zu Beginn mit HS codiert und Probanden, die in erster Line an Grundschulen unterrichten, wurden zu Beginn mit GS codiert.

Die Aktivierung *wissenschaftsmethodischer Kenntnisse* erfolgt ebenfalls sehr unterschiedlich. Für sieben der zehn Kontroversen spielen sie eine vergleichsweise geringe Rolle (≤ 10 Aktivierungen). Für die Beurteilung der Kontroversen zu „2 Liter trinken" und „Kaffee" werden sie dagegen vergleichsweise oft aktiviert (≥ 30 Aktivierungen). Für die Kontroverse zu „Natur- und Sozialwissenschaften" stellen sie mit 15 Aktivierungen die am häufigsten eigesetzte Kategorie kognitiver Elemente dar.

Weiterer Befund: Kognitive Elemente zur „Intuition"

Die im Kategoriensystems ursprünglich entstandene Hauptkategorie *Intuition* ist wieder verworfen worden (vgl. Kap. 3.2.4), da die geäußerten Gefühle zu den Urteilen begründet wurden. Es zeigten sich jedoch später fünf Aussagen, die ohne weitere Begründung geäußert wurden und für die die Bezeichnung *Intuition* zutrifft. Drei *Intuitionen* davon widmen sich der Kontroverse um die Volksweisheit „Bier auf Wein":

- Aber in dem Fall ... würde ich glaube ich aus dem Bauch raus eher dahin plädieren (GS6MR; Kontroverse „Bier auf Wein")

- Also spontan aus dem Bauch raus – hier – aber je mehr ich darüber nachdenke, wahrscheinlich werde ich da unsicherer. (GS6MR; Kontroverse „Natur- und Sozialwissenschaften")

- Ich glaube, dass da nichts dran ist, aber das kann ich wissenschaftlich nicht belegen. Ehrlich gesagt (GS5SB; Kontroverse „Bier auf Wein")

- Quatsch ist das. Das ist Käse. Also, glaube ich nicht. (GS2TH; Kontroverse „Bier auf Wein")

- Also ich kann mir intuitiv vorstellen, dass bei falscher Lagerung Kartoffeln giftig sind (RS5CB; Kontroverse „Gift in Kartoffeln")

Weiterer Befund: Ontologische Annahmen zu Disziplinen

Bis zur Fixierung des Kategoriensystems entstand keine Kategorie „ontologische Annahmen zu Disziplinen", obwohl Stahl (2011) in seiner theoretischen Grundlegung der *Generative Nature* auch von einer solchen Kategorie kognitiver Elemente ausgeht. Bei der Auswertung zeigten sich nach Fixierung des Kategoriensystems insgesamt fünf Interviewstellen, die als ontologische Annahmen zu Disziplinen kategorisiert werden können. Alle Stellen finden sich in der Kontroverse zur *Beschaffenheit von Natur- und Sozialwissenschaften*:

- Weil ich denke die Naturwissenschaft an sich ist einfach schon ein, ein, hat man mehr Fakten die man greifen kann. Und Sozialwissenschaften das ist oft auch eine für mich eine Interpretation und eine Zusammenfügung von, von Dingen.(GY5BK)

- Also ich glaube, dass zwischen Naturwissenschaftlern weniger Meinungsverschiedenheiten herrschen, als zwischen Sozialwissenschaftlern. Weil heute einfach diese Naturgesetze schon sehr viel erforscht sind.(GY4SG)

- Wir Naturwissenschaftler tun ja immer von uns annehmen, dass wir, dass wir die Wahrheit gepachtet haben. Ich denke da, da spricht schon einiges dafür, dass wir die Wahrheit gepachtet haben, weil wenn, also wenn das jetzt wirklich empirisch und wissenschaftlich und fundiert und biochemisch und so weiter. Haben wir ja schon. Auf der anderen Seite habe ich jetzt in meinem kurzen Leben, oder in meinem langen Leben vielmehr schon mitbekommen, dass manches auf den Kopf gestellt wird. Also wenn man an Epigenetik denkt.(GY3WK)

- […]ich denke schon, dass die Naturwissenschaften, dass man da nicht so mit Subjektivität rummachen kann, wie bei den Sozialwissenschaften – also da würde ich eher dem hier links zustimmen, wobei für mich natürlich wichtig ist, es können ja immer auch Ideologien dahinter sein, bei der Wahrnehmung und bei der Forschung.(GS7GH)

- […] also Naturwissenschaftler verbinde ich mit etwas ganz solidem – also jegliches ist ausgeblendet, was ablenken könnte und so – und bei den Sozialwissenschaften ist es eher so – ja […] die Meinung oder aus dem Bauch raus [..].(GS6MR)

Kontextsensitiver Einsatz kognitiver Elemente

Die einzelnen Lehrpersonen aktivieren die Kategorien kognitiver Elemente kontextsensibel. Aus einem Vergleich der Tabellen 3.4 bis 3.7 lässt sich entnehmen, dass dieselben Lehrpersonen die Kategorien kognitiver Elemente – je nach Situation und Kontroverse – intrasubjektiv unterschiedlich einsetzen und verschiedene kognitive Elemente zur Beurteilung kombinieren. Die Ergebnisse des unterschiedlichen Einsatzes werden im Folgenden nochmals anhand von zwei Beispielen bei einem Grundschullehrer in Abb. 3.8 und einer Gymnasiallehrerin in Abb. 3.9 graphisch dargestellt. Beide Beispiele sind charakteristisch ausgewählt und typisch für den flexiblen Einsatz von Kategorien kognitiver Elemente in der vorliegenden Studie. Bei der Darstellung des Probanden GS2TH wird exemplarisch insbesondere der Einsatz unterschiedler Kategorien in unterschiedlichen Kontroversen dargestellt. Bei der Probandin GY3WK wird insbesondere die Aktivierung verschiedener kognitiver Elemente in denselben Kontroversen dargestellt.

Tabelle. 3.8. Eingesetzte kognitive Elemente des Probanden GS2TH

Proband GS2TH	Kontroverse									
	2 Liter trinken	Gift in Kartoffeln	Wein auf Bier	Süßes Blut	Betrunk. Mücken	HIV d. Mücken	Kaffee	Kalter Kopf	Tiere u. Erdbeben	Natur- und Sozialw.
Themen. Wissen	5	-	1	-	1	-	-	-	1	-
Pers. Erfahrung	5	1	-	-	-	-	3	-	-	-
Rationale Überl.	3	2	1	1	1	2	2	2	3	-
Wissenschaftsm.	1	-	1	-	-	-	1	-	-	-

Anmerkung. Themen. Wissen = Themenbezogenes Wissen, Pers. Erfahrung = Persönliche Erfahrung, Rationale Überl. = Rationale Überlegungen, Wissenschaftsm. = Wissenschaftsmethodische Kenntnisse

Die Aktivierung kognitiver Elemente beim Probanden GS2TH in Tabelle 3.8 zeigt, dass er für die Beurteilung mehrerer Kontroversen auf jeweils verschiedene Kategorien kognitiver Elemente zurückgreift. Dies trifft für sechs der zehn Kontroversen zu.

Themenbezogenes Wissen aktiviert der Proband GS2TH bei vier der zehn Kontroversen: *2 Liter trinken* („meine Ernährungsberaterin hat auch gesagt, zwei bis drei Liter trinken"), *Wein auf Bier*, *Betrunkene Mücken* sowie *Tiere und Erdbeben*.

Rationale Überlegungen aktiviert er bei neun von zehn Kontroversen („vielleicht, wie beim Auto, wenn das Kühlwasser […] schon auf ‚Minimum' steht oder fällt, dann ist eigentlich schon zu wenig drin für einen Motor. Ich glaube, wenn der Mensch das Phänomen ‚Durst' spürt, dass er dann eigentlich schon zu wenig hat").

Persönliche Erfahrungen aktiviert er bei drei der Kontroversen: „2 Liter trinken", „Gift in Kartoffeln" und „Kaffee" („Also, meine eigenen Erfahrungen sind, das Kaffee durchaus zu Entzugserscheinungen führen kann. Das merke ich […]. Da kriege ich Kopfschmerzen.").

Wissenschaftsmethodische Kenntnisse setzt er bei zwei Kontroversen für Forschungsdesigns zu *Kaffee* und *Wein auf Bier* ein („Müsste man ganz ähnliche Bedingungen haben, […] jeder trinkt fünf Bier und danach […] Wein und dann guckt man, wie es einem geht und nächste Woche macht man es genau andersrum.").

Tabelle. 3.9. Eingesetzte kognitive Elemente der Probandin GY3WK

Probandin GY3WK	Kontroverse									
	2 Liter trinken	Gift in Kartoffeln	Wein auf Bier	Süßes Blut	Betrunk. Mücken	HIV d. Mücken	Kaffee	Kalter Kopf	Tiere u. Erdbeben	Natur- und Sozialw.
Themen. Wissen	2	3	1	2	1	2	-	-	-	-
Pers. Erfahrung	3	2	2	-	-	-	2	1	-	-
Rationale Überl.	-	4	1	-	-	1	2	-	2	-
Wissenschaftsm.	1	-	-	-	-	-	1	-	-	2

Anmerkung. Themen. Wissen = Themenbezogenes Wissen, Pers. Erfahrung = Persönliche Erfahrung, Rationale Überl. = Rationale Überlegungen, Wissenschaftsm. = Wissenschaftsmethodische Kenntnisse

Die Probandin GY3WK urteilt zu sechs Kontroversen mit ihrem *themenbezogenen Wissen*, zu fünf Kontroversen mit ihrer *persönlichen Erfahrung*, zu fünf Kontoversen mit *rationalen Überlegungen* und zu drei Kontroversen mit *wissenschaftsmethodischen Kenntnissen*, wie Tabelle 3.9 zeigt. Bei den Kontroversen *2 Liter trinken*, *Gift in Kartoffelschalen*, *Wein auf Bier*, *HIV durch Mücken* und *Kaffee* gibt es eine Interaktion, bzw. Kombination verschiedener kognitiver Elemente.

Zum Einstieg in die Kontroverse *Wein auf Bier* interagieren bei der Probandin GY3WK *persönliche Erfahrung* („da sagt ja meine lange Lebenserfahrung dass es Schwachsinn ist"), im Anschluss denkt sie jedoch aufgrund ihres *themenbezogenen Wissens* zu Volksweisheiten über Volksweisheiten nach („Volksweisheiten haben ja oft etwas Wahres.").

Für die Beurteilung der Kontroverse *2 Liter trinken* kombinieren sich bei der Probandin GY3WK zum Einstieg *persönliche Erfahrung* („Letztendlich verhalte ich mich auch nach dem Durstphänomen. [...] Also ich trinke nicht aus einem Bewusstsein heraus, ich sollte.") und *themenbezogenes Wissen* („der Körper ist eigentlich von der Biologie her schon so, [...] dass er auf einen Mangel reagiert").

Charakteristisch zeigt sich bei allen Probanden eine hohe Kontextabhängigkeit im Einsatz kognitiver Elemente. Außerdem das Muster, dass bei einigen Kontroversen nur auf eine Kategorie zurückgegriffen wird und dass sich bei anderen Kontroversen Verbindungen von verschiedenen Kategorien kognitiver Elemente ergeben.

Unterschiedlicher Einsatz kognitiver Elemente zwischen Lehrämtern

Tabelle 3.10 fasst die Ergebnisse aus den Tabellen 3.4 bis 3.7 in Bezug auf einen unterschiedlichen Einsatz zwischen den Lehrämtern zusammen. Es lässt sich entnehmen, dass Lehrpersonen unterschiedlicher Lehrämter die Kategorien kognitiver Elemente tendenziell unterschiedlich häufig eingesetzt haben. So finden sich in den Interviews mit den Gymnasiallehrenden 38 Aktivierungen forschungsmethodischen Wissens, bei den Grundschullehrenden 18, die Aktivierungen der zwei verbleibenden Sekundarlehrämter liegen mit 27 (Realschule) und 28 (Hauptschule) dazwischen. Auch in Bezug auf *themenbezogenen Wissen* zeigen sich Unterschiede. So finden sich in der Gruppe der Realschullehrenden 78 Aktivierungen, bei den Gymnasiallehrenden 70 Aktivierungen und bei den Grundschullehrenden 51 Aktivierungen, bei den Hauptschullehrenden sind es 61. *Persönliche Erfahrung* wird von Gymnasiallehrenden ebenfalls häufiger aktiviert (46 Aktivierungen), als von den anderen Lehrämtern (zwischen 33 und 35 Aktivierungen). In Bezug auf *rationale Überlegungen* bewegen sich alle Lehrergruppen zwischen 54 (Hauptschule/Werkrealschule) und 60 Aktivierungen.

Tabelle 3.10. Einsatz kognitiver Elemente nach Lehrergruppen

Kategorie kognitiver Elemente	Gymnasium	Realschule	Hauptschule/ Werkrealschule	Grundschule (angepasst*)
Themenbezogenes Wissen	70	78	61	51
Persönliche Erfahrung	46	33	34	35
Rationale Überlegungen	60	60	54	57
Wissenschaftsmethodische Kenntnisse	38	27	28	18

Anmerkung. *Die Ergebnisse der Lehrenden mit Stufenschwerpunkt Grundschule wurden angepasst. Hier wurden acht Interviews geführt, während zu den anderen Lehrämtern jeweils nur fünf Interviews geführt wurden. Das Ergebnis der Grundschullehrenden wurde somit zur Vergleichbarkeit für diese Tabelle angepasst und mit $\frac{5}{8}$ multipliziert.

Kategoriensystem und Ergebnisse zum Statement „Manchmal muss ich den Experten glauben, auch wenn ich ihre Argumente nicht verstehe"

Antworten zu dem Statement ließen sich in die vier deduktiv angenommenen Gruppen kategorisieren (vgl. Kap. 3.2):

Kategorie A: Unreflektiertes Vertrauen in Expertenmeinungen

Begründungen dieser Kategorie akzeptieren bedingungslos die Meinung von Experten:

- Ich bin der Expertentyp, ich muss wissen, was Experten dazu meinen. (RS5CB)

Kategorie B: Zustimmung im Sinne „kognitiver Arbeitsteilung"

In diese Kategorie fallen Begründungen, in denen die Probanden Experten nicht per se vertrauen, sich aber der Begrenztheit des eigenen Wissens und einer gesellschaftlichen kognitiven Arbeitsteilung bewusst sind und sich in diesen Fällen auf Experten verlassen:

- Manche Sachen kann ich als Laie ja gar nicht nachprüfen, da fehlen mir schlicht die Mittel, die Zeit, das Geld. (HS3FM)

- Wenn ich davon ausgehe, dass dieser Experte gutes mit mir im Sinn hat. Das wäre idiotisch jetzt nur, weil ich jetzt dagegen reden wollte oder denke, ich bin so ein Kontratyp, dann würde ich dem dagegen, also das muss ja nicht per se sein. (RS3HK)

- Wenn man sich jetzt nicht so sehr in ein Fach reingearbeitet hat, ist man schon auf Experten angewiesen. Letztendlich ist es ja beim Arzt auch so. Ein Arzt ist auch ein Experte und dann muss ich da letztendlich dem vertrauen wenn er sagt, Blinddarm muss raus, dann muss er raus. (HS2SS)

Kategorie C: Ablehnung

In diese Kategorie fallen Begründungen, die das Statement ablehnen und somit angemessen im Sinne bisheriger Fragebogeninstrumente antworten:

- Ich habe Abitur und studiert – also müssen Experten mir ihre Argumente auch erklären können, bevor ich ihnen folge. (GS7GH)

- Nein ich glaube, wenn ich Argumente nicht verstehe, dann glaube ich es nicht. Also dann, dann kann ich es nicht glauben. (HS5NH)

Kategorie D: Sonstiges

Diese Kategorie wurde gewählt, wenn sich die Aussagen nicht in die anderen Kategorien einordnen ließen. So nutzte eine Probandin das Statement zur Reflexion, wie häufig blind Experten vertraut wird und man sich dies selbst eingesteht:

- Ich glaube wir vertrauen Experten viel häufiger, als wir es uns eingestehen. (GS8IP)

Tabelle 3.11 zeigt einen Überblick über Begründungen zu den einzelnen Kategorien. Damit entspricht eine Zustimmung zu dem Statement/Item in 9 von 11 Fällen einer Begründung im Sinne des Bewusstseins einer kognitiven Arbeitsteilung und in zwei Fällen einem unreflektierten Vertrauen in Expertenmeinungen.

Tabelle 3.11. Begründungen zum Statement: *„Manchmal muss ich den Experten glauben, auch wenn ich ihre Argumente nicht verstehe"*

Kategorie		Häufigkeit
A.	Unreflektiertes Vertrauen in Expertenmeinungen	2
B.	Zustimmende Sichtweise im Sinne „kognitiver Arbeitsteilung"	9
C.	Ablehnung	5
D.	Sonstiges	1

Kategoriensystem und Ergebnisse zum Statement „Wenn ich in einem Lehrbuch etwas darüber lese, kann ich sicher sein, dass es wahr ist."

Antworten zu dem Statement ließen sich ausschließlich Kategorie B kategorisieren, wie Tabelle 3.12 zeigt.

Kategorie A: Unreflektiertes Vertrauen in Lehrbücher

Begründungen dieser Kategorie akzeptieren Lehrbücher distanzlos (und werden im Sinne bisheriger Fragebogeninstrumente als unangemessen angesehen). Keine der Probandinnen/Probanden hat in diesem Sinne geantwortet, somit kann kein Beispiel gegeben werden.

Kategorie B: Grundsätzliche Anerkennung von Lehrbüchern, aber Skepsis gegenüber absoluter „Wahrheit" in Lehrbüchern

Begründungen dieser Kategorie erkennen den Wert von Lehrbüchern als wichtiger Informationsquelle an, ein unreflektiertes Vertrauen, dass Lehrbücher frei von Fehlern, bzw. überzeitlich „wahr" sind, lehnen sie jedoch ab:

- Viele Sachen in der Naturwissenschaft werden auch revidiert. Du kannst Dir nie sicher sein, dass es immer noch wahr ist. (GY5BK)

- In anderen Büchern steht es anders drin. (XX2BK)

- Von wann ist das Lehrbuch, wer hat das Lehrbuch geschrieben, hat derjenige alle aktuellen Studien ähm berücksichtigt? (RS5CB)

Kategorie C: Sonstiges

Für mögliche Aussagen, die der Kategorie A oder B nicht eindeutig zugeordnet werden konnten, wurde im Codierleitfaden die Kategorie „Sonstiges" aufgenommen.

Tabelle 3.12. Begründungen zum Statement: „Wenn ich etwas dazu in einem Lehrbuch lese..."

Kategorie	Häufigkeit
A. Unreflektiertes Vertrauen in Lehrbücher	0
B. Grundsätzliche Anerkennung von Lehrbüchern, aber Skepsis gegenüber absoluter „Wahrheit" in Lehrbüchern	17
C. Sonstiges	0

3.3.2 Prüfung der Gütekriterien

Verfahrensdokumentation

Während in quantitativer Forschung oft der Verweis auf die eingesetzten standardisierten Messinstrumente und Techniken ausreicht, ist eine saubere Verfahrensdokumentation in qualitativ orientierter Forschung ein wichtiges Gütekriterium. In der Regel wird das Vorgehen speziell für diesen Gegenstand entwickelt. Das muss dokumentiert und nachvollziehbar sein. Mayring (2002) denkt dabei an die Explikation des Vorverständnisses, die Zusammenstellung des Analyseinstrumentariums sowie die Durchführung und Auswertung der Datenerhebung.

Das Vorverständnis des Autors und Interview-Leitenden zur Theorie epistemischer Kognition wird in Kapitel 2 ausführlich geschildert. Ferner hat er sein Vorverständnis zu den Kontroversen selbst auch im Interviewleitfaden mit verschiedenen Positionen und Expertenmeinungen zu den Kontroversen dargestellt. Die Zusammenstellung der Instrumente ist in Kapitel 3.1.3 dokumentiert.

Argumentative Interpretationsabsicherung

Interpretationen als zentrale Elemente qualitativer Forschung lassen sich nicht nachrechnen oder beweisen, sondern müssen durch klare Argumente intersubjektiv nachvollziehbar gemacht werden. Gütekriterium für eine gute Interpretationsabsicherung ist, dass Interpretationen nicht einfach gesetzt, sondern argumentativ begründet werden. Wichtig ist zunächst ein adäquates Vorverständnis des Interpreten, um sinnvoll theoriegeleitet zu deuten. Ferner muss die Interpretation in sich schlüssig sein, bzw. Brüche erklären.

Das zur und aus der Codierung entstandene Kategoriensystem ist begründet und offengelegt, ferner werden die einzelnen Kategorien mit Originalzitaten illustriert.

Außerdem wird in diesem Kapitel eine Kurzexplikation über die verschiedenen Kategorien gegeben und begründet. Es wird ferner darauf hingewiesen, dass es sich um eine explorative Studie handelt und die Ergebnisse nicht den Anspruch allgemeiner Gültigkeit haben, sondern vielmehr eine quantitative Studie mit diesem Anspruch vorbereiten.

Regelgeleitetheit

Qualitative Forschung ist zwar ihrem Gegenstand gegenüber offen, dennoch hält sie sich an klar definierte Verfahrensregeln zur systematischen Bearbeitung ihres Materials. Dazu gibt es – je nach qualitativer Technik – verschiedene Ablaufmodelle, die den Analyseprozess strukturieren und systematisieren.

In der vorliegenden Untersuchung wurde zur Erstellung eines Kategoriensystems nach dem in Kapitel 3.2.4 geschilderten Schema mit einer festen Abfolge von Analyseschritten regelgeleitet vorgegangen.

Das sowohl theoriegeleitete, als auch aus dem Untersuchungsmaterial entstandene Kategoriensystem bildete die Grundlage für eine regelgeleitete weitere Auswertung. Ferner erforderte der Einsatz eines Codierleitfadens und eines Codierers mit Inter-Rater ein regelgeleitetes Vorgehen.

Nähe zum Gegenstand

Dass Forschung ihrem Gegenstand angemessen ist, gilt nicht nur für qualitative Untersuchungen. Um im Rahmen qualitativ orientierter Forschung dieses Kriterium zu erfüllen, sollte möglichst nahe an die Alltagswelt der Probanden angeknüpft werden (vgl. Flick, 1987). Häufig geht es darum, keine Labor-, sondern Alltagssituationen zu schaffen. Zentral ist für dieses Kriterium auch eine Interessenübereinstimmung. Qualitative Forschung will Forschung für die Betroffenen machen und ihre Probleme mit ihnen lösen – ganz im Gegensatz zum klassischen Experiment, das von der Täuschung der Versuchspersonen lebt.

22 der 23 Lehrerinnen und Lehrer dieser Untersuchung unterrichten Biologie und/oder Sachunterricht.

Der Umgang mit Wissen und Wissensvermittlung ist tägliches Geschäft der Lehrenden, neun der Kontroversen wurden aus dem Spannungsfeld zwischen Biologie und Alltag gewählt und bei der weiteren Kontroverse sowie den zwei Statements ging es um die Einschätzung wissenschaftlichen Wissens insgesamt. Die Nähe zum Gegenstand ist somit gegeben.

Zudem hat der Autor sich zwar einerseits einen eigenen differenzierten Standpunkt zu den Kontroversen gebildet und sein Vorverständnis durch die Wiedergabe der verschiedenen Expertenmeinungen zum Ausdruck gebracht, andererseits war es in allen Interviews stets sein Anspruch, offen für die Argumentationen der Probanden zu sein.

Kommunikative Validierung

Qualitativ orientierte Forschung betrachtet Probandinnen und Probanden nicht nur als Datenlieferanten, sondern als „denkende Subjekte, wie die Forscher auch" (Mayring, 2002, 147). So nimmt der oder die Forschende den Dialog mit den Beforschten nochmals auf, indem ihnen die Ergebnisse vorgelegt und mit ihnen diskutiert werden. Dies bezeichnet Mayring als kommunikative Validierung. Das Wiederfinden der eigenen Position in den Ergebnissen der Analyse kann diese absichern. Gleichwohl darf es nicht das einzige Merkmal sein, schließlich muss sich eine Interpretation auch gerade mit Mythen, Stereotypien und Ideologien in den Argumentationen auseinandersetzen.

Einerseits liegt es in der Anlage der halbstrukturierten Interviews dieser Teilstudie, dass die Lehrkräfte nicht nur um ein Urteil gebeten, sondern auch nach dem Zustandekommen ihres Urteils befragt werden, ihr Urteil also differenziert wiedergeben. Im direkten Gespräch fand somit eine kommunikative Validierung statt.

Allerdings wurde den befragten Lehrerinnen und Lehrern die Analyse ihres Interviews mit den entsprechenden kategorisierten kognitiven Elementen nachträglich nicht mehr vorgelegt, was Kern des Gütekriteriums „kommunikative Validierung" ist. Die Studie kann somit nicht für sich in Anspruch nehmen, dieses Kriterium erfüllt zu haben.

Triangulation
Es gibt in der qualitativ orientierten Forschung nicht den einen oder die zwei Königswege. Vielmehr vermag sich die Analysequalität durch die Verbindung mehrerer Analysewege vergrößern. Dies kann auf verschiedenen Ebenen festgestellt werden: Durch unterschiedliche Datenquellen, verschiedene Interpretationen oder Methoden. Generell wird unter Triangulation der Versuch verstanden, unterschiedliche Lösungswege für eine Fragestellung zu finden und die Ergebnisse zu vergleichen. Dabei ist es in qualitativ orientierter Forschung gerade nicht das Ziel, zu einer völligen Übereinstimmung zu gelangen, sondern durch verschiedene Blickwinkel Stärken und Schwächen der Analysewege aufzuzeigen (Mayring, 2002).
Das Kriterium wird in der Studie dieses Kapitels selbst zwar nicht erfüllt, wohl aber in Verbindung mit der quantitativen Untersuchung des folgenden Kapitels, für das in dieser Studie nicht nur ein Kategoriensystem, sondern auch Beispiele, bzw. Items vorbereitet wurden. Das Gütekriterium der Triangulation wird somit in Kombination mit der Studie des folgenden Kapitels erfüllt.

Reliabilität
Die Reliabilität als Kriterium der klassischen Testtheorie ist auch für eine Datenanalyse zentral, die methodisch mit einer qualitativen Inhaltsanalyse arbeitet (Kuckartz, 2012, 61).
Ein Kategoriensystem, wie es in diesem Kapitel beschrieben wird, gilt als reliabel, wenn die Zuordnung zu verschiedenen Kategorien von verschiedenen Codierern zum gleichen Ergebnis führt.
So wurde ein Teil des Materials (139 Codes) von zwei Codierern bearbeitet. Dabei ergab sich ein Cohen's κ von .876, was für den Codierleitfaden einen nach Cohen und Fleiss (zit. nach Bortz & Döring, 2006) als gut definierten Bereich von .6 bis .75 übertrifft. Die zur Prüfung der These 3.4 (*kognitive Arbeitsteilung*) eingesetzten

Interviewteile wurden komplett von zwei Inter-Ratern bearbeitet. Hierbei ergab sich für eine Frage ein Cohen´s κ von .695, was nach Cohen und Fleiss (zit. nach Bortz & Döring, 2006) einer guten Übereinstimmung entspricht. Die verbleibende Frage wurde von beiden Inter-Ratern identisch geratet, es ergibt sich somit ein Cohen´s κ von 1.

3.4 Diskussion

Ausgehend von der Theorie der *Generative Nature of Epistemological Judgments* (u.a. Stahl, 2011) wurde in diesem Kapitel eine kontextsensitive Generierung epistemologischer Urteile geprüft. Es wurde vermutet, dass zur Beurteilung von Wissensaussagen neben epistemischen Überzeugungen weitere kognitive Elemente wie *themenbezogenes Wissen*, *persönliche Erfahrung* und *wissenschaftsmethodische Kenntnisse* bedeutsam sind. Dazu wurden Leitfadeninterviews geführt und inhaltsanalytisch ausgewertet. Im Folgenden werden zuerst die Thesen diskutiert, es folgt eine Diskussion der Grenzen dieser Studie und ein Ausblick auf die in einem gemeinsamen Forschungsdesign stehende quantitative Prüfung in Kapitel 4.

These 3.1: *Es wird angenommen, dass Lehrende zur Generierung epistemologischer Urteile kognitive Elemente einsetzen, die sich zu Hauptkategorien zusammenfassen lassen.*

In den Interviews zeigt sich, dass Lehrenden zur epistemologischen Beurteilung von Kontroversen sehr häufig kognitive Elemente aktivieren. Die eingesetzten kognitiven Elemente lassen sich ferner zu Hauptkategorien zusammenfassen. Um die Wissensaussagen zu beurteilen, aktivieren Lehrpersonen die Hauptkategorien *themenbezogenes Wissen*, *persönliche Erfahrung*, *wissenschaftsmethodische Kenntnisse*, *rationale Überlegungen* sowie vereinzelt *epistemische Überzeugungen zu Disziplinen* und *Intuition*. Die Kategorie *themenbezogenes Wissen* wird bereits von Stahl (2011) und Bromme et al. (2008) definiert. Bei nahezu allen Kontroversen spielt *themenbezogenes Wissen* eine Rolle, insgesamt stellt themenbezogenes Wissen die am häufigsten eingesetzte Kategorie dar. Die Annahme, dass sowohl Experten als auch Laien ihr themenbezogenes Wissen zu einer Wissensaussage aktivieren lässt sich mit der vorliegenden Untersuchung aufrechterhalten.

Eine zweite bereits von Stahl (2011) angenommene Kategorie stellen *persönliche Erfahrungen* dar. Im Gegensatz zu *themenbezogenem Wissen* erfolgt die mögliche Aktivierung *persönlicher Erfahrungen* jedoch sehr viel stärker in Abhängigkeit von der jeweiligen Kontroverse.

Auch *wissenschaftsmethodische Kenntnisse* werden von Stahl (2011) bereits als Kategorie definiert. Der Einsatz *wissenschaftsmethodischer Kenntnisse* unterscheidet sich ebenfalls kontextsensitiv zwischen den Kontroversen und zeigt sich einerseits darin, dass der wissenschaftliche Erkenntnisprozess hinterfragt wird („64 Versuchspersonen ist vielleicht jetzt auch nicht so die repräsentative Zahl", XX2BK) und andererseits darin, dass die Probanden selbst ein Forschungsdesign zur Prüfung der Thesen vorschlagen („das als Experiment mal durchtesten. […] Zwei Personengruppen, die einen trinken zuerst Bier und die anderen Wein", GY4SG).

Die Kategorie *rationale Überlegungen* nennt Stahl (2011) nicht. Allerdings führt Kitchener (2011) an, dass die mit rationalen Überlegungen in Beziehung stehende Vernunft *(„reason")* in der philosophischen Epistemologie häufig eine zentrale Kategorie darstellt, um zu Erkenntnis zu gelangen und dies in epistemischer Lehr-Lernforschung bisher wenig berücksichtigt wurde.

Intuitionen nennt Stahl (2011) nicht direkt. Gigerenzer (2013b, 46) versteht unter einer Intuition „ein Urteil, das unvermittelt im Bewusstsein auftaucht [und] dessen tiefere Gründe uns nicht ganz bewusst sind".

Es zeigten sich in der Auswertung nach der beschriebenen erneuten Prüfung und Verwerfung von Intuition als Hauptkategorie nur wenige Stellen in den Interviews, die sich als Intuition oder Bauchgefühl (nach Gigerenzer, 2013b) definieren lassen (insgesamt 5). Allerdings nennt Stahl in seiner theoretischen Grundlegung „contextual cues", also kontextbezogene Hinweisreize als mögliche Kategorie kognitiver Elemente. Solche Hinweisreize sind für Herbert Simon Schlüssel zu seiner Definition von Intuition (Simon, 2002, 56; dt. Übersetzung aus Kahneman, 2014, 292):

> Die Situation liefert einen Hinweisreiz [cue]; dieser Hinweisreiz gibt dem Experten Zugang zu Informationen, die im Gedächtnis gespeichert sind, und diese Informationen geben ihm die Antwort. Intuition ist nicht mehr und nicht weniger als Wiedererkennen.

Für einige epistemologische Urteile könnten *Intuitionen* bedeutsam sein, indem sie im Sinne Herbert Simons als Hinweisreiz zu anderen kognitiven Elementen, wie *themenbezogenem Wissen* oder *persönlicher Erfahrung* funktionieren und sollten weiter geprüft werden.

In später codierten Interviews zeigen sich außerdem (insgesamt 5) Stellen, in den *ontologische Annahmen zu Disziplinen* geäußert wurden. Diese Stellen fanden sich ausschließlich in der Kontroverse zur *Beschaffenheit von Natur- und Sozialwissenschaften*, die eher grundlegende wissenschaftliche Erkenntnis diskutiert und nicht Wissensaussagen in ganz konkreten Kontexten. Aufgrund der Befunde wird angenommen, dass direkt aktivierte *epistemische Überzeugungen zu Disziplinen* eher für epistemologische Urteile zu abstrakteren oder grundsätzlicheren epistemologischen Fragestellungen bedeutsam sind und weniger für Kontexte im Sinne der ersten neun in der Untersuchung zur Diskussion gestellten Kontroversen und epistemische Überzeugungen grundsätzlich eher unbewusst auf epistemologische Urteile wirken. In Bezug auf Unterschiede zwischen generelleren epistemischen Überzeugungen und spezifischeren Überzeugungen argumentieren Kienhues et al. (2008) ähnlich, die davon ausgehen, dass generelle Überzeugungen aktiviert werden, sobald Individuen nicht über spezifischere Überzeugungen verfügen.

These 3.2: *Es wird angenommen, dass Lehrende epistemologische Urteile kontextsensitiv fällen und dazu unterschiedliche Kategorien kognitiver Elemente einsetzen.*

Die Interviews belegen, dass dieselben Lehrpersonen je nach Kontroverse verschiedene Kategorien kognitiver Elemente für ihre epistemologischen Urteile aktivieren. Es zeigt sich, eine hohe Flexibilität und Kontextsensitivität in der Nutzung kognitiver Elemente – je nach Situation und Fragestellung. Dies entspricht Stahls (2011) Annahme und kann analog zu verschiedenen Theorien kognitiver Flexibilität gedeutet werden. In der Folge wird die These somit quantitativ geprüft. Dabei zeigen sich auch über alle Lehrenden hinweg bestimmte Muster: Spielte beispielsweise persönliche Erfahrung für die Kontroverse zum Kaffee die zweitwichtigste Rolle, so wurde sie für einige der Kontroversen überhaupt nicht beansprucht.

Die mit den Thesen 3.1 und 3.2 geprüfte metakognitive Theorie entspricht Schoenfelds (1983) metakognitiven Untersuchungen mit „laut denkenden" Probanden. Schoenfeld hat keine epistemologischen Urteile untersucht, sondern mathematische Problemlöseprozesse. In seinem Modell interagieren epistemische Überzeugungen (als Teil der kognitiven Überzeugungssysteme) u. a. mit weiteren kognitiven Ressourcen wie Faktenwissen, prozeduralem Vorwissen oder Heuristiken, um (mathematische) Probleme zu lösen (vgl. Kap. 2.2). Schoenfeld konnte nachweisen, dass diese Interaktion einen bedeutenden Einfluss beim Problemlöseprozess einnimmt. Die Ergebnisse zeigen ferner Übereinstimmungen mit der grundsätzlichen Annahme der Kontextabhängigkeit epistemischer Kognition z.B. von Buehl und Alexander (2006), Hammer und Elby (u.a. 2010) sowie Chinn et al. (2011). Bevor die und kontextsensitive und flexible Urteilsbildung in Bezug auf weitere Erkenntnisse und Theorien der Lehr-Lehrforschung diskutiert wird, soll in den folgenden Kapiteln eine weitere Prüfung erfolgen.

These 3.3: *Es wird angenommen, dass sich zwischen verschiedenen Lehrämtern Unterschiede in der epistemologischen Urteilsbildung zeigen, die sich in einem unterschiedlichen Einsatz kognitiver Elemente abbilden.*

Diese These lässt sich zunächst aufrechterhalten. In der Aktivierung einiger Kategorien (*Themenbezogenes Wissen, Persönliche Erfahrung, wissenschaftsmethodische Kenntnisse*; vgl. Tabelle 3.10) zeigen sich deutliche Unterschiede. So finden sich beispielsweise bei den Gymnasiallehrenden 38 Aktivierungen zu *forschungsmethodischem Wissen*, relativ dazu bei den Grundschullehrenden jedoch nur 18 und mit 27 Aktivierungen bei den Realschullehrenden und 28 bei den Hauptschullehrenden zeigen sich zwischen den Sekundarstufenlehrämtern ebenfalls Unterschiede.

Alternativ wird erwogen, dass in Bezug auf Unterschiede zwischen den Lehrämtern nicht das studierte Lehramt, sondern ein Fachstudium Biologie, bzw. Sachunterricht Ursache für mögliche Unterschiede ist. Die acht Lehrenden des Lehramts Grundschule verfügen über ein Sachunterrichtsstudium oder unterrichten Sachunterricht. 14 von 15 Lehrpersonen der drei Sekundarschulen verfügen über ein Fachstudium Biologie, das wiederum je nach Lehramt unterschiedlich ausgeprägt ist, was Unterschiede innerhalb der Sekundarstufenlehrämter erklären könnte. Es kann somit alternativ angenommen werden, das ein Biologiestudium Einfluss auf die Entwicklung von kognitiven Elementen haben und in der Folgestudie sollten die Variablen Biologiestudium sowie studiertes Lehramt jeweils als getrennte Variablen untersucht werden.

Eine Diskussion in Bezug auf weitere Studienergebnisse zu Unterschieden epistemologischer Überzeugungen zwischen Fächern und des epistemischen Klimas zwischen Studiengängen (vgl. z.B. Jehng, Johnson & Anderson, 1993; Kapitel 2.4.3.2) erfolgt nach einer quantitativen Prüfung im folgenden Kapitel.

These 3.4: *Es wird angenommen, dass Lehrende bei der Beantwortung von Fragebogenitems zu epistemischer Kognition ein Bewusstsein von kognitiver Arbeitsteilung zeigen.*

Da diese These nicht wie die vorrausgegangenen Thesen in der Folgestudie quantitativ geprüft wird, sei darauf hingewiesen, dass die Stichprobe mit 17 Lehrpersonen über wenig statistische Aussagekraft verfügt. Generalisierungen der Ergebnisse sind somit vorsichtig zu betrachten.

Die These wurde anhand von zwei Beispielitems aus dem Fragebogeninstrument DEBQ (Hofer, 2000) geprüft. Die Lehrenden wurden nicht - wie in dem Fragebogeninstrument - nur nach Zustimmung oder Ablehnung gefragt, sondern nach eine begründeten Einschätzung. Die Ergebnisse der Untersuchung stellen sich für die beiden Items unterschiedlich dar.

Für das Item „Manchmal muss ich Experten glauben, auch wenn ich ihre Argumente nicht verstehe", belegen die Ergebnisse, dass die Komplexität des Verhältnisses eigener Erfahrung und in wissenschaftlichen Erkenntnisprozessen und gesellschaftlicher kognitiver Arbeitsteilung nicht angemessen erhoben wird. Dies trifft zumindest für die untersuchte Zielgruppe von Lehrpersonen zu. Die meisten Lehrenden stimmen der Aussage zu (was im Sinne des Fragebogens als unangemessen gilt), begründen ihre Zustimmung jedoch mit einem Bewusstsein für kognitiven Arbeitsteilung (beispielsweise *„Manche Sachen kann ich als Laie ja gar nicht nachprüfen, da fehlen mir schlicht die Mittel, die Zeit, das Geld."*, HS3FM).

Lehrkräfte sind sich offenbar häufig einer kognitiven Arbeitsteilung in Verbindung mit den Grenzen ihres eigenen Wissens bewusst.

Damit entspricht die Rückmeldung zu den Items dem angenommen Bewusstsein kognitiver Arbeitsteilung und inzwischen in der Lehr-Lernforschung differenzierten Position, dass die Produktion und auch die Sicherung von Wissen in modernen Gesellschaften arbeitsteilig erfolgen (z.B. Bromme 2005; Chinn et al, 2011, Bromme et al., 2016). Auch Sinatra et al. (2014) nehmen an, das Vertrauen in Autoritäten nicht zwangsweise unangemessen sein muss. So sollten Menschen Expertenmeinungen auch vertrauen können. Im Idealfall sind sie in der Lage, verschiedene Expertenmeinungen differenziert abzuwägen (vgl. Kap. 2.4.3.3). Bei der Deutung bisheriger Fragebogeninstrumente sollte dies zukünftig beachtet werden. Ferner kann unterstützt werden, dass sich differenzierte epistemische Kognition angemessen mit Aussagen von Spezialisten auseinandersetzen können muss (Sinatra et al., 2014; Bromme et al, 2016) und dies entsprechend differenziert erhoben werden sollte.

Das Item/Statement „Wenn ich etwas dazu in einem Lehrbuch lese, kann ich sicher sein, dass es wahr ist" funktioniert bei Lehrkräften dagegen offenbar im ursprünglich verstandenen Sinne. Bei den befragten Lehrkräften ist es Konsens, dass in Lehrbüchern keine absolute Wahrheit zu finden ist, sondern in der Regel wissenschaftlich abgesicherte Erkenntnisse und gelegentlich auch mal ein Fehler oder eine obsolete Aussage, sodass dieses Item zumindest bei Lehrenden ein auch weiterhin als angemessen definiertes epistemisches Verständnis indiziert wird. Zugleich führte das Item bei den Probanden zu keinen unterschiedlichen Aussagen und zeigte sich somit bei Lehrlräften wenig sensitiv.

Grenzen der Studie

Unterschiedliche Erhebungsorte

Um eine für die Probanden möglichst angenehme Interviewatmosphäre herzustellen und mit der damit verbunden Erwartung möglichst umfangreiches Interviewmaterial zu erhalten, wurde die Wahl des Erhebungsortes den Probanden überlassen. Es kann nicht ausgeschlossen werden, dass sich die unterschiedlichen Erhebungsorte auf den Interviewverlauf auswirken und somit einen Effekt auf die Vergleichbarkeit der Interviews haben.

Kategorie Intuition

Insgesamt ließen sich nur fünf kognitive Elemente als *Intuition* kategorisieren, somit wurden Intuitionen nicht als eigene Hauptkategorie definiert. Es kann sein, dass Intuitionen, also („Bauch"-)Gefühle, die von den Probanden noch nicht begründet werden können, für die epistemische Urteilsbildung zu den Kontroversen wirklich nur sehr selten Bedeutung hatten. Alternativ wird erwogen, dass nur wenige Intuitionen direkt geäußert wurden, da direkt mit den Einstiegsfragen nach Begründungen gefragt wurde. Ein vorsichtigerer Einstig in die Kontroversen, der in einem ersten Schritt nur nach Zustimmung, Ablehnung oder Tendenzen fragt, hätte möglicherweise zu mehr Rückmeldungen auf Basis von Intuition geführt. Für die Erhebung von Intuitionen wird somit eine methodische Schwäche der Interviews erwogen.

Fixierung des Kategoriensystems im Codierleitfaden nach acht Interviews

In der Studie des vorliegenden Kapitels wurde das Kategoriensystem bereits nach den ersten acht analysierten Interviews in einem endgültigen Codierleitfaden fixiert. In anderen Studien erfolgt häufig eine mehrmalige Codierung des gesamten Materials mit mehreren Entwürfen von Codierleitfäden, bevor eine endgültige Version fixiert wird (vgl. Ramsenthaler, 2013). Unabhängig davon, ob die Studien in Bezug auf Forschungsfragen und Kategorienentwicklung (induktiv vs. deduktiv-induktiv) vergleichbar sind, zeigte sich die Fixierung bereits nach acht ausgewerteten Interviews als möglicherweise zu zügig, da nachträglich noch einzelne

Interviewstellen als *ontologische Annahmen zu Disziplinen* verstanden werden konnten, für die keine eigene Kategorie definiert wurde.

Kontroverse zur Beschaffenheit von Sozial- und Naturwissenschaften

Die Kontroverse zu einer unterschiedlichen Beschaffenheit von Natur- und Sozialwissenschaften zeigte sich nicht bei allen Lehrpersonen als geeignet, Reflexionen über Wissen und den Wissenserwerb differenziert zu untersuchen. Die Originalzitate bereiteten Verständnisschwierigkeiten, sodass sich in den Interviews neun der Lehrenden die Positionen nochmals erklären ließen. Gleichwohl erwies sich eine Gegenüberstellung der Positionen in einigen Interviews als fruchtbar und bei keiner anderen Kontroverse wurden so häufig wissenschaftsmethodische Kenntnisse aktiviert. Ferner stellt sie die einzige Kontroverse dar, bei der sich konkret der Einsatz ontologischer Annahmen zu Disziplinen zeigte. Es wird angenommen, dass eine Bearbeitung der Positionen in Hinblick auf eine leichtere Verständlichkeit bei mehr Lehrenden eine differenzierte Auseinandersetzung bewirkt hätte.

Methodische Grenzen

Mit der qualitativen Inhaltsanalyse ließ sich das Material entsprechend der Forschungsfrage zu zentralen Hauptkategorien zusammenfassen. An dem Einsatz des methodischen Verfahrens wird jedoch kritisiert (z.B. von Ramsenthaler, 2013), dass die Qualität einer Kategorie anhand der Häufigkeit der Codierungen bestimmt wird. Die Kritik trifft ebenfalls für die vorliegende Untersuchung zu. Damit erfolgt eine unangemessene Gleichsetzung von Quantität mit Bedeutsamkeit oder Wichtigkeit. Die Bedeutung des Einzelfalls wird zugunsten einer Interpretation reduziert, in der die Häufigkeit der Aussagen bestimmt, was als Ergebnis gilt.

Ausblick

Im Sinne einer Kombination der von Mayring (2001) als *Vorstudienmodell* und *Verallgemeinerungsmodell* bezeichneten Vorgehensweisen der Verbindung qualitativer und quantitativer Forschung können nach diesem ersten Schritt mit qualitativen Anteilen folgende Grundlagen für eine quantitative Prüfung festgehalten werden: Kognitive Elemente, mit denen Lehrpersonen ihre epistemologischen Urteile begründen, lassen sich in vier Hauptkategorien zusammenfassen: (1)

Themenbezogenes Wissen, (2) Persönliche Erfahrung, (3) rationale kognitive Elemente und (4) Wissenschaftsmethodische Kenntnisse. Belege finden sich außerdem für Intuition. Damit wurde explorativ - aber mit theoretischem Hintergrundwissen (z.B. Stahl, 2011; Kitchener, 2011) ein Kategoriensystem erarbeitet, dass als Grundlage in der folgenden quantitativen Studie eingesetzt werden kann. Die dargestellten Kategorien scheinen für einen zu erstellenden Fragebogen einerseits voneinander ausreichend unterscheidbar und dennoch nicht zu differenziert, dass sie zukünftige Probanden verwirren. Für das weitere Vorgehen und die Entwicklung eines Onlinefragebogens ist ferner bedeutsam, dass ein umfangreicher Materialpool entstanden ist, um ein quantitatives Instrument mit Beispielen zu illustrieren, die für Lehrpersonen Relevanz haben.

Weitere Vorschläge für zukünftige Forschungsfragen und die Lehrerbildung werden in der Gesamtdiskussion in Kapitel sechs diskutiert.

Abschlussbemerkung: Entsprechend der Forschungsfrage und des mit der folgenden Studie zusammenhängenden Forschungsdesigns lag der Focus der Auswertung auf der systematischen Zusammenfassung des Materials zu einem System von Hauptkategorien kognitiver Elemente. Gleichwohl scheint das Material für weitere qualitative Analysen geeignet zu sein, um differenzierte Fallstudien zu erstellen, die den Einsatz kognitiver Elemente für epistemologische Urteile und den wissenschaftlich angemessenen oder wissenschaftlich unangemessenen Einsatz dieser Elemente untersuchen könnten.

4 Untersuchung zur Generierung epistemologischer Urteile mittels Online-Fragebögen

Die vorausgegangene Interviewstudie hat bei 23 Lehrenden gezeigt, dass diese zur epistemologischen Beurteilung von Kontroversen kognitive Elemente wie *themenbezogenes Wissen*, *rationale Überlegungen* oder *wissenschaftsmethodische Kenntnisse* aktivieren und der Einsatz dieser Elemente kontextsensitiv zwischen verschiedenen Kontroversen variiert. Die Untersuchung der Frage, ob sich die gefundenen Ergebnisse durch eine quantitative Prüfung generalisieren lassen, ist Hauptziel dieses Kapitels.

Außerdem lässt sich aufgrund der Ergebnisse der vorausgegangenen Interviewstudie die Hypothese weiterverfolgen, dass unterschiedliche Gruppen von Lehrerinnen und Lehrern, die sich einerseits im studierten Lehramt als auch im Fachstudium (Biologie/Sachunterricht/kein Fachstudium Biologie o. Sachunterricht) unterscheiden, auch auf unterschiedliche kognitive Elemente zurückgreifen, um ihre epistemologischen Urteile zu generieren.

Ferner sollen systematische Unterschiede in Bezug auf Lebensalter und Geschlecht geprüft werden, da die Lehrenden in Interviews explizit darauf verwiesen haben. Aus diesen Zielen ergeben sich folgende Hypothesen:

4.1 Hypothesen der Studie

Kontextsensitive Aktivierung kognitiver Elemente

Im Theorieteil in Kapitel 2.4.3.8 ist dargestellt, dass Individuen nach Stahl (2011) bei der Beurteilung von Wissensbehauptungen kontextsensitiv auf für sie passende kognitive Elemente zurückgreifen. Die Interviewstudie im dritten Kapitel liefert dazu erste Belege. Kitchener nennt ferner Kategorien, die in der philosophischen Epistemologie eine bedeutende Rolle spielen, in epistemischer Lehr-Lernforschung aber bislang wenig beachtet wurden (z.B. Vernunft). Zur weiteren quantitativen Prüfung der Theorie der *Generative Nature of Epistemological Judgments* soll folgende These quantitativ zur Generalisierung des vorrausgegangenen Kapitels untersucht werden:

These 4.1: *Es wird angenommen, dass sich epistemologische Urteile von Lehrenden im situativen Kontext durch Aktivierung kontextspezifischer kognitiver Elemente generieren.*

Studiertes Lehramt und Fachstudium Biologie

Erstens stellt sich die Frage, ob Lehrende mit unterschiedlichen studierten Lehrämtern unterschiedliche kognitive Elemente für ihre epistemischen Urteile aktiviren. Studienordnungen und -inhalte, aber auch tägliche Unterrichtsthemen sind für Lehrkräfte verschiedener Schularten in Deutschland sehr unterschiedlich. Studien, die epistemologische Urteile von Lehrkräften verschiedener Schularten vergleichen sind dem Autoren nicht bekannt. Gleichwohl existieren Untersuchungen, die eine unterschiedliche epistemische Kognition zwischen Studierenden unterschiedlicher Wissenschaftszweige belegen – nicht für deutsche Lehramtsstudiengänge, aber beispielsweise zwischen Studierenden von *hard* und *soft sciences* (vgl. Kapitel 2.4.3.2; z.B. Jehng, Johnson, & Anderson, 1993). Studierende „weicher" Fächer wie Sozialwissenschaften und Kunst stufen Wissen danach eher als unsicherer ein, als Studierende „harter" Fächer wie Ingenieurswissenschaften oder Ökonomie. Es zeigte sich ferner, dass sich Studierende „weicher" Fächer stärker auf ihre Argumentationsfähigkeit verlassen und den Prozess des Wissenserwerbs weniger stark als klar strukturierten Prozess ansehen. Jehng et al. führen dies auf die den Studierenden begegnende Kultur im Umgang mit Wissen an ihren Hochschulen und ihren Fächern zurück. Die Interviewstudie in Kapitel 3 berichtet, dass verschiedene Gruppen von Lehrpersonen unterschiedliche Kategorien kognitiver Elemente für ihre epistemologischen Urteile aktivieren. Für Generalisierung der Ergebnisse soll mit einer größeren Stichprobe geprüft werden, ob verschiedene Gruppen von Lehrenden (Grundschule, Realschule, Hauptschule/Werkrealschule, Gymnasium) unterschiedliche kognitive Elemente zur Generierung ihrer epistemologischen Urteile aktivieren.

Zweitens entstammen alle Kontroversen einem biologischen Kontext. Somit ist anzunehmen, dass ein Lehramtsstudium mit dem Unterrichtsfach Biologie einen Einfluss auf die epistemologischen Urteile ausübt, indem die Lehrenden mit Biologiestudium beispielsweise über ein umfangreicheres *themenbezogenes Wissen*, *wissenschaftsmethodische Kenntnisse* oder mehr *persönliche Erfahrungen* im Umgang mit biologischen Kontexten und Kontroversen verfügen. Als weitere Variable wird ein Studium des Sachunterrichts erhoben, da dies in der Regel das in den Studienordnungen der Länder vorgesehene Studien- und Unterrichtsfach mit biologischen Anteilen für das Lehramt bzw. den Studienschwerpunkt Grundschule darstellt.[6] Daraus werden folgende Thesen abgeleitet:

These 4.2: *Es wird angenommen, dass Lehrkräfte verschiedener Schularten epistemologisch unterschiedlich urteilen, indem sie unterschiedliche kognitive Elemente aktivieren.*

These 4.3: *Es wird angenommen, dass ein Studium der Biologie oder des Sachunterrichts Einfluss auf den Einsatz kognitiver Elemente hat, die zur epistemischen Beurteilung von Kontroversen mit Bezug zur Biologie aktiviert werden.*

Altersspezifische Unterschiede

Mit zunehmendem Lebensalter gehen zunehmende persönliche Erfahrungen einher. In der vorausgegangenen Studie begründeten Probandinnen epistemische Urteile explizit mit ihrer Lebenserfahrung. Außerdem liegt das jeweilige Studium mit zunehmendem Lebensalter in der Regel weiter zurück. Auch dies könnte einen anderen Blick auf Wissensaussagen zur Folge haben. So stellt sich die Frage, ob das Lebensalter als „Trägervariable" fungiert (Trautner, 1978), die an eine Reihe von Prozessen im bisherigen Leben gekoppelt ist und Einfluss auf einen unterschiedlichen Einsatz kognitiver Elemente hat.

These 4.4: *Es wird angenommen, dass Lehrende unterschiedlichen Lebensalters unterschiedliche Kategorien kognitiver Elemente für ihre epistemologischen Urteile aktivieren.*

---

[6] Gleichwohl wird ein Sachunterrichtsstudium heute weder von seinem Curriculum, noch von seinem Selbstverständnis als ein Biologiestudium (oder das eines anderen Bezugsfaches) für die Grundschule verstanden. Biologische oder andere sachfachwissenschaftliche Inhalte stehen im Sachunterricht primär im Dienst eines Beitrags zur sachgerechten Auseinandersetzung des Grundschulkindes mit seiner Lebensumwelt. Der Sachunterricht geht somit zunächst von der Lebenswelt der Kinder aus und nicht von Universitätswissenschaften wie Biologie oder Geographie, um aus diesen Unterrichtsinhalte für die Grundschule zu destillieren (vgl. z.B. Kaiser, 2008).

Geschlechtsspezifische Unterschiede

Ferner soll untersucht werden, ob sich epistemologische Urteile geschlechtsspezifisch unterschiedlich generieren. In Untersuchungen mit Lernenden wurden geschlechtsspezifische Unterschiede festgestellt: Mason et al. (2006) berichten, dass Jungen an italienischen Schulen signifikant stärker zu absolutistischen epistemischen Überzeugungen neigen als Mädchen. Trautwein und Lüdtke (2007) belegen in der TOSCA-Studie, dass das Geschlecht mit den epistemischen Überzeugungen von Lernenden an Gymnasien korreliert und Schülerinnen weniger zu dualistischen epistemischen Überzeugungen neigen als Jungen (ausführlichere Studiendarstellungen in Kapitel 2.4.3.4). Ferner berichtet Baxter Magolda (1994; 2004; vgl. Kap. 2.4.1.3) auf drei von vier Entwicklungsstufen ihres Modells von Unterschieden zwischen epistemischen Überzeugungen zwischen Frauen und Männern der amerikanischen Gesellschaft. Daraus ergibt sich folgende These:

These 4.5: *Es wird angenommen, dass Lehrende geschlechtsspezifisch unterschiedliche Kategorien kognitiver Elemente für ihre epistemologischen Urteile aktivieren.*

Weitere Kategorien kognitiver Elemente

Die vorrausgegangene Interviewstudie hat eine Kategorisierung der kognitiven Elemente in Hauptkategorien vorgenommen, mit denen Lehrkräfte ihre epistemologischen Urteile begründen. In der Theorie (z.B. bei R. Kitchener, 2011, vgl. Kapitel 2.4.3.8) finden sich weitere kognitive Elemente (wie Glaube oder Vertrauen). Es soll geprüft werden – auch zur Validierung der Interviewstudie in Kapitel 3 - ob die in der Interviewstudie gefundenen Kategorien kognitiver Elemente zur Beurteilung von Kontroversen als Hauptkategorien ausreichen oder ob sie durch weitere Kategorien erweitert werden sollten.

These 4.6: *Es wird angenommen, dass sich mit den vier Hauptkategorien (1) themenbezogenes Wissen, (2) persönliche Erfahrung, (3) rationale Überlegungen und (4) wissenschaftsmethodische Kenntnisse sowie (5) der weiteren Kategorie Intuition der überwiegende Teil kognitiver Elemente abbilden lässt, die Lehrkräfte in*

Interaktion mit ihren epistemischen Überzeugungen zu epistemologischen Urteilen aktivieren.

4.2 Methode

Als Erhebungsinstrument wurde ein Onlinefragebogen gewählt. Fragebögen sind das am weitesten verbreitete wissenschaftliche Untersuchungsinstrument in der empirischen Sozialforschung (Häcker, 2013). Fragebögen bieten sich an, um für einen quantitativen Vergleich Daten auf Basis standardisierter Bedingungen zu erheben: Die Bögen konfrontieren eine große Zahl von Testpersonen mit einem identischen Frage- und Antwortset, das im Anschluss statistisch ausgewertet werden kann (Häcker, 2013). Ferner fallen in Fragebogenerhebungen mögliche Verzerrungseffekte und Beeinflussung durch den Interviewer weg, die in einer Interaktion zwischen Interviewer und Befragtem durch Unterschiede im Geschlecht, in der Nationalität, in der Sprache, in der Kleidung, im Auftreten oder in der Schichtzugehörigkeit hervorgerufen werden können (Stier, 1996). In der Onlineforschung und der empirischen Forschung insgesamt hat sich insbesondere die Onlineumfrage im Internet als Möglichkeit entwickelt, um effizient Daten zu erheben. Batinic und Bosnjak (1997) haben eine Reihe von Vorteilen beschrieben, die nach wie vor gültig sind. Insbesondere

- Wirtschaftlichkeit: durch schnellere Rückläufe bei der Durchführung, keine manuelle Eingabe der Daten sowie keine Porto- und Lagerkosten für die Fragebögen.
- Flexibilität im Sinne der Möglichkeit zum adaptiven Testen: In der vorliegenden Studie können den Probanden passende Beispiele zu ihrer ersten Antwort auf einer folgenden Seite angeboten werden - mehr dazu in der detaillierten Fragebogenbeschreibung. Ferner können Onlinefragebögen die Antwortbatterie für jeden neuen Teilnehmer rotieren, damit keine Reihenstellungseffekte auftreten. Auch von dieser Möglichkeit wurde in der vorliegenden Studie für die Reihenfolge der angebotenen kognitiven Elemente Gebrauch gemacht.
- Objektivität bei Durchführung und Auswertung.

- Die Identifizierung des Teilnehmers ist nicht eindeutig. Die erhobenen Daten gehen in anonymisierter, nicht individualisierter oder individualisierbarer Form ein. Datenschutzrechtliche Bestimmungen werden automatisch eingehalten, solange die grundsätzliche Regelung der Anonymisierung durch den Provider eingehalten wird. Durch die Anonymität der Probanden könnten diese dazu tendieren, ehrlicher zu sein.

Peters und Dörfler (2014) betonen, dass ein Nachteil des Erhebungsverfahrens in einer mangelnden Kontrolle liegt, mit welcher Sorgfalt Online-Fragebögen bearbeitet werden. Außerdem kann eine freiwillige Teilnahme das Ergebnis beeinflussen. Da bei offen im Internet angebotenen Erhebungen kein Teilnahmedruck vorliegt, beteiligen sich möglicherweise freiwillig vor allem motivierte bzw. grundsätzlich interessierte (oder in bestimmten Erhebungen verärgerte) Probanden. Desinteressierte Lehrerinnen und Lehrer könnten sich einer offenen Einladung zu einer Onlineerhebung eher verschließen. Dadurch kann ein Selektionseffekt entstehen (Bandilla, 1999). Ein Nachteil von Fragebögen im Vergleich zu Interviews liegt ferner in einer angenommenen geringeren Befragungstiefe durch einen mangelnden direkten Kontakt und mündlicher Kommunikation. Als letzter Nachteil sei darauf hingewiesen, dass Fragebögen bei offenen Antwortformaten keine Verständnisrückfragen ermöglichen (Bortz & Döring, 2006; Kromrey, 2006).

4.2.1 Instrumente

Mit zwei Instrumenten wird die epistemische Kognition der Lehrenden untersucht. Erstens werden mit einem selbstentwickelten Fragebogen kognitive Elemente erfasst, die bei der Beurteilung von Kontroversen aktivierten werden. Zweitens werden mit dem semantischen Differential CAEB (Stahl & Bromme, 2007; vgl. Kapitel 2.4.3.6) konnotative Aspekte epistemischer Überzeugungen zu Wissen in der Biologie erfasst. Beide Instrumente werden in den zwei folgenden Teilkapiteln nacheinander vorgestellt. Die Online-Version der Befragung wurde mit Hilfe der Software oFb/SoSci (Leiner, 2012) erstellt.

Onlinefragebogen zur Beurteilung von fünf Kontroversen

Das zentrale Element der Befragung bildet ein selbsterstellter Fragebogen. Es wird zuerst das fertige Instrument vorgestellt, zweitens wird der Entwicklungsprozess dargestellt und drittens wird von der Pilotierung des Fragebogens berichtet.

Der Onlinefragebogen

Der endgültig eingesetzte Fragebogen besteht aus fünf zu beurteilenden Kontroversen, die bereits in der vorrausgegangenen Studie (vgl. Kapitel 3) verwendet wurden.[7] In dem Fragebogen werden die Probanden mit folgenden Kontroversen konfrontiert:

1. Müssen gesunde Menschen bewusst darauf achten, ausreichend zu trinken oder können sie sich auf ihren Durst verlassen?
2. Kann bei falscher Lagerung von Kartoffeln eine ernsthafte Gefahr von Solanin ausgehen?
3. Können Mücken (bei einem verschmutzen Rüssel) das HI-Virus übertragen?
4. Wirkt Kaffee bzw. Koffein gesundheitsschädlich oder ist er/es für gesunde Menschen harmlos?
5. Haben Tiere Möglichkeiten, Naturkatastrophen wie Erdbeben kommen zu sehen?

Zu den fünf Kontroversen müssen im Fragebogen jeweils zwei Seiten beantwortet werden, so dass sich der Befragungsteil aus insgesamt zehn Seiten zusammensetzt. Zu jeder Kontroverse werden auf einer Einstiegsseite zunächst zwei unterschiedliche Positionen vorgestellt und es müssen fünf Fragen beantwortet werden. Auf einer Folgeseite zu jeder Kontroverse, werden kognitive Elemente abgefragt, die für eine Beurteilung der Kontroverse von Bedeutung waren. Dazu werden fünf Kategorien kognitiver Elemente angeboten, die sich als Kategoriensystem aus der vorgeschalteten Interviewstudie ergeben haben (vgl. Kapitel 3):

1. Themenbezogenes Wissen
2. Persönliche Erfahrung

---

[7] Der komplette Onlinefragebogen kann beim Autor unter tim.kramer@mac.com angefordert werden.

3. Rationale Überlegungen
4. Wissenschaftsmethodische Kenntnisse
5. Intuition

Die Kategorien werden durch ein offenes Antwortformat ergänzt. Die Kontroversen werden jeweils mit einem Bild illustriert. Beispielhaft sei der Fragebogen im Folgenden an der Kontroverse zu *Trinken und Durst* vorgestellt.

Die Lehrenden bekommen zunächst zwei Eingangsstatements, wie die Einstiegsseite zu der Kontroverse in Abbildung 4.1 zeigt und müssen Stellung beziehen, indem sie auf einer vierstufigen Skala angeben, welcher Position sie zustimmen, bzw. eher zustimmen.

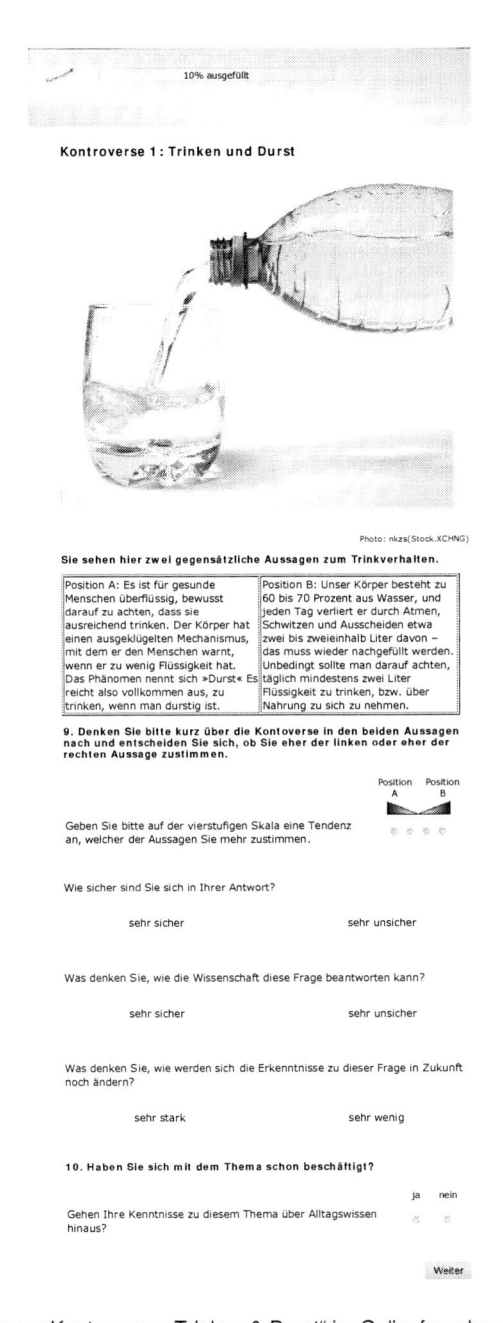

Abbildung 4.1. Einstiegsseite zur Kontroverse „Trinken & Durst" im Onlinefragebogen

Ferner wird auf der Einstiegsseite jeweils auf einer Skala von 0 bis 100 abgefragt,
- wie sicher sich die Probanden in ihrer Einschätzung sind,

- wie sicher die Kontroverse (nach Einschätzung der Probanden) wissenschaftlich beantwortet werden kann,
- wie stark sich die Erkenntnisse (nach Einschätzung der Probanden) zur jeweiligen Kontroverse noch ändern werden.

Mit den wiedergegebenen Einschätzungen zur Sicherheit wissenschaftlicher Beantwortbarkeit der Kontroverse, wird eine kontextspezifische abhängige Variable zur Sicherheit von Wissen auf einer Skala von 0 bis 100 erhoben. Mit den Einschätzungen zur zukünftigen Änderung der Erkenntnisse wird eine kontextspezifisch abhängige Variable zur Veränderung von Wissen auf einer Skala von 0 bis 100 erhoben.

Die auf der Seite zuerst abgefragte Einschätzung nach Position A oder Position B dient erstens dazu, die Probanden über die Kontroverse nachzudenken und ein epistemologisches Urteil fällen zu lassen. Zweitens soll die Beurteilung den Probanden auf eine zu seinen Einschätzungen passende Folgeseite (vgl. Abb. 4.2) führen.

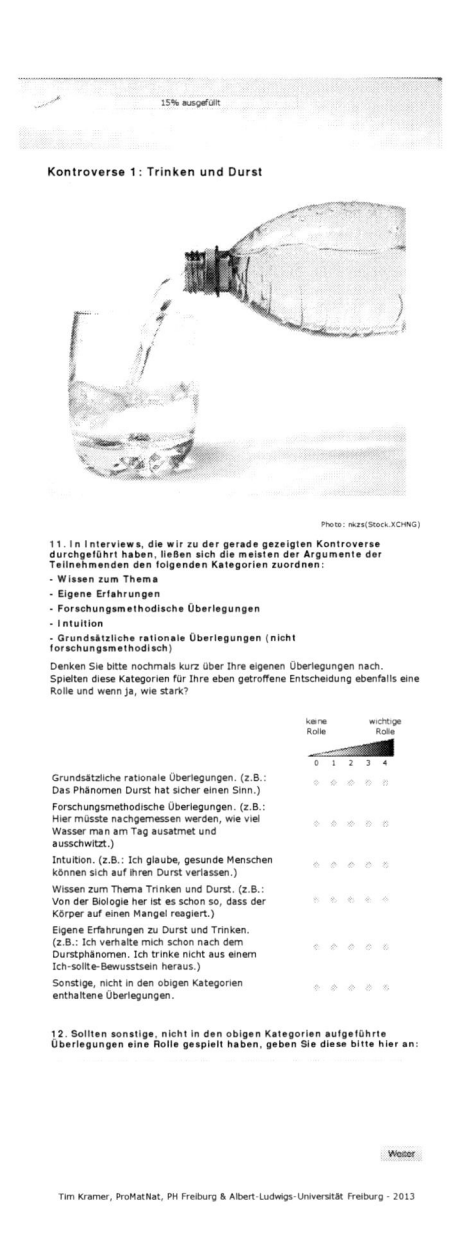

Abbildung 4.2. „Folgeseite" zur Kontroverse 1 im Onlinefragebogen

Auf der „Folgeseite" (Abb. 4.2) werden für die Kontroverse kontextspezifische kognitive Elemente abgefragt, auf denen das Urteil der Probanden beruht. Dazu werden den Probanden die fünf Kategorien *kognitiver Elemente* aus der Interviewstudie angeboten und abgefragt, wie stark die einzelnen Kategorien in ihr jeweiliges Urteil eingeflossen sind. Dies ist von den Lehrenden auf einer 5-stufigen-Skala anzugeben.

Um den Probanden die Kategorien *kognitiver Elemente* einfacher verständlich zu gestalten, bzw. um ein schnelles Verstehen der Kategorien zu unterstützen, wurde die Kategorie jeweils durch ein Beispiel illustriert. Zum Beispiel wird die Kategorie themenbezogenes Wissen („Wissen zum Thema Trinken und Durst") mit folgendem Beispiel illustriert: „z.B. von der Biologie ist es schon so, dass der Körper auf einen Mangel reagiert." Die Beispiele wurden den Antworten der Interviewstudie (vgl. Kapitel 3) entnommen, sofern sich hier passende Beispiele finden ließen und gegebenenfalls sprachlich angepasst. Außerdem wird den Probanden mit einem offenen Antwortfeld die Kategorie „Sonstiges" angeboten, sofern die angebotenen Antwortkategorien gegebenenfalls nicht für das eigene Urteil ausreichen.

Somit werden auf der Fragebogenseite abhängige Variablen zum kontextspezifischen Einsatz kognitiver Elemente zu den Kontroversen erhoben.

Die Reihenfolge, in der die fünf Kategorien auf der jeweiligen Folgeseite angeboten werden, wird von der verwendeten Software oFb/SoSci für jeden einzelnen Umfrage-Teilnehmer rotiert, um Verzerrungen durch Reihenstellungseffekte in den verwendeten Kategorien auszugleichen. Die Rotation könnte in Bezug auf die Gruppenvergleiche allerdings Messfehler erzeugen, da die einzelnen Probanden die Kategorien nicht in derselben Reihenfolge angeboten bekommen. (Leiner, 2014). In ungünstigen Fällen könnten beispielsweise Gymnasiallehrende zufällig als erste Kategorie häufiger *themenbezogenes Wissen* angeboten bekommen, als andere Lehrämter.

Entwicklung des Fragebogens

Um die Probanden bei der Bearbeitung im Internet nicht zu ermüden, wurde die Anzahl der ursprünglich zehn Kontroversen aus der Interviewstudie auf fünf reduziert (s.o.). Für die Auswahl waren die in Kapitel 3 dargestellten Kriterien weiterhin gültig: (a) Alltagsbezug, (b) Biologiebezug, (c) Lehrplanbezug, (d) einfaches Verständnis der Kontroverse, (f) Ausschluss möglicher sozialer Erwünschtheit. Für die endgültige Auswahl der Kontroversen des Onlinefragebogens wurden zusätzlich die zwei folgenden Kriterien als bedeutsam betrachtet:
- Erfahrungen aus den Leitfadeninterviews in Bezug auf eine schnelle Verständlichkeit der Kontroversen und den dazugehörigen Positionen

- Unterschiedlichkeit der Kontroversen (in der Interviewstudie widmeten sich drei Kontoversen den Wirkungen von Insektenstichen)

Für die vorliegende Studie wurde somit auf die schwierig zugängliche Kontroverse aus der Interviewstudie zur Beschaffenheit von Natur- und Sozialwissen verzichtet (vgl. Kap. 3).

Auf reale oder fiktive Quellenangaben wie in der vorausgegangenen Interviewstudie wurde in dem Onlinefragebogen verzichtet. Durch eine zusätzliche Quellenangabe hätte sich der Focus verschoben bzw. wäre die Beurteilung der Position zumindest beeinflusst gewesen. Die Beurteilung bestimmter Quellen oder das Vertrauen in diese war keine explizite Fragestellung für diese Studie.

Prüfung der Illustrationsbeispiele

Zur Verbesserung der Validität des Online-Fragebogens und der Prüfung, ob die illustrierenden Beispiele zu der jeweiligen Kategorie passen, bekamen zehn Inter-Rater (alle zehn sind Doktoranden der Erziehungswissenschaften oder der Psychologie, 7 weiblich) ein schriftlich auszufüllendes Instrument mit Codierleitfaden.[8] Die Doktoranden mussten zunächst selbst wiedergeben, was sie unter den einzelnen Kategorien kognitiver Elemente verstehen. Im Anschluss erhielten sie die Beispiele sowie einen Codierleitfaden und mussten die Beispiele den Kategorien zuordnen. Die Durchführung dauerte 30min.

Für jede Kontroverse waren neun bis zehn Aussagen zuzuordnen. Sofern weniger als acht der zehn *Inter-Rater* ein Beispiel der angedachten Kategorie zugeordnet haben, wurde das Beispiel nochmals umformuliert, geschärft oder ersetzt.

Bei der Kontroverse zu Trinken & Durst wurden aufgrund geringerer Übereinstimmung drei von neun Beispielen überarbeitet (zweimal zu rationalen Überlegungen, einmal zu themenbezogenem Wissen). Bei der Kontroverse zu giftigen Kartoffeln wurden zwei von neun Beispielen überarbeitet (zu Intuition und rationalen Überlegungen). Bei der Kontroverse zu HIV durch Mückenstiche wurden fünf Beispiele von zehn überarbeitet (zweimal zu themenbezogenem Wissen, einmal zu wissenschaftsmethodischen Kenntnissen, einmal zu persönlicher Erfahrung und

---

[8] Das Instrument kann beim Autor unter tim.kramer@mac.com angefordert werden.

einmal zur Intuition). Für die Kontroverse zu Kaffee wurden zwei von neun Beispielen überarbeitet (zu rationalen Überlegungen und themenbezogenem Wissen). Zur Kontroverse zu Tieren und Erdbeben wurden vier von neun Beispielen überarbeitet (zu themenbezogenem Wissen, Intuition und zweimal zu rationalen Überlegungen).

Pilotierung

Mit zehn Lehrkräften (6 weiblich) die nicht bereits an der Interviewstudie teilgenommen haben, wurde der Onlinefragebogen „face-to-face" vor einem Rechner erprobt. Die Durchführungen dauerten zwischen 25 und 35 Minuten. Für die Teilnahme erhielten die Lehrenden einen Büchergutschein in Höhe von EUR 20.

Ziel war es, zu prüfen, ob Instruktionen sowie Positionen und Beispiele zu den Kontroversen unklar oder schwer verständlich formuliert sind. Dabei wurden die Probanden gebeten, bei der Bearbeitung des Onlinefragebogens laut zu denken und außerdem Verständnisschwierigkeiten und mögliche Bearbeitungsprobleme direkt anzusprechen. Angesprochene Verständnisprobleme wurden im Zuge einer kommunikativen Validierung mit dem Versuchsleiter gemeinsam direkt in ein im Onlinefragebogen zu diesem Zweck erzeugtes Feld notiert und auf diese Weise festgehalten.

Ferner wurden in der Pilotierung verschiedene Antwortformate für die „Folgeseite" mit der Software oFb/SoSci getestet. Dazu wurde für vier der fünf Kontroversen des Onlinefragebogens jeweils ein eigenes Antwortformat gewählt und die Testpersonen wurden um eine Rückmeldung gebeten, inwiefern sie ihre eingesetzten kognitiven Elemente mit Hilfe der Antwortformate wiedergeben konnten. Die in der Pilotierung eingesetzten und getesteten Antwortformate:

   a.) Skala

      Eine fünfstufige Skala für jedes kognitive Element von 0 (keine Rolle) bis 4 (wichtige Rolle)

   b.) Rangordnung

      Hier mussten die Probanden die eingesetzten Elemente mit der Maus in eine hierarchisch gegliederte Rangordnung bringen. Nicht alle kognitiven Elemente mussten verwendet werden.

c.) Schieberegler

In dieser Version mussten 100 Punkte in Bezug auf den Einfluss der Kategorien mit Hilfe von sechs Schiebereglern auf die fünf Hauptkategorien sowie eine Kategorie „Sonstiges" verteilt werden.

d.) Mehrfachauswahl

Bei diesem Antwortformat wurden alle verwendeten Kategorien kognitiver Elemente angeklickt. Ein qualitativ unterschiedlicher Einfluss der angeklickten Kategorien konnte nicht zurückgemeldet werden.

Das Antwortformat Skala (a) bereitete keinem der zehn Probanden Probleme und wurde von allen als angemessen empfunden. Das Format Rangordnung (b) bereitete drei Probandinnen anfangs Schwierigkeiten, da Kästchen angeklickt und mit der Maus verschoben werden mussten. Bei dem Format Schieberegler (c) erwies sich die exakte Verteilung der 100 Punkte für sechs der teilnehmenden Probanden als mühsam. Mit dem Format Mehrfachauswahl (d) kamen alle zehn Probanden gut zurecht, sieben der Teilnehmenden wünschten sich jedoch, ihre Einschätzungen differenzierter zurückmelden zu können.

Die fünfstufige Skala (a) hat gegenüber Formaten wie „Rangordnung" und „Mehrfachauswahl" den Vorteil, dass sie neben der einfachen Zugänglichkeit eine recht breite Varianz in den Daten und intervallskalierte, bzw. metrische Daten liefert. Somit wurde aufgrund der leichten Zugänglichkeit, der Varianz in den erhobenen Daten und der Zufriedenheit der Probanden mit der Rückmeldemöglichkeit dieses Format in der endgültigen Version des Fragebogens für alle Kontroversen verwendet.

Fragebogeninstrument CAEB

Der CAEB (Stahl & Bromme, 2007) wird im Theorieteil in Kapitel 2.4.3.6 vorgestellt. Im Einsatz des CAEB in dieser Studie wird speziell nach Wissen in Bezug auf das Fach Biologie gefragt, dem die Kontroversen entstammen. Im Onlinefragebogen der vorliegenden Studie stellt der CAEB eine Seite dar und erfasst konnotative epistemische Überzeugungen. Die Konnotationen zum Wissen in der Biologie werden als semantisches Differential erhoben: Zu 24 Adjektivpaaren (z.B. objektiv-subjektiv, stabil-instabil oder sicher-unsicher) muss auf einer 7-stufigen-Likert-Skala Position zu „Wissen in der Biologie" bezogen werden.

Entsprechend des Originaleinsatzes des CAEB (Stahl & Bromme, 2007) ergaben sich aus den Daten zu den Adjektivpaaren zwei Faktoren, Textur und Variabilität, für die jeweils ein Durchschnittswert berechnet wird.

Im Faktor Textur stehen sich ein eher strukturiertes und ein eher unstrukturiertes Verständnis von Wissen gegenüber.

Beim zweiten Faktor Variabilität stehen sich einerseits das Verständnis, Wissen sei im Wandel und verändere sich und andererseits das Verständnis, Wissen sei abgeschlossen und sicher gegenüber.

Zusammenfassung Instrumente

Als Instrument für diesen quantitativen Studienteil wurde ein Onlinefragebogen gewählt. Der eingesetzte Onlinefragebogen setzt sich aus einem selbsterstellten Teil zu verschiedenen Kontroversen sowie dem semantischen Differential CAEB (Stahl & Bromme, 2007) zusammen. Dabei wurden die Kontroversen aus der vorangegangenen Interviewstudie übernommen. Nach Beurteilung der Kontroversen werden die Testpersonen um eine Rückmeldung gebeten, welche Kategorien kognitiver Elemente ihr Urteil beeinflusst haben. Es werden den Probanden sowohl die in der Interviewstudie gefundenen Kategorien als auch Beispiele zur Illustration und besseren Verständlichkeit der Kategorien angeboten. Ob die Beispiele gut zu den Kategorien passen, wurde mit einem Inter-Rater-Verfahren geprüft. Ferner wurden der Onlinefragebogen und auch verschiedene Antwortformate mit zehn Probanden face-to-face vor einem Bildschirm getestet.

4.2.2 Stichproben

Stichprobe der Hauptstudie

Rekrutiert wurden die Probanden der Hauptstudie durch das Anschreiben von 1200 Schulleiterinnen und Schulleitern in ganz Deutschland per Mail mit Bitte um Unterstützung und Weiterleitung an das Kollegium. Ferner wurden Einladungen zur Umfrage auf folgenden Homepages veröffentlicht: 4teachers.de, lehrerforen.de, lehrerforum.de, referendar.de, lehrer-online.de. Der Fragebogen der Hauptstudie stand vom 5. November 2013 bis 15. Januar 2014 online zur Verfügung. Als Vorsichtsmaßnahme, damit der Fragebogen von denselben Personen nicht mehrfach ausgefüllt wird, wurde die IP-Adresse des jeweiligen Rechners festgehalten.

Als Teilnahmeanreiz bestand die Möglichkeit, einen von fünf Büchergutscheinen im Wert von je 100 Euro sowie einen von zehn Büchergutscheinen im Wert von je 10 Euro zu gewinnen.

Insgesamt haben 1586 Probanden den Onlinefragebogen besucht. In die Stichprobe wurden ausschließlich Probanden übernommen, die das Instrument bis einschließlich der letzten Frage ausgefüllt haben. 1021 Probanden haben die Befragung vorzeitig abgebrochen.

Die endgültige Stichprobe der Hauptstudie (N = 565; 71% weiblich) setzt sich aus Lehrenden mit Biologiestudium (n = 160), Sachunterrichtsstudium (n = 85; davon n = 6 auch Biologie) und ohne Biologie- oder Sachunterrichtsstudium (n = 326) zusammen. Das Alter der Probanden lag zwischen 23 und 65 Jahren (M = 42.2 Jahre, SD = 11.1 Jahre). Eine detaillierte Stichprobenbeschreibung der Onlinestudie findet sich in Tabelle 4.1.

Tabelle 4.1. Detaillierte Stichprobe der Onlinestudie

	Lehrende mit Biologiestudium (Haupt- oder Nebenfach)	Lehrende ohne Biologiestudium	Gesamt
Stichprobengröße	$n = 160$	$n = 405$	$N = 565$
weiblich	$n = 118$	$n = 284$	$n = 402$
männlich	$n = 42$	$n = 121$	$n = 163$
LA Hauptschule GHS, Schwerpunkt HS GHRS, Schwerpunkt HS	$n = 14$	$n = 43$	$n = 57$
LA Grundschule LA Primarstufe GHS, Schwerpunkt GS GHRS, Schwerpunkt GS	$n = 19$	$n = 136$	$n = 155$
LA Realschule GHS, Schwerpunkt RS GHRS, Schwerpunkt RS	$n = 46$	$n = 67$	$n = 113$
LA Gymnasium	$n = 63$	$n = 88$	$n = 151$
Sonstige LA Quereinsteiger LA Berufsschule LA Sonderschule LA Sekundarstufe	$n = 18$	$n = 71$	$n = 89$
Altersgruppen			
bis 30:	$n = 34$	$n = 74$	$n = 108$
31-45:	$n = 66$	$n = 181$	$n = 247$
46-60:	$n = 52$	$n = 130$	$n = 182$
ab 61:	$n = 8$	$n = 20$	$n = 28$
Studium Sachunterricht	$n = 6$	$n = 79$	$n = 85$

Anmerkung. Das Lehramt Sekundarstufe wurde in die Gruppe der sonstigen Lehrämter aufgenommen, da es sich nicht eindeutig einem der Lehrämter Realschule, Hauptschule oder Gymnasium zuordnen lässt.

Replikation

Um die gefundenen Ergebnisse zu kontrollieren (und einer Alpha-Fehler-Kumulierung vorzubeugen) wurde zwei Wochen nach Abschluss der ersten Erhebung eine Replikationsstudie durchgeführt. Dazu stand der Fragebogen nochmals vom 30. Januar bis 21. Februar 2014 online zur Verfügung. Die Stichprobe der Replikationsstudie wurde ausschließlich über das Anschreiben 500 weiterer Schulen im gesamten Bundesgebiet rekrutiert. Einladungen über die in der Hauptstudie genutzten Webseiten fanden nicht mehr statt. In dieser Zeit besuchten 494 Probanden die Onlinebefragung, von denen 284 Probanden die Befragung vorzeitig abbrachen und nicht in die Stichprobe übernommen wurden.

Die endgütige Replikationsstichprobe ($N = 210$; 66% weiblich) setzte sich aus Lehrenden mit Biologiestudium ($n = 82$) und ohne Biologiestudium ($n = 128$) zusammen. Das Alter der Probanden lag zwischen 23 und 65 Jahren ($M = 42.9$

Jahre, $SD = 11.8$ Jahre). Eine detaillierte Stichprobenbeschreibung der Replikationsstudie findet sich in Tabelle 4.2.

Tabelle 4.2. Stichprobe der Replikation

	Lehrende mit Biologiestudium (Haupt- oder Nebenfach)	Lehrende ohne Biologiestudium	Gesamt
Stichprobengröße	$n = 82$	$n = 128$	$N = 210$
weiblich	$n = 55$	$n = 84$	$n = 139$
männlich	$n = 27$	$n = 44$	$n = 71$
LA Hauptschule GHS, Schwerpunkt HS GHRS, Schwerpunkt HS	$n = 2$	$n = 3$	$n = 5$
LA Grundschule LA Primarstufe GHS, Schwerpunkt GS GHRS, Schwerpunkt GS	$n = 1$	$n = 13$	$n = 14$
LA Realschule GHS, Schwerpunkt RS GHRS, Schwerpunkt RS	$n = 19$	$n = 32$	$n = 51$
LA Gymnasium	$n = 46$	$n = 55$	$n = 101$
Sonstige LA incl. Quereinsteiger LA Berufsschule LA Sonderschule LA Sekundarstufe	$n = 14$	$n = 25$	$n = 39$
Altersgruppen bis 30: 31-45: 46-60: ab 61:	$n = 16$ $n = 30$ $n = 30$ $n = 6$	$n = 26$ $n = 55$ $n = 36$ $n = 11$	$n = 42$ $n = 85$ $n = 66$ $n = 17$
Studium Sachunterricht	$n = 0$	$n = 9$	$n = 9$

Anmerkung. Das Lehramt Sekundarstufe wurde auch in der Replikation in die Gruppe der sonstigen Lehrämter aufgenommen, da es sich nicht eindeutig einem der Lehrämter Realschule, Hauptschule oder Gymnasium zuordnen lässt.

4.2.3 Untersuchungsdurchführungen

Die gesamte Onlinebefragung besteht aus 15 Seiten und setzt sich aus fünf Abschnitten zusammen, die Abbildung 4.3 zeigt.

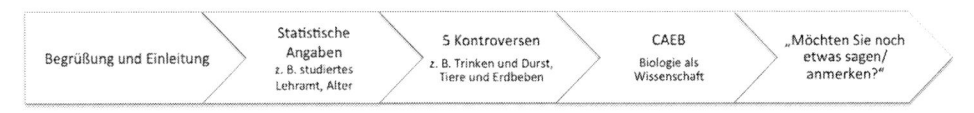

Begrüßung und Einleitung	Statistische Angaben z. B. studiertes Lehramt, Alter	5 Kontroversen z. B. Trinken und Durst, Tiere und Erdbeben	CAEB Biologie als Wissenschaft	„Möchten Sie noch etwas sagen/ anmerken?"

Abbildung 4.3. Abschnitte und Ablauf der Onlinebefragung

Die Befragung wurde auf einer ersten Seite eingeleitet, eine zweite Seite fragte nach relevanten statistischen Daten (Alter, Geschlecht, studiertem Lehramt, Fachstudium Biologie, bzw. Sachunterricht, Bundesland). Drittens folgt das Fragebogeninstrument zu den fünf Kontroversen und viertens der Fragebogen CAEB. Zum Abschluss wurden die Probanden gefragt, ob sie noch etwas anmerken wollten. Für die gesamte Befragung sind somit 13 Seiten zu bearbeiten, dazu kommen jeweils eine Begrüßungs- und Abschlussseite.[9]

Nach Beendigung der Befragung und getrennt von den Antworten zur Studie konnten die Probanden ihre Mailadresse angeben, um einen Büchergutschein zu gewinnen (s.o.).

Die Bearbeitung der Onlinebefragung dauerte ca. 15 min (Hauptstudie 14:07min, *SD* 4:77min; Replikation 13:78min, *SD* 2:97min).

Es gab keine fehlenden Daten im Sinne nicht beantworteter Fragen. So wurde die Funktion softwaregestützter Fragebögen genutzt, erst nach Ausfüllen jeden Feldes auf die Folgeseite weiterrücken zu können. Es schwingt dabei die Gefahr mit, dass die Probanden die Befragung abbrechen oder *irgendeine*, bzw. unehrliche Antwort auswählen, wenn sie Fragen nicht beantworten wollen (Peters & Dörfler, 2014). Da angenommen wird, dass in der vorliegenden Studie keine sensiblen persönlichen Daten oder Vorstellungen abgefragt werden, ist zumindest die Gefahr reduziert, dass die Probanden aus diesem Grunde nicht ehrlich antworten. Zudem erfolgte das Ausfüllen anonymisiert über das Internet. Im zuvor durchgeführten „Face-to-face-Test" des Onlinefragebogens meldete keiner der Probanden zurück, dass die Bearbeitung der Kontroversen persönlich unangenehm sei.

4.2.4 Datenanalyse

Ob die erhobenen Daten signifikante Ergebnisse zu den Fragestellungen und Thesen zeigen, wurde mit varianzanalytischen Verfahren geprüft.

Die zu untersuchenden Unterschiede zwischen den Gruppen liegen im studiertem Lehramt, Lebensalter, Geschlecht und Biologie, bzw. Sachunterricht als studiertem (oder nicht-studiertem) Unterrichtsfach.

Als abhängige Variablen wurden Varianzen für den Einsatz kognitiver Elemente zu den einzelnen Kontroversen erhoben (*themenbezogenes Wissen, persönliche Erfahrung, Intuition, rationale Überlegungen, wissenschaftsmethodische Kenntnisse*). Ferner wurden als weitere abhängige Variablen die Einschätzung der

---

[9] Der komplette Fragebogen kann beim Autor unter tim.kramer@mac.com angefordert werden.

Veränderbarkeit und die der Sicherheit erhoben, mit der die einzelnen Kontroversen wissenschaftlich beantwortet werden können. Analysiert werden die Urteile mit einer Varianzanalyse mit Messwiederholung. Gewertet wurden die fünf Kontroversen jeweils als Messwiederholungszeitpunkte.

Auswertung und Replikation der ursprünglichen Faktoren des CAEB

Für die Auswertung des CAEB wurden zunächst die Daten der Hauptstudie und der Replikation kombiniert ($N = 775$), um mit einer Faktorenanalyse zu versuchen, die zwei ursprünglichen Faktoren des CAEB zu replizieren (Stahl & Bromme, 2007).

Dazu wurde mit den Werten dieser 17 Adjektivpaare eine explorative Faktorenanalyse gerechnet und die Lösung entsprechend der ursprünglichen Veröffentlichung Varimax rotiert.

Auf dieser Basis wurde eine für die Daten der Online-Studie eigene Faktorenstruktur gebildet. Nach Hair et al. (2013) als zu gering ladende Items von <.3 wurden entfernt. Das Adjektivpaar „absolut – relativ" wurde - anders als im Original-CAEB - dem Faktor Variabilität zugeordnet. Rechnerisch lässt sich dies durch die höhere Ladung auf dem Faktor Variabilität begründen. Semantisch kann „absolut" in Verbindung mit Wissen auch in Konnotation mit „überzeitlich" interpretiert werden und „relativ" mit temporär, im Sinne eines momentanen, vorläufigen und somit variablen Wissenstandes. Somit passt das Item semantisch ebenfalls zum Faktor Variabilität. Es ergibt sich ein KMO-Wert von .873 (Hauptstudie .865; Replikation .853), der zeigt, dass die Stichprobe für eine Faktorenanalyse geeignet ist.

Tabelle 4.3 zeigt die verwendete Faktorenstruktur.

Tabelle 4.3. CAEB-Faktorladungen in Gesamtstichprobe, Hauptstudie und Replikation

	Biologie als Wissenschaft ist					
	Gesamt $N = 775$		Hauptstudie $N = 565$		Replikation $N = 210$	
	Textur	Variabilität	Textur	Variabilität	Textur	Variabilität
genau - ungenau	**0.84**	0.12	**0.83**	0.11	**0.86**	0.16
exakt - diffus	**0.79**	0.13	**0.79**	0.13	**0.79**	0.16
strukturiert - unstrukturiert	**0.76**	0.01	**0.76**	0.02	**0.79**	-0.01
geordnet - ungeordnet	**0.75**	0.10	**0.75**	0.13	**0.75**	0.03
beweisbar - unbeweisbar	**0.66**	0.06	**0.65**	0.06	**0.70**	0.07
objektiv - subjektiv	**0.61**	0.08	**0.58**	0.12	**0.66**	0.02
eindeutig - mehrdeutig	**0.53**	0.43	**0.56**	0.41	**0.45**	0.52
stabil - instabil	0.41	**0.35**	0.36	**0.38**	0.52	**0.30**
abgeschlossen - offen	- 0.20	**0.72**	- 0.19	**0.72**	- 0.25	**0.72**
fertig - unvollständig	0.10	**0.69**	0.13	**0.69**	0.04	**0.67**
unwiderlegbar - widerlegbar	0.06	**0.66**	0.06	**0.68**	0.06	**0.57**
absolut - relativ	0.37	**0.53**	0.33	**0.53**	0.44	**0.55**
unvergänglich - vergänglich	0.16	**0.47**	0.15	**0.46**	0.18	**0.51**
Erklärte Varianz (%)	48		47		50	
Items pro Faktor	7	6	7	6	7	6
Cronbachs Alpha	.845	.645	.842	.650	.850	.631

Anmerkung. Orthogonale Varimax-Rotation. Fettdruck signalisiert die Zugehörigkeit zu einem Faktor. Anders als im Einsatz des Fragebogeninstruments wurden die Adjektivpaare gegebenenfalls bereits umgepolt, links steht stets eine strukturierte, bzw. sichere Sichtweise und rechts eine als unstrukturiert/im Wandel begriffen zu interpretierende Sichtweise.

4.2.5 Gütekriterien

Die Studie dieses Kapitels arbeitet quantitativ und orientiert sich an der klassischen Testtheorie. Als klassische Gütekriterien gelten Objektivität, Reliabilität und Validität (Rost, 2007). Im Folgenden werden die Gütekriterien vorgestellt und zu Ende des Ergebnisteils zur Prüfung angewandt.

Objektivität

Als objektiv gilt ein Test oder eine Untersuchung, wenn sie vom Auswertenden und Untersuchenden unabhängig ist. Dies ist zugleich eine wichtige Voraussetzung für

Reliabilität. Es wird zwischen Durchführungs-, Auswertungs- und Interpretationsobjektivität unterschieden.

Bei Tests wird die *Durchführungsobjektivität* in der Regel durch die ausführlichen und einzuhaltenden Durchführungsanweisungen des Begleithefts gesichert.

Die *Auswertungsobjektivität* ist von der Testgestaltung abhängig. Sofern geschlossene Antwortformate vorliegen, ist sie „zu 100% gesichert" (Rost, 2007, 154) – es sei denn, bei der Auswertung oder Dateneingabe entstehen Flüchtigkeitsfehler.

Interpretationsobjektivität liegt vor, wenn verschiedene Personen aus denselben Untersuchungsergebnissen unabhängig voneinander dieselben oder sehr ähnliche Schlüsse ziehen (Rost, 2007).

Reliabilität

Ferner ist notwendiges Gütekriterium für Fragebögen (und Tests allgemein), dass sie reliabel, also zuverlässig bzw. verlässlich sind.

Validität

Valide sind Messungen, wenn sie messen, was sie zu messen vorgeben. Die Validität (Gültigkeit) gilt als das wichtigste Gütekriterium in der klassischen Testtheorie. Tests, bzw. Erhebungen können reliabel sein, aber unbrauchbar, weil sie z.B. durch die falschen Fragen etwas anderes messen, als gedacht (Kirk & Miller, 1986, Bortz & Döring, 2006).

Kirk & Miller (1986) haben drei grundsätzliche Fehlertypen definiert, die Erhebungen als nicht valide ausweisen:

Typ 1: Erhebungen sehen einen Zusammenhang, wo keiner besteht (Alpha-Fehler).

Typ 2: Erhebungen sehen keinen Zusammenhang, wo einer besteht (Beta-Fehler).

Typ 3: Es werden die falschen Fragen gestellt.

4.3 Ergebnisse

4.3.1 Befunde

Für die folgenden statistischen Analysen wurde ein Signifikanzniveau von α = .05 festgesetzt. Für ein tendenziell signifikantes Niveau (*Trend*) wurde .1 definiert. Zur Interpretation der Varianzanalysen werden nach Cohen (1988) folgende Grenzen genutzt: Ein η_p^2 zwischen .01 und .06 zeigt einen kleinen Effekt, ein η_p^2 zwischen .06 und .14 steht für einen mittleren Effekt und größere Werte bezeichnen einen starken Effekt. Ist Sphärizität nicht gegeben, werden die Freiheitsgrade nach Greenhouse-Geisser korrigiert. In *t*-Tests zeigt nach Cohen (1988) ein *d* zwischen 0.2 und 0.5 einen kleinen Effekt, ein *d* zwischen 0.5 und 0.8 einen mittleren Effekt und ein *d* > 0.8 einen starken Effekt.

Im Folgenden werden nacheinander die Ergebnisse zur Prüfung der Thesen 4.1 bis 4.6 berichtet. Für die Thesen 4.1 bis 4.5 werden jeweils zunächst die Ergebnisse zum Einsatz der Kategorien kognitiver Elemente dargestellt, zweitens die Ergebnisse zur Beurteilung von Sicherheit und Veränderbarkeit des Wissens in Bezug auf die einzelnen Kontroversen. Ferner werden zur Prüfung der Gruppenunterschiede in den Thesen 4.2 bis 4.5 Ergebnisse des CAEB dargestellt. Abschließend werden Ergebnisse zu These 4.6 mit Häufigkeitsverteilungen sowie induktiven Analysen des offenen Antwortformats *Sonstiges* berichtet.

Prüfung der kontextsensitiven Aktivierung kognitiver Elemente (These 4.1)

Varianzanalysen mit Messwiederholung zeigen in Bezug auf den Einsatz unterschiedlicher kognitiver Elemente zur Beurteilung der verschiedenen Kontroversen sowohl in der Hauptstudie als auch in der Replikation signifikante Effekte.

In der Hauptstudie zeigt sich ein signifikanter Innersubjekteffekt, dass sich dieselben Lehrpersonen – je nach Kontroverse – sehr flexibel unterschiedlichen kognitiven Elementen bedienen: $F(13.94, 7863.91) = 88.5; p < .001; \eta_p^2 = .136$. Das Niveau für eine großen Effekt von $\eta_p^2 > .14$ wird fast erreicht. Die Freiheitsgrade wurden korrigiert ($\varepsilon = .871$).

Die Replikation bestätigt den signifikanten Innersubjekteffekt: $F(13.45, 2109.08) = 36.09$; $p < .001$; $\eta_p^2 = .147$; Korrektur der Freiheitsgrade ($\varepsilon = .840$). Der Wert hat einen großen Effekt.

Die Abbildungen 4.4 (Hauptstudie) und 4.5 (Replikation) zeigen die unterschiedliche Nutzung kognitiver Elemente zwischen den Kontroversen. Während *persönliche Erfahrungen* bei der Beurteilung zu „Trinken & Durst" in Hauptstudie und Replikation im Mittel die wichtigste Rolle spielen ($M = 3.15/3.14$[10]; $SE = 0.04/0.06$), haben sie für die Kontroversen „HIV durch Mückenstiche" ($M = 1.43/1.31$; $SE = 0.06/0.10$) und „Tiere und Erdbeben" ($M = 1.81/1.76$; $SE = 0.06/0.11$) in beiden Studien den geringsten Einfluss. *Wissenschaftsmethodische Überlegungen* spielen dagegen für die Kontroverse zu „Trinken & Durst" in beiden Untersuchungen im Mittel die unwichtigste Rolle ($M = 1.65/1.63$; $SE = 0.06/0.09$), werden aber für die weiteren Kontroversen bedeutsamer und stellen in der Replikation für die Kontroverse zu „Kaffee und Gesundheit" die am stärksten eingesetzte Kategorie dar ($M = 2.33/2.44$; $SE = 0.06/0.09$). *Themenbezogenes Wissen* stellt im Falle von „Gift in Kartoffeln" ($M = 2.68/2.80$; $SE = 0.05/0.08$), „HIV durch Mückenstiche" ($M = 2.82/2.91$; $SE = 0.05/0.08$) und „Kaffee und Gesundheit" ($M = 2.55/2.35$; $SE = 0.05/0.09$) in der Hauptstudie im Mittel die am häufigsten eingesetzte Kategorie dar.

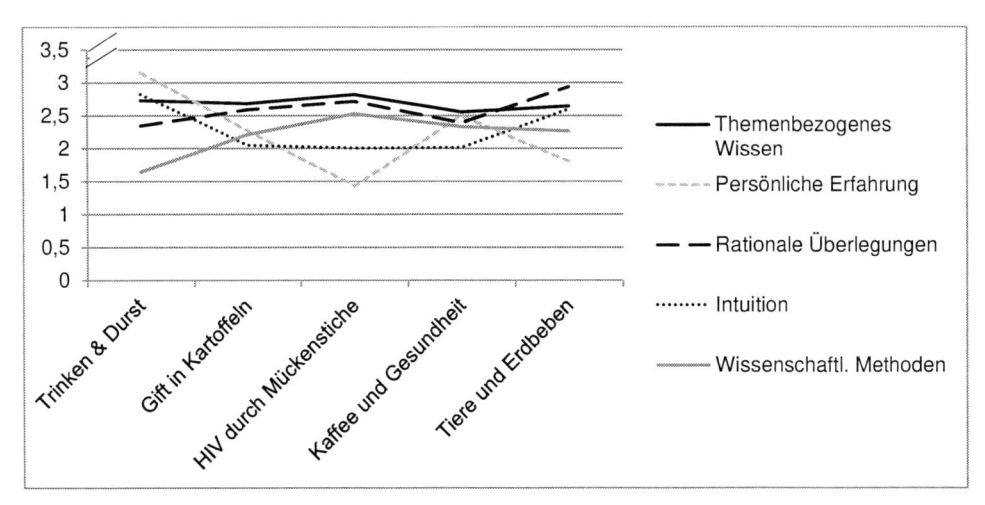

Abbildung 4.4. Kontroverse und der Einsatz kognitiver Elemente (Hauptstudie). Basis: Mittelwerte auf einer Skala von 0 (keine Rolle) bis 4 (wichtige Rolle).

---

[10] Angegeben ist jeweils zuerst der Wert für die Hauptstudie und zweitens der Wert der Replikation.

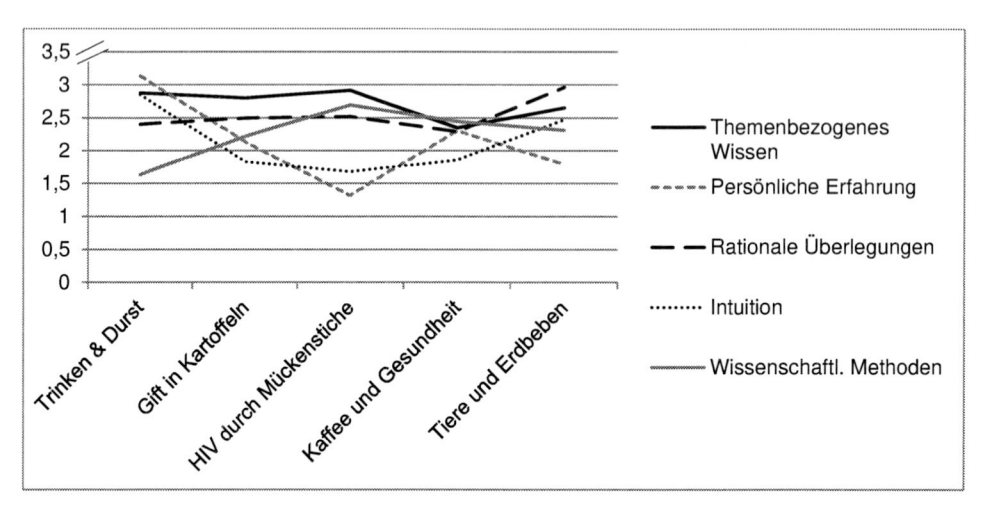

Abbildung 4.5. Kontroverse und der Einsatz kognitiver Elemente (Replikation). Basis: Mittelwerte auf einer Skala von 0 (keine Rolle) bis 4 (wichtige Rolle).

Prüfung der kontextsensitiven Einschätzung der Sicherheit wissenschaftlicher Beantwortbarkeit

Dieselben Lehrpersonen schätzen die Unsicherheit/Sicherheit unterschiedlich ein, mit der die verschiedenen Kontroversen wissenschaftlich beantwortet werden können. Es zeigt sich in der Hauptstudie ein signifikanter Innersubjekteffekt: $F(3.82, 1968.17) = 14.54$; $p < .001$; $\eta_p^2 = .027$; Korrektur der Freiheitsgrade ($\varepsilon = .955$). Die Replikation bestätigt den signifikanten Innersubjekteffekt: $F(3.73, 649.21) = 5.55$; $p < .001$; $\eta_p^2 = .031$; Korrektur der Freiheitsgrade ($\varepsilon = .933$). Dies sind in Hauptstudie und Replikation kleine Effekte.

Abbildung 4.6 zeigt, inwiefern die Lehrenden in Hauptstudie und Replikation die Frage nach der Sicherheit auf einer Skala von 0 (sehr sicher) bis 100 (sehr unsicher) einschätzen, mit der die Kontroversen wissenschaftlich beantwortet werden können. Insgesamt liegen alle Mittelwerte im Rahmen von 20 bis 50. Kein Wert liegt im oberen Bereich der Skala von 50 bis 100. Somit schätzen die Lehrenden die wissenschaftliche Beantwortbarkeit insgesamt als eher sicher ein. Die Kontroversen Trinken und Durst ($M = 29.38$; $SD = 25.17$; Replikation: $M = 29.19$; $SD = 23.41$), Kartoffeln ($M = 23.61$; $SD = 20.95$; Replikation: $M = 23.41$; $SD = 21.68$), Mücken & HIV ($M = 32.85$; $SD = 28.11$; Replikation: $M = 29.80$; $SD = 27.80$), Kaffee

(M = 32.23; SD = 23.83; Replikation: M = 29.80; SD = 22.94) werden von den Lehrenden als deutlich sicherer zu beantworten eingeschätzt, als die Kontroverse zu Tieren und Erdbeben (M = 46.20; SD = 28.09; Replikation: M = 46.76; SD = 27.00).

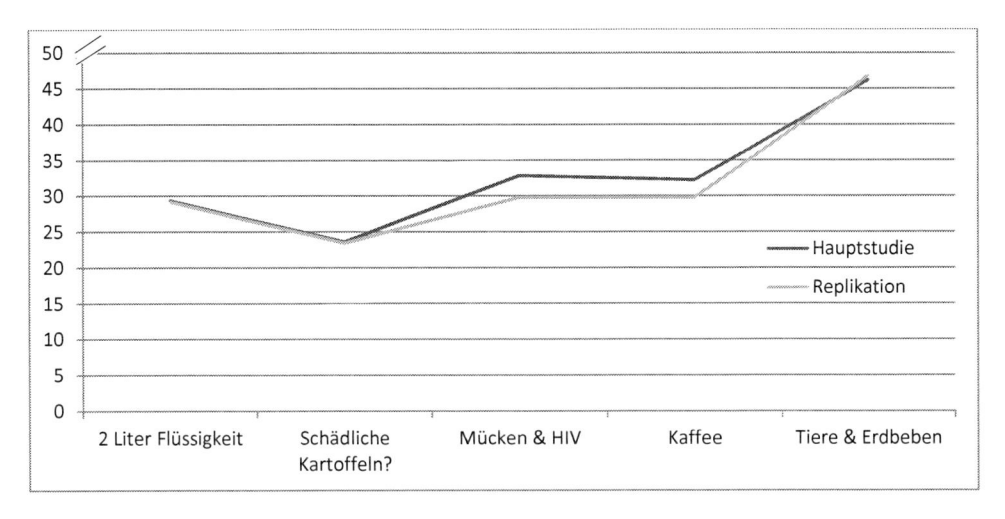

Abbildung 4.6. Einschätzung der Sicherheit, bzw. Unsicherheit wissenschaftlicher Beantwortung. *Anmerkungen.* Mittelwerte der Stichproben aus Hauptstudie (N = 565) und Replikation (N = 210). Skala von 0 (sehr sicher) bis 100 (sehr unsicher). Ein höherer Wert bedeutet eine höhere Unsicherheit, mit der die Frage nach Einschätzung der Lehrenden wissenschaftlich beantwortet werden kann.

Prüfung der Einschätzung der zukünftigen Stabilität/Änderung des Wissens zu den Kontroversen

In Bezug auf die Einschätzung der Probanden, inwiefern sich die Erkenntnisse zu den jeweiligen Kontroversen noch ändern werden, zeigt eine Varianzanalyse mit Messwiederholung signifikante Innersubjekteffekte.

Für die Hauptstudie lässt sich ein signifikanter Innersubjekteffekt berichten, dass dieselben Lehrpersonen zukünftige Erkenntnisse für die unterschiedlichen Kontroversen unterschiedlich einschätzen: $F(3.88, 1995.99) = 12.30$; $p < .001$; $\eta_p^2 = .023$; Korrektur der Freiheitsgrade ($\varepsilon = .969$). Abbildung 4.7 zeigt die Einschätzung zu den unterschiedlichen Kontroversen. Das Wissen zur Kontroverse „2 Liter trinken" (M = 65.7; SD = 26.5) wird dabei als verhältnismäßig stabil angenommen, für das Wissen zu „Tieren und Erdbeben" (M = 45.39; SD = 26.66) werden die meisten Änderungen erwartet.

Die Replikation bestätigt den signifikanten Innersubjekteffekt: $F(3.76, 654.16) = 4.33$; $p = .002$; $\eta_p^2 = .024$; Korrektur der Freiheitsgrade ($\varepsilon = .940$). Die Effekte sind klein.

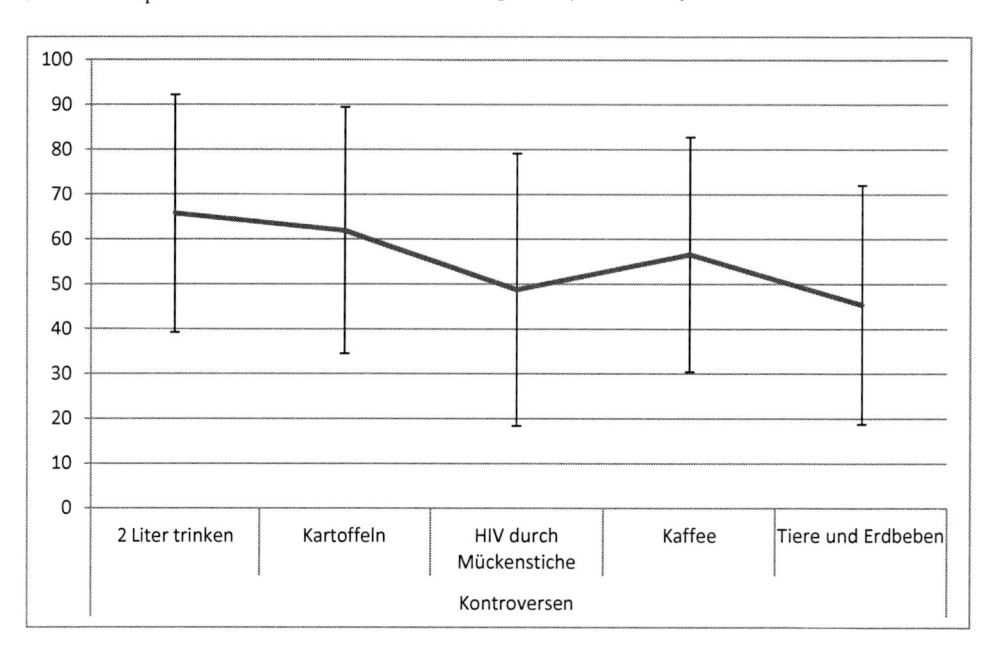

Abbildung 4.7. Einschätzung wie stark sich wissenschaftliche Erkenntnisse zu den einzelnen Kontroversen in Zukunft noch ändern. Einschätzung auf einer Skala von 0 (sehr stark) bis 100 (sehr wenig). Die Fehlerbalken indizieren einfache Standardabweichungen.

Unterschiede zwischen Lehrkräften verschiedener Schularten (These 4.2)

Prüfung des Einsatzes unterschiedlicher kognitiver Elemente bei Beurteilung der Kontroversen

Die Daten der Hauptstudie zeigen keinen signifikanten Haupteffekt in Bezug auf die studierten Lehrämter und den Einsatz kognitiver Elemente: $F(4, 560) = 1.16$; $p = .330$. Ferner zeigt sich in Bezug auf Kontroversen keine Interaktion zwischen Lehrergruppen in der Hauptstudie: $F(16, 2240) = 1.19$; $p > .25$.

Prüfung der Einschätzungen zur Sicherheit und Veränderung des Wissens zu den Kontroversen in Bezug auf verschiedene Lehrämter

Die Dimension Sicherheit in Form der Frage, inwiefern die Kontroverse wissenschaftlich beantwortet werden kann, zeigt in der Hauptstudie einen signifikanten Haupteffekt zwischen den Lehrergruppen: $F(4, 3260) = 2.82$; $p = .025; \eta^2 = .021$). Lehrpersonen, die Lehramt Grundschule ($M = 28.45$; $SE = 2.26$) oder Lehramt Hauptschule ($M = 31.97$; $SE = 2.73$) im Schwerpunkt studiert haben, schätzen die wissenschaftliche Beantwortbarkeit als sicherer ein, als Lehrende mit Studienschwerpunkt Gymnasium ($M = 35.68$; $SE = 2.08$) oder Realschule ($M = 36.49$; $SE = 2.79$). Die Signifikanz konnte allerdings nicht repliziert werden und zeigt sich auch nicht, wenn beide Studien gemeinsam analysiert werden (beide $ps > .35$).

In Hinblick auf die Dimension *Veränderung* in Form der Frage, inwiefern sich das Wissen zu der jeweiligen Kontroverse in Zukunft noch ändern wird, zeigt sich sowohl in der Hauptstudie als auch in der Replikation keine Signifikanz oder ein Trend in den Zwischensubjekteffekten der verschiedenen Lehramtsgruppen (beide $ps > .1$).

Prüfung von Unterschiedlichen Einschätzungen der Lehrämter mittels des CAEB

Eine MANOVA, die neben studiertem Lehramt als abhängige Variablen die zwei Mittelwerte der Faktoren Textur und Variabilität untersucht, kommt in der Hauptstudie bei Nutzung von Pillai-Spur zu keinem signifikanten Effekt: $F(8, 1030) < 1$. Auch die Replikation zeigt keine Signifikanz: $F(8, 348) = 1.34$; $p = .222$.

Unterschiede zwischen Lehrenden, die Biologie, Sachunterricht und keines der beiden Fächer studiert haben (zu These 4.3)

Prüfung des Einsatzes unterschiedlicher kognitiver Elemente bei Beurteilung der Kontroversen und einer Korrelation mit einem Fachstudium Biologie oder Sachunterricht

Die *Gruppe der Lehrenden mit Sachunterrichtsstudium* unterscheidet sich nicht systematisch von der *Gruppe der Lehrenden ohne Sachunterrichts- und ohne*

Biologiestudium: Ein Vergleich beider Gruppen in der Hauptstudie kommt weder zu einem Haupteffekteffekt noch zu einer Interaktion in Bezug auf einen unterschiedlichen Einsatz kognitiver Elemente zwischen den zwei Lehrergruppen (alle *F*s < 1). Da sich die Lehrenden nur mit Sachunterrichtsstudium in diesen Daten somit nicht von den Lehrenden ohne Biologie- oder Sachunterrichtsstudium unterscheiden, werden beide Gruppen in Bezug auf die Urteile zu den Kontroversen als gemeinsame Gruppe „ohne Biologiestudium" betrachtet.

Ein Vergleich zwischen Lehrenden mit und ohne Biologiestudium zeigt keinen Haupteffekt, aber eine Interaktion: $F(3.06, 1724.40) = 40.06$; $p < .001$; $\eta_p^2 = .066$; Freiheitsgrade korrigiert ($\varepsilon = .872$). Die Interaktion ließ sich replizieren: $F(2.89, 601.47) = 18.57$; $p < .001$; $\eta_p^2 = .082$; Freiheitsgrade korrigiert ($\varepsilon = .840$).

Ein detaillierter Blick auf diese Unterschiede auf Basis von *t*-Tests zeigt, dass sich kognitive Elemente von Lehrenden mit und ohne Biologiestudium in der Hauptstudie 14 Mal signifikant voneinander unterscheiden. Zehn dieser Unterschiede ließen sich replizieren. Die Ergebnisse im Detail:

Lehrende mit einem Biologiestudium nutzen zu drei der Kontroversen in Hauptstudie und Replikation signifikant stärker als Lehrende ohne Biologiestudium die Kategorie *themenbezogenes Wissen*, wie Tabelle 4.4 zeigt. Die Effekte liegen im kleinen und mittleren Bereich.

Tabelle 4.4. Signifikant unterschiedliche Nutzung der Kategorie *Themenbezogenes Wissen* zwischen Lehrenden mit und ohne Fachstudium Biologie

Kontroverse	Fachstudium Biologie		kein Fachstudium Biologie		t	p	Cohens d
	M	SD	M	SD			
Kartoffeln (H)	3.01	1.08	2.54	1.21	t(324.41)=-4.49	.000	-0.40
Kartoffeln (R)	3.18	0.94	2.55	1.24	t(202.16)= -4.13	.000	-0.56
HIV durch Mücken (H)	3.27	0.88	2.63	1.21	t(398.01)= -6.91	.000	-0.57
HIV durch Mücken (R)	3.35	1.04	2.63	1.22	t(191.24)= -4.57	.000	-0.62
Kaffee (H)	2.77	1.08	2.46	1.15	t(309.28)= -3.00	.003	-0.27
Kaffee (R)	2.62	1.27	2.17	1.24	t(208)= -2.53	.012	-0.36

Anmerkungen. Die Nutzung der Kategorie *themenbezogenes Wissen* wurde auf einer Skala von 0 (*keine Rolle*) bis 4 (*wichtige Rolle*) erfasst. Sollte der Levene-Test auf einem Signifikanzniveau von Alpha = .05 keine Varianzhomogenität feststellen, so wurden die Freiheitsgrade korrigiert. Cohens *d* wurde aufgrund unterschiedlicher Gruppengrößen unter Berücksichtigung der gepoolten Standardabweichung berechnet. H = Hauptstudie, R = Replikation.

Neben den signifikanten Unterschieden in der Kategorie *themenbezogenes Wissen*, zeigen sich bei den zwei verbleibenden Kontroversen jeweils Trends, dass Lehrende mit Biologiestudium ebenfalls stärker kognitive Elemente der Kategorie *themenbezogenes Wissen* einsetzen, allerdings bleiben die Effektstärken unter der Schwelle von $d = 0.2$ für einen kleinen Effekt. Für die Kontroverse „Tiere und Erdbeben" wird dieser Trend in der Replikation signifikant mit kleiner Effektstärke (siehe Tabelle 4.5).

Tabelle 4.5. Trends unterschiedlicher Nutzung der Kategorie *Themenbezogenes Wissen* zwischen Lehrenden mit und ohne Fachstudium Biologie und der Versuch ihrer Replikation

Kontroverse	Fachstudium Biologie		kein Fachstudium Biologie		t	p	Cohens d
	M	SD	M	SD			
2 Liter trinken (H)	2.86	0.98	2.67	1.07	t(563)= -1.92	.055	-0.18
2 Liter trinken (R)	2.98	1.10	2.80	1.07	t(208)= -1.19	.234	-0.12
Tiere und Erdbeben (H)	2.79	1.17	2.58	1.19	t(563)= -1.88	.061	-0.18
Tiere und Erdbeben (R)	2.97	1.12	2.44	1.32	t(192.58)= -3.11	.002	-0.43

Anmerkungen. Die Nutzung der Kategorie *themenbezogenes Wissen* wurde auf einer Skala von 0 (*keine Rolle*) bis 4 (*wichtige Rolle*) erfasst. Sollte der Levene-Test auf einem Signifikanzniveau von Alpha = .05 keine Varianzhomogenität feststellen, so wurden die Freiheitsgrade korrigiert. Cohens d wurde aufgrund unterschiedlicher Gruppengrößen unter Berücksichtigung der gepoolten Standardabweichung berechnet. H = Hauptstudie, R = Replikation.

Tabelle 4.6 zeigt Vergleiche, dass die Kategorie *Intuition* bei vier Kontroversen von Lehrenden mit einem Fachstudium Biologie signifikant weniger eingesetzt wurde als von Lehrenden ohne Fachstudium Biologie. Alle Ergebnisse ließen sich replizieren. Mit *d*-Werten zwischen 0.29 und 0.54 liegen die Effekte im kleinen und mittleren Bereich.

Tabelle 4.6. Signifikant unterschiedliche Nutzung der Kategorie *Intuition* zwischen Lehrenden mit und ohne Fachstudium Biologie

Kontroverse	Fachstudium Biologie		kein Fachstudium Biologie				Cohens
	M	*SD*	*M*	*SD*	*t*	*p*	*d*
Kartoffeln (H)	1.72	1.40	2.18	1.29	t(563)= 3.67	.000	0.35
Kartoffeln (R)	1.59	1.41	1.97	1.25	t(158.12)= 1.98	.050	0.29
HIV durch Mücken (H)	1.46	1.48	2.21	1.37	t(272.18)= 5.52	.000	0.54
HIV durch Mücken (R)	1.20	1.46	1.97	1.50	t(208)= 3.65	.000	0.52
Kaffee (H)	1.72	1.36	2.13	1.23	t(268.28)= 3.27	.001	0.32
Kaffee (R)	1.48	1.29	2.10	1.22	t(208)= 3.45	.001	0.50
Tiere und Erdbeben (H)	2.26	1.34	2.72	1.16	t(259.22)= 3.85	.000	0.38
Tiere und Erdbeben (R)	2.20	1.44	2.64	1.24	t(153.57)= 2.24	.027	0.33

Anmerkungen. Die Nutzung der Kategorie *Intuition* wurde auf einer Skala von 0 (*keine Rolle*) bis 4 (*wichtige Rolle*) erfasst. Sollte der Levene-Test auf einem Signifikanzniveau von Alpha = .05 keine Varianzhomogenität feststellen, so wurden die Freiheitsgrade korrigiert. Cohens *d* wurde aufgrund unterschiedlicher Gruppengrößen unter Berücksichtigung der gepoolten Standardabweichung berechnet. H = Hauptstudie, R = Replikation.

Die Kategorie *forschungsmethodische Kenntnisse* wurde in der Hauptstudie bei allen fünf Kontroversen von Lehrenden mit Biologiestudium signifikant stärker eingesetzt als bei Lehrenden ohne Biologiestudium – allerdings ließ sich die Signifikanz nur bei zwei Kontroversen replizieren, wie Tabelle 4.7 zeigt. Die Effektstärken liegen bei den signifikanten Unterschieden im kleinen bis mittleren Bereich.

Tabelle 4.7. Unterschiedliche Nutzung der Kategorie *forschungsmethodische Überlegungen* zwischen Lehrenden mit und ohne Fachstudium Biologie

Kontroverse	Fachstudium Biologie		kein Fachstudium Biologie				Cohens
	M	*SD*	*M*	*SD*	*t*	*p*	*d*
2 Liter trinken (H)	1.96	1.37	1.52	1.24	t(563)= -3.74	.000	-0.34
2 Liter trinken (R)	1.91	1.45	1.44	1.25	t(208)= -2.48	.014	-0.35
Kartoffeln (H)	2.61	1.36	2.05	1.37	t(563)= -4.42	.000	-0.41
Kartoffeln (R)	2.32	1.45	2.14	1.36	t(208)= -0.91	.363	-0.13
HIV durch Mücken (H)	2.79	1.33	2.41	1.22	t(563)= -3.20	.001	-0.30
HIV durch Mücken (R)	2.69	1.38	2.69	1.21	t(208)< 0.01	.999	0.0
Kaffee (H)	2.81	1.19	2.14	1.30	t(316.24)= -5.85	.000	-0.53
Kaffee (R)	2.74	1.29	2.25	1.27	t(208)= -2.73	.007	-0.38
Tiere und Erdbeben (H)	2.70	1.19	2.09	1.28	t(563)= -5.17	.000	-0.49
Tiere und Erdbeben (R)	2.39	1.38	2.25	1.30	t(208)= -0.70	.485	-0.11

Anmerkungen. Die Nutzung der Kategorie *forschungsmethodische Überlegungen* wurde auf einer Skala von 0 (*keine Rolle*) bis 4 (*wichtige Rolle*) erfasst. Sollte der Levene-Test auf einem Signifikanzniveau von Alpha = .05 keine Varianzhomogenität feststellen, so wurden die Freiheitsgrade korrigiert. Cohens *d* wurde aufgrund unterschiedlicher Gruppengrößen unter Berücksichtigung der gepoolten Standardabweichung berechnet. H = Hauptstudie, R = Replikation.

In der Kategorie *persönliche Erfahrung* unterscheiden sich Lehrende mit und ohne Biologiestudium in Bezug auf die Kontroverse zu *Kartoffeln* und in den Replikation zu den Kontroversen *2 Liter trinken* und *Kaffee* signifikant voneinander, hier spielt die persönliche Erfahrung bei den Lehrenden ohne Biologiestudium eine bedeutendere Rolle, wie Tabelle 4.8 zeigt. Die Effektstärken sind klein. Für die Kontroverse zu Tieren und Erdbeben lässt sich in der Hauptstudie ein Trend berichten, der ebenfalls eine stärkere Aktivierung persönlicher Erfahrung bei Nicht-Biologen sieht. Der Effekt liegt allerdings unter der Schwelle von $d = 0.2$. Zu den weiteren Analysen der Kategorie zeigen sich keine Signifikanzen oder Trends (alle $ps > .1$).

Tabelle 4.8. Signifikant und tendenziell signifikant unterschiedliche Nutzung der Kategorie *persönliche Erfahrung* zwischen Lehrenden mit und ohne Fachstudium Biologie

Kontroverse	Fachstudium Biologie		kein Fachstudium Biologie		t	p	Cohens d
	M	SD	M	SD			
Kartoffeln (H)	2.00	1.56	2.37	1.58	$t(563)= 2.52$	.012	0.26
Kartoffeln (R)	1.76	1.65	2.36	1.64	$t(208)= 2.48$	.011	0.37
2 Liter trinken (R)	2.91	1.09	3.28	0.76	$t(131.44)= 2.66$	.009	0.41
Kaffee (R)	2.04	1.27	2.46	1.26	$t(208)= 2.34$	.020	0.33
Tiere und Erdbeben (H)	1.63	1.40	1.87	1.51	$t(563)= 1.77$	.077	0.16

Anmerkungen. Die Nutzung der Kategorie *persönliche Erfahrung* wurde auf einer Skala von 0 (*keine Rolle*) bis 4 (*wichtige Rolle*) erfasst. Sollte der Levene-Test auf einem Signifikanzniveau von Alpha = .05 keine Varianzhomogenität feststellen, so wurden die Freiheitsgrade korrigiert. Cohens *d* wurde aufgrund unterschiedlicher Gruppengrößen unter Berücksichtigung der gepoolten Standardabweichung berechnet. H = Hauptstudie, R = Replikation.

In der Kategorie *rationale Überlegungen* lassen sich zu keiner der Kontroversen in der Hauptstudie signifikante Unterschiede berichten – allerdings zeigen sich zu drei der Kontroversen Trends in Richtung eines stärkeren Einsatzes *rationaler Überlegungen* auf Seite der Lehrenden ohne biologischem Fachstudium mit Effektstärken um die Schwelle eines kleinen Effekts von $d = 0.2$. Einer dieser Trends (bei der Kontroverse *Tiere und Erdbeben*) wird in der Replikation signifikant mit kleinem Effekt, die zwei weiteren Trends lassen sich nicht replizieren und werden nicht signifikant, wie Tabelle 4.9. zeigt. In Bezug auf *rationale Überlegungen* lassen sich für die zwei verbleibenden Kontroversen *2 Liter trinken* und *Kartoffeln* keine Signifikanzen ($ps > .15$) berichten.

Tabelle 4.9. Trends in der Kategorie *rationale Überlegungen* zwischen Lehrenden mit und ohne Fachstudium Biologie und der Versuch ihrer Replikation

Kontroverse	Fachstudium Biologie		kein Fachstudium Biologie		t	p	Cohens d
	M	*SD*	*M*	*SD*			
HIV durch Mücken (H)	2.56	1.31	2.77	1.12	t(254.96)= 1.76	.079	0.18
HIV durch Mücken (R)	2.34	1.43	2.63	1.25	t(155.99)= 1.51	.134	0.22
Kaffee (H)	2.25	1.32	2.44	1.11	t(252.30)= 1.66	.098	0.16
Kaffee (R)	2.12	1.24	2.39	1.18	t(208)= 1.62	.107	0.22
Tiere und Erdbeben (H)	2.80	1.10	2.98	0.97	t(262.95)= 1.82	.070	0.19
Tiere und Erdbeben (R)	2.76	1.11	3.08	0.82	t(136.85)= 2.22	.028	0.34

Anmerkungen. Die Nutzung der Kategorie *rationale Überlegungen* wurde auf einer Skala von 0 (*keine Rolle*) bis 4 (*wichtige Rolle*) erfasst. Sollte der Levene-Test auf einem Signifikanzniveau von Alpha = .05 keine Varianzhomogenität feststellen, so wurden die Freiheitsgrade korrigiert. Cohens d wurde aufgrund unterschiedlicher Gruppengrößen unter Berücksichtigung der gepoolten Standardabweichung berechnet. H = Hauptstudie, R = Replikation.

Prüfung der Beurteilungen zur (Un-)Sicherheit und Veränderung des Wissens zu den Kontroversen in Korrelation mit einem Fachstudium Biologie, bzw. Sachunterricht

Analysen in Hinblick auf die Frage, wie sicher die jeweiligen Kontroversen wissenschaftlich beantwortet werden können, zeigen in Hauptstudie und Replikation unterschiedliche Effekte.

Ein Vergleich nur zwischen Sachunterrichtslehrenden und Lehrenden ganz ohne Biologie und Sachunterrichtsstudium zeigt weder einen Haupteffekt ($F(1, 403) = 2.25$; $p = .134$) noch eine Interaktion ($F(3.82, 1538.96) = 0.52$; $p = .713$; Freiheitsgrade korrigiert ($\varepsilon = .871$)), so dass beide Gruppen auch in Bezug auf diese Frage als gemeinsame Gruppe *ohne Fachstudium Biologie* betrachtet werden.

Werden Nicht-Biologielehrende mit Biologielehrenden verglichen, zeigt sich in der Hauptstudie kein Interaktionseffekt, aber ein Haupteffekt mit kleiner Effektstäke: $F(1, 563) = 12.76$; $p < .001$; $\eta_p^2 = .022$. Dieser Effekt beruht darauf, dass Lehrende mit Fachstudium Biologie die Unsicherheit mit der die Kontroversen wissenschaftlich beantwortet werden können, im Mittel höher einschätzen, als Lehrende ohne Biologiestudium, wie Tabelle 4.10 zeigt.

Tabelle 4.10. Beurteilung der Sicherheit wissenschaftlicher Erkenntnisse

Kontroverse	Lehrende mit Biologiestudium (n = 160)		Lehrende ohne Biologiestudium (n = 405)	
	M	*SD*	*M*	*SD*
2 Liter trinken	28.28	23.79	29.81	25.71
Kartoffeln	18.04	17.70	25.80	21.73
HIV durch Mücken	27.03	27.65	35.14	28.00
Kaffee	30.12	23.31	33.06	24.02
Tiere und Erdbeben	42.01	28.24	47.86	27.89

Anmerkung. Mittelwerte und Standardabweichungen der Beurteilung von Sicherheit/Unsicherheit wiss. Erkenntnisse in den Kontroversen auf einer Skala von 0 bis 100, getrennt nach Lehrenden mit und ohne Fachstudium Biologie (Hauptstudie). Höhere Werte indizieren größere Unsicherheit.

Der Effekt ließ sich mit der zweiten Stichprobe nicht replizieren: $F(1, 208) < 1$. Werden beide Stichproben gemeinsam analysiert, zeigt sich allerdings wieder ein signifikanter Zwischensubjekteffekt mit einer kleinen Effektstärke: $F(1, 773) = 11.10$; $p = .001$; $\eta_p^2 = .014$.

In Bezug auf die Frage, inwiefern sich die Erkenntnisse in Hinblick auf die jeweilige Kontroverse in Zukunft noch ändern werden, lassen sich auch in dieser Analyse keine systematischen Unterschiede zwischen Lehrenden ohne Biologie und Sachunterrichtsstudium und nur mit Sachunterrichtsstudium feststellen. Weder in der Hauptstudie noch in der Replikation zeigen sich signifikante Interaktions- oder Zwischensubjekteffekte (alle *p*s > .1). Somit werden beide Gruppen auch in diesem Fall als gemeinsame Gruppe der Lehrenden ohne Biologiestudium zusammengefasst.

Zwischen Lehrenden mit und ohne Biologiestudium zeigt sich kein Haupteffekt, aber ein Interaktionseffekt mit kleiner Effektstärke: $F(3.87, 4788.35) = 8.30$; $p < .001$; $\eta_p^2 = .015$; Korrektur der Freiheitsgrade ($\varepsilon = .957$). Durch anschließende *t*-Tests kann der Effekt mit folgenden signifikanten Unterschieden erklärt werden: In der Hauptstudie zeigt sich ein kleiner Effekt bei der Beurteilung der Kontroverse zur HIV-Übertragung durch Mücken: $t(260.63) = 3.74$, $p < .001$, $d = 0.37$. Lehrende mit Fachstudium Biologie erwarten mehr zukünftige Änderungen wissenschaftlicher Erkenntnisse ($M = 56.71$; $SD = 32.83$) als Lehrende ohne Fachstudium Biologie

($M = 45.64$; $SD = 28.77$). Die Replikation zeigt zu dieser Frage einen Trend mit kleinem Effekt: $t(208) = 1.93$, $p = .055$, $d = 0.27$. Lehrende mit Fachstudium Biologie erwarten auch hier mehr zukünftige neue wissenschaftliche Erkenntnisse ($M = 59.73$; $SD = 29.73$) als Lehrende ohne Fachstudium Biologie ($M = 51.61$; $SD = 29.76$). Werden beide Stichproben gemeinsam betrachtet, zeigt sich erneut eine Signifikanz: $t(430.97) = 4.44$; $p < .001$, $d = 0.36$. Der Mittelwert für Lehrende mit Fachstudium Biologie liegt für die Gesamtstichprobe bei $M = 57.74$ ($SD = 31.78$) und für Lehrende ohne Fachstudium Biologie bei $M = 47.07$ ($SD = 29.09$), was ebenfalls darauf hindeutet, dass Lehrende mit Fachstudium Biologie mehr zukünftige Änderungen erwarten.

Für die Kontroverse zu Tieren und Erdbeben zeigt sich in der Hauptstudie ein signifikanter Unterschied, allerdings unterhalb der Schwelle zum kleinen Effekt: $t(282.03) = -2.01$; $p = .046$, $d = 0.19$. Bei Beurteilung dieser Frage schätzen Lehrende mit Fachstudium Biologie ($M = 41.77$; $SD = 27.30$) zukünftige Änderungen geringer ein als Lehrende ohne Fachstudium Biologie ($M = 46.83$; $SD = 26.30$). Replikation und Analyse der Gesamtstichprobe zeigen hier aber weder Signifikanz noch Trends (beide $ps > .1$).

Für die drei Kontroversen zu *2 Liter trinken*, *Kartoffeln* und *Kaffee* zeigen *t*-Tests zwischen Lehrenden mit und ohne Fachstudium Biologie in Bezug auf zukünftige Änderungen weder signifikante Unterschiede noch Trends (alle $ps > .1$).

Prüfung von Unterschieden zwischen Lehrenden mit und ohne Fachstudium Biologie, bzw. Sachunterricht mittels CAEB

Der CAEB kommt in Hinblick auf diese Hypothese zu unterschiedlichen Ergebnissen.

Zunächst unterscheiden sich Lehrende mit Sachunterrichtsstudium und Lehrende weder mit Sachunterrichts- noch Biologiestudium in einer Analyse der Gesamtgruppe nicht signifikant in den Faktoren voneinander, sodass beide Gruppen auch in den folgenden Analysen zum CAEB als gemeinsame Gruppe „ohne Biologiestudium" analysiert werden (Faktor Textur: $t(531) = -1.47$; $p = .142$; Faktor Variabilität: $t(531) = 0.16$; $p = .871$).

In der Hauptstudie zeigt ein *t*-test, der Lehrende mit und ohne ein Biologiestudium in Bezug auf den CAEB-Faktor Textur vergleicht, einen signifikanten Effekt: $t(563) = 2.70$; $p = .007$; $d = 0.26$ (2-seitig).

Lehrende mit Fachstudium Biologie ($M = 2.81$; $SD = 0.89$) schätzen Wissen in der Biologie als strukturierter ein als Lehrende ohne Fachstudium Biologie ($M = 3.04$; $SD = 0.90$). Dieser Effekt ließ sich replizieren: $t(208) = 2.82$; $p = .005$; $d = 0.41$ (2-seitig). Auch in der Replikation schätzen Lehrende mit Fachstudium Biologie ($M = 2.62$; $SD = 0.86$) Wissen in der Biologie als strukturierter ein als Lehrende ohne Fachstudium Biologie ($M = 2.99$; $SD = 0.93$).

Für den Faktor Variabilität zeigt sich in der Hauptstudie ein Trend direkt unter der definierten Schwelle: $t(563) = 1.65$; $p = .099$; $d = 0.16$ (2-seitig). Allerdings bleibt auch die Effektstärke unter dem Niveau eines kleinen Effektes von 0.20. Lehrende mit Fachstudium Biologie ($M = 4.55$; $SD = 0.88$) schätzen Wissen in der Biologie als gesicherter ein als Lehrende ohne Fachstudium Biologie ($M = 4.68$; $SD = 0.81$).

In der Replikation wird der Trend signifikant: $t(208) = 1.54$; $p = .014$; $d = 0.36$ (2-seitig). Auch in der Replikation schätzen Lehrende mit Fachstudium Biologie ($M = 4.56$; $SD = 0.85$) Wissen in der Biologie als gesicherter ein als Lehrende ohne Fachstudium Biologie ($M = 4.85$; $SD = 0.78$).

Altersspezifische Unterschiede (These 4.4)

Einsatz kognitiver Elemente

Das Lebensalter korreliert nicht mit einem unterschiedlichen Einsatz kognitiver Elemente. Eine Varianzanalyse mit Messwiederholung, zeigt weder in der Hauptstudie noch in der Replikation signifikante Zwischensubjekteffekte (beide Fs < 1). Und auch Interaktionseffekte zwischen dem Lebensalter und den eingesetzten kognitiven Elementen in den Kontroversen zeigen weder in der Hauptstudie noch in der Replikation Signifikanzen (beide ps > .1).

Beurteilung von Sicherheit und Veränderung des Wissens zu den Kontroversen

Varianzanalysen mit Messwiederholung zeigen in Hauptstudie und Replikation unterschiedliche Effekte in Bezug auf die Lebensaltersgruppen und die

Einschätzung, wie sicher die Kontroversen wissenschaftlich beantwortet werden können. In der Hauptstudie zeigt sich mit einem kleinen Effekt, dass die verschiedenen Lebensaltersgruppen (bis 30; 31-45; 46-60; ab 61) die Sicherheit mit der die Kontroversen wissenschaftlich beantwortet werden können, auf einer Skala von 0 (sehr sicher) bis 100 (sehr unsicher) unterschiedlich einschätzen: $F(3, 561) = 6.44$; $p < .001$; $\eta_p^2 = .033$. Der Post-Hoc-Test nach Hochberg zeigt, dass der Effekt auf unterschiedlichen Einschätzungen zwischen jüngeren und älteren Lehrenden beruht. In Abbildung 4.8 wird dargestellt, inwiefern jüngere Altersgruppen die wissenschaftliche Beantwortbarkeit der Kontroversen als unsicherer einstufen als die zwei älteren Gruppen der 46-60-jährigen und ab-61-jährigen Lehrenden. Die Gruppe der bis 30-jährigen Lehrenden unterscheidet sich signifikant von den 46-60-jährigen ($p = .036$) und den ab 61-jährigen ($p = .022$) Lehrenden. Die 31-45-jährigen Lehrenden unterscheiden sich signifikant von den 46-60-jährigen ($p = .007$) und den ab 61-jährigen ($p = .015$) Lehrenden. Die zwei jüngeren Altersgruppen und die zwei älteren Altersgruppen unterscheiden sich jeweils nicht signifikant voneinander (beide ps $> .6$).

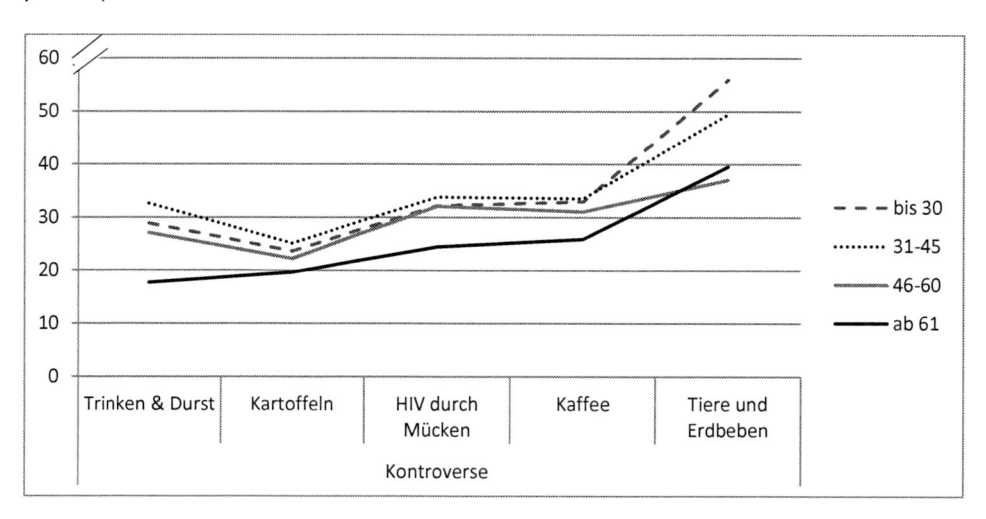

Abbildung 4.8. Mittlere Einschätzung der Sicherheit mit der die Kontroverse wissenschaftlich beantwortet werden kann nach Lebensalter (Hauptstudie, $N = 565$). Höhere Werte indizieren eine höhere Unsicherheit wissenschaftlicher Beantwortbarkeit.

Die Replikation bestätigt den signifikanten Zwischensubjekteffekt nicht: $F(3, 206) < 1$. Werden beide Stichproben gemeinsam analysiert, zeigt sich ein signifikanter kleiner Effekt: $F(3, 771) = 5.43$; $p = .001$; $\eta_p^2 = .021$.

Es wird somit zunächst vorsichtig festgehalten, dass Lehrende zunehmenden Lebensalters die zu beurteilenden Kontroversen als sicherer einstufen als Lehrende der unteren Altersgruppen.

Zu der Einschätzung, inwiefern sich die Erkenntnisse in Hinblick auf die jeweilige Kontroverse in Zukunft noch ändern werden, zeigt eine Varianzanalyse mit Messwiederholung zu Antworten auf einer Skala von 0 (sehr stark) bis 100 (sehr wenig) in der Hauptstudie keine Signifikanz ($F(12, 2244) = 1.19$; $p = .285$) zwischen den verschiedenen Altersgruppen.

CAEB-Ergebnisse zu unterschiedlichen Altersgruppen

Eine Varianzanalyse zeigt in der Hauptstudie für beide CAEB-Faktoren einen Between-subjects-Effekt in Bezug auf die Lebensaltersgruppen. Beide Effekte liegen im kleinen Bereich: $F(3, 561) = 7.90$, $p < .001$; $\eta_p^2 = .041$ (Textur) und $F(3, 561) = 11.54$, $p < .001$; $\eta_p^2 = .059$ (Variabilität).

Ein Post-hoc-Test nach Hochberg erklärt diesen Effekt für den CAEB-Faktor Textur damit, dass die bis Dreißigjährigen ($M = 3.14$; $SD = 0.80$) und 31-45jährigen ($M = 3.08$; $SD = 0.87$) die Textur von Wissen in der Biologie als unstrukturierter beurteilen, als die Gruppe der 46-60-jährigen ($M = 2.82$; $SD = 0.98$) und ab-61-jährigen Lehrenden ($M = 2.42$; $SD = 0.71$).

Die Lehrenden bis 30 unterscheiden sich dabei nicht signifikant von den Lehrenden zwischen 31 und 45 Jahren ($p = .989$), aber signifikant von der Gruppe der 46-60-jährigen ($p = .017$) sowie den ab-61-jährigen ($p = .001$) Lehrenden. Die Gruppe der 31-45-jährigen Lehrenden unterscheidet sich ebenfalls signifikant von der Gruppe der 46-60-jährigen Lehrenden ($p = .017$) und ab-61-jährigen ($p = .001$) Lehrenden. Die beiden älteren Altersgruppen unterscheiden sich nicht signifikant voneinander ($p = .157$). Alle Altersgruppen sehen Wissen eher als strukturiert an, die beiden älteren Altersgruppen als noch stärker strukturiert.

Der Effekt für den CAEB-Faktor Textur konnte nicht repliziert werden ($F < 1$). Werden die Stichproben aus Hauptstudie und Replikation gemeinsam analysiert, zeigt sich dagegen wieder ein kleiner Effekt für den Faktor *Textur*: $F(3, 771) = 6.91$, $p < .001$, $\eta_p^2 = .026$.

Für den Effekt in Bezug auf den Faktor *Variabilität* in der Hauptstudie zeigt der Post-Hoc-Test nach Hochberg ebenfalls einen Unterschied. Jüngere Altersgruppen bewerten das Wissen in der Biologie als variabler als ältere Altersgruppen (vgl. Abb. 4.9). Die Altersgruppe der bis Dreißigjährigen unterscheidet sich dabei signifikant von den 46-60-jährigen ($p = .026$) und den ab 61-jährigen ($p < .001$). Die Altersgruppe der 31-45-jährigen unterscheidet sich ebenfalls signifikant von den ab 61-jährigen ($p < .001$), nicht jedoch von den 46-60-jährigen ($p = .135$). Die Lehrenden zwischen 46 und 60 Jahren unterscheiden sich zudem signifikant von den Lehrenden ab 61 Jahren ($p < .001$). Werden die zwei jüngeren Altersgruppen miteinander verglichen, zeigt sich keine Signifikanz ($p = .850$).

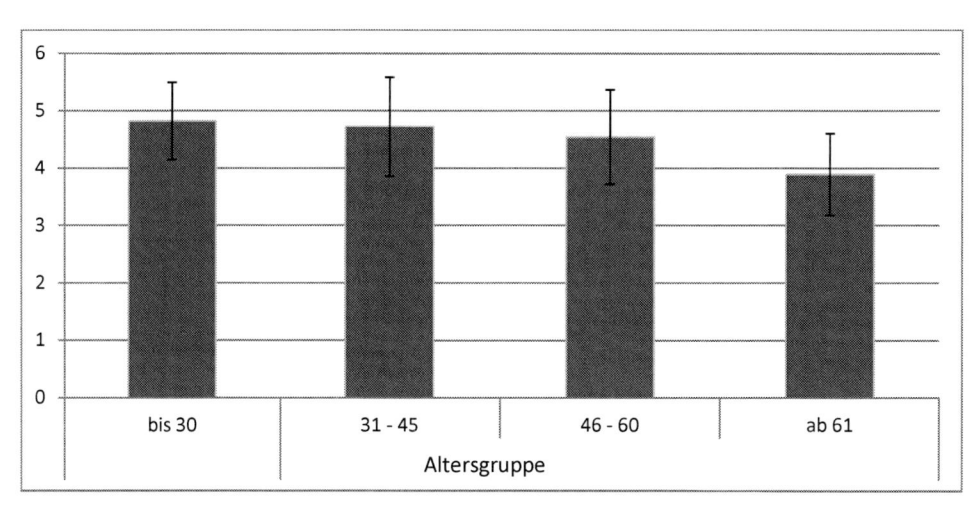

Abbildung 4.9. Unterschiede im CAEB-Faktor Variabilität in Bezug auf verschiedene Lebensaltersgruppen Hauptstudie $N = 565$). Die Fehlerbalken indizieren einfache Standardabweichungen.

Der Effekt zum Faktor Variabilität ließ sich replizieren: $F(3, 206) = 5.59$, $p = .001$; $\eta_p^2 = .075$. Ein Post-Hoc-Test nach Hochberg zeigt jedoch nur noch wenige Unterschiede zwischen den Altersgruppen. Es unterscheiden sich nur noch die 31-45-jährigen und die 46-60-jährigen signifikant voneinander ($p < .001$). Für alle anderen Gruppenvergleiche lassen sich keine Signifikanzen oder Trends nachweisen (alle *p*s > .2).

Werden die Stichproben aus Hauptstudie und Replikation gemeinsam analysiert, zeigt sich wieder ein differenzierteres Ergebnis. Der Faktor Variabilität zeigt einen kleinen Effekt: $F(3, 771) = 11.39$, $p < .001$; $\eta_p^2 = .042$. Der Post-Hoc-Test nach Hochberg zeigt wieder, dass jüngere Altersgruppen Wissen in der Biologie als variabler als ältere Altersgruppen (vgl. Abb. 4.10) einstufen. Die Altersgruppe der bis Dreißigjährigen unterscheidet sich dabei signifikant von den 46-60-jährigen ($p = .003$) und den ab 61-jährigen ($p < .001$). Die Altersgruppe der 31-45-jährigen unterscheidet sich ebenfalls signifikant von den ab 61-jährigen ($p < .001$) und von den 46-60-jährigen ($p < .001$). Die Lehrenden zwischen 46 und 60 Jahren unterscheiden sich nicht signifikant von den Lehrenden ab 61 Jahren ($p = .128$). Werden die zwei jüngeren Altersgruppen miteinander verglichen, zeigt sich keine Signifikanz ($p = 1.000$).

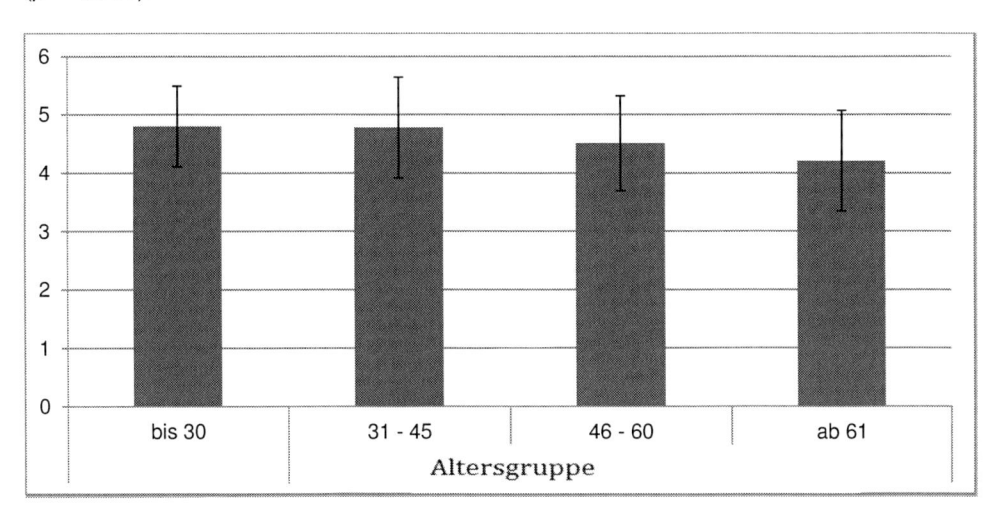

Abbildung 4.10. Unterschiede im CAEB-Faktor Variabilität in Bezug auf verschiedene Lebensaltersgruppen (Gesamtstichprobe aus Hauptstudie und Replikation, *N* = 775). Die Fehlerbalken indizieren einfache Standardabweichungen.

Geschlechtsspezifische Unterschiede (These 4.5)

Unterschiedliche kognitiver Elemente bei Beurteilung der Kontroversen

Eine Varianzanalyse mit Messwiederholung zeigt sowohl für die Hauptstudie ($p > .7$) als auch für die Replikation keine Haupteffekte. In der Replikation kommt es jedoch zu einem Trend mit einem kleinen Effekt: $F(1, 208) = 3.38$; $p = .067$; $\eta_p^2 = .016$.

Ferner zeigt sich kein Interaktionseffekt zu einem unterschiedlichen Einsatz der kognitiven Elemente und dem Geschlecht (Hauptstudie: $F(2.87, 1618.06) = 1.29$; $p = .406$; Replikation: $F(2.72, 566.65) = 1.54$; $p = .206$), Freiheitsgrade korrigiert ($\varepsilon = .718$).

Beurteilungen zur Sicherheit und Veränderung des Wissens zu den Kontroversen

In Hinblick auf die Frage, wie sicher die jeweiligen fünf Kontroversen wissenschaftlich beantwortet werden können, liefern Varianzanalysen mit Messwiederholung in Hauptstudie und Replikation für Unterschiede zwischen den Geschlechtern keine Zwischensubjekteffekte ($Fs < 1$).

Zu der Frage, inwiefern sich die Erkenntnisse in Hinblick auf die jeweilige Kontroverse in Zukunft noch ändern werden, zeigt eine Varianzanalyse mit Messwiederholung weder in der Hauptstudie ($F(1, 563) = 1.51$; $p = .219$, $\eta_p^2 = .003$) noch in der Replikation ($F < 1$) signifikante Zwischensubjekteffekte zwischen den Geschlechtern.

Prüfung geschlechtsspezifischer Unterschiede mittels CAEB

Eine MANOVA (Pillai-Spur), die das Geschlecht der Probanden als unabhängige Variable und die Faktoren des CAEB als abhängige Variablen rechnet, kommt weder in der Hauptstudie noch in der Replikation zu signifikanten Werten oder Trends (beide $Fs < 1$).

Befunde zu offenen Antworten (These 4.6)

Mit These 4.6 wird untersucht, inwiefern die oben beschriebenen Kategorien kognitiver Elemente für die Lehrenden ausreichen, um die jeweiligen epistemologischen Urteile zu fällen, oder inwiefern die Lehrenden das offene Antwortformat „Sonstige" bemühen, um weitere Elemente zu beschreiben. Zunächst erfolgt eine Prüfung mit einfachen Häufigkeitsverteilungen in Prozentangaben. Im Anschluss wird untersucht, inwiefern die Lehrenden das offene Antwortfeld „Sonstige" nutzen und ob sich aus ihren Rückmeldungen weitere Kategorien kognitiver Elemente ergeben. Tabelle 4.11 gibt einen Überblick, wie oft die Lehrenden die Kategorie „Sonstiges" gewählt haben.

Tabelle 4.11. Häufigkeiten der Kategorie „Sonstige"

Kontroverse	Hauptstudie $N = 565$ „Sonstiges" gewählt (in%)	Replikation $N = 210$ „Sonstiges" gewählt (in%)	Gesamt $N = 775$ „Sonstiges" gewählt (in%)
Trinken & Durst	42,1	39,5	41,4
Ungesunde Kartoffeln?	26,4	21,9	25,2
HIV und Mückenstiche	24,6	18,6	23,0
Gesunder Kaffee	26,4	18,6	24,3
Tiere & Erdbeben	23,0	16,7	21,3

In der ersten Kontroverse wurde die Kategorie „Sonstiges" häufiger als in den folgenden Kontroversen beansprucht. Werden beide Studien zusammen betrachtet, ergibt sich ein Wert von 41,4%. Für die folgenden vier Kontroversen relativiert sich dieser Wert. In der Hauptstudie wird ab der zweiten Kontroverse nur noch zwischen 23% und 26,4% der Antworten die Kategorie „Sonstiges" beansprucht. Da die Kategorie „Sonstiges" im Onlinefragebogen in Kombination mit einer offenen Antwortmöglichkeit erhoben wurde, konnten die Probanden widergeben, was sie unter „Sonstiges" verstanden haben.

Die folgende Analyse wird zeigen, dass das offene Antwortformat erstens dazu genutzt wurde, die angebotenen fünf Antwortkategorien zu präzisieren, und zwar explizit und implizit. So beschreiben die Lehrenden beispielsweise die Quelle ihres *themenbezogenen Wissens*. Zweitens wurde über das offene Antwortformat die Verwendung von Heuristiken und Vertrauen zurückgemeldet, inwiefern dies neue Kategorien sind, wird im anschließenden Kapitel diskutiert.

Präzision themenbezogenen Wissens durch Quellenangabe

Die Kategorie *themenbezogenes Wissen* wird in der Kategorie „Sonstiges" von den Lehrenden präzisiert, indem sie die Quellen für ihr Wissen nennen. Dabei wird auf Expertengespräche und Medien verwiesen. Zu den folgenden wörtlichen Zitaten wird jeweils die Teilnehmernummer nachgeordnet als Quellenangabe genannt.

Es fanden sich 14 Verweise auf Expertengespräche. Dazu folgende Beispiele:

- Belehrung. Ich habe recht viel Zeit mit Menschen aus Trockengebieten in Trockengebieten verbracht. (3)

- Von Ärzten erhaltenes Wissen, danach wirkt sich z.B. der Umstand, wenig zu trinken, auf Konzentrations- und Gedächtnisleistung aus bzw. Schüler werden kurz ohnmächtig aufgrund von zu wenig Trinken/Essen (wird sofort gefragt vom Arzt, ob genug getrunken wurde bzw. evtl. zu wenig, damit scheint das also als Grund angesehen zu werden). (8) [*bei diesem Beispiel wird in der Schlussfolgerung zugleich die Interaktion mit rationalen Überlegungen deutlich*]

- Hinweis von Hausarzt und vom Osteopath. (136)

Es fanden sich 12 Verweise auf Medien. Dazu folgende Beispiele:

- Sachorientierte Fernsehsendung zum Thema. (9)

- Ich habe gelesen, dass 8 Gläser Flüssigkeit (inkl. Kaffee) am Tag ausreichend sind, fühle aber immer noch, dass es mehr sein sollte. (96); [*hier in Verbindung mit Intuition oder womöglich pers. Erfahrung*]

- Gerade erst gelesen aufgrund von Schülerfrage: Pariera Dinkins CL, Peterson RK: A human dietary risk assessment associated with glycoalkaloid responses of potato to Colorado potato beetle defoliation. Food Chem Toxicol 46 (2008) 2837-2840. (721)

- Artikel in www.netdoctor.de, Wasservergiftung (714)

Explikationen zuvor angebotener Kategorien

Die folgenden Beispiele zeigen, dass die Kategorie *Sonstiges* von den Probanden genutzt wurde, um die Hauptkategorien *themenbezogenes Wissen*, *persönliche Erfahrung*, *Intuition* und *wissenschaftsmethodische Erfahrungen* zu explizieren.

Explikation von themenbezogenem Wissen

Es fanden sich 22 Explikationen *themenbezogenen Wissens*. Dazu folgende Beispiele:

- Moderne Zuchtformen enthalten kaum mehr Solanin, so dass eine Vergiftung ausgeschlossen werden kann. (59)

- Das HI-Virus ist außerhalb der Blutbahn sehr instabil. Ein „Blutfilm" an einem Körperteil wie einem Culex-Stechrüssel kann aus physikalischen (Dicke, Dampfdruck des Wassers) und biologischen (Koagulation) Gründen nur extrem kurz bestehen. Das Virus wird inaktiviert, bevor der nächste Wirt erreichbar ist. Das Virus im Magen der Mücke überlebt u. U. länger. Bei Erbrechen in die Wunde besteht u.U. ein theor. Restrisiko. (742)

- Kochen von Kartoffeln löst Solanin im Kochwasser [sic] somit verringert sich die Konzentration des Giftstoffs innerhalb der Kartoffel. (760)

Explikation persönlicher Erfahrungen

Es fanden sich 27 Explikationen persönlicher Erfahrungen. Dazu folgende Beispiele:

- Eigene Erfahrung: Wenn man mehr trinkt, geht es einem besser. Als Lehrer hat man bspw. weniger Stimmprobleme im Unterricht, deshalb trinke ich bspw. im Unterricht Wasser, auch wenn ich keinen Durst habe. (34)

- „Ich leide an Schuppenflechte und habe herausgefunden, dass Koffein und Teein sehr schädlich für meine Haut sind. Die Haut wird gereizt und die Symptome verstärken sich. (164)

- Habe in der Familie einen Fall gehabt, der total allergisch auf Solanin reagiert hat. (199)

- Eigene Erfahrung: Kaffeegenus [sic] am Tag führt zu Albträumen in der Nacht. (288)

- Eigene Beobachtungen an Hund und Hühnern!!!!" (675)

- Meine eigene Wahrnehmung beim Essen von Kartoffeln. (773)

- Eigene Erfahrungen, da ich beobachtet habe, das [sic] zu wenig Flüssigkeit zu Kopfschmerzen führt und das Körpereigene [sic] Signal Durst durch Hunger oft überlagert wird. (376)

Explikation von Intuitionen

Es fanden sich 9 Explikationen von Intuition. Dazu folgende Beispiele:

- Bei dieser Antwort war ich grundsätzlich sehr unsicher und habe rein nach Gefühl gewählt. (112)

- Difuse [sic] Furcht vor Vergiftung. (392)

- Meine Intuition sagt mir: ‚lecker!'. (546)

- Hier hat lediglich die Intuition eine Rolle gespielt, da ich selber noch nie Kaffee getrunken habe und aktuell in meiner Familie überhaupt keiner Kaffee trinkt. (280)

Explikation von wissenschaftsmethodischen Überlegungen

Es fand sich eine Explikation wissenschaftsmethodischer Überlegungen:

- Ich denke, dass die vielen verschiedenen Inhaltsstoffe es schwer machen, jede Auswirkung zu erklären, zumal verschiedene Menschen, verschieden reagieren. (477)

Verwendung von Heuristiken als Unterkategorie „themenbezogenen Wissens"

Das Feld *Sonstiges* verwenden Lehrende ferner 14 Mal, um Heuristiken zu explizieren, die sie zum Fällen epistemologischer Urteile eingesetzt haben. Heuristiken werden im Folgenden als eine Form *themenbezogenen Wissens* verstanden. Dazu zunächst zwei Definitionen:

Eine Heuristik ist ein „einfaches Verfahren, das uns hilft, adäquate, wenn auch oftmals unvollkommene Antworten auf schwierige Fragen zu finden" (Kahneman, 2014, 127).

Eine „Heuristik ist eine bewusste oder unbewusste Strategie, die Teile der Information ausklammert, um bessere Urteile zu fällen. Sie ermöglicht uns, ohne langes Suchen nach Informationen, aber doch mit großer Genauigkeit eine rasche Entscheidung zu fällen" (Gigerenzer, 2013, 380).

Es fanden sich 14 Heuristiken in den offenen Antwortformaten:

- ausgewogene Ernährung und eine gesunde Lebensführung dürfte einen mäßigen Kaffegenus [sic] zulassen. (392)

In dem zitierten Beispiel ist die Heuristik, dass „ausgewogene Ernährung und eine gesunde Lebensführung" möglichen einzelnen Verfehlungen in der Regel nicht schaden.

- Eine generelle Aussage alá [sic] ‚schädlich, nicht schädlich' ist oft nicht möglich. Im Wesentlichen sind ja auch Medikamentennebenwirkungen stark vom Einnehmenden abhängig. Wir sollten von der Meinung ‚Alle sind gleich' abrücken. Stoffwechsel variieren zu stark! (477)

Die Heuristik ist hier, dass Menschen unterschiedlich auf Substanzen reagieren. Typisch für eine Heuristik ist: Es wird nicht die gestellte Frage beantwortet („Welche der beiden Aussagen hat Recht?"), sondern die einfacher zu beantwortende Frage: Sind Kartoffeln für alle Menschen gleich schädlich?[11]

Weitere Beispiele für Heuristiken als Unterkategorie *themenbezogenen Wissens*:

- ... ich verhalte mich gegenüber gängigen Meinungen, die mit `Man sollte...` beginnen, also, `Man sollte mindestens zwei Liter am Tag trinken` im Allgemeinen gegenüber sehr skeptisch. (18)
- Anmerkung: „Die Wissenschaft" als solche ist sich immer sicher in ihren Äußerungen, egal ob sich richtig oder falsch sind. Siehe dazu auch „Gutachten". Auch Gutachter, die das genaue Gegenteil des anderen behaupten, sind sich sicher (oder lügen bewusst). (356)

Das letzte Beispiel könnte ebenso als Vertrauen gedeutet werden. Das ist eine weitere zurückgemeldete Kategorie.

Vertrauen als kognitives Element

Vertrauen in Aussagen von Experten, bestimmten Medien, Angehörigen, Intuitionen oder Sachverhalte spielt als kognitives Element für epistemologische Urteile offenbar ebenfalls eine Rolle und interagiert mit anderen kognitiven Elementen. Im offenen Antwortformat zu „Sonstiges" treffen die Lehrpersonen 7 Aussagen, in denen Vertrauen explizit als Teilkomponente des epistemologischen Urteils zurückgemeldet wird und die im Nachhinein keiner der bisherigen Kategorien sauber zugeordnet werden kann.

Im Folgenden einige Beispiele, wie Lehrende die Kategorie „Sonstiges" nutzen, um ihr Vertrauen – teilweise in Interaktion mit anderen kognitiven Elementen - zu explizieren:

- Vertrauen auf die Aussagen anderer z.B. des Forschers oder der Katzenbesitzerin... (70)

---

[11] Zu Heuristiken und dem Ersetzen der eigentlichen Frage durch eine einfachere Frage vgl. Kahneman (2014)

- Ich vertraue auf die Angabe, dass Solanin in grünen Teilen stärker enthalten ist. (450)

Die letzte Aussage zeigt zugleich die Schwierigkeit zur Abgrenzung zu der Kategorie *themenbezogenes Wissen*.

Weitere Nutzung des offenen Antwortfeldes „Sonstiges"

Teilweise wird das Feld „Sonstiges" genutzt, um die Interaktion zwischen den anderen Kategorien zu bestätigen:

- Ich denke, alles spielt zusammen und ist dann ‚eine' Aussage. (25)
- eigentlich keine weiteren, die ersten 3 Kategorien sind für mich die entscheidendsten (442)

Vereinzelt wurde die Kategorie „Sonstiges" auch genutzt um generelles Feedback oder Wünsche abzugeben. Beispiele:

- Mehr Infos (675)
- Die beiden Aussagen sind nicht antithetisch. (79)
- Ich finde die beiden Alternativen nicht gleichwertig, die eine gibt eine wissenschaftliche Position wieder, die andere ein reines Bauchgefühl ohne jegliche wissenschaftliche Begründung, daher finde ich dieses Beispiel für die Umfrage schlecht gewählt. (112)

4.3.2 Prüfung von Gütekriterien

Objektivität

Durchführungsobjektivität

Alle Probanden haben den Test über dieselbe Software bearbeitet und hatten in dieser Hinsicht gleiche Bedingungen. Ob sie sich voll auf den Fragebogen konzentriert haben oder bei der Bearbeitung anderen Tätigkeiten (z.B. der Suche nach Antworten im Netz, Surfen auf anderen Websites, Essen vor dem Bildschirm,…) gewidmet haben, wurde nicht kontrolliert und stellt einen Nachteil dieser unkontrolliert durchgeführten Onlineerhebung dar.

Auswertungsobjektivität

Die Auswertungsobjektivität ist für die Prüfung der Thesen 4.1 bis 4.5 gegeben, da für alle zu prüfenden Thesen geschlossene Antwortformate vorlagen. Für die Prüfung der These 4.6, die die Kategorie „Sonstiges" prüft, liegt mit einem offenen Antwortformat keine grundsätzliche Auswertungsobjektivität vor. Zudem wurden die Ergebnisse nur gesammelt, ohne die Objektivität beispielsweise mit einem Inter-Rater-Verfahren zu prüfen.

Interpretationsobjektivität

Dieses Kriterium trifft in erster Linie auf ein Testsetting mit offenen Antwortformaten zu und hat deshalb für den Ergebnisteil der Studie in Bezug auf die Prüfung der Thesen 4.1 bis 4.5 kein Gewicht. In Bezug auf die Diskussion wurde versucht, die Argumentationen offenzulegen, sodass die Interpretationen zumindest nachvollzogen werden können.

Die Auswertung der Antworten zu „Sonstiges" (These 4.6) wurde nicht von mehreren Inter-Ratern bearbeitet, so dass hier keine Interpretationsobjektivität in Anspruch genommen wird.

Reliabilität

Grundsätzlich ließen sich zentrale Ergebnisse replizieren. Dies wird als Zeichen von Reliabilität gewertet. Für den CAEB wurden ferner Faktoren (nach-)gebildet, die mit dem klassischen Maß (Hair et al., 2013, 123) für die Reliabilität *Cronbach´s* α geprüft wurden. Für den Faktor *Textur* wird für die Gesamtstichprobe ein Wert von α = .845 erreicht. Haupt- und Replikationsstudie erreichen ähnliche Werte (α = .842 und α = .850). Grundsätzlich liegt die Grenze für akzeptable *Cronbach´s* α-Werte bei .70. (Hair, 2013, 123) und wird damit für den Faktor Textur weit überschritten.

Die *Cronbach´s* α-Werte für den Faktor *Variabilität* belaufen sich für die Gesamtstichprobe allerdings nur auf α = .645. (Hauptstudie: α = .650, Replikation: α = .631). Nach Hair et al. (2013, 90) liegen diese Werte im für explorative Forschungsvorhaben abgesenkten noch akzeptablen Intervall von .60 bis .70.

Für die Reliabilität von Faktorenanalysen ist ferner die *Korrigierte Item-Skala-Korrelation* ein wichtiges Kriterium, diese misst, inwiefern das jeweilige Item mit dem

Faktor korreliert, auf den es laden soll. Field (2013, 713) gibt als Mindestmaß .3 an, die für alle Items der abschließend verwendeten CAEB-Struktur erreicht wird.

Außerdem wurden die Empfehlungen für Faktorenstrukturen von Guadagnoli & Vilicer (zit. nach Bortz und Schuster, 2010) geprüft (siehe Tabelle 4.12). Der Faktor Textur erfüllt alle Anforderungen. Der Faktor Variabilität weist dagegen nur drei Variablen auf, die stärker als .6 sind. In der vorliegenden Studie muss dieser deshalb und auch aufgrund des mäßigen Cronbach`s α-Wert vorsichtiger betrachtet werden.

Tabelle 4.12. Prüfung der Empfehlungen zur Faktorenstruktur des CAEB

Empfehlungen von Guadagnoli & Vilicer (1988; zitiert nach Bortz & Schuster, 2010, 422)	
„Ein Faktor kann interpretiert werden, wenn mindestens vier Variablen eine Ladung über 0.60 aufweisen. Die am höchsten ladenden Variablen sind die ‚Markiervariablen' für die Interpretation."	Sechs von sieben Variablen des Faktors Textur laden starker als .60, für diesen Faktor ist die Empfehlung deutlich erfüllt. Für den Faktor Variabilität laden zumindest drei von sechs Faktoren mit über .60. Die viertstärkste Ladung liegt bei .53, die Empfehlung wird somit knapp verfehlt.
„Ein Faktor kann interpretiert werden, wenn mindestens zehn Variablen Ladungen über 0.40 haben."	Dies wird nicht erfüllt, allerdings liegt die Stichprobe über $N = 300$, sodass dieses Kriterium vernachlässigt werden kann (vgl. die folgende Empfehlung).
„Haben weniger als zehn Variablen eine Ladung über 0.40, sollte nur interpretiert werden, wenn die Stichprobe mindestens aus 300 Versuchspersonen besteht."	Zwar haben beide Faktoren in der vorliegenden Replikation weniger als zehn Variablen, da die Gesamtstichprobe mit $N = 775$ allerdings deutlich über 300 liegt, kann diese Empfehlung vernachlässigt werden.
„Haben weniger als zehn Variablen eine Ladung über 0.40, und ist der Stichprobenumfang kleiner als 300, muss mit zufälligen Ladungsstrukturen gerechnet werden. Eine Ergebnisinterpretation wäre hier nur aussagekräftig, wenn sie sich in einer weiteren Untersuchung replizieren ließe."	Die Größe der Gesamtstichprobe übersteigt 300 deutlich und auch eine zufällige Ladungsstruktur ist wenig wahrscheinlich, da sich die Ergebnisse beider Faktoren replizieren ließen und die Replikation der Hauptstudie zu sehr ähnlichen Werten kommt.

Validität

In der Studie wurden die Kategorien durch Beispiele aus der vorausgegangenen Interviewstudie illustriert. Um die Kategorien inhaltsvalide zu illustrieren, bekamen zehn Doktoranden der Erziehungswissenschaft und Psychologie eine Schulung und sollten die Beispiele den Kategorien zuordnen. Das wird als erster Schritt zu einer Inhaltsvalidität verstanden. Eine Befragung von Experten zu den Kategorien hätte zu noch inhaltsvalideren Ergebnissen geführt.

Möglichen statistischen Validitätsproblemen durch Alpha- und Beta-Fehler wurde mit der Replikation vorgebeugt. Für Fehler des Typs 3 (= *Es werden die falschen Fragen gestellt.*) liefert die Untersuchungsauswertung jedoch Hinweise: So explizieren die Lehrenden in der Kategorie „Sonstiges" kognitive Elemente der ihnen zuvor genannten Kategorien. Es kann sein, dass die Probanden das Bedürfnis hatten, ihre Urteile differenzierter zurückzumelden. Es stellt sich aber ebenso die Frage, ob sie sich stets bewusst waren, wie die kognitiven Elemente kategorisiert werden. Das muss als Zeichen mangelnder Validität in Betracht gezogen werden.

4.4 Diskussion

Ziel der Studie war die quantitative Prüfung, ob sich eine nach Kontext, bzw. Situation flexible Beurteilung von Wissensbehauptungen im Sinne der *Generative Nature of Epistemological Judgments* (z.B. Stahl, 2011; Bromme et al, 2008) belegen lässt. Dafür wurden deutliche Hinweise gefunden. Mit aussagekräftigen Effektstärken aktivieren Lehrende – je nach Kontroverse – unterschiedlichen Kategorien kognitiver Elemente zur Beurteilung von Wissensbehauptungen. Zur Diskussion der Thesen im Einzelnen:

These 4.1: *Es wird angenommen, dass sich epistemologische Urteile von Lehrenden im situativen Kontext durch Aktivierung kontextspezifischer kognitiver Elemente generieren.*

Die These kann mit den durchgeführten Untersuchungen bestätigt werden. Es zeigen sich Innersubjekteffekte zwischen den unterschiedlichen Kontroversen und den jeweils beanspruchten kognitiven Elementen. Somit ist zentrales Ergebnis dieser Studie, dass sich Lehrende für ihre epistemologischen Urteile neben angenommenen epistemischen Überzeugungen weiterer kognitiver Elemente bedienen. Je nach

Kontext, bzw. Fragestellung greifen Lehrpersonen dabei zum Beispiel auf Intuition, persönliche Erfahrung, rationale Überlegungen, wissenschaftsmethodische Kenntnisse und themenbezogenes Wissen zurück, was jeweils zu einem kontextsensitiven Urteil führt.

Im Folgenden wird die Beziehung des kontextsensitiven Einsatzes kognitiver Elemente zu einer Reihe von Annahmen und Befunden epistemischer Lehr-Lernforschung hergestellt. Dabei wird erstens auf den Zusammenhang zu bisherigen Annahmen und Belegen kognitiver Elemente eingegangen, zweitens werden Beziehungen zu einem kontextsensitiv angemessenen Verständnis epistemischer Kognition diskutiert und drittens wird der Beitrag der Untersuchungen zur Klärung von Validitäts- und Replikationsproblemen dargestellt. Viertens werden Parallelen zu weiteren Modellen kognitiver Flexibilität hergestellt.

Kognitive Elemente in Beziehung zu Befunden und Annahmen epistemischer Lehr-Lernforschung

Die unterschiedliche Aktivierung kognitiver Elemente stellt eine Erklärungsmöglichkeit für die angenommene Kontextsensitivität epistemischer Kognition dar (vgl. Kapitel 2.4.3.8). So wurde in Beiträgen epistemischer Lehr-Lernforschung mehrfach die Kontextsensitivität epistemischer Kognition betont (z.B. Hofer, 2001; Buehl & Alexander, 2001; Buehl & Alexander, 2006, Stahl, 2011). Stahl (2011) interpretiert bereits Kontextsensitivität in Schommers Annahme, dass Dimensionen epistemischer Kognition wie Sicherheit oder Quelle von Wissen als Verteilung und weniger als Kontinuum gedacht werden sollten (z.B. Schommer-Aikins & Hutter, 2002; vgl. Kapitel 2.4.2).

Die Bedeutung kognitiver Elemente für diese Kontextabhängigkeit wurde dagegen in bisheriger Lehr-Lernforschung wenig berücksichtigt. Buehl & Alexander (2006) verweisen auf weitere Elemente die in Lernprozessen bedeutsam sind. Neben der *Generative Nature* misst außerdem der Ansatz von Elby und Hammer (z.B. 2010; vgl. Kap. 2.4.3.7) weiteren kognitiven Elementen eine Bedeutung zu. Elby und Hammer nehmen an, dass epistemische Kognition in konkreten Lernsituationen nicht primär durch Strukturen wie Entwicklungsstufen, Überzeugungen oder persönliche Theorien (vgl. Kapitel 2) geprägt ist, sondern kontextsensitiv durch deutlich kleinere kognitive Elemente (*kognitive Ressourcen*) gelenkt wird. Allerdings hat die

Untersuchung dieses Kapitels andere Kategorien geprüft, als jene von Elby und Hammer vorgeschlagenen und liefert Belege für die Kategorien (a) *themenbezogenes Wissen*, (b) *persönliche Erfahrung*, (c) *rationale Überlegungen*, (d) *Intuition* und (e) *wissenschaftsmethodische Kenntnisse* sowie weitere Hinweise für Unterkategorien zu themenbezogenem Wissen (*Heuristiken*) und eine Kategorie *Vertrauen,* die im Sinne der Generative Nature mit epistemischen Überzeugungen interagieren (Stahl, 2011). Gleichwohl kann auch die von Elby und Hammer vorgeschlagene Kategorie „weitergegebenes Wissen" als Teilkategorien *themenbezogen Wissen* verstanden werden. „Selbstkonstruiertes Wissen" weist Übereinstimmungen mit der Kategorie „Persönliche Erfahrung" auf und müsste von dieser abgegrenzt oder in diese integriert werden.

Die kontextsensitive Aktivierung von verschiedenen Elementen themenbezogenen Wissens in verschiedenen Situationen belegen ebenfalls Erkenntnisse der Conceptual Change-Forschung, die zeigen, dass sich widersprechendes Schul- und Alltagswissen nebeneinander im Gedächtnis existieren kann (z.B. Vosniadou & Brewer, 1992) und kontextsensitiv aktiviert wird. In diesem Sinne können auch kognitive Elemente nebeneinander im Gedächtnis existieren und kontextsensitiv aktiviert werden. Individuen aktivieren für sie passende Elemente situationsbedingt zu verschiedenen Schul- oder Alltagskontexten, die zu kontextabhängigen Urteilen führen.

Kuhn, Cheney & Weinstock (2000) sowie Mason & Boscolo (2004) berichten, dass Unterschiede in der Tiefe des epistemischen Verständnisses unterschiedlicher Texte vom persönlichen Interesse, bzw. der Motivation abhängen (vgl. Kapitel 2.4.3.4). Auch hier bietet ein kontextsensitiver Einsatz kognitiver Elemente Möglichkeiten der Erklärung, dass nach Motivation, bzw. Interesse Einfluss auf eine unterschiedliche Aktivierung kognitiver Elemente und somit eine intensivere oder oberflächlichere Auseinandersetzung erfolgt.

Aufgrund der angenommenen Kontextabhängigkeit epistemischer Kognition halten verschiedene Veröffentlichungen (z. B. Greene et al., 2016; Murphy & Alexander, 2016; Bromme et al., 2008; vgl. Kapitel 2.4.3.3) das ursprünglich als „sophistiziert" bezeichnete Verständnis epistemischer Kognition für zu undifferenziert, das davon ausging, Wissen sei per se als vorläufig und im Wandel zu verstehen. Für alle

Kontexte lasse sich dies nicht gleichermaßen behaupten. Bromme et al. (2008) schlagen aus diesem Grunde ein kontextsensitives Verständnis angemessener epistemischer Kognition vor, das Prozesse und Urteile als angemessene epistemische Kognitionen betrachtet und das Wissensaussagen kontextsensitiv angemessen bewertet (z.B. Bromme, 2005; Chinn et al., 2011, Sinatra, Kienhues & Hofer, 2014; Murphy & Alexander, 2016). In Bezug auf ein kontextsensitives Verständnis belegt die vorliegende Untersuchung, dass kognitive Elemente wie *themenbezogenes Wissen, persönliche Erfahrung* oder *wissenschaftsmethodische Kenntnisse* auf die Beurteilung von Wissensbehauptungen Einfluss haben. Die vorliegende Untersuchung differenziert jedoch nicht zwischen angemessen und unangemessen eingesetzten kognitiven Elementen, die für solch differenziertes und als angemessenes epistemisches Verständnis gilt. Somit zeigt sich hier ein Desiderat, zu dem weitere Untersuchungen nötig sind und das ausführlicher im abschließenden Kapitel diskutiert wird.

Die in den Untersuchungen abgefragten Variablen nach Sicherheit und Veränderung von Wissen variieren von Kontroverse zu Kontroverse, obwohl allen Kontroversen Bezüge zu Biologie und Alltag gemein sind. Kontextsensitiv werden ferner kognitive Elemente aktiviert und beeinflussen epistemologische Urteile. Dies wird als Beleg für Stahls Annahme (2011) gedeutet, dass Probanden bei der Bearbeitung von Erhebungsinstrumenten zu epistemischer Kognition an bestimmte Kontexte denken, obwohl nach diesen in den Erhebungsinstrumenten nicht explizit gefragt wird. Damit zeigt sich eine Erklärungsmöglichkeit für Validitäts- und Reliabilitätsprobleme. Da Erhebungsinstrumente in der Nachfolge von Schommers SEQ (z.B. EBI, Jehng, Johnson & Anderson, 1999; DEBQ, Hofer 2000; DBSQ, Buehl, Alexander & Murphy, 2002) erhebliche Validitäts- und Reliabilitätsprobleme aufweisen (vgl. z.B. Clarebout, Elen, Luyten & Bamps, 2001; Mason, 2016; Kapitel 2.4.3.6), wird die Annahme weiterverfolgt, dass Probanden bei der Bearbeitung an spezielle Kontexte denken und die Bearbeitung somit von unterschiedlichen kognitiven Elementen beeinflusst wird. Forschergruppen ist diese Kontextabhängigkeit bewusst, sie reagieren darauf, indem sie Probanden bitten sich bei Ausfüllen der Instrumente verschiedene Kontexte oder Fachgebiete zu vergegenwärtigen, z.B. der CAEB fragt in einem Forschungsvorhaben einerseits nach Wissen zur Genetik, andererseits nach Wissen zur organischen Chemie (Stahl & Bromme, 2007), der DEBQ (Hofer, 2000) nach

Wissen in den Naturwissenschaften und Wissen in der Psychologie. In den Vorhaben zeigten sich signifikante Unterschiede. Auf Basis der Ergebnisse der vorliegenden Untersuchung ist jedoch davon auszugehen, dass eine Ergänzung des Instrumentariums um die Erhebung aktivierter kognitiver Elemente differenziertere Rückschlüsse auf die kontext- und fachbezogenen Unterschiede zulässt. Die vorliegende Arbeit liefert somit Hinweise, die in Kapitel 2.4.3.6 geschilderten methodologischen Probleme in Hinblick auf die Replizierbarkeit von Faktorenstrukturen und Forschungsergebnissen auf Basis der nicht berücksichtigen Kontextabhängigkeit klassischer Instrumente neu zu interpretieren und aktivierte kognitive Elemente explizit mitzuerheben (Stahl, 2011).

Generell entspricht eine kontextsensitive Aktivierung verschiedenen Modellen kognitiver Flexibilität (vgl. Kap. 2.4.3.8; Stahl, 2011). In Bezug auf den geprüften kontextsensitiven Einsatz kognitiver Elemente zur Generierung epistemologischer Urteile lassen sich insbesondere Parallelen zu Schoenfelds (1983) Modell zu Problemlöseprozessen herstellen (vgl. Kap. 2.2), da auch im Modell von Schoenfeld epistemische Überzeugungen als Teil der bewussten und unbewussten Überzeugungssysteme eines Individuums (z. B. Überzeugungen zur Umwelt oder bestimmten Themen) mit zwei weiteren Hauptkategorien (1) *Wissensressourcen* (z.B. Faktenwissen, prozedurales Vorwissen Heuristiken) und (2) *Kontrolle* (z. B. Überwachung, bewusste metakognitive Handlungen) zum Lösen von (mathematischen) Problemen Bedeutung haben und in Abhängigkeit von Kontext bzw. Problem aktiviert werden.

These 4.2: *Lehrkräfte verschiedener Schularten unterscheiden sich in der Nutzung kognitiver Elemente, die mit ihren epistemischen Überzeugungen interagieren und urteilen epistemologisch unterschiedlich.*

Systematische Unterschiede im Einsatz der Kategorien kognitiver Elemente zwischen verschiedenen studierten Lehrämtern lassen sich auf Basis der eingesetzten Instrumente nicht berichten. Die Ergebnisse zeigen, dass das studierte Lehramt weder mit unterschiedlich beanspruchten kognitiven Elementen korreliert noch mit epistemologischen Urteilen, die durch die Faktoren des CAEB oder Beurteilungen zu Sicherheit und Variabilität abgebildet werden. Als einziger Test zu dieser These ist in der Hauptstudie die Dimension Sicherheit signifikant geworden in

Form der Frage, wie sicher die Kontroversen wissenschaftlich beantwortet werden können. In der Replikationsstudie ließ sich dieses Ergebnis jedoch nicht replizieren. Es wird in der Hauptstudie von einem Alpha-Fehler ausgegangen. Grundsätzlich wird These 4.2 somit aufgrund der vorliegenden Daten zunächst verworfen.

Alternativ könnten andere Kontoversen, die beispielsweise fachwissenschaftlich über Studieninhalte von Nicht-Gymnasiallehrenden hinausgehen, zu anderen Ergebnissen kommen, sodass sich bei Fragen mit einem hohen Anteil *themenbezogenen Wissens* oder wissenschaftsmethodischen Kenntnissen Unterschiede zwischen Gymnasiallehrenden und Lehrenden anderer Schularten zeigen könnten, selbst wenn jeweils Biologie bzw. zum Kontext passende Unterrichtsfächer studiert wurden. Dafür spricht ferner, dass in der vorausgegangenen Interviewstudie von den Gymnasiallehrenden häufiger auf *wissenschaftsmethodische Kenntnisse* zurückgegriffen wurde - gleichwohl aktivierten Reallehrende in der Interviewstudie noch häufiger *themenbezogenes Wissen*.

These 4.3: *Es wird angenommen, dass ein Studium der Biologie oder des Sachunterrichts Einfluss auf den Einsatz kognitiver Elemente hat, die zur epistemischen Beurteilung von Kontroversen mit Bezug zur Biologie aktiviert werden.*

Die Prüfung der These zeigt signifikante Unterschiede im Einsatz kognitiver Elemente zur Beurteilung der Kontroversen zwischen Lehrenden mit und ohne Biologiestudium. Lehrende mit Biologiestudium setzten stärker *themenbezogenes Wissen* sowie *forschungsmethodische Überlegungen* ein. *Intuition* sowie (bei einer Kontroverse) *persönliche Erfahrung* spielen für sie dagegen eine geringere Rolle. Hinsichtlich des Einsatzes der Kategorie *rationaler Überlegungen* scheint es wenig Unterschiede zwischen den Lehrergruppen zu geben, abgesehen von einer leichten Tendenz zu einem stärkeren Einsatz bei Lehrenden ohne Biologiestudium.

Diese Ergebnisse liegen nahe. Studierte Biologinnen und Biologen sollten über ein breiteres *themenbezogenes Wissen* und *wissenschaftsmethodische Kenntnisse* zu Kontoversen mit Biologiebezug verfügen als Lehrende ohne ein Fachstudium Biologie. Durch Bezüge der Kontroversen zu Bildungsplänen wird ferner angenommen, dass die Lehrenden mit Biologiestudium in diesen Kontexten über breiteres thematisches Wissen verfügen.

In Bezug auf die Einschätzung zukünftiger Änderungen wissenschaftlichen Wissens zeigen sich bei den Kontroversen *Tiere und Erdbeben* und *HIV durch Mücken* Signifikanzen, für die weiteren Kontroversen lassen sich keine signifikanten Unterschiede berichten. Lehrende mit Biologiestudium erwarten zur Kontroverse der HIV-Übertragung mehr zukünftige Änderungen des Wissens als ihre Kolleginnen und Kollegen ohne Biologiestudium. Das Thema der Übertragung von HIV ist ein zentrales Thema im Biologieunterricht der Sekundarschulen. Bei der Kontroverse zu Tieren und Erdbeben erwarten Lehrende mit Biologiestudium in der Hauptstudie weniger zukünftige Änderungen. Das Ergebnis bleibt jedoch unterhalb der Schwelle zum kleinen Effekt und ließ sich nicht replizieren. Die Ergebnisse deuten grundsätzlich auf eine Abhängigkeit von der Kontroverse hin, ob sich Lehrende mit und ohne Biologiestudium in Bezug auf die Einschätzung zukünftiger Änderungen wissenschaftlichen Wissens unterscheiden.

Auf den ersten Blick überrascht dagegen, dass der CAEB-Faktor Textur Konnotationen zum Wissen in der Biologie von Lehrenden, die Biologie studiert haben, als unangemessener bzw. strukturierter einstuft wird als von Lehrenden, die nicht Biologie studiert haben. In der Anfangszeit des Einsatzes von Fragebögen (DEBQ, SEQ) galt, dass die Einschätzung von Wissen als stukturiert eher ein Zeichen von epistemischer Unangemessenheit sei. Verschiedene Untersuchungen zeigen eine ähnliche Verbindung von zunehmendem Wissen und zunehmend als unangemessen klassifizierten epistemischen Überzeugungen (z.B. Trautwein & Lüdke, 2007; Maggioni, Alexander & van Sledright, 2004; Köller, Baumert und Neubrand, 2000; vgl. Kapitel 2.4.3.4) Beispielsweise zeigt die TIMS-Studie (Köller, Baumert & Neubrand, 2000) bei Oberstufenschülern: Je intensiver diese in Physik unterrichtet wurden (z.B. im Rahmen eines Leistungskurses), desto eher zeigen sich unangemessene epistemische Überzeugungen wie dualistische Weltsichten oder die Einschätzung dass in der Physik absolute „Wahrheit" erreicht werden kann.

Erklärt werden kann dies damit, dass in Auseinandersetzung mit einer bestimmten Disziplin eine Reihe von Fakten und wissenschaftlich-etablierte Theorien gelernt werden, die Individuen zunächst annehmen lassen, Wissen in der Disziplin sei stabil, sicher und absolut. So verändern sich Sichtweisen zur Disziplin womöglich zunächst in Richtung eines ursprünglich als „naiv" und heute eher als unangemessen bezeichneten Standpunkts durch eine erste vertiefte Auseinandersetzung (Bromme,

Kienhues & Stahl, 2008). In Bezug auf den Fragebogenablauf dieser Studie ist es außerdem möglich, dass die vor dem CAEB zu beurteilenden Kontroversen für Biologen einfacher zu beantworten waren und sie weniger ernsthafte Konflikte in der wissenschaftlichen Beantwortbarkeit dieser Kontroversen gesehen haben - was von den Lehrenden über die Frage zur wissenschaftlichen Beantwortbarkeit der jeweiligen Kontroversen auch explizit so zurückgemeldet wurde. Eventuell wurden die Lehrenden somit durch die Beurteilung der Kontroversen in unterschiedliche Richtungen vor Beantwortung des CAEB *geprimt*: Die Nicht-Biologen, indem sie durch die Kontroversen verunsichert wurden, während die Lehrpersonen mit Biologiestudium die Beantwortung der Kontroversen als weniger schwierig betrachteten. Studierte Biologen könnten die Kontroversen in dem Sinne interpretiert haben, dass diese mit bisherigen biologischen Erkenntnissen bzw. Erkenntnismöglichkeiten recht gut aufgeklärt werden können. Auf diesem Hintergrund haben sie womöglich den anschließenden CAEB beantwortet. Dies entspräche der von Stahl (2011) geäußerten Kritik an nicht-explizit kontextsensitiven Fragebögen.

Die Untersuchungen zeigen außerdem, dass sich Lehrende mit Sachunterrichtsstudium nicht von Lehrenden ohne Sachunterrichts- und ohne Biologiestudium in der Beanspruchung von Kategorien kognitiver Elemente in Bezug auf die Kontroversen des Fragebogens unterscheiden. Biologische Inhalte in den Sachunterrichtsstudiengängen sind möglicherweise zu wenig intensiv, um Studierende des Sachunterrichts signifikant von Studierenden ohne Sachunterrichts- und Biologiestudium unterscheiden zu können.

These 4.4: *Es wird angenommen, dass Lehrende unterschiedlichen Lebensalters unterschiedliche Kategorien kognitiver Elemente für ihre epistemologischen Urteile aktivieren.*

Grundsätzlich wird in Bezug auf mögliche Unterschiede in der Beurteilung von Wissensbehauptungen von Lehrenden unterschiedlichen Alters angenommen, dass das Lebensalter selbst nicht zu anderen Urteilen führt, sondern als „Trägervariable" fungiert (Trautner, 1978), die an eine Reihe von Prozessen im bisherigen Leben gekoppelt ist.

Es zeigt sich kein einheitliches Bild der analysierten Daten. Geht es um konkrete Urteile zu Kontroversen, lassen sich zwischen den Lehrenden verschiedener Altersgruppen keine systematischen Unterschiede in den verwendeten kognitiven Elementen feststellen. Unterschiede zeigt dagegen das Instrument CAEB, mit dem globale Einschätzungen und Konnotationen zur Biologie als Wissenschaft erhoben wurden. Allerdings lassen sich die Ergebnisse nicht sauber replizieren, sodass hier Alpha-Fehler vorliegen könnten. Da die Lehrenden *Wissen in der Biologie* über den CAEB-Faktor Variabilität in den höheren Altersgruppen als stabiler annehmen, könnte zunächst mit schwachen Belegen alternativ zum Alpha-Fehler angenommen werden, dass sich mit einem länger zurückliegenden Studium die Vorstellung sicherer Wissensvorstellungen manifestiert, da sich die Lehrenden im Schulalltag eher mit recht gesicherten Theorien und Modellen auseinandersetzen oder dass sich die Unterschiede auf nach verschiedenen Generationen unterschiedlichen sozialen und umweltbezogenen Einflüssen zurückführen lassen und somit ein Kohorteneffekt (vgl. Glenn, 1977) vorliegt.

These 4.5: *Es wird angenommen, dass Lehrende geschlechtsspezifisch unterschiedliche Kategorien kognitiver Elemente für ihre epistemologischen Urteile aktivieren.*

Zu geschlechtsspezifischen Unterschieden zwischen Lehrerinnen und Lehrern in Hinblick auf epistemologische Urteile hat keines der zur Prüfung eingesetzten Verfahren Hinweise gegeben. Diese These wird somit zunächst für studierte Lehrpersonen verworfen. Untersuchungen, die geschlechtsspezifische Unterschiede zeigen, weisen diese zwischen Schülerinnen und Schülern (vgl. Kap. 2.4.3.4; z.B. Mason, Boldrin & Zurlo, 2006; Trautwein & Lüdtke, 2007) und nicht bei graduierten Lehrenden nach.

Baxter Magolda konnte in den geschlechtsspezifischen Untersuchen zu ihrem Stufenmodell auf der am höchsten entwickelten Stufe (Contextual Knowing) epistemischer Kognition keine geschlechtsspezifischen Unterschiede mehr feststellen (vgl. Kap. 2.4.1.3), sondern nur auf weniger entwickelten Stufen. Auf der untersten absolutistischen Stufe (*"absolute knowing"*) entwickeln Frauen ihr Wissen beispielsweise stärker durch Auseinandersetzung mit Wissen in Diskussionen, während Männer mehr aufschreiben und zuhören. Auf der zweiten Stufe *transitional knowing* tauschen sich Frauen mit anderen Lernenden tendenziell stärker aus und verstehen deren Perspektive. Männer konzentrieren sich dagegen mehr auf die eigene Perspektiven und verteidigen eigene Ansichten, insbesondere durch logisches Schlussfolgern und eigene Recherchen. Auf der dritten Stufe des *Independent knowing* unterscheiden sich Frauen und Männer tendenziell dadurch, dass Studienteilnehmerinnen fremden Ideen mehr Bedeutung schenken und ihre eigenen Ansichten gegebenenfalls anpassen, während männliche Studienteilnehmer stärker dazu neigen, an eigenen Vorstellungen festzuhalten. Auf der höchsten Ebene des *contextual knowing* bewerten Personen Kontexte differenziert und entwickeln auf dieser Grundlage individuell eigene Urteile. Wissen entwickelt sich kontinuierlich auf Basis neuer Erkenntnisse. Grundsätzlich lassen sich keine geschlechtsspezifischen Tendenzen bei Personen dieser Ebene mehr differenzieren (vgl. Kap. 2.4.1.3; Baxter Magolda, 1992, Baxter Magolda 2004). Aufgrund der Ergebnisse dieser Studie und der Untersuchungen von Baxter Magolda wird vermutet, dass studierte Lehrende zumindest in Bezug auf Beurteilungen zu Wissensaussagen individuell eigene Urteile entwickeln und dieser Umgang mit Wissen für sie typisch ist. Die Beurteilung und Vermittlung von Wissen ist Teil der Profession der Lehrenden, somit wird angenommen, dass keine systematisch geschlechtsspezifischen Unterschiede existieren.

These 4.6: *Es wird angenommen, dass sich mit den vier Hauptkategorien (1) themenbezogenes Wissen, (2) persönliche Erfahrung, (3) rationale Überlegungen und (4) wissenschaftsmethodische Kenntnisse sowie (5) der weiteren Kategorie Intuition der überwiegende Teil kognitiver Elemente abbilden lässt, die Lehrkräfte in Interaktion mit ihren epistemischen Überzeugungen zu epistemologischen Urteilen aktivieren.*

Diese These wurde mit der Sammlung von Antworten im offenen Antwortformat „Sonstiges" geprüft.

Zunächst kann festgehalten werden, dass die angebotenen Kategorien den Probanden bei den meisten Antworten ausreichen und die Lehrenden die Antwortmöglichkeit *Sonstiges* nicht nutzen. Selbst wenn das Antwortformat *Sonstiges* genutzt wurde, wurden darin zumeist Vorstellungen zu den Hauptkategorien differenziert dargestellt. Eine Ausnahme mit wenigen Äußerungen stellt *Vertrauen* dar. Heuristiken könnten ferner als Unterkategorie *themenbezogenen Wissens* angesehen werden.

Grundsätzlich fällt auf, dass sich der Wert zu *Sonstiges* für die erste Kontroverse „Trinken und Durst" sich von den vier weiteren Kontroversen unterscheidet (siehe Tabelle 4.11 im Ergebnisteil). Drei Gründe werden erwogen: Erstens könnte die Kontoverse anders geartet sein und die angebotenen Kategorien kognitiver Elemente reichen für diese Kontroverse nicht aus. Zweitens könnten die Lehrenden mit dem Antwortformat noch nicht vertraut sein - im Onlinefragebogen musste die Kontroverse als erstes beurteilt werden. Mit Beginn der zweiten Kontoverse kannten die Probanden die Kategorien kognitiver Elemente besser und haben sich in die Funktion des Fragebogens „hineingedacht". Drittens könnten die Probanden bereits bei der nachfolgenden zweiten Kontroverse ermüdet sein, bzw. hatten gegebenenfalls keine Motivation mehr, ihre verwendeten kognitiven Elemente differenzierter zu beschreiben.

Grenzen der Studie

Mit der einfachen Sammlung von Häufigkeiten, wurde die Prüfung von These 4.6 keiner systematischen wissenschaftlichen Absicherung im Auswertungsverfahren unterzogen. Eine qualitative Inhaltsanalyse des kompletten Materials im offenen Antwortformat hätte die Ergebnisse systematisch abgesichert.

Ferner zeigt die Untersuchung grundsätzlich, dass verschiedene Hauptkategorien kognitiver Elemente eine zentrale Bedeutung für epistemologische Urteile haben, allerdings scheint eine weitere Differenzierung sinnvoll. Einerseits sollten beispielsweise Heuristiken in das Kategoriensystem integriert werden, aber auch die angeführten Quellen aus denen beispielsweise *themenbezogenes Wissen* stammt, werden als qualitativ unterschiedlich angenommen: Fachstudium, Fernsehbericht, Beratung eines Arztes. Eine Differenzierung des Kategoriensystems wird nochmals in der Gesamtdiskussion (vgl. Kap. 6) aufgegriffen.

Ein methodischer Kompromiss im Onlinefragebogen liegt in der rotierenden Reihenfolge der Kategorien kognitiver Elemente, der sich ungünstig auf die Gruppenvergleiche ausgewirkt haben könnte. Um die unterschiedliche, bzw. kontextsensitive Aktivierung kognitiver Elemente über alle Personengruppen hinweg ohne Reihenstellungseffekte (oder Positionseffekte) zu erheben, nach denen zuerst erscheinende Antworten häufiger gewählt werden, hilft eine Rotation (Leiner, 2014). In der vorliegenden Studie wurden jedoch ebenfalls Gruppen von Lehrenden nach studiertem Lehramt, Fachstudium, Geschlecht und Alter verglichen, sodass die zufällige Rotation einen Effekt auf die Gruppenvergleiche gehabt haben könnte, da den einzelnen Probanden nicht alle Kategorien in identischer Reihenfolge angeboten wurden (Leiner, 2014).

Als Onlineerhebung im Internet wurde die Befragung nicht in einem kontrollierten Rahmen durchgeführt. Inwiefern sich die Probanden wirklich auf die Untersuchung konzentriert haben oder inwiefern die Versuchsbedingungen unterschiedlich waren, wurde nicht kontrolliert. Außerdem hat die Untersuchung auf ehrliche Rückmeldungen der Probanden vertraut. Ob die Probanden wahrheitsgemäß geantwortet haben, wurde nicht kontrolliert. Abschließend kann nicht beurteilt werden, ob sich die Probanden stets bewusst waren, wie die kognitiven Elemente kategorisiert wurden, da das offene Antwortformat *Sonstige* auch dazu genutzt wurde, zuvor abgefragte kognitive Elemente zurückzumelden.

Schlussfolgerungen für die Lehrerausbildung und Vorschläge für weitere Forschungsvorhaben werden gemeinsam mit Erkenntnissen aus den zwei weiteren Studien in Kapitel 6 diskutiert.

Mit der in diesem Kapitel dargestellten Studie liegen empirische und replizierte Befunde vor, dass Lehrerinnen und Lehrer deutscher Schularten Wissensbehauptungen zur Biologie mit der Aktivierung *themenbezogenen Wissens*, *persönlicher Erfahrung*, *rationaler Überlegungen*, ihrer *wissenschaftsmethodischen Kenntnisse* und ihrer *Intuition* beurteilen. Die Aktivierung der genannten Kategorien erfolgt dabei in hohem Maße in Abhängigkeit vom jeweiligen Kontext.

Damit liegen empirische Belege für die Theorie der *Generative Nature of Epistemological Judgments* nach Stahl (2011), Bromme et. al. (2008) und Kienhues et al. (2016) vor.

5 Veränderung epistemologischer Urteile durch eine Intervention des Projekts „SysThema", erhoben mittels Reflexionsjournalen und Fragebögen

Die Studien in Kapitel drei und vier belegen, dass epistemologische Urteile nicht generell und kontextübergreifend gefällt werden, sondern dass sich solche Urteile flexibel und situationsabhängig durch die Interaktion mit kognitiven Elementen wie themenbezogenem Wissen, persönlicher Erfahrung oder wissenschaftsmethodischen Überlegungen generieren, wie in der Literatur z.B. von Stahl (2011) und Bromme et al. (2008) angenommen; vgl. Kapitel 2.4.3.8.

Die Studie dieses Kapitels untersucht anhand einer Intervention zum systemischen Denken, wie beeinflussbar diese flexible bzw. kontextabhängige Generierung epistemologischer Urteile bei Lehramtsstudierenden ist.

Die Untersuchung wurden im Rahmen des BMWF-Projekts SysThema (System Thinking in Ecological and Multidimensional Areas) durchgeführt (vgl. Schuler, Rosenkränzer, Fanta, Hörsch & Rieß, 2016).

Das Projekt war konzipiert als quasiexperimentelle Prä-Post-Follow-Up-Studie mit drei Experimentalgruppen aus Seminaren zum systemischen Denken für Lehramtsstudierende der Fächer Biologie und Geographie an den Pädagogischen Hochschulen Freiburg und Ludwigsburg.

Außerhalb der Untersuchung dieses Kapitels wird im Rahmen des BMBF-Projekts untersucht, ob die Seminarmodule das PCK (*paedagogical content knowledge*) der Lehramtsstudierenden im Hinblick auf die Kenntnis von Voraussetzungen und Möglichkeiten einer wirksamen Gestaltung von Lernprozessen zum Erwerb von Systemkompetenz im Rahmen einer BNE in der Sekundarstufe I gefördert werden können (vgl. z.B. Schuler et al., 2016).

Die Seminarinhalte zielen darauf ab, systemische Kompetenz zu fördern. In den Unterrichtsfächern Biologie und Geographie fällt dem Systembegriff zentrale Bedeutung zu. Das Fach Biologie hat das Systemkonzept als Basiskonzept in den Bildungsstandards verankert (KMK, 2005). Im Fach Geographie wurde Systemdenken als Hauptbasiskonzept definiert, da sich die Geographie als Systemwissenschaft versteht (vgl. Deutsche Gesellschaft für Geographie, 2014). Zur systemischen Kompetenz wurde von der Projektgruppe ein Kompetenzmodell für

Systemdenken entwickelt (Rieß et al., 2015, 19). Grundlage bildet eine Definition von Riess und Mischo (2010, 707): „We see systems thinking as the ability to recognize, describe and model (e.g., to structure, to organize) complex aspects of reality as systems."

In dem Modell werden vier Dimensionen des Systemdenkens unterschieden:
- Dimension 1: Deklaratives/konzeptuelles systemisches Wissen
- Dimension 2: Systemmodellierungsfähigkeit
- Dimension 3: Fähigkeit zur Nutzung von Systemmodellen beim Lösen von komplexen dynamischen Problemen
- Dimension 4: Bewertung von Systemmodellen und Ergebnissen der Modellanwendung

Eine ausführliche Beschreibung des Kompetenzmodells ist in Rieß et al. (2015) zu finden.

Systemische Kompetenz umfasst in der Konzeptualisierung der Projektgruppe neben Systemdenken auch angemessene epistemologische Urteilsfähigkeit. Die Fähigkeit zum Systemdenken wird dabei im Verbund mit angemessenen epistemischen Überzeugungen und fachlichen Kenntnissen als eine notwendige und grundlegende Kompetenz für die Anbahnung und für das Verständnis einer nachhaltigen Entwicklung betrachtet.

Die Entwicklung angemessener epistemischer Kognition in der Lehrerbildung wird von Brownlee, Schraw & Berthelsen (2013) als bedeutsame Aufgabe gesehen. Sie stützen sich auf folgende Argumentationen: Erstens bedarf es nach Yadav & Koehler (2007) einer angemessenen epistemischen Kognition von zukünftigen Lehrern, da epistemische Überzeugungen, deren Erfahrungen und Lehrverhalten beeinflussen und unangemessene Vorstellungen aus ihrer eigenen Schulerfahrung oder dem Alltagsleben kontraproduktiv wirken (vgl. Kap. 2.4.3.4). Zweitens bedarf es nach Bromme und Kienhues (2008) angemessener epistemischer Kognition, um in einer modernen und wissensbasierten Gesellschaft einen differenzierten Standpunkt einzunehmen (vgl. Kapitel 2.3). Drittens ist es nach Liu und Tsai (2008) für die Lehrerbildung wichtig, die epistemologische Kognition und Lernstrategien von zukünftigen Lehrern zu verstehen, um sie bei der Entwicklung angemessener epistemischer Kognition zu unterstützen.

Studien, die beide Konstrukte, *epistemische Kognition* und *systemisches Denken*, gemeinsam untersuchen, sind der Projektgruppe nicht bekannt, sodass hier ein Forschungsdesiderat vorliegt. Im Rahmen der vorliegenden Arbeit werden Auswirkungen der Seminarinhalte zum Systemdenken und systemwissenschaftlichen PCK auf die epistemische Kognition der Studierenden untersucht. Es interessiert insbesondere, ob sich aus den Seminarinhalten Entwicklungs- oder Förderungsmöglichkeiten angemessener epistemischer Kognition ergeben.

5.1 Hypothesen der Studie

Veränderungen in kurzfristigen Interventionen und Epistemic Conceptual Change
In der epistemischen Lehr-Lernforschung wurde die Veränderung epistemischer Kognition in verschiedenen Veröffentlichungen als langwieriger Bildungsprozess verstanden (z. B. Perry, 1970; King & Kitchener, 1994; Kuhn & Weinstock, 2002), vgl. Kapitel 2.4.1). Inzwischen liegen Untersuchungsergebnisse vor, die über Veränderungen epistemischer Kognition durch kurzfristige Interventionen berichten (Ferguson & Braten, 2013; Muis & Duffy, 2013; Kienhues, Bromme & Stahl, 2008; Valanides & Angeli, 2005, vgl. Kapitel 2.4.3.5).

Entwicklungspsychologie, pädagogische und kognitive Psychologie sowie die Naturwissenschaftsdidaktik belegen mit Untersuchungen, dass Individuen zu verschiedenen naturwissenschaftlichen Themen über Vorwissen verfügen, das teilweise fragmentiert, teilweise gut strukturiert ist und auf ihrer eigenen Erfahrung beruht (Sinatra et al, 2014; Vosniadou, 2013). Dieses Vorwissen steht oft in Widerspruch zu wissenschaftlichen Erkenntnissen, weshalb die *conceptual change-*Forschung versucht, Änderungen zu Misskonzepten der Individuen anzustoßen und sie zu einem wissenschaftlich adäquaten Verständnis zu führen (Sinatra et al., 2014). Sinatra und Chinn (2011) nehmen erweiternd an, dass das Wissenschaftsverständnis von Individuen nicht nur von Misskonzepten über wissenschaftliche Inhalte beeinflusst wird, sondern auch von Misskonzepten über die Beschaffenheit (*„nature"*) von Wissen, wissenschaftlichem Denken und Begründen. Somit erweitern sie das Anliegen eines *Conceptional Change* in ein *Epistemic Conceptional Change*.

Die Untersuchungen in Kapitel 3 und 4 haben gezeigt, dass Kategorien kognitiver Elemente wie *themenbezogenes Wissen, wissenschaftsmethodische Kenntnisse* und *persönliche Erfahrung* Einfluss auf epistemologische Urteile haben. Stahl (2011) nimmt an, dass in Interventionsstudien bewirkte Veränderungen epistemischer Kognition nicht auf eine Änderung der generellen und domänenspezifischen epistemischen Überzeugungen (vgl. z. B. Buehl & Alexander, 2006, Kap. 2.4.3.2) selbst zurückzuführen sind, sondern dass kognitive Elemente wie *themenbezogenes Wissen, wissenschaftsmethodische Kenntnisse* oder *persönliche Erfahrung* sich verändern, bzw. anwachsen. Die veränderten kognitiven Elemente führen in Interaktion mit generellen und domänenspezifischen epistemischen Überzeugungen zu veränderten epistemologischen Urteilen. Über die kognitiven Elemente wird ein *Epistemic Conceptual Change* erwartet.

Kontextabhängigkeit epistemischer Kognition
Epistemische Kognition wird in der Literatur als kontextabhängig angenommen (z. B. von Chandler, Hallet & Sokol, 2002; Hammer & Elby, 2002; Hofer, 2006; Buehl & Alexander, 2006; Stahl, 2011; vgl. Kapitel 2.4.3). Die Untersuchungen der Studie in Kapitel vier haben gezeigt, dass für epistemologische Urteile verwendete Kategorien kognitiver Elemente zwischen verschiedenen Kontexten mit großen Effektstärken variieren, obwohl alle Kontexte einen biologischen Bezug haben. Somit zeigt sich epistemische Kognition nicht nur zwischen unterschiedlichen Domänen, sondern auch zwischen unterschiedlichen Kontexten als instabil. Nach von Glasersfeld (2002, zit. nach Murphy & Alexander, 2016) zeigen sich zwei Kontexte oder Situationen jedoch nie vollkommen identisch. Wenn epistemische Kognition zwischen unterschiedlichen Kontexten und Situationen stets variiert, stellt sich die Frage, ob ihre Untersuchung überhaupt sinnvoll ist, da sich die Ergebnisse möglicherweise nicht generalisieren lassen. Murphy und Alexander (2016) vermuten, dass sich wiederkehrende Muster zeigen, die eine Veränderung epistemischer Kognition charakterisieren. Als ein wiederkehrendes Muster zur Veränderung epistemischer Kognition wird auf Grundlage der theoretischen Annahmen von Stahl (2011) und Bromme et al. (2008) sowie der Erkenntnisse in Kapitel drei und vier angenommen, dass eine Erweiterung kognitiver Elemente wie *themenbezogenem Wissen, forschungsmethodischer Kenntnisse* und *persönlicher Erfahrung* einen Prädiktor für

Veränderungen in epistemologischen Urteilen darstellt. Somit soll untersucht werden, ob die Förderung von themenbezogenem Wissen, forschungsmethodischer Kenntnisse und persönlicher Erfahrung in Seminaren zum systemischen Denken eine Auswirkung auf epistemologische Urteile hat.

Unterschiede zwischen den drei Experimentalgruppen

Die Seminare zum systemischen Denken wurden in drei verschiedenen Experimentalgruppen durchgeführt. In ihnen wurde der Anteil der fachwissenschaftlichen und der fachdidaktischen Seminarinhalte variiert: Ein Seminar war insbesondere fachwissenschaftlich ausgerichtet, die Studierenden dieser Gruppe erprobten eigenständiger und in mehr Kontexten systemisches Denken auf einem höheren systemwissenschaftlichen Niveau. Die Studierenden eines fachdidaktisch ausgerichteten Seminars investierten mehr Seminarzeit in die Voraussetzungen und Methoden zur Gestaltung wirksamer Lernprozesse des systemischen Denkens und ein drittes Seminar beinhaltete sowohl fachwissenschaftliche als auch fachdidaktische Schwerpunkte. Mit der Variation zwischen den Experimentalgruppen soll untersucht werden, inwiefern diese möglicherweise unterschiedliche Veränderungen in epistemischer Kognition bewirken und mit welcher Kombination von fachwissenschaftlichen und fachdidaktischen Inhalten die Studierenden wirksam gefördert werden können. Es wird angenommen, dass die geplanten Seminarinhalte die Kategorien kognitiver Elemente *themenbezogenes Wissen* und *wissenschaftsmethodische Kenntnisse* fördern und *persönliche Erfahrung* in der Konstruktion von Modellen anwachsen lässt.

Seminarinhalte der Intervention

Insgesamt wurde jede Seminargruppe in 14 Veranstaltungen jeweils 90 Minuten unterrichtet. Nach inhaltlichen Schwerpunkten lassen sich die Veranstaltungen zu drei Seminarblöcken (Veranstaltungen 1-5, Veranstaltung 6-11 und Veranstaltung 12-14) zusammenfassen, von denen der mittlere Block kompakt in einem Waldschulheim stattfand. Zunächst bekamen alle drei Experimentalgruppen im ersten Teil von Seminarblock 1 identische fachwissenschaftliche Einführungen (in die

Systemwissenschaften, das Ökosystem Wald und Syndrome globalen Wandels). Im Anschluss folgte ein unterschiedliches Seminarprogramm:

Seminarinhalte für die fachwissenschaftliche Experimentalgruppe

Die fachwissenschaftliche Gruppe wurde im zweiten Teil von Seminarblock 1 in Wirkungsanalysen unterrichtet.

Im zweiten Seminarblock arbeitete die Gruppe computergestützt zu Bildung, Simulation und Bewertung von Modellen sowie Verhaltensanalysen. Um den Studierenden einen authentischen Einblick in systemwissenschaftliche Erkenntnisgewinnung zu vermitteln, wurden unterschiedliche Systemmodelle mit der Software Vensim von den Studierenden selbst konstruiert und simuliert. Vensim ist ein professionell einsetzbares Softwaretool für die kontinuierliche Simulation komplexer dynamischer Systeme (Bützer & Roth, 2006). Im dritten Seminarblock bildete die Simulation und Verhaltensanalyse sowie die Bewertung von Modellen den Schwerpunkt. Mit der Planung und Präsentation einer Unterrichtseinheit zum Ökosystem Wald als einzigem fachdidaktischen Inhalt endete der Seminarblock.

Seminarinhalte für die fachwissenschaftlich-fachdidaktische Experimentalgruppe

Die fachwissenschaftlich-fachdidaktische Gruppe wurde am Ende von Seminarblock 1 ebenfalls in Wirkungsanalysen unterrichtet. Der zweite Seminarblock hatte erstens einen fachwissenschaftlichen Schwerpunkt, indem die Gruppe computergestützt in Konstruktion, Simulation und Bewertung von Modellen und Verhaltensanalyse unterrichtet wurde - allerdings in geringerem Umfang als die fachwissenschaftliche Gruppe. Zweitens wurden der Gruppe aus fachdidaktischer Perspektive Unterrichtsmedien, didaktische Konzeptualisierungsansätze und Ziele des systemischen Denkens vorgestellt. Im dritten Seminarblock widmete sich die Seminargruppe Unterrichtsmethoden, Schülervorstellungen sowie der Planung und Präsentation einer Unterrichtseinheit zum Ökosystem Wald.

Seminarinhalte für die fachdidaktische Experimentalgruppe

In den Seminareinheiten der fachdidaktischen Experimentalgruppe wurden im weiteren Verlauf von Seminarblock 1 Schülervorstellungen zu Systemen und ihrer Bedeutung für den Lernprozess thematisiert. Im zweiten Seminarblock wurde die Gruppe in Ziele des systemischen Denkens sowie Unterrichtsmethoden und –medien zur Förderung systemischen Denkens unterrichtet.

Im dritten Seminarblock arbeitete die Seminargruppe an der Planung und Präsentation einer Unterrichtseinheit wahlweise entweder zum Ökosystem Wald oder zum Syndromkonzept.

Epistemische Bezüge zu den Seminarinhalten

Die Studierenden des fachwissenschaftlichen sowie fachwissenschaftlich-fachdidaktischen Seminars haben sich authentisch mit grundlegenden epistemischen Fragen der Generierung, Sicherheit und Rechtfertigung wissenschaftlicher Modelle auseinandergesetzt. Sie haben anhand der Modelle Grenzen systemwissenschaftlicher Erkenntnis diskutiert und systemwissenschaftliche Erkenntnisgewinnung selbst nachvollzogen. In den Seminareinheiten der fachwissenschaftlich-fachdidaktischen Seminargruppe und der fachdidaktischen Gruppe wurden systemwissenschaftliche und Schülervorstellungen vom System verglichen und die Veränderungsmöglichkeiten bei Schülerinnen und Schülern diskutiert. Auf dieser Basis wurden Unterrichtsmaterialien zur Provokation kognitiver Dissonanzen erstellt. Detailliert werden Inhalte und Seminarbausteine in Rieß et al. (2015) und Schuler et al. (2016) vorgestellt.

Seminargestaltung auf Basis authentischer Aktivitäten und der Einführung in eine systemwissenschaftliche „Expertenkultur"
Nicht nur Seminarinhalten, sondern auch der methodischen Gestaltung fällt nach Untersuchungen epistemischer Lehr-Lernforschung eine Bedeutung für die Veränderung epistemischer Kognition zu.
Muis und Duffy (2013) berichten von Veränderungen in einer Intervention, die durch konstruktivistische Lehrtechniken in einem Statistikseminar angestoßen wurden. Eine Kontrollgruppe wurde zu statistischen Methoden traditionell unterrichtet und eine Experimentalgruppe erhielt ein spezielles Seminarprogramm mit Bezügen zum

kritischen Denken, der Evaluation verschiedener Ansätze zur Problemlösung und der Anknüpfung an Vorwissen. Die Seminarthemen selbst wurden jedoch nicht variiert. Die epistemische Kognition der Treatmentgruppe veränderte sich im Laufe des Seminars in eine wünschenswerte Richtung, während das Niveau der Kontrollgruppe unverändert blieb (vgl. Kap 2.4.3.5).

In Verbindung mit den Ergebnissen der Studien in Kapitel 3 und 4 wird angenommen, dass sich in der Treatmentgruppe der Intervention von Muis und Duffy kognitive Elemente zu *forschungsmethodischen Kenntnissen* in Bezug auf statistische Verfahren weiterentwickelt haben und dies zu veränderten epistemologischen Urteilen führte. Generalisierend wird angenommen, dass die methodische Ausrichtung von Seminaren über kognitive Elemente epistemische Kognition beeinflussen kann.

Die Seminare der Experimentalgruppen in der vorliegenden Untersuchung wurden in methodischer Hinsicht einheitlich am Modell problemorientierten Lehrens und Lernens (MoPoLL, Rieß et al., in Vorbereitung) ausgerichtet. Das Modell versucht wirksame Lernprozesse durch authentische Aktivitäten und gezielte Instruktionen zu gestalten. Dadurch sollen die Studierenden in die Expertenkultur einer jeweiligen Domäne eingeführt werden. Die Studierenden werden mit naturwissenschaftlichen, nachhaltigkeitsrelevanten oder fachdidaktischen Problemen konfrontiert und versuchen, Lösungen zu finden. Ferner zeigt der Dozent als Experte eine Vorgehensweise zu einem entsprechenden Problem, erläutert Denk- und Handlungsschritte und regt die Konstruktion einer adäquaten (Fach-)Wissensbasis an.

Maggioni & Parkinson (2008) beschreiben solche Reflexionen als „Epistemological Moves", also *epistemologischen Bewegungen*, in denen Dozenten Studierenden explizit deutlich machen, was als Wissen zählt und was angemessene Wege sind, dieses zu erwerben. Von dem Nachvollzug solch authentischer Tätigkeiten von Systemwissenschaftlern auf Basis des hochschuldidaktischen Konzepts MoPoLL und der damit verbundenen Einführung in eine „Expertenkultur" in den Seminaren der Experimentalgruppen wird erwartet, dass er kognitive Elemente *forschungsmethodischer Kenntnisse* und *persönlicher Erfahrung* in der Modellbildung fördert.

Abgeleitete Forschungsfragen und Thesen

Vorstellungen über die Beschaffenheit („*nature*") von Wissen, wissenschaftlichem Denken und Begründen in den Systemwissenschaften sollen in den Seminaren in Bezug auf *thematisches Wissens*, *forschungsmethodische Kenntnisse* und authentische *persönliche Erfahrungen* erweitert werden. Es wird erwartet, dass sich diese Veränderung der kognitiven Elemente in veränderten epistemologischen Urteilen zeigt. Daraus ergeben sich die zwei folgenden Thesen:

These 5.1. *Es wird angenommen, dass sich durch Auseinandersetzung mit Seminarinhalten zu Systemwissenschaften, systemischem Denken und PCK Änderungen in den kognitiven Elementen themenbezogenes Wissen, wissenschaftsmethodische Kenntnisse und persönliche Erfahrung bewirken lassen. Diese Änderungen führen zu veränderten epistemologischen Urteilen.*

These 5.2. *Es wird angenommen, dass fachwissenschaftliche, fachwissenschaftlich-fachdidaktische und fachdidaktische Seminare für epistemologische Urteile bedeutsame kognitive Elemente unterschiedlich fördern. Somit unterscheiden sich die Seminare in ihrem Einfluss auf die Veränderung epistemologischer Urteile.*

5.2 Methode

5.2.1 Instrumente

Eingesetzt für die folgende Untersuchung werden (1) ein aus bestehenden Fragebogenitems selbst zusammengestelltes Instrument, (2) der CAEB (vgl. Kap. 2.4.3.6 und 4.2), sowie (3) ein Reflexionsjournal. Im Einzelnen:

Fragebogeninstrument aus international verwendeten Items
Als Grundlage zur Konzeption des ersten quantitativ ausgerichteten Instruments dienten international erprobte Fragebögen: der *Discipline-Focused Epistemological Beliefs Questionnaire* (DEBQ; Hofer, 2000) und der *Justification for Knowing Questionnaire* (JFK-Q; Ferguson, Bråten, Strømsø & Anmarkrud, 2013). Diesen wurden Fragen zur Erfassung der international als relevant anerkannten

Dimensionen epistemischer Überzeugungen (vgl. Kap. 2) entnommen, übersetzt und z.T. für den Kontext des Projekts umformuliert. Das Instrument findet sich im Anhang unter A.1.

Das Fragebogeninstrument wurde in zwei Pilotierungen an der Pädagogischen Hochschule Karlsruhe und der Pädagogischen Hochschule Schwäbisch-Gmünd an insgesamt 73 Probanden getestet. Dabei wurden im Zuge der Auswertung unter Berücksichtigung inhaltlicher Aspekte, psychometrischer Kennwerte sowie der Anregungen und Kommentare der Probanden weniger geeignete Items ausgeschlossen und einzelne Formulierungen geändert. Der Fragebogen entspricht ferner folgenden zwei Anforderungen: (1) Er erfasst die nach der Theorie bedeutsamen Dimensionen und Facetten epistemischer Überzeugungen (z.B. Hofer & Pintrich, 1997; Stahl, 2011). (2) Er wird ökonomischen Gesichtspunkten gerecht: Da die Studierenden neben der epistemischen Kognition außerdem eine umfangreiche Testbatterie mit Instrumenten zum *Paedagogical Content Knowledge* (PCK) inklusive Video-Analyse sowie den Systemwissenschaften zu bearbeiten hatten, war es für das Projekt relevant, eine effiziente Version mit möglichst geringem Umfangs zu erstellen.

Der entstandene Fragebogen beinhaltet Aussagen zu wissenschaftlicher Erkenntnis sowie speziell zur Ökosystemforschung. Die Aussagen sind auf einer 5-stufigen Likert-Skala zu bewerten. Die Aussagen:

1. Ich glaube allen Aussagen, die auf wissenschaftlicher Forschung basieren. (Aus JFK-Q: I believe in claims that are based on scientific research)

2. Um Aussagen in naturwissenschaftlichen Texten vertrauen zu können, muss ich verschiedene Quellen überprüfen. (Aus JFK-Q: The knowledge about natural science that is verified by many sources is most reliable)

3. Ich bin überzeugt, dass alles, was ich in Vorlesungen zur Ökosystemforschung lerne, korrekt ist. (Aus JFK-Q: I believe that everything I learn in natural science class is correct)

4. Ich bin dann am stärksten überzeugt von Aussagen zur Ökosystemforschung, wenn ich weiß, was Experten darüber denken. (Aus

DEBQ: I am most confident that I know something when I know what experts think)

5. Jeder kann zu den Erkenntnissen der Ökosystemforschung unterschiedlicher Meinung sein, denn es gibt in dieser Disziplin keine vollkommen korrekten Antworten. (Aus JFK-Q: Everyone can have different opinions about natural science, because no completely correct answers exist)

6. Antworten auf Forschungsfragen der Ökosystemforschung ändern sich über die Zeit. (Aus DEBQ: Truth is unchanging in this subject)

7. Die Fakten, die ich zu der Ökosystemforschung lerne, sind eindeutig. (Aus DEBQ: In this subject, most work has only one right answer)

8. Bei systemwissenschaftlichen Fragen würden alle ProfessorInnen, die das Fach vertreten, zu denselben Antworten gelangen. (Aus DEBQ: All professors in this field would probably come up with the same answers to questions in this field)

Der CAEB

Zur weiteren quantitativen Erfassung wurde der *Connotative Aspects of Epistemological Beliefs*-Fragebogen (CAEB; Stahl & Bromme, 2007) eingesetzt, der in Kapitel 2.4.3.6 und 4.2 erläutert wird. In Bezug auf die Untersuchung dieses Kapitels wurde explizit nach einer Beurteilung von Wissen zum „Ökosystem Wald" gefragt. Der CAEB wurde als verkürzte und effiziente Version mit möglichst geringem Umfang eingesetzt, da auch er einen Teil einer umfangreichen Testbatterie darstellt. Tabelle 5.1 bildet die verkürzte Version mit den zwei Faktoren ab (vgl. Anhang A.1).

Tabelle 5.1. Eingesetzte Adjektivpaare in der verkürzten Version des CAEB.

Faktor Textur	Faktor Variabilität
strukturiert - unstrukturiert	geschlossen - offen
oberflächlich - tief	fertig - unvollständig
genau - ungenau	flexibel - inflexibel
beweisbar - unbeweisbar	unwiderlegbar - widerlegbar
detailliert - global	absolut - relativ
geordnet - ungeordnet	
exakt - diffus	
entdeckt - ausgehandelt	

Die verkürzte Version des CAEB wurde ebenfalls an zwei weiteren Pädagogischen Hochschulen für die vorliegende Untersuchung pilotiert. Dabei ließ sich die Faktorenstruktur des CAEB erfolgreich replizieren (Cronbachs Alpha Werte lagen für die einzelnen Dimensionen/Faktoren zwischen .74 und .85).

Das Reflexionsjournal

In Kapitel 2.4.3.6 wird die Frage diskutiert, ob bisherige Instrumente zur Erhebung epistemologischer Urteile ergänzt werden sollten. Stahl (2011) führt Replikationsprobleme auf mangelnde Berücksichtigung des Kontexts zurück: Die Probanden denken bei der Beantwortung der eher allgemein gehaltenen Fragen der Instrumente möglichweise an unterschiedliche Kontexte. Verbreitete Instrumente zur Erhebung epistemischer Kognition SEQ (Schommer, 1990; Einsatz z.B. Clarebout, Elen, Luyten & Bamps, 2001, Schraw, Bendixen & Dunkle, 2002; Müller, 2009) sowie in der Nachfolge entstandene Instrumente (DEBQ, Hofer 2000, EBI, Jacobsen & Jehng, 1999) messen nicht kontextspezifisch, sondern erheben möglichst allgemein bzw. fragen gegebenenfalls nach epistemischer Kognition in Bezug auf Sicherheit oder Veränderung in Bezug auf die Domäne, nicht jedoch innerhalb von Kontexten oder Situationen.

Hofer (2016) hält Erhebungsinstrumente mit Likert-Skalen weiterhin für einsetzbar, für die Erfassung differenzierter Entwicklungen oder Sichtweisen sollten sie jedoch ergänzt oder ersetzt werden. Eine Ergänzung des Instrumentariums hält z. B. auch Stahl (2011) für hilfreich. Verschiedene Untersuchungen haben epistemische

Kognition mit dem Einsatz alternativer Instrumente wie Protokollen lauten Denkens (z.B. Ferguson et al, 2012; Mason et al, 2011; Kardash & Howell, 2000), Klassenraumbeobachtungen (Louca et al., 2004) oder Lerntagebüchern (Many et al, 2002) differenziert erfasst (vgl. Kapitel 2.4.3.6).

Zur Abbildung möglicher Veränderungen epistemischer Kognition während des Seminarverlaufs wurden Reflexionsjournale entwickelt, die bei den Teilnehmenden Reflexionen zu epistemischen Fragestellungen dokumentieren sollen.

Das Instrument ist in Bezug auf die Fragen zur Epistemologie (Frage 5 bis 11) eine Abwandlung des Fragebogens CAEB (Stahl & Bromme, 2007). Dabei wird die Form des semantischen Differentials zu Gunsten einer Art Lerntagebuch aufgebrochen. Semantische Differentiale wie der CAEB versuchen, die Probanden intuitiv und möglichst schnell ihre Assoziationen zu den Begriffspaaren wiedergeben zu lassen. So werden in diesen Instrumenten explizit keine Gründe erhoben, warum jeweils in die jeweilige Richtung geantwortet wurde. Das Reflexionsjournal versucht gerade diese differenziert zu erheben: Mit offenen Fragen wird explizit nach Begründungen zu den Adjektiven des CAEB gefragt bzw. sollen diese als Anstoß zur Reflexion genutzt werden. Das wichtige Merkmal eines semantischen Differentials, die unmittelbare Rückmeldung zu assoziierten Konnotationen, geht damit verloren. Vom Reflexionsjournal wird dagegen erwartet, dass es durch regelmäßige und zeitnahe Reflexionen nach relevanten Seminarblöcken eventuelle Veränderungsprozesse in epistemischer Kognition erfasst, die gegebenenfalls zwischen den Gruppen verglichen werden können. Dazu wurden aus Adjektiven und Adjektivpaaren des CAEB im *Reflexionsjournal* Impulse für weiterführende Reflexionen formuliert.

Insgesamt besteht das Reflexionsjournal aus neun Seiten und 11 zentralen Fragen (vgl. Anhang A.3). Jede Seite beginnt mit einer Frage und lässt Platz für Reflexionen. Zum ersten Einsatz wurde das Instrument den Studierenden mit einer Einführungsseite eingeleitet (vgl. Anhang A.2).

Neben sieben epistemologischen Fragestellungen mit Adjektiven des CAEB beinhaltet das Reflexionsjournal zunächst folgende vier inhaltliche Fragen zur Reflexion über das Systemdenken und zum *paedagogical content knowledge* (PCK):

> Frage 1: Hat sich Ihr Verständnis vom Systembegriff in der heutigen Sitzung geändert? Wenn ja, wie?

Frage 2: Welche Bedeutung hat die Systemwissenschaft für das Schulfach „Biologie" bzw. „Geographie"? Denken Sie nach den Tagen im Waldschulheim anders über diese Frage nach? Wenn ja, inwiefern? (Antworten Sie bitte für das Fach, das Sie studieren.)

Frage 3: Hat die Systemwissenschaft eine Bedeutung für gesellschaftliche Probleme/Themen? Denken Sie nach den Tagen im Waldschulheim anders über diese Frage nach? Wenn ja, inwiefern?

Frage 4: Wenn Sie sich die behandelten Inhalte der Tage im Waldschulheim vor Augen halten: Sehen Sie die Inhalte als relevant an im Vergleich zu den sonstigen Themen der Biologie oder Geographie? Warum?

Die soeben aufgeführten Fragen wurden für die vorliegende Studie nicht ausgewertet, da sie sich insbesondere dem Systemdenken und *paedagogical content knowledge* (PCK) widmen und nicht der epistemischen Kognition. Das Systemdenken und das PCK wurden in anderen Studien zum Projekt untersucht (vgl. z.B. Fanta et al., in Vorbereitung; Rosenkränzer et al., angenommen).
Die Items zur epistemischen Kognition beginnen mit Frage Nummer 5:

Frage 5: Wie eindeutig lassen sich Forschungsfragen in den Systemwissenschaften beantworten? Beantworten Sie die Frage nach der heutigen Sitzung anders? Wenn ja, warum? [Im CAEB: *Wissen ist eindeutig oder mehrdeutig?*]

Frage 6: Was assoziieren Sie in der Systemwissenschaft mit „beweisbar"?
Hat sich ihre Assoziation nach der letzten Sitzung geändert? Was hat sich geändert? [Im CAEB: *Wissen ist beweisbar oder unbeweisbar?*]

Frage 7: Was assoziieren Sie in der Systemwissenschaft mit „widerlegbar"? Hat sich ihre Assoziation nach der letzten Sitzung geändert? Was hat sich geändert? [Im CAEB: *Wissen ist widerlegbar oder unwiderlegbar?*]

Frage 8: Wie exakt sind die Ergebnisse der Systemwissenschaft? Hat sich Ihre Ansicht nach der letzten Sitzung geändert? Was hat sich geändert? [Im CAEB: *Wissen ist exakt oder diffus?*]

Frage 9: Handelt die Systemwissenschaft ihre Erkenntnisse aus oder entdeckt sie diese? Begründen Sie Ihre Einschätzung. Hat sich Ihre Einschätzung nach der letzten Sitzung geändert? Was hat sich geändert? [Im CAEB: *Wissen ist ausgehandelt oder entdeckt?*]

Frage 10: Sind Erkenntnisse der Systemwissenschaften akzeptiert oder umstritten? Begründen Sie bitte Ihre Einschätzung. Hat sich Ihre Einschätzung nach der letzten Sitzung geändert? Was hat sich geändert? [Im CAEB: *Wissen ist akzeptiert oder umstritten?*]

Frage 11: Wie sicher sind Prognosen der Systemwissenschaften? Hat sich Ihre Einschätzung nach der letzten Sitzung geändert? Was hat sich geändert? [Im CAEB: *Wissen ist sicher oder unsicher?*]

5.2.2 Stichprobe

Die Stichprobe umfasst 108 Probanden, davon 23 im fachwissenschaftlichen Seminar (73.9 % weiblich; Alter: $M = 23.41$, $SD = 1.79$), 22 im fachwissenschaftlich-fachdidaktischen Seminar (77.3 % weiblich; Alter: $M = 24.64$, $SD = 4.65$), 26 im fachdidaktischen Seminar (100% weiblich; Alter: $M = 24.73$, $SD = 4.95$) und 37 in der Kontrollgruppe (89.2 % weiblich; Alter: $M = 23.70$, $SD = 2.44$), die an keinem systemwissenschaftlichen Seminarprogramm teilnahm. Das Reflexionsjournal haben 27 Probanden geführt, davon zehn Teilnehmende aus der fachwissenschaftlichen Gruppe, acht aus der fachwissenschaftlich-fachdidaktischen Gruppe und neun aus der fachdidaktischen Gruppe.

5.2.3 Untersuchungsdurchführungen

Die Studierenden konnten sich zwischen den drei Seminaren der Experimentalgruppen, die im regulären Studienangebot der Fächer Geographie und Biologie an den Pädagogischen Hochschulen Freiburg und Ludwigsburg angeboten wurden, frei entscheiden, sodass die Studie quasiexperimentell angelegt ist. Eine Kontrollgruppe wurde separat aus Studierenden der PH Freiburg gebildet.

Die Erhebungen mit den Fragebogeninstrumenten fanden in den Computerräumen der Pädagogischen Hochschulen Freiburg und Ludwigsburg statt. Testzeitpunkte waren unmittelbar vor Beginn der Intervention, unmittelbar nach der Intervention und zwei Wochen nach der Intervention, da der Follow-Up-Test noch im laufenden Semester stattfinden sollte.

Neben den zwei beschriebenen Fragebogeninstrumenten zur Erfassung der epistemischen Kognition wurden für weitere Untersuchungen des SysThema-Projekts das fachdidaktische Wissen der Studierenden (Rosenkränzer, Stahl, Hörsch, Riess & Schuler, angenommen), Komponenten der professionellen Lehrerkompetenz zur Förderung von systemischem Denken (Fanta, Bräutigam & Rieß, in Vorbereitung) sowie das professionelle Beurteilungswissen durch die Bewertung einer aufgezeichneten Unterrichtssequenz (Rosenkraenzer, Kramer, Hoersch, Riess & Schuler, 2016) erhoben. Außerdem haben Greiff und Wüstenberg (2014) in diesem Rahmen die dynamische Problemlösefähigkeit mit Hilfe computerbasierter Items erfasst (MicroDyn-Testinstrument). Demographische Daten (Geschlecht, Alter, Studiengang, Wahl der Haupt- und Nebenfächer, Abiturnote) wurden ebenfalls erfragt. Die Studierenden wurden mit einem standardisierten Text instruiert; Hilfestellungen während der Messungen waren nicht gestattet. Die gesamte Erhebung nahm pro Zeitpunkt zwei Stunden in Anspruch, die von einer 15min Pause unterbrochen wurde (Rosenkränzer et al., angenommen).

Das Reflexionsjournal wurde zu drei Zeitpunkten (nach drei thematischen Seminarblöcken; s.o.) zu Hause von den Studierenden geführt.

5.2.4 Datenanalyse

Der Fragebogen sowie die zwei Faktoren des CAEB wurden durch eine Varianzanalyse mit Messwiederholung ausgewertet. Die Einträge im Reflexionsjournal wurden in Anlehnung an Mayrings Qualitative Inhaltsanalyse ausgewertet.

Varianzanalyse mit Messwiederholung zur Untersuchung des Fragebogens
Messwiederholungszeitpunkte der Varianzanalyse sind der Prä-, Post- und Follow-Up-Test. Die acht Items des Fragebogens sollen verschiedene Facetten (Quelle, Struktur und Sicherheit/Veränderbarkeit wissenschaftlichen Wissens) abdecken und sind nicht als Faktor gedacht. Ferner legt ein Cronbachs-Alpha-Wert von .62 nahe, dass sie einzeln behandelt werden sollten.

Auswertung des CAEB
Berechnungen auf Grundlage von Cronbachs-Alpha ergeben, dass die beiden Faktoren mit den Items der Vorstudie beibehalten werden können. Über alle Gruppen liegen die Cronbachs-Alpha-Werte für den Faktor Textur bei .74 (Prätest), .69 (Posttest) und .73 (Follow-Up-Test). Über alle Gruppen liegen die Cronbachs-Alpha-Werte für den Faktor Variabilität bei .65 (Prätest), .67 (Posttest) und .70 (Follow-Up-Test).
Tabelle 5.2 zeigt die Zusammensetzungen der CAEB-Faktoren Textur und Variabilität. Um die originale Zwei-Faktorenlösung des CAEB zu replizieren, wurden zwei zu extrahierende Faktoren fest eingestellt. Das Maß der Stichprobeneignung KMO (Kaiser-Meyer-Olkin) liegt für den Prätest bei .80 (Posttest bei .68; Follow-Up-Test bei .75). Field (2013; in Anlehnung an Kaiser & Rice, 1974) stuft Werte von >.6 als mediocre (mittelmäßig), Werte von >.7 als middling (recht gut), und Werte von >.8 als meritorious (verdienstvoll) ein. Auf Basis dieser Werte werden die Stichproben als für eine Faktorenanalyse geeignet eingestuft.

Tabelle 5.2. Faktorladungen des CAEB im Prätest.

	Das Wissen in der Ökosystemforschung ist...	
	N = 108	
	Textur	Variabilität
strukturiert - unstrukturiert	**.69**	.34
oberflächlich - tief	**.69**	.02
genau - ungenau	**.63**	.56
beweisbar - unbeweisbar	**.53**	.40
detailliert -global	**.52**	-.18
geordnet - ungeordnet	**.48**	.46
exakt - diffus	**.41**	.50
entdeckt - ausgehandelt	**.37**	-.07
geschlossen - offen	.01	**.75**
fertig - unvollständig	.20	**.68**
flexibel - inflexibel	.04	**.61**
unwiderlegbar - widerlegbar	-.26	**.57**
absolut - relativ	.03	**.53**
Erklärte Varianz (%)	43.03	
Items pro Faktor	8	5
Cronbachs Alpha	.74	.65

Anmerkung. Hauptkomponentenanalyse mit Varimax-Rotation (Kaiser-Normalisierung). Zum Faktor gehörende Items sind fett gedruckt.

Umgang mit fehlenden Werten

Von den Studierenden wurden Paper-and-Pencil-Fragebögen ausgefüllt. Somit gibt es in Einzelfällen fehlende Werte. Diese wurden bei der Auswertung zu der jeweiligen Fragestellung nicht berücksichtigt.

Auswertung der Reflexionsjournale

Die Reflexionsjournale wurden mit der Qualitativen Inhaltsanalyse nach Mayring (2010) ausgewertet.

Ziel der Auswertung ist eine strukturierende Inhaltsanalyse mit einem Kategoriensystem als Basis zur Deutung des Materials (vgl. Kapitel 3.2.4). Es gelten die Vorteile der qualitativen Inhaltsanalyse mit einer Systematik des Analyseprozesses, der Präzisierung der Analyse durch ein Kategoriensystem und Kontrolle der Quantifizierung (vgl. z.B. Mayring, König & Birk, 1996; Zinn, 2013). Ein Nachteil kategoriengeleiteter Auswertung besteht darin, dass der Blick für Einzelfälle verloren gehen kann (Ramsenthaler, 2013, Flick, 2007). Außerdem werden in qualitativen Inhaltsanalysen nach Mayring einfache Häufigkeiten gezählt, die nichts über die Bedeutung der Codierung aussagen (Ramsenthaler, 2013). Das gesamte Material wurde zunächst zu zentralen Aussagen der jeweiligen Antworten paraphrasiert. Im Anschluss wurde auf Kuckartz (2012) Version von Mayrings (2010) Schema zur Kategorienbildung zurückgegriffen. Für diese Auswertung wurden die folgenden Schritte durchgeführt:

a.) Bestimmung des Ziels der Kategorienbildung anhand der Forschungsfrage

Hauptforschungsfrage ist, ob sich epistemologische Urteile im Laufe der Seminare entwickeln bzw. verändern. Ferner soll untersucht werden, ob sich fachwissenschaftliche, fachwissenschaftlich-fachdidaktische und fachdidaktische Seminargruppe in ihrer Entwicklung unterscheiden. Die Kategorien sollen eine Entwicklung oder Veränderung epistemologischer Urteile abbilden können.

b.) Grad der Differenziertheit der Kategorien bestimmen

Die Forschungshypothese besagt, dass Seminare zum systemischen Denken Änderungen in den epistemologischen Urteilen bewirken können. Die Kategorien müssen Positionen abdecken, zwischen denen eine Veränderung möglich ist. Durch die Impulsfragen mit polarisierenden Adjektivpaaren sind grundsätzliche Positionen bereits festgelegt. Ein Beispiel: Für die Impulsfrage *„Wie sicher sind Prognosen der Ökosystemforschung?"* kann vermutet werden, dass sich die Studierenden zu dieser Frage kategorisierbar in *„Prognosen sind sicher"* und *„Prognosen sind unsicher"* positionieren. Ferner sind abwägende Zwischenkategorien denkbar bzw. Kategorien zu Antworten, die sich induktiv durch das Material ergeben und sich nicht direkt zu *sicher*, *unsicher* oder Zwischenkategorien zuordnen lassen (z.B. *Sicherheit ist nicht Ziel systemwissenschaftlicher Prognosen*).

c.) Abstraktionslevel festlegen

Wichtig für das Abstraktionslevel ist, ein nicht zu differenziertes Kategoriensystem zu definieren, damit sich Antworten noch zu gemeinsamen Kategorien zusammenfassen lassen, aber daneben auch ausdifferenziertere Einschätzungen zulässt.

d.) Mit der erste Textstelle beginnen und Textstellen sequentiell Zeile für Zeile lesen und direkt Kategorien zuordnen

Erste Reflexionsjournale wurden gelesen und die Positionen wurden ersten Kategorien zugeordnet. Eine Codierung (Code) besteht aus einer Paraphrase, der einer der Kategorien eindeutig zugeordnet werden kann. Mehrfachkodierungen wurden bei den Antworten zu 7 (*Widerlegbarkeit*), 8 (*Exaktheit*) und 11 (*Sicherheit von Prognosen*) zugelassen, da mit Argumenten verschiedener Kategorien reflektiert wurde und sich diese nicht zwangsweise ausschließen.

e.) Zuordnung und Neubildung von Kategorien

Einige der Kategorien wurden beim Lesen der ersten Reflexionsjournale erweitert oder semantisch etwas anders verstanden und in diesen Fällen umbenannt. Ein Beispiel:

Eine eindeutige Positionierung zu *sicher* zeigten beim Lesen der ersten Reflexionsjournale keine Probanden. Probanden, die in die Richtung von *Prognosen sind sicher* tendierten, versahen ihre Reflexionen mit Einschränkungen. Somit wurde die Kategorie *Prognosen sind sicher* zu *Prognosen sind recht sicher, haben aber Grenzen* umbenannt und -gedeutet. Ferner zeigten sich für diese Impulsfrage verschiedene Einträge, die keine Position in Richtung sicher oder unsicher einnahmen, sondern vielmehr an bestimmte Prognosen dachten, die je nach Datenlage, Zeithorizont und Forschungsgegenstand sicher oder unsicher sein können. Somit wurde auch dafür eine neue Kategorie gebildet.

f.) Das Kategoriensystem fixieren

Nach der Codierung von zwölf Reflexionsjournalen (vier pro Seminargruppe) wurde das Kategoriensystem in einem endgültigen Codierleitfaden mit Definitionen und Ankerbeispielen fixiert.

Von zwei geschulten Inter-Ratern wurde das gesamte Material anhand der entstandenen Leitfäden codiert. Die Unterscheidung zwischen „Beweisbarkeit" und „Widerlegbarkeit" in Frage 6 und 7 als jeweils eigenem Impuls erwies sich für einen Großteil der Probanden als nicht einsichtig bzw. reagierte ein Großteil der Probanden auf die zwei unterschiedlichen Impulse zur Beweisbarkeit und Widerlegbarkeit mit einem Verweis auf die Antwort zu der jeweils anderen Frage. Somit konzentrierte sich die Auswertung auf Frage 7 und schloss bei gegenseitigen Verweisen zwischen Frage 6 und 7 die Reflexionen zu Fragestellung 6 ein.

Inter-Rater-Reliabilität

Wichtiges Gütekriterium für die Analyse und Auswertung von Interviews stellt die Ermittlung der Inter-Rater-Reliabilität dar (siehe auch Kapitel 3.2.5; vgl. z.B. Wirtz & Caspar, 2002; Bortz & Döring, 2006). *Cohens* κ misst die Inter-Rater-Übereinstimmung zwischen zwei Beurteilern und korrigiert diese, um ein zufällig zustande gekommenes Ergebnis. Tabelle 5.3 zeigt die Übereinstimmungen.

Tabelle 5.3. Inter-Rater-Reliabilitäten Reflexionsjournal

	Cohens κ	Anzahl der Codierungen
Impuls 5	.93	108
Impuls 7	.89	112
Impuls 8	.92	109
Impuls 9	.98	108
Impuls 10	.89	108
Impuls 11	.96	112

Anmerkung. Bei den Items 5, 9 und 10 wurden keine Mehrfachcodierungen zugelassen, sodass stets dieselbe Zahl an Codierungen erreicht wird.

Nach Fleiss & Cohen (zit. nach Bortz & Döring, 2006, 277) erfordert eine gute Übereinstimmung κ-Werte zwischen .60 und .75. Diese Werte werden durchgehend übertroffen.

5.2.5 Gütekriterien

In Kapitel 3.2 und 4.2. sind Gütekriterien quantitativer Forschung (Verfahrensdokumentation, Argumentative Interpretationsabsicherung, Regelgeleitetheit, Nähe zum Gegenstand und Triangulation) und qualitativer Forschung (Objektivität, Reliabilität und Validität) beschrieben, auf die an dieser Stelle verwiesen wird.

5.3 Ergebnisse

5.3.1 Befunde

Für die folgenden statistischen Analysen wurde ein Signifikanzniveau von α = .05 festgesetzt. Für ein tendenziell signifikantes Niveau (*Trend*) wurde α = .1 definiert. Zur Interpretation der Varianzanalysen werden nach Cohen (1988) folgende Grenzen genutzt: Ein η_p^2 zwischen .01 und .06 zeigt einen kleinen Effekt, ein η_p^2 zwischen .06 und .14 steht für einen mittleren Effekt und größere Werte bezeichnen einen starken Effekt. Falls nötig, wurden Freiheitsgrade nach Greenhouse-Geisser korrigiert
In *t*-Tests zeigt nach Cohen (1988) ein *d* zwischen 0.2 und 0.5 einen kleinen Effekt, ein *d* zwischen 0.5 und 0.8 einen mittleren Effekt und ein *d* > 0.8 einen starken Effekt.
Es werden zunächst Ergebnisse zu gruppenübergreifenden sowie experimentalgruppenspezifischen Veränderungen epistemischer Kognition dargestellt. Dazu werden nacheinander die Ergebnisse der drei eingesetzten Instrumente Fragebogen, CAEB und Reflexionsjournal berichtet. Zu den Ergebnissen des Reflexionsjournals wird ferner das entstandene Kategoriensystem vorgestellt.

Gruppenübergreifende Veränderungen in epistemischer Kognition

Prüfung mittels Fragebogeninstrument

Es wurde geprüft, ob die Seminarinhalte bzw. die Seminargestaltung zum systemischen Denken Veränderungen in epistemischer Kognition bewirken.
Das Fragebogeninstrument zeigt Veränderungen in den epistemologischen Urteilen. Die Aussagen im Einzelnen:

Aussage 1: Ich glaube allen Aussagen, die auf wissenschaftlicher Forschung basieren.

Eine ANOVA mit Messwiederholung zeigt einen signifikanten Haupteffekt: $F(1.79, 182.30) = 3.17$; $p = .050$; $\eta_p^2 = .030$.

Der Effekt ist darauf zurückzuführen, dass die Studierenden die Aussage stärker im Post- und Follow-Up-Test ablehnen. Auf einer Skala von -2 bis 2 zeigt sich im Prätest ein Wert von $M = 0.40$ ($SD = 0.96$), im Posttest ein Wert von $M = 0.22$ ($SD = 1.04$), und im Follow-Up-Test ein Wert von $M = 0.13$ ($SD = 1.08$). Somit tendieren die Teilnehmenden weiterhin in Richtung *unentschieden*.

Zwischen den vier Gruppen (drei Treatmentgruppen und eine Kontrollgruppe) zeigt sich kein Interaktionseffekt ($F < 1$). Die detaillierten Ergebnisse für die Einzelgruppen zeigen sich in Tabelle 5.4.

Tabelle 5.4. Bewertung der Aussage 1 *Ich glaube allen Aussagen, die auf wissenschaftlicher Forschung basieren.*

Aussage 1	Prä-Werte M(SD)	Post-Werte M(SD)	Follow-Up-Werte M(SD)
Fachwissenschaftliche Gruppe ($n = 23$)	0.43 (1.08)	0.22 (1.09)	0.17 (1.19)
Fachw.-fachdid. Gruppe ($n = 22$)	0.55 (0.74)	0.32 (0.95)	0.27 (0.94)
Fachdidaktische Gruppe ($n = 24$)	0.46 (1.02)	0.37 (1.10)	0.42 (1.02)
Kontrollgruppe ($n = 36$)	0.24 (0.98)	0.05 (1.05)	-0.16 (1.09)

Anmerkung. Die Studierenden bewerteten die Aussage auf einer Skala von -2 (trifft überhaupt nicht zu) bis +2 (trifft genau zu).

Aussage 2: Um Aussagen in naturwissenschaftlichen Texten vertrauen zu können, muss ich verschiedene Quellen überprüfen.

Eine ANOVA zeigt einen mittelstarken Haupteffekt: $F(1.69, 170.56) = 10.05$; $p < .001$; $\eta_p^2 = .091$. Es zeigt sich keine Interaktion: $F(6, 204) < 1$. Alle vier Gruppen stimmen auf eine Skala von -2 bis +2 im Post- und Follow-Up-Test mehr zu ($M = 0.77$, $SD = 1.17$; $M = 1.14$, $SD = 1.02$; $M = 1.14$, $SD = 0.96$). Die detaillierten Ergebnisse für die Einzelgruppen zeigt Tabelle 5.5.

Tabelle 5.5. Bewertung der Aussage 2 *Um Aussagen in naturwissenschaftlichen Texten vertrauen zu können, muss ich verschiedene Quellen überprüfen.*

Aussage 2	Prä-Werte M(SD)	Post-Werte M(SD)	Follow-Up-Werte M(SD)
Fachwissenschaftliche Gruppe (n = 23)	0.87 (1.06)	1.48 (0.73)	1.43 (0.66)
Fachw.-fachdid. Gruppe (n = 22)	0.64 (1.26)	0.82 (1.10)	1.00 (0.87)
Fachdidaktische Gruppe (n = 24)	0.70 (1.22)	0.96 (1.15)	0.96 (1.07)
Kontrollgruppe (n = 37)	0.84 (1.19)	1.24 (1.01)	1.16 (1.07)

Anmerkung. Die Studierenden bewerteten die Aussage auf einer Skala von -2 (trifft überhaupt nicht zu) bis +2 (trifft genau zu).

Aussage 3: Ich bin überzeugt, dass alles, was ich in Vorlesungen zur Ökosystemforschung lerne, korrekt ist.

Eine ANOVA zeigt einen Haupteffekt: $F(2, 204) = 3.16$; $p = .045$; $\eta_p^2 = .030$.

Ferner zeigt sich zwischen den Gruppen ein Trend zur Interaktion: $F(6, 204) = 2.03$; $p = .063$; $\eta_p^2 = .056$. Ein Post-Hoc-Test nach Tukey führt diesen Trend darauf zurück, dass sich die Kontrollgruppe signifikant von der fachwissenschaftlich-fachdidaktischen Seminargruppe unterscheidet ($p = .039$). Ferner zeigt sich zwischen der Kontrollgruppe und der fachdidaktischen Seminargruppe ein Trend ($p = .073$). Zwischen den weiteren Gruppenvergleichen zeigt sich keine Signifikanz (alle ps > .3).

Die Kontrollgruppe lehnt die Aussage von Prä- zu Posttest ferner signifikant stärker ab: $t(36) = 3.33$; $p = .002$; $d = -0.96$ (2-seitig). Bei den anderen Gruppen zeigen sich dagegen keine Effekte (alle ts < 1). Die einzelnen Gruppenergebnisse zeigt Tabelle 5.6.

Tabelle 5.6. Bewertung der Aussage 3 *Ich bin überzeugt, dass alles, was ich in der Vorlesung zur Ökosystemforschung lerne korrekt ist.*

Aussage 3	Prä-Werte M(SD)	Post-Werte M(SD)	Follow-Up-Werte M(SD)
Fachwissenschaftliche Gruppe (n = 23)	1.17 (1.15)	0.96 (1.15)	1.17 (1.03)
Fachw.-fachdid. Gruppe (n = 22)	1.55 (0.67)	1.68 (0.89)	1.32 (0.84)
Fachdidaktische Gruppe (n = 24)	1.50 (1.02)	1.50 (0.89)	1.33 (0.92)
Kontrollgruppe (n = 37)	1.27 (1.05)	0.73 (1.12)	0.73 (0.99)

Anmerkung. Die Studierenden bewerteten die Aussage auf einer Skala von -2 (trifft überhaupt nicht zu) bis +2 (trifft genau zu).

Aussage 4: Ich bin dann am stärksten überzeugt von Aussagen zur Ökosystemforschung, wenn ich weiß, was Experten darüber denken.

Eine ANOVA zeigt keinen Haupteffekt: $F(1.85, 188.34) = 1.07$, $p = .345$. Ferner lässt sich keine Interaktion berichten ($F(6, 204) = 1.85$; $p = .14$). Auf einer Skala von -2 (trifft überhaupt nicht zu) bis 2 (trifft genau zu) liegen die Antworten bei $M = 0.79$, $SD = 0.79$ (Prätest), $M = 0.71$, $SD = 0.79$ (Posttest) und $M = 0.67$, $SD = 0.74$ (Follow-Up-Test). Die einzelnen Gruppenergebnisse zeigt Tabelle 5.7.

Tabelle 5.7. Bewertung der Aussage 4 *Ich bin dann am stärksten überzeugt von Aussagen zur Ökosystemforschung, wenn ich weiß, was Experten darüber denken.*

Aussage 4	Prä-Werte M(SD)	Post-Werte M(SD)	Follow-Up-Werte M(SD)
Fachwissenschaftliche Gruppe (n = 23)	0.83 (0.98)	0.48 (1.20)	0.39 (0.99)
Fachw.-fachdid. Gruppe (n = 22)	0.50 (0.86)	0.73 (0.63)	0.73 (0.63)
Fachdidaktische Gruppe (n = 24)	0.83 (0.76)	0.83 (0.64)	0.75 (0.68)
Kontrollgruppe (n = 37)	0.92 (0.60)	0.76 (0.64)	0.76 (0.64)

Anmerkung. Die Studierenden bewerteten die Aussage auf einer Skala von -2 (trifft überhaupt nicht zu) bis +2 (trifft genau zu).

Aussage 5: Jeder kann zu den Erkenntnissen der Ökosystemforschung unterschiedlicher Meinung sein, denn es gibt in dieser Disziplin keine vollkommen korrekten Antworten.

Eine ANOVA zeigt einen mittleren Effekt: $F(1.81, 184.48) = 8.67$; $p < .001$; $\eta_p^2 = .078$. Der Effekt ist darauf zurückzuführen, dass die Teilnehmenden von Prätest ($M = 0.22$, $SD = 1.01$) zu Posttest ($M = 0.48$; $SD = 1.05$) signifikant stärker zustimmen:

$t(106) = -2.24$, $p = 0.27$, $d = 0.25$ (2-seitig). Von Post- zu Follow-Up-Test ($M = 0.64$, $SD = 0.87$) zeigt sich nochmals ein Trend, allerdings ohne die Schwelle zum kleinen Effekt zu erreichen: $t(105) = -1.76$, $p = .081$, $d = 0.17$ (2-seitig). Eine ANOVA zeigt zwischen den vier Gruppen keinen Interaktionseffekt $F(5.4, 184.48) < 1$. Die einzelnen Gruppenergebnisse zeigt Tabelle 5.8.

Tabelle 5.8. Bewertung der Aussage 5 *Jeder kann zu den Erkenntnissen der Ökosystemforschung unterschiedlicher Meinung sein, denn es gibt in dieser Disziplin keine vollkommen korrekten Antworten.*

Aussage 5	Prä-Werte $M(SD)$	Post-Werte $M(SD)$	Follow-Up-Werte $M(SD)$
Fachwissenschaftliche Gruppe ($n = 23$)	0.48 (0.99)	0.78 (1.00)	0.70 (0.88)
Fachw.-fachdid. Gruppe ($n = 22$)	-0.05 (0.90)	0.41 (0.96)	0.64 (0.95)
Fachdidaktische Gruppe ($n = 24$)	0.13 (1.12)	0.25 (1.23)	0.38 (1.01)
Kontrollgruppe ($n = 37$)	0.27 (1.02)	-0.49 (1.02)	0.78 (0.75)

Anmerkung. Die Studierenden bewerteten die Aussage auf einer Skala von -2 (trifft überhaupt nicht zu) bis +2 (trifft genau zu).

Aussage 6: Antworten auf Forschungsfragen der Ökosystemforschung ändern sich über die Zeit.

Eine ANOVA zeigt einen Haupteffekt: $F(2, 204) = 4.16$; $p = .017$; $\eta_p^2 = .039$. Zwischen den vier Gruppen zeigt sich keine Interaktion: $F(6, 204) = 1.07$, $p = .381$. Die Teilnehmenden insgesamt stimmen auf der Skala von -2 bis +2 von Prätest ($M = 1.08$, $SD = 0.78$) zu Posttest ($M = 1.28$, $SD = 0.60$) signifikant starker zu: $t(106) = -2.67$, $p = .009$, $d = 0.29$. Im Follow-Up-Test ($M = 1.18$, $SD = 0.61$) relativiert sich diese Zustimmung wieder etwas. Der Unterschied wird in *t*-Tests weder zum Wert des Prätest noch zum Posttest signifikant (beide $ps > .1$). Die einzelnen Gruppenergebnisse zeigt Tabelle 5.9.

Tabelle 5.9. Bewertung der Aussage 6 *Antworten auf Forschungsfragen der Ökosystemforschung ändern sich über die Zeit.*

Aussage 6	Prä-Werte M (SD)	Post-Werte M (SD)	Follow-Up-Werte M (SD)
Fachwissenschaftliche Gruppe (n = 23)	1.13 (1.06)	1.48 (0.51)	1.30 (0.64)
Fachw.-fachdid. Gruppe (n = 22)	1.14 (0.71)	1.23 (0.75)	1.32 (0.65)
Fachdidaktische Gruppe (n = 24)	0.88 (0.85)	1.33 (0.57)	1.04 (0.81)
Kontrollgruppe (n = 37)	1.14 (0.54)	1.16 (0.55)	1.11 (0.39)

Anmerkung. Die Studierenden bewerteten die Aussage auf einer Skala von -2 (trifft überhaupt nicht zu) bis +2 (trifft genau zu).

Aussage 7: Die Fakten, die ich zu der Ökosystemforschung lerne, sind eindeutig.

Eine ANOVA zeigt einen Trend mit kleinem Effekt: $F(2, 200) = 2.73$; $p = .068$; $\eta_p^2 = .027$. Die Aussage wird dabei auf einer Skala von -2 bis +2 im Post- und Follow-Up-Test stärker abgelehnt. Signifikant zeigt sich dabei die Entwicklung von Prätest ($M = -0.24$, $SD = 0.92$) zu Posttest ($M = -0.46$, $SD = 0.91$): $t(104) = 2.06$, $p = .042$, $d = 0.24$ (2-seitig).

Der Unterschied von Prätest zu Follow-Up-Test ($M = -0.44$, $SD = 0.92$) wird zum Trend an der Grenze zur Signifikanz: $t(105) = 1.97$; $p = .051$; $d = 0.22$ (2-seitg).

Es zeigt sich kein Interaktionseffekt zwischen den Gruppen: $F(6, 200) < 1$. Die einzelnen Gruppenergebnisse zeigt Tabelle 5.10.

Tabelle 5.10. Bewertung der Aussage 7 *Die Fakten, die ich zu der Ökosystemforschung lerne, sind eindeutig.*

Aussage 7	Prä-Werte M (SD)	Post-Werte M (SD)	Follow-Up-Werte M (SD)
Fachwissenschaftliche Gruppe (n = 22)	-0.09 (1.02)	-0.41 (1.10)	-0.27 (0.94)
Fachw.-fachdid. Gruppe (n = 22)	0.05 (0.84)	-0.27 (1.03)	-0.32 (0.95)
Fachdidaktische Gruppe (n = 24)	-0.42 (0.83)	-0.54 (0.78)	-0.29 (0.86)
Kontrollgruppe (n = 36)	-0.39 (0.93)	-0.56 (0.81)	-0.72 (0.91)

Anmerkung. Die Studierenden bewerteten die Aussage auf einer Skala von -2 (trifft überhaupt nicht zu) bis +2 (trifft genau zu).

Aussage 8: Bei systemwissenschaftlichen Fragen würden alle ProfessorInnen, die das Fach vertreten, zu denselben Antworten gelangen.

Eine ANOVA zeigt einen Haupteffekt: $F(2, 202) = 3.49$; $p = .032$; $\eta_p^2 = .033$. Bereits im Prätest ($M = -0.98$, $SD = 0.88$) wurde die Aussage angezweifelt. Der Effekt lässt sich darauf zurückführen, dass es in Posttest ($M = -1.17$, $SD = 0.74$) und Follow-Up-Test ($M = -1.10$, $SD = 0.80$) zu einer noch stärkeren Ablehnung kommt.

Alle Gruppen lehnen die Aussage eher ab, am stärksten die Kontrollgruppe und die fachwissenschaftliche Gruppe, wie Tabelle 5.11 zeigt. Die fachdidaktische Gruppe lehnt die Aussage am wenigsten stark ab.

Tabelle 5.11. Bewertung der Aussage 8 *Bei systemwissenschaftlichen Fragestellungen würden alle ProfessorInnen, die das Fach vertreten, zu denselben Antworten gelangen.*

Aussage 8	Prä-Werte $M\,(SD)$	Post-Werte $M\,(SD)$	Follow-Up-Werte $M\,(SD)$
Fachwissenschaftliche Gruppe ($n = 23$)	-1.13 (0.55)	-1.43 (0.84)	-1.00 (0.85)
Fachw.-fachdid. Gruppe ($n = 22$)	-0.82 (0.96)	-1.14 (0.47)	-1.09 (0.92)
Fachdidaktische Gruppe ($n = 24$)	-0.50 (1.06)	-0.79 (0.78)	-0.87 (0.80)
Kontrollgruppe ($n = 36$)	-1.31 (0.71)	-1.28 (0.70)	-1.31 (0.67)

Anmerkung. Die Studierenden bewerteten die Aussage auf einer Skala von -2 (trifft überhaupt nicht zu) bis +2 (trifft genau zu).

Es zeigt sich nach Pillai-Spur keine Interaktion zwischen den Gruppen: $F(6, 202) = 1.67$; $p = .130$; $\eta_p^2 = .047$.

Allerdings zeigt sich ein Zwischensubjekteffekt mittlerer Stärke: $F(3, 101) = 4.60$; $p = .005$, $\eta_p^2 = .120$. Ein Post-Hoc-Test nach Tukey erklärt, dass dieser Effekt auf einen signifikanten Unterschied ($p = .003$) zwischen der fachdidaktischen Gruppe und der Kontrollgruppe sowie zwischen der fachwissenschaftlichen Gruppe und der fachdidaktischen Gruppe ($p = .049$) zurückzuführen ist. Die anderen Gruppen unterscheiden sich nicht signifikant voneinander (alle $ps > .3$).

Zusammenfassend lässt sich festhalten, dass sechs der acht Fragen des Fragebogeninstruments signifikante Effekte zeigen. Allerdings zeigen sich Effekte auch in der Kontrollgruppe. Einen Interaktionseffekt zeigt nur Impuls 3, der Unterschiede zwischen einzelnen Treatmentgruppen und der Kontrollgruppe betrifft. Die Ergebnisse zeigen somit gruppenübergreifende Veränderungen in epistemischen Urteilen durch die Seminare, nicht jedoch zwischen verschieden Treatmentgruppen, sodass sich auf Basis des Fragebogeninstruments keine Unterschiede in der Entwicklung zwischen den Treatmentgruppen berichten lassen.

Auswertung des CAEB

Die Auswertung des Instruments CAEB zeigt wenig Effekte. Grundsätzlich wird Wissen zum Ökosystem Wald in Bezug auf den Faktor Textur als eher strukturiert gesehen (Prätest: $M = 3.19$; $SD = 0.80$, Posttest: $M = 3.18$; $SD = 0.70$, Follow-Up-Test: $M = 3.21$; $SD = 0.71$).

Eine Varianzanalyse mit Messwiederholung mit allen vier Gruppen zeigt in Bezug auf den Faktor Textur keinen Haupteffekt: $F(2, 94) < 1$, jedoch einen signifikanten Interaktionseffekt: $F(6, 186) = 2.3$; $p = .037$ (Hotelling-Spur). Der Effekt beruht auf einem signifikanten Unterschied in der Kontrollgruppe sowie einem Trend in der fachdidaktischen Gruppe: So zeigt sich zwischen Prä- und Posttest ein signifikanter Unterschied bei der Kontrollgruppe: $t(34) = -2.2$; $p = .034$; $d = 0.39$. Der Effekt ist darauf zurückzuführen, dass die die Kontrollgruppe Wissen zum Ökosystem Wald vom Prä- zum Posttest als unstrukturierter ansieht (Prätest: $M = 3.07$; $SD = 0.70$; Posttest: $M = 3.33$; $SD = 0.65$). Ferner zeigt sich in der Kontrollgruppe ein signifikanter Unterschied zwischen Prä- und Follow-Up-Test: $t(36) = -2.08$; $p = .045$, $d = 0.33$. Der Wert des Follow-Up-Tests liegt nah am Wert des Posttests: $M = 3.31$; $SD = 0.65$.

Die fachdidaktische Gruppe zeigt als einzige Gruppe einen Trend: $t(23) = 1.9$; $p = .067$, $d = -0.45$. Dieser ist darauf zurückzuführen, dass Wissen im Prätest als strukturierter ($M = 3.33$, $SD = 0.74$) wahrgenommen wird als im Posttest ($M = 3.01$, $SD = 0.61$). Auch zwischen Post- und Follow-Up-Test zeigt sich bei der fachdidaktischen Gruppe ein Trend ($t(22) = 1.9$; $p = .078$, $d = 0.30$. Wissen in der Ökosystemforschung wird im Follow-Up-Test wieder etwas strukturierter gesehen ($M = 3.20$; $SD = 0.64$).

Andere Gruppen zeigen keine signifikanten Effekte oder Trends zwischen den Messzeitpunkten (alle $ps > .15$).

In Bezug auf die Variabilität sehen die Studierenden das Fachwissen zum Ökosystem Wald über alle Gruppen als eher offen bzw. relativ (Prätest: $M = 4.80$; $SD = 0.85$, Posttest: $M = 4.93$; $SD = 0.92$, Follow-Up-Test: $M = 4.87$; $SD = 0.85$).

Eine Varianzanalyse mit Messwiederholung mit allen vier Gruppen ergab in Bezug auf den Faktor Variabilität keinen Haupteffekt ($F(2, 98) < 1$) und keinen signifikanten Interaktionseffekt: $F(6, 194) = 1.35$; $p > .2$ (Hotelling-Spur).

Reflexionsjournale

In den Reflexionsjournalen zeigt sich, dass durch die inhaltliche Konfrontation mit dem Systemdenken eine Reflexion über die Beschaffenheit von Wissen und den Prozess des Wissenserwerbs ausgelöst wird. Bei dem überwiegenden Teil der Teilnehmenden führt dies zu differenzierteren Sichtweisen. So entwickeln sich die Urteile der Studierenden beispielsweise von klaren Positionen (*Forschungsfragen in den Systemwissenschaften lassen sich eindeutig beantworten*) zu differenzierteren Reflexionen (*Die eindeutige Beantwortung hängt von der Forschungsfrage bzw. dem Kontext ab* oder *Eindeutigkeit ist nicht Ziel der Systemwissenschaft*).

Ferner zeigt das Journal eine unterschiedliche Entwicklung zwischen den drei Experimentalgruppen über den gesamten Seminarzeitraum hinweg.

Im Folgenden wird das entstandene Kategoriensystem mit den detaillierten Ergebnissen zu den Impulsfragen vorgestellt. Zu den einzelnen Impulsen werden zunächst gruppenübergreifende Veränderungen vorgestellt, im Anschluss werden unterschiedlichen Entwicklungen zwischen den Treatmentgruppen berichtet.

Frage 5: Wie eindeutig lassen sich Forschungsfragen in den Systemwissenschaften beantworten?

Zu der Frage wurden folgende Kategorien definiert:

A. Eindeutig/ziemlich eindeutig

In diese Kategorie fallen Antworten, die annehmen, dass die Systemwissenschaften grundsätzlich zu eindeutigen Antworten kommen bzw. dazu tendieren.

Sollte in den Antworten neben einer Tendenz zu Eindeutigkeit ein Problembewusstsein diskutiert werden, dass wissenschaftliche Ergebnisse keine absolute Gewissheit liefern, wurde nicht Kategorie A, sondern Kategorie C gewählt.

Beispiele für Aussagen der Kategorie A:

- Die Forschungsfragen lassen sich mithilfe der Systemmodelle sehr gut beantworten. Die Modelle liefern auch Werte, die sehr genau sind (auf die einzelnen Dezimalstellen). Durch das Durchspielen solcher Modelle können auch schwerwiegende Einflussfaktoren ermittelt werden. (LPUS22)

- Wenn man zum Beispiel versucht einen Weg zu finden, um die Überfischung in einem bestimmten Gebiet zu verhindern, lässt sich mit einem guten Systemmodell schnell prüfen, welche Veränderung im Fischbestand auftritt wenn man die max. Fangmenge reduziert oder ob es nicht besser ist, die Zulassung der Fischerboote zu begrenzen. Viele Forschungsfragen lassen sich also eindeutig beantworten. (ACDS02)

B. Nicht eindeutig/eher nicht eindeutig

In diese Kategorie fallen Reflexionen, die zu „nicht eindeutig" tendieren - gegebenenfalls mit Einschränkungen.

Beispiele für Aussagen dieser Kategorie:

- Nach den letzten Sitzungen stehe ich dieser Frage noch kritischer gegenüber. Vor allem, weil thematisiert wurde, wie schwierig es ist, zuverlässige und relativ konkrete Werte für die Einflussgrößen zu finden. Es ist nahezu unmöglich ein System so darzustellen, wie es sich in Wirklichkeit verhält (EEDH04)
- Die Meinungen verschiedener Forscher sind abweichend voneinander. (UHTS18)
- Eine eindeutige, 100%ig sichere Beantwortung von Fragen stelle ich mir schwer vor, da ein Ökosystem unglaublich komplex ist. Um eine Frage wirklich eindeutig beantworten zu können, müsste man wirklich alle Variablen und alle Wechselwirkungen innerhalb eines Systems erkennen und berücksichtigen, was aber schier unmöglich ist! (EEDH04)

C. Unentschiedene Position aufgrund von Komplexität wissenschaftlicher Forschungsfelder

Aussagen wurden unter dieser Kategorie zusammengefasst, wenn in Richtung keines Pols eindeutig Position bezogen wurde bzw. beide Pole gegeneinander abgewogen und als (nahezu) gleichwertig dargestellt wurden. Die Kategorie wurde ebenfalls gewählt, wenn zwar eine Tendenz zu klaren Ergebnissen gesehen wurde, gleichzeitig jedoch mit einem Problembewusstsein für eine verbleibende Unsicherheit argumentiert wurde. Beispiele für Aussagen dieser Kategorie:

- Hm...ich würde sagen, dass das auf die Fragestellung und das Themengebiet ankommt. Grundsätzlich scheinen Vorhersagen nur ungenau zuzutreffen, aber Tendenzen werden sichtbar. Bei gut zu untersuchenden bzw. schon weitgehend erforschten Teilgebieten lassen sich hingegen durchaus qualitative Rückschlüsse ziehen. (OUKK14)
- Die Forschungsfragen lassen sich relativ sicher beantworten, aber nicht absolut sicher, da es immer Faktoren geben kann, die nicht miteinkalkuliert werden können, z.B. ein großes Unwetter, ein extremer Befall von Schädlingen usw. (EEIL28)

D. Eindeutigkeit ist nicht Ziel der Systemwissenschaften
(Sonderform von Nicht-Eindeutig)

Dieser Kategorie wurden Antworten zugeteilt, wenn Eindeutigkeit nicht als primäres Ziel der Systemwissenschaften interpretiert wurde, sondern alternative Erkenntnisziele der Systemwissenschaften genannt wurden, beispielsweise das Erstellen von unterschiedlichen Szenarien. So wird die Fragestellung in den Reflexionen als grundsätzlich unangemessen betrachtet, da in den Systemwissenschaften anstelle von eindeutigen Ergebnissen Trends und Szenarien erarbeitet werden.

Beispiele für Aussagen dieser Kategorie:

- Die Systemwissenschaft ermöglicht nur Prognosen für Szenarien zu treffen, ob diese dann tatsächlich eintreffen werden, ist ungewiss, da es letztendlich doch nur eine Art `Theorie` ist. (HMFB04)

- Systemmodelle werden zum Lösen von komplexen Problemen genutzt sie können nur Prognosen und Tendenzen aufzeigen, aber nie eine 100%-ige Aussage. (TCIS24)

E. Kein Vorwissen/kein Urteil

Diese Kategorie wurde gewählt, wenn kein (Vor-)Wissen vorhanden war bzw. über die Fragestellung bisher nicht nachgedacht wurde. Ein Beispiel für Aussagen dieser Kategorie:

- Da ich darüber vor der Sitzung kein Wissen hatte, hätte ich darüber nichts sagen können. (EEIL28)

F. Äußerung nicht zur Fragestellung/ Ausschließlich Reflexion über eine andere Fragestellung

Wenn im Reflexionsjournal über eine Frage nachgedacht wurde, die nicht zur eigentlichen Fragestellung passt, wurde diese Kategorie gewählt. Ein Beispiel für Aussagen dieser Kategorie:

- Nach der heutigen Sitzung ist mir vor allem die volle Komplexität und Dynamik von Ökosystemen bewusst geworden. (EEDH04)

Vor der Intervention hat der überwiegende Teil der Studierenden kein Vorwissen (Kategorie E; $n = 10$) bzw. antwortet noch nicht direkt auf diese Fragestellung ($n = 4$), wie Abbildung 5.1 zeigt.

Drei Personen antworten *eher eindeutig*. Einmal ohne Begründung, einmal, dass Forschung generell eindeutig sei; einmal wurden Beziehungen zu Mathematik und Naturwissenschaften hergestellt, die eindeutig seien.

Zehn Personen sehen die Beantwortung von Forschungsfragen als eher nicht eindeutig an. Als Gründe werden unterschiedliche Absichten und Interpretationen der Forschenden genannt sowie die Komplexität des Feldes. Eine Person beschreibt Forschung als generell unsicher.

Eine unentschiedene Position (Kategorie C) nimmt vor der Intervention keiner der Probanden ein, bzw. antwortet keiner, dass die Eindeutigkeit oder Nichteindeutigkeit von der Forschungsfrage abhänge (siehe Abbildung 5.1).

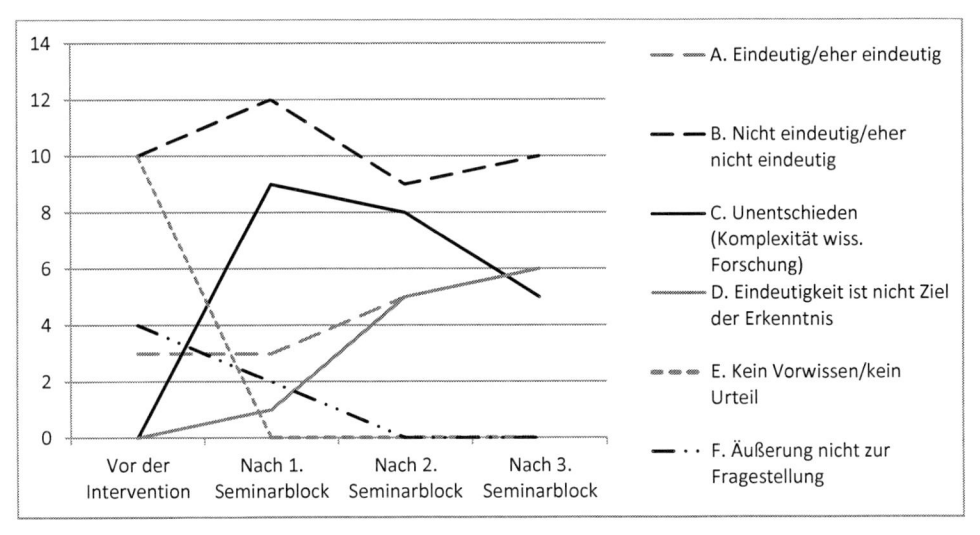

Abbildung 5.1. Ergebnisse zu Frage 5 *Wie eindeutig lassen sich Forschungsfragen in den Systemwissenschaften beantworten?* N = 27 Mehrfachcodierungen nicht möglich.

Nach dem ersten Seminarblock ändern 18 Studierende ihre Einschätzung bzw. treffen erstmals eine Beurteilung. Neun Studierende beschreiben abwägend eindeutige und nicht eindeutige Möglichkeiten, deren Beantwortung auch vom Zeithorizont der Fragestellung abhängt. Insgesamt bleiben diese neun Studierenden zwischen den zwei Polen noch unentschieden - in den weiteren Einträgen nimmt diese Höchstzahl von neun Studierenden in der Kategorie C (Unentschieden) wieder ab und die Studien ordnen sich klarer einer bestimmten Position zu.

Neben der abwägenden Kategorie C (Unentschieden) zeigt sich auch erstmals eine Antwort der Kategorie D, dass Eindeutigkeit nicht Ziel der Systemwissenschaften sei, da nicht in erster Linie sichere Ergebnisse gefragt seien, sondern es vorrangig um die Erarbeitung von Lösungsansätzen und Prognosen gehe.

Als eindeutig oder eher eindeutig sehen weiterhin nur drei Studierende die Systemwissenschaften an. Ein Großteil der Studierenden ($n = 12$) ist zu diesem Zeitpunkt der Ansicht, Forschungsfragen ließen sich nicht eindeutig beantworten. Das wird einerseits noch recht generell beantwortet („Jeder findet andere Lösungsansätze"), andererseits wird angeführt, dass in Systemwissenschaften in der Regel nur Annäherungen möglich sind, die Tendenzen beschreiben.

Nach dem zweiten Seminarblock ändern 14 Teilnehmende ihre Einschätzung. Zwischen den Kategorien A (Eindeutig/eher eindeutig), B (Nicht eindeutig/eher nicht eindeutig) und C (Unentschieden) zeigen sich gegenseitige Wechsel. Besonders auffällig ist allerdings der Anstieg der Kategorie, dass „Eindeutigkeit nicht Ziel der Systemwissenschaften" sei. Ließ sich nach dem ersten Seminarblock nur ein Eintrag in dieser Kategorie positionieren, sind es inzwischen fünf Einträge, die einen Anspruch grundsätzlich-eindeutiger Ergebnisse in den Systemwissenschaften in Frage stellen.

Tabelle 5.12. Ergebnisse zu Gruppenunterschieden in Frage 5 (Reflexionsjournal).

Frage 5
Wie eindeutig lassen sich Forschungsfragen in den Systemwissenschaften beantworten?

$N = 27$

Kategorien	Vor der Intervention			Nach 1. Seminarblock			Nach 2. Seminarblock			Nach 3. Seminarblock		
	FW	FW/FD	FD	FW	FW/FD	FD	FW	FW/FD	FD	FW	FW/FD	FD
A. Eindeutig/eher eindeutig	2	1	0	1	1	1	1	2	2	2	2	2
B. Nicht eindeutig/eher nicht eindeutig	4	2	4	6	3	3	5	1	3	6	1	3
C. Unentschieden	0	0	0	2	3	4	3	2	3	0	2	3
D. Eindeutigkeit nicht Ziel der	0	0	0	0	1	0	1	4	0	2	4	0
E. Kein Vorwissen/ kein Urteil	4	3	3	0	0	0	0	0	0	0	0	0
F. Nicht zur Fragestellung	0	3	1	1	1	0	0	0	0	0	0	0
Änderungen zum vorherigen Seminarblock	entfällt			6	6	6	6	8	0	3	0	0

Anmerkungen. FW = fachwissenschaftlich ausgerichtetes Seminar, FW/FD = fachwissenschaftlich und fachdidaktisch ausgerichtetes Seminar, FD = fachdidaktisch ausgerichtetes Seminar. Mehrfachcodierungen nicht möglich.

Werden die Reflexionsjournale der drei Experimentalgruppen verglichen (vgl. dazu Tabelle 5.12), zeigen sich folgende Auffälligkeiten: Nach dem dritten Seminarblock halten sechs Studierende der fachwissenschaftlichen Gruppe Fragen der Systemwissenschaften für nicht (oder eher nicht) eindeutig zu beantworten, in der fachdidaktischen Gruppe sind es drei Personen und in der fachwissenschaftlich-fachdidaktischen Gruppe eine.

Während nach dem ersten Seminarblock pro Gruppe jeweils sechs Studierende ihre Ansichten ändern, fällt dies nach dem zweiten Seminarblock sehr unterschiedlich aus: In der fachwissenschaftlich-fachdidaktischen Gruppe ändern alle acht Studierenden ihre Ansicht, in der fachwissenschaftlichen Gruppe sechs Studierende und in der fachdidaktischen Gruppe nur zwei.

Nach dem dritten Seminarblock ändern nochmals drei Studierende der fachwissenschaftlichen Seminargruppe ihre grundsätzliche Einschätzung, in der fachdidaktischen und fachwissenschaftlich-fachdidaktischen Gruppe aber keiner der Teilnehmenden. Ergänzend zu den Kategorien sei angemerkt, dass, selbst wenn die Studierenden der fachwissenschaftlichen Gruppe ihre Ansichten nicht mehr grundsätzlich ändern, ihre Antworten dennoch weiterhin reflektiert ausfallen und inhaltlich differenziert begründet werden. Dagegen geben sieben von acht Personen der fachdidaktischen Gruppe an, dass sich ihre Meinung nicht geändert habe, da sie nichts Neues dazu gelernt haben.

Frage 7: Was assoziieren Sie in den Systemwissenschaften mit „widerlegbar"?

Zu Frage 7 wurden folgende Kategorien definiert:

A. Grundsätzliche Widerlegbarkeit
Diese Kategorie wurde gewählt, wenn wissenschaftliche Ergebnisse (auch über die Systemwissenschaften hinaus) als grundsätzlich widerlegbar angesehen wurden oder neue Forschungsergebnisse mit der Zeit ältere widerlegen. Beispiele für Aussagen dieser Kategorie:

- „Widerlegbar" ist im Grunde alles. [...] Ich gehe inzwischen, und auch dank des Seminars, von einem komplexen Wahrheits- und Wirklichkeitsbegriff aus. (HECN10)
- Im Prinzip ist jedes Ergebnis, das der Forschung entspringt, widerlegbar. (AEJR23)

B. Systemwissenschaftliche Widerlegbarkeit
Diese Kategorie wurde gewählt, wenn Erkenntnisse in den Systemwissenschaften als potenziell widerlegbar angesehen wurden. Dabei werden die Erkenntnisse durch Ausbleiben prognostizierter Ereignisse oder neue Erkenntnis als widerlegt angesehen. Durch aktuellere oder differenziertere Daten würden ferner bisherige Modelle widerlegt. Außerdem beschreiben die Studierenden, dass systemwissenschaftliche Analysen (beispielsweise von Wirkungsgefügen) und Modelle beim Widerlegen helfen. Beispiele für Aussagen dieser Kategorie:

- Diese Frage lässt sich umgekehrt zu Frage 6 beantworten. ☺ Widerlegbar ist, wenn etwas anderes eintrifft, als eigentlich vorhergesagt wurde. Oder aber auch, wenn jemand anhand empirischer Daten zeigen kann, dass auch bisher unberücksichtigte Elemente Teil eines Systems sein müssen, also Einfluss auf dieses haben. (ACDS02)
- Wenn jemand beweisen kann, dass in einem existierenden Modell ein wichtiges Element fehlt, wäre dieses widerlegt. (ACDS02)
- Neue Erkenntnisse können in den Systemwissenschaften eine andere ältere Erkenntnis nur bekräftigen oder widerlegen. (NABJ06)

C. Widerlegbarkeit ist kein primäres Ziel der Systemwissenschaften
Wenn beschrieben wurde, dass in Prognosen nicht der Anspruch liege, exakt oder eindeutig die Zukunft vorauszusagen, wurde diese Kategorie gewählt. Es wurde in

dieser Kategorie beispielsweise argumentiert, dass die Systemwissenschaften keine Mathematik seien und es um das Zeigen, Prognostizieren und die Bedeutung von Einflüssen gehe und nicht um Beweise und Widerlegung. „Widerlegbar" sei eine unpassende Kategorie. Beispiele für Aussagen dieser Kategorie:

- Es geht nicht schwerpunktmäßig um Beweisbarkeit, sondern um „Was passiert wenn?" [...] Da es in der Ökosystemforschung nicht schwerpunktmäßig um Beweisen geht, geht es auch nicht schwerpunktmäßig um Widerlegen. (OEGH10)
- Systemmodelle sind nur Annäherungen und werden häufig verbessert, weil neue unbekannte Faktoren hinzukommen und eine Änderung der Entwicklung verursachen. (HMFB04)

D. Erkenntnisleitende Interessen führen zur Widerlegung

Diese Kategorie wurde gewählt, wenn beschrieben wurde, dass Interessen Ergebnisse beeinflussen bzw. dass durch bewusste Gewichtung der Faktoren alles widerlegt werden könne. Ein Beispiel für Aussagen dieser Kategorie:

- Mir ist klarer geworden, dass je nachdem welches Interesse hinter einer Forschungsfrage bzw. einem -ergebnis steht, kann quasi jedes Forschungsergebnis durch eine andere Studie widerlegt werden. (HECN10)

E. Kein Vorwissen/mathematisches Verständnis

Diese Kategorie wurde gewählt, wenn kein Vorwissen vorhanden war bzw. sich das Verständnis zu „widerlegbar" ausschließlich auf eine mathematische Widerlegbarkeit bezog. Ein Beispiel für Aussagen dieser Kategorie:

- [...] der Begriff „widerlegbar" [ist mir] hinsichtlich der Ökosystemforschung noch nicht begegnet (ERIT26)

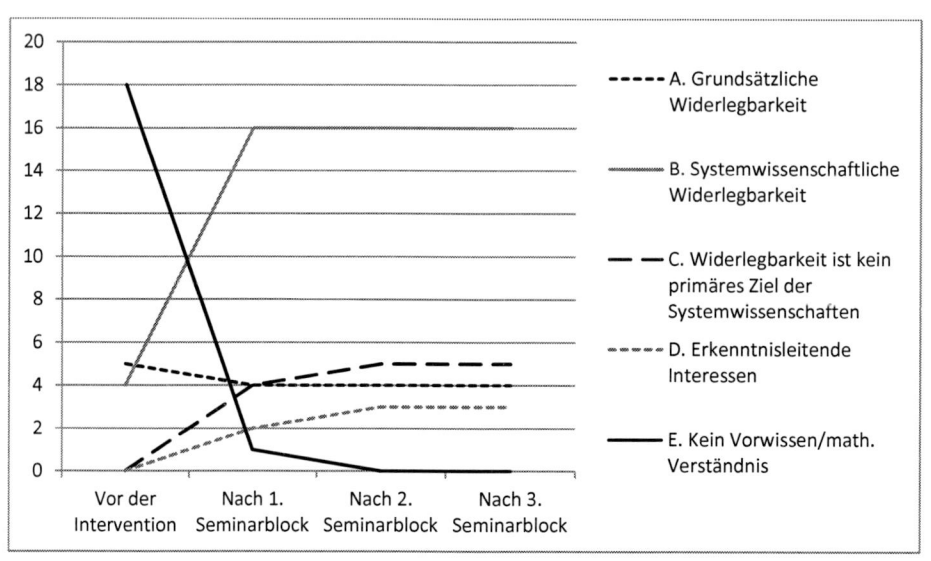

Abbildung 5.2. Ergebnisse zu Frage 7 *Was assoziieren Sie in den Systemwissenschaften mit „widerlegbar"?* N = 27 Mehrfachcodierungen möglich.

Vor der Intervention hatten 18 Teilnehmende kein Vorwissen oder mathematische Vorstellungen von Widerlegbarkeit, wie Abbildung 5.2 zeigt. Diese Teilnehmenden haben ihre Vorstellungen zum größeren Teil bereits nach dem ersten Seminarblock (insgesamt 19 Änderungen) in Richtung „systemwissenschaftlicher Widerlegbarkeit" ($n = 16$, vorher $n = 4$) und in geringerem Maße in Richtung „Prognosen dienen nicht der Widerlegbarkeit" ($n = 4$, vorher $n = 0$) geändert. Vier Teilnehmende stuften wissenschaftliche Erkenntnisse als für grundsätzlich widerlegbar ein, ohne dabei speziell auf die Systemwissenschaften einzugehen.

Ferner vermuten nach der ersten Seminarsitzung zwei der Studierenden und nach der zweiten Seminarsitzung drei der Studierenden, dass auch erkenntnisleitende Interessen eine Rolle bei der Widerlegung systemwissenschaftlicher Erkenntnis spielen („je nachdem, welches Interesse hinter einer Forschungsfrage bzw. einem Ergebnis steht, kann quasi jedes Forschungsergebnis durch eine andere Studie widerlegt werden.", HECN10).

Auffällig ist ferner, dass nach dem dritten Seminarblock keine grundsätzlichen Änderungen mehr in den Einschätzungen vorgenommen werden.

Tabelle 5.13. Ergebnisse zu Gruppenunterschieden in Frage 7 (Reflexionsjournal).

Frage 7
Was assoziieren Sie in den Systemwissenschaften mit „widerlegbar"?

$N = 27$

Kategorien	Vor der Intervention			Nach 1. Seminarblock			Nach 2. Seminarblock			Nach 3. Seminarblock		
	FW	FW/FD	FD	FW	FW/FD	FD	FW	FW/FD	FD	FW	FW/FD	FD
A. Grundsätzliche Widerlegbarkeit	2	1	2	1	1	2	1	1	2	1	1	2
B. Systemwissenschaftliche Widerlegbarkeit	2	1	1	7	5	4	7	5	4	7	5	4
C. Prognosen dienen nicht Widerlegbarkeit	0	0	0	1	1	2	1	1	3	1	1	3
D. Erkenntnisleitende Interessen	0	0	0	2	0	0	2	1	0	2	1	0
E. Kein Vorwissen/ „naiv"/ math. Verst.	6	6	6	0	0	1	0	0	0	0	0	0
Änderungen zum vorherigen Seminarblock	entfällt			8	6	5	2	2	1	0	0	0

Anmerkungen. FW = fachwissenschaftlich ausgerichtetes Seminar, FW/FD = fachwissenschaftlich und fachdidaktisch ausgerichtetes Seminar, FD = fachdidaktisch ausgerichtetes Seminar. Mehrfachcodierungen nicht möglich.

Bei einem Vergleich der Gruppen (siehe Tabelle 5.13) fällt die fachdidaktische Gruppe auf, von denen die meisten schon nach dem zweiten Durchgang sagen, dies sei kein Inhalt gewesen. Ferner fallen die Urteile einiger fachdidaktischer Teilnehmerinnen allgemeiner aus bzw. argumentieren sie häufig, dass Prognosen von ihrer Natur her grundsätzlich etwas anderes sind als widerlegbare Fakten.

Die fachwissenschaftliche Gruppe sieht explizit systemwissenschaftliche Möglichkeiten der Widerlegung von Erkenntnissen und begründet dies überwiegend reflektiert und im Hinblick auf das spezielle Gebiet der Systemwissenschaften.

Nach dem zweiten Seminarblock ändern keine Teilnehmenden mehr ihr grundsätzliches Urteil.

Frage 8: Wie exakt sind die Ergebnisse der Systemwissenschaften?

Zu Frage 8 wurden folgende Kategorien definiert:

A. Fehlende systemwissenschaftliche Exaktheit beispielsweise wegen Dynamik oder hoher Anzahl von Faktoren.

Die Kategorie wurde gewählt, wenn Exaktheit zwar als möglich beschrieben wurde, aber grundsätzliche Schwierigkeiten reflektiert wurden, da Systeme einer Dynamik unterliegen und Faktoren variabel und zahlreich sind, was zu wenig explizit exakten Ergebnissen führt. Beispiele für Aussagen dieser Kategorie:

- Nicht sehr exakt, da die Faktoren variabel sind. (WCBS28)
- System unterliegt einer Dynamik. Das Ergeb. ist sehr individuell und situationsbezogen. Keine exakten Ergeb. möglich. (OLAF11)
- Da ein System bzw. ein von uns festgelegtes System auch immer von uns gemachten Grenzen ausgeliefert ist, denke ich dass hier noch enorm viel Spielraum anderer Wechselwirkungen, die nicht betrachtet worden sind, aber evtl. trotzdem noch großen Einfluss auf das System haben kann. Dadurch können auch große Abweichungen vom Ergebnis entstehen. (AEGS27)

B. Exaktheit ist nicht Ziel.

Diese Kategorie wurde gewählt, wenn Exaktheit nicht als primäres Ziel beschrieben wurde, da nicht „fertige Systeme" untersucht, sondern Zukunftsprognosen erstellt werden. Prognosen sollen den Reflexionen zufolge richtungsweisend sein. Modelle liefern Möglichkeiten, keine Wahrheiten. Prognosen liefern Tendenzen, aber keine exakten Wahrheiten. Beispiele für Aussagen dieser Kategorie:

- Allgemein ist das Verhalten realer Systeme sehr komplex und schwierig zu verstehen. In der Wirkungsanalyse werden meist nur die wichtigsten Elemente betrachtet, um damit erste Ansätze für eine zukunftsfähige, nachhaltige Entwicklung aufzuzeigen. Konkrete Handlungsweisen und exakte Ergebnisse werden nicht erwartet. (UHTS18)
- Mit Hilfe von Systemmodellen kann man Ansätze, Tendenzen, Prognosen & Vorhersagen treffen, um komplexe Probleme anzugehen. Die Erkenntnisse dieser Systemmodelle, die einen kleinen von uns begrenzten Ausschnitt der Wirklichkeit darstellen, können uns nur vage Ergebnisse liefern. -> Diese Ergebnisse sind allerdings schon von Bedeutung. (TCIS24)

C. Berechnungen sind exakt, aber nicht Prognosen.

Diese Kategorie wurde gewählt, wenn zwischen den systemwissenschaftlichen Berechnungen selbst und den erstellen Prognosen in Bezug auf Exaktheit unterschieden wurde. Antworten dieser Kategorie gehen davon aus, dass zugrundeliegende Berechnungen exakt sind, aber nicht das Eintreffen der Prognosen. Beispiele für Aussagen dieser Kategorie:

- Mit quantitativen, computerbasierten Systemmodellen kann man sehr exakte Ergebnisse erhalten. [...] Die Ergebnisse sind zwar exakt, dennoch weiß man nicht sicher, welcher Entwicklungspfad eintritt. (IAAS09)
- Es können aktuelle Daten exakt angegeben werden, wodurch der aktuelle Zustand eines Systems relativ exakt dargestellt werden kann. Dadurch, dass die Systemwissensch. aber `in der Zukunft` arbeitet, kann nicht von exakten Ergebnissen ausgegangen werden, z.B. Entwicklung des Klimas ist sehr unsicher. (ABEJ01)

D. Exaktheit ist kontextabhängig (von Modell, Daten, Zeit und Forschungsgegenstand)

Wenn beschrieben wurde, dass einige Modelle relativ genau sind, andere jedoch ungenau, wurde diese Kategorie gewählt. Verhaltenserklärende Modelle werden in dieser Kategorie beispielsweise als genauer beschrieben, als verhaltensbeschreibende. Es wird darauf hingewiesen, dass die Qualität der verwendeten Daten Einfluss auf die Exaktheit der Ergebnisse hat. Exaktheit wird ferner als häufig nur kurzfristig möglich beschrieben, es wird ausgesagt, dass Ergebnisse wirklich exakt nur für kurze Zeiträume und wenige eingeschlossene Faktoren sein können. Beispiele für Aussagen dieser Kategorie:

- [...] mit verhaltenserklärenden Modellen [sind] auch unter neuen, noch nicht beobachteten Rahmenbedingungen, sicherere Prognosen möglich, als mit verhaltensbeschreibenden Modellen. (IAAS09)
- Die Exaktheit der SW hängt davon ab, wie komplex ein System und deren Elemente sind. So ist ein Waldökomodell relativ genau, das Modell der Klimawandlung durch unerforschte Gebiete (Wolken) sehr ungenau. Die Exaktheit ist davon abhängig wie viele Unsicherheitsfaktoren in einem Modell vorhanden sind. (EOBB19)

E. Exakt, weil es eine Wissenschaft, bzw. Naturwissenschaft ist oder genaue Berechnungen möglich sind.

Wenn beschrieben wurde, dass Aussagen recht exakt sind, da es eine Wissenschaft sei, wurde diese Kategorie gewählt. Es wurde in dieser Kategorie ferner beschrieben, dass eine Exaktheit gegeben ist, da in Wissenschaften wohl keine großen Messfehler gemacht werden. Ferner wurde diese Kategorie gewählt, wenn in den Reflexionen Exaktheit damit begründet wurde, dass Naturwissenschaften und/oder Statistik exakter als Gesellschaftswissenschaften seien. Beispiele für Aussagen dieser Kategorie:

- Ich denke, dass es zwar nie eine absolute Exaktheit geben kann, jedoch alle Beteiligten und Arbeitsschritte dafür sorgen, dass die Systemwissenschaften möglichst exakt sind. (AEJR23)
- Ich denke, dass die Aussagen bzw. Ergebnisse relativ exakt sind, da in der Ökosystemforschung sehr viele Bereiche einbezogen werden. Durch die große Anzahl verschiedener Faktoren, kann man anschließend sehr exakte Ergebnisse erzielen. Da die Ökosystemforschung auch eine `Wissenschaft` ist, gehe ich außerdem davon aus, dass keine größeren Messfehler gemacht werden. (AEGS27)

F. Keine Antwort möglich

Wenn (aufgrund mangelnder Vorkenntnisse) keine Antwort möglich war oder die Studierenden ihre eigenen Vorkenntnisse als „falsche Vorstellungen" bezeichneten, wurde diese Kategorie gewählt. Ein Beispiel:

- Wie zuvor schon erwähnt, habe ich mir zuvor noch fast keine Gedanken über die Aussagekraft von Ökosystemforschung gemacht. (AEGS27)

Impuls acht spiegelt deutliche Entwicklungen in epistemischen Überzeugungen wider. Abbildung 5.3 zeigt, dass 23 Teilnehmende (in den Kategorien E und F) vor Beginn der Intervention keine oder nach eigener Einschätzung „falsche" Vorstellungen von Systemwissenschaften hatten ($n = 16$) bzw. die Vorstellung, (Natur-)Wissenschaften seien per se exakt ($n = 7$). Dass Naturwissenschaften per se exakt seien, schrieben nach dem ersten Seminarblock nur noch drei Teilnehmende und zu Ende dachten dies nur noch zwei Teilnehmende. Defizite bei der Exaktheit systemwissenschaftlicher Erkenntnis (A) sehen nach dem ersten Block bereits zehn Teilnehmende (vor Beginn des Seminars $n = 3$), und dass Exaktheit nicht Ziel der Systemwissenschaften sei, sagte vor dem Seminar nur ein Teilnehmender, und nach dem ersten Seminarblock waren es sieben.

Die Einschätzung fehlender systemwissenschaftlicher Exaktheit (A) nimmt zwar nach dem Höchstwert ($n = 10$) wieder etwas ab, allerdings differenziert sich hier die Meinung der Teilnehmenden weiter aus, so dass Exaktheit zunehmend unterschiedlich gesehen wird (D), je nach Modell, Daten, Zeithorizont und Forschungsgegenstand (bspw. Waldökomodell ist exakter zu fassen als der Klimawandel, EOBB19). Dies denken zu Ende der Veranstaltungen zehn Teilnehmende – vor dem ersten Seminarblock dachte es keiner (siehe Abbildung 5.3).

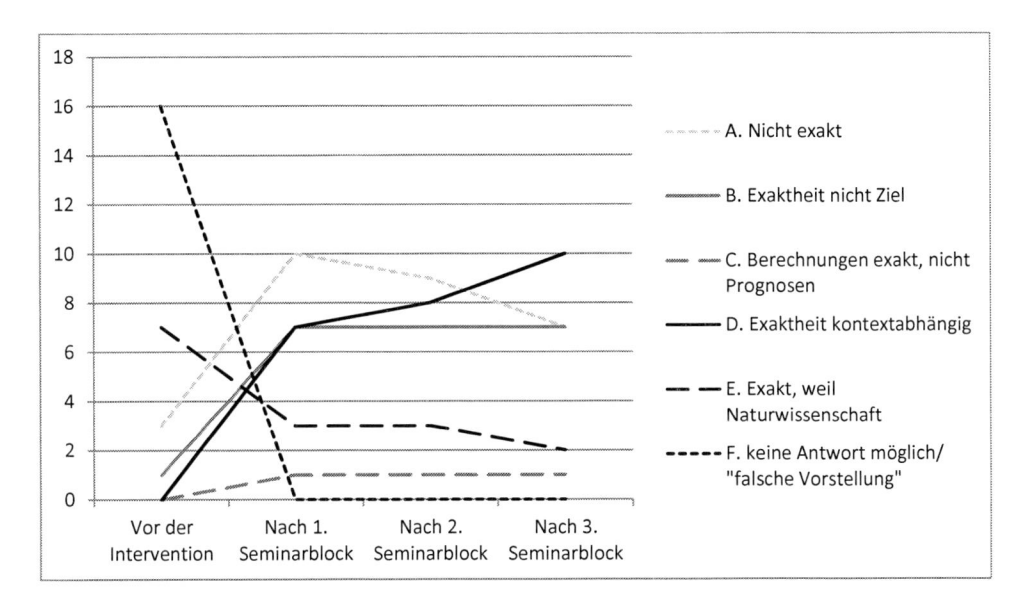

Abbildung 5.3. Ergebnisse zu Frage 8 *Wie exakt sind die Ergebnisse der Systemwissenschaften?* $N = 27$ Mehrfachcodierungen möglich.

Nach dem ersten Seminarblock zeigen sich 20 Änderungen, aber auch nach dem zweiten Seminarblock gab es nochmals zwölf Veränderungen.

Tabelle 5.14. Ergebnisse zu Gruppenunterschieden zu Frage 8 (Reflexionsjournal)

Frage 8
Wie exakt sind die Ergebnisse der Systemwissenschaften?

$N = 27$

Kategorien	Vor der Intervention			Nach 1. Seminarblock			Nach 2. Seminarblock			Nach 3. Seminarblock		
	FW	FW/FD	FD	FW	FW/FD	FD	FW	FW/FD	FD	FW	FW/FD	FD
A. Nicht exakt	1	1	1	5	3	2	3	3	3	3	2	2
B. Exaktheit nicht Ziel	0	1	0	2	4	1	3	3	1	4	2	1
C. Berechn. exakt, nicht Prognosen	0	0	0	1	0	0	0	0	1	0	0	1
D. Exaktheit kontextabhängig	0	0	0	2	0	5	3	0	5	3	2	5
E. Exakt, weil Naturwissenschaft	3	2	3	1	2	0	1	2	0	0	2	0
F. Keine Antwort möglich/"falsche Vorstellung"	5	5	5	0	0	0	0	0	0	0	0	0
Änderungen zum vorherigen Seminarblock	entfällt			7	5	8	5	4	3	1	4	1

Anmerkungen. FW = fachwissenschaftlich ausgerichtetes Seminar, FW/FD = fachwissenschaftlich und fachdidaktisch ausgerichtetes Seminar, FD = fachdidaktisch ausgerichtetes Seminar. Mehrfachcodierungen möglich.

Zwischen den Experimentalgruppen lassen sich unterschiedliche Veränderungen erkennen, wie Tabelle 5.14 zeigt: Ein Großteil der Studierenden der fachdidaktischen Gruppe ($n = 5$) tendiert nach dem ersten Seminarblock dazu, die Exaktheit systemwissenschaftlicher Erkenntnisse vom jeweiligen Model, den Daten oder Zeithorizonten abhängig zu machen, in der fachwissenschaftlichen Gruppe sind es zwei Studierende, in der fachwissenschaftlich-fachdidaktischen Gruppe noch keiner. Dagegen tendieren die Studierenden der fachwissenschaftlich-fachdidaktischen Gruppe stärker ($n = 4$) als die rein fachdidaktische ($n = 1$) sowie rein fachwissenschaftliche Gruppe ($n = 2$) zu der Einschätzung, dass Exaktheit kein primäres Ziel systemwissenschaftlicher Forschung sei.

Einige Teilnehmende der fachwissenschaftlich-fachdidaktischen Gruppe fallen auf, da sie bis zum Ende bei der Einschätzung bleiben, als Naturwissenschaft seien die Systemwissenschaften per se exakt.

Frage 9: Handeln die Systemwissenschaften ihre Erkenntnisse eher aus oder entdecken sie diese?

Antworten zu Frage 9 wurden in folgende Kategorien eingeteilt:

A. Entdeckt/Eher entdeckt

Diese Kategorie umfasst Aussagen, die Erkenntnisse der Systemwissenschaften eindeutig in Richtung „entdeckt" oder zumindest „eher entdeckt" verstehen. Beispiele für Aussagen dieser Kategorie:

- Er entdeckt sie! Ein Forscher forscht und sammelt Informationen. (EIER01)
- [Sie] entdeckt diese. Der Begriff der Forschung beinhaltet für mich das Entdecken oder Erforschen von etwas, wie z.B. einem System. (OLAF11)
- Ich denke sie entdeckt diese, da sie die Ökosysteme, die in der Natur existieren genauer analysiert und so auf ihre Erkenntnisse kommt. (EASM03)

B. Ausgehandelt/Eher ausgehandelt

Aussagen dieser Kategorien beschreiben Erkenntnisse als „ausgehandelt" oder tendieren zumindest deutlich zu „ausgehandelt". Dabei wird ausgehandelt häufig nicht als Prozess der Diskussion in der Scientific community verstanden, sondern insbesondere im Gewichten und Bewerten von Daten, also als ein „Handelndes Tun". Beispiele für Aussagen dieser Kategorie:

- Ich denke immer noch, dass die Systemwissenschaft ihre Erkenntnisse eher aushandelt. Unter „entdecken" verstehe ich ‚Beobachtungen anstellen, etwas ausprobieren etc.', zum Beispiel beim „Horst Förster Waldspiel". Dieses ist ein Black-Box-Modell, bei dem die Modellstruktur unbekannt ist. Die Simulation beschränkt sich auf das beobachtbare Systemverhalten. Ein Glas-Box-Modell ist effektiver. Bei diesem ist die Modellstruktur bekannt. […] Hier werden also am Computer Systemverhalten simuliert. Ich denke, die Systemwissenschaftler arbeiten mehr mit Glas-Box-Modellen, bei denen die Modellstruktur bekannt ist. Anhand von diesen handeln sie ihre Erkenntnisse aus. (IAAS09)
- Sie handelt diese aus. Entdeckt werden sie in verschiedenen anderen Naturwissenschaften. (NABJ06)

C. Aushandeln und Entdecken sind zentral

Aussagen, die sowohl dem Aushandeln (Kategorie B) als auch dem Entdecken (Kategorie A) im Erkenntnisprozess eine zentrale Rolle beimessen, fallen in diese Kategorie. Ein Beispiel für Aussagen dieser Kategorie:

- Die Ökosystemforschung handelt und entdeckt. Die Daten über ein System werden erfasst, dann wird am Computer eine Auswertung der Daten gemacht. Mit Hilfe von Simulationsprogrammen wird [sic] nun handelnd die Erkenntnisse erforscht. (EOBB19)

D. Kein Urteil/Keine Aussage/Kein Vorwissen

Wenn beschrieben wurde, dass kein (Vor-)Wissen vorhanden ist bzw. über die Fragestellung bisher nicht nachgedacht wurde, wurden die Reflexionen mit dieser Kategorie beschrieben. Ein Beispiel für Aussagen dieser Kategorie:

- Hierzu kann ich leider keine Antwort geben, da ich vor dem Besuch des Seminars keine Vorstellungen bezüglich Systemwissenschaften und Ökosystemforschung hatte. (AEJR23)

E. Äußerung nicht zur Fragestellung/ Ausschließlich Reflexion über eine andere Fragestellung/Unklare Äußerungen

Sollte im Reflexionsjournal über eine Frage reflektiert werden, die nicht zur eigentlichen Fragestellung passt, wurde diese Kategorie gewählt. Sollte in einem vorherigen Reflexionsjournaleintrag allerdings bereits eine Einschätzung zu dieser Fragestellung stattgefunden haben, wird der dieser Eintrag neben der Kategorie „E" außerdem wie der vorherige codiert. Ein Beispiel:

- [...] wir haben gelernt, wie Systeme durch verschiedene Methoden (Mystery, PC-Spiele. ...) von Schülern selbst entdeckt werden können und Zusammenhänge von ihnen selbst geschaffen werden können. (OEVM10)

Auch in Hinblick auf diese Frage zeigen sich zahlreiche Veränderungen. Vor dem ersten Seminarblock gaben zwölf der Studierenden an, kein ausreichendes Vorwissen für ein Urteil zu haben und zwölf weitere Studierende positionierten sich mit der Aussage, die Erkenntnisse würden entdeckt, häufig mit dem Kommentar, dass sie sich nicht vorstellen könnten, wie eine Wissenschaft ihr Wissen aushandeln könne. Dass die Systemwissenschaften ihr Wissen aushandeln, nahmen vor dem ersten Seminarblock noch keine Teilnehmenden an, eine Teilnehmende sah es als eine Mischung aus Aushandeln und Entdecken (siehe Abbildung 5.4).

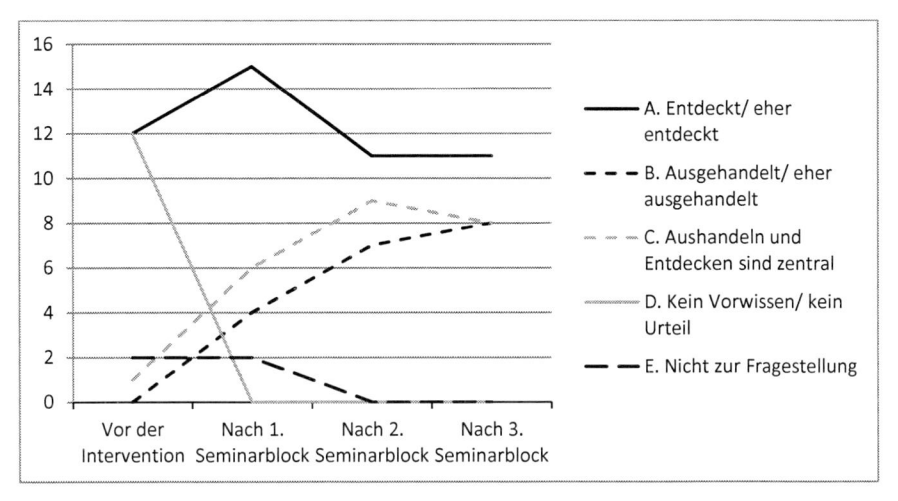

Abbildung 5.4. Ergebnisse zu Frage 9 *Handeln die Systemwissenschaften ihre Erkenntnisse eher aus oder entdecken sie diese?* N = 27 Mehrfachcodierungen nicht möglich.

Nach dem ersten Seminarblock ändern 15 Studierende ihre Position: Vier Studierende sahen in erster Linie einen Aushandlungsprozess und sechs Studierende eine Mischung aus Entdecken und Aushandeln.

Auch nach dem zweiten Seminarblock änderten nochmals zwölf Studierende ihre Ansicht. Als eher ausgehandelt sahen nun 7 Studierende die Erkenntnisse der Systemwissenschaft (nach dem Block davor 4) und eine Mischung aus Entdecken und Aushandeln sahen neun Studierende (davor 6).

Nach dem dritten Seminarblock gab es dagegen insgesamt nur noch vier Änderungen.

Tabelle 5.15. Ergebnisse zu Gruppenunterschieden zu Frage 9 (Reflexionsjournal)

Frage 9
Handeln die Systemwissenschaften ihre Erkenntnisse eher aus oder entdecken sie diese?

$N = 27$

Kategorien	Vor der Intervention			Nach 1. Seminarblock			Nach 2. Seminarblock			Nach 3. Seminarblock		
	FW	FW/FD	FD	FW	FW/FD	FD	FW	FW/FD	FD	FW	FW/FD	FD
A. Entdeckt/eher entdeckt	5	3	4	5	6	4	4	4	3	4	4	3
B. Ausgehandelt/eher ausgehandelt	0	0	0	1	1	2	3	2	2	3	3	2
C. Aushandeln und Entdecken	0	1	0	3	1	2	3	3	3	3	2	3
D. Kein Vorwissen/kein Urteil	5	4	3	0	0	0	0	0	0	0	0	0
E. Nicht zur Fragestellung	0	0	2	1	1	0	0	0	0	0	0	0
Änderungen zum vorherigen Seminarblock	entfällt			5	5	5	4	5	3	2	2	0

Anmerkungen. FW = fachwissenschaftlich ausgerichtetes Seminar, FW/FD = fachwissenschaftlich und fachdidaktisch ausgerichtetes Seminar, FD = fachdidaktisch ausgerichtetes Seminar. Mehrfachcodierungen nicht möglich.

In Bezug auf diese Frage fällt keine der Gruppen außergewöhnlich auf. Es findet vielmehr eine über alle Gruppen hinweg recht ähnliche Entwicklung statt (siehe Tabelle 5.15).

Frage 10: Sind die Erkenntnisse der Systemwissenschaften akzeptiert oder umstritten?

Die Reflexionen zu dieser Frage wurden in folgende Kategorien eingeteilt:

A. Akzeptiert/eher akzeptiert

Diese Kategorie umfasst Reflexionen mit einer Tendenz in Richtung wissenschaftlich „akzeptiert".

Einige Einträge dieser Kategorie unterscheiden zwischen Akzeptanz unter Wissenschaftlern und Experten einerseits und fehlender Akzeptanz in Gesellschaft oder Ökonomie andererseits. In diesem Fall wird in der Kategorie zunächst nur die Aussage zur Akzeptanz in der Wissenschaft gewertet. Gleichwohl geht es in der Wissenschaftskommunikation exakt um die Unterschiede zwischen wissenschaftlichem und gesellschaftlichem Verständnis und somit stellt dies einen zentralen Aspekt in der epistemischen Lehr-Lernforschung dar (vgl. z.B. Sinatra et al., 2014). Aus diesem Grund werden die zwischen Wissenschaft und

Gesellschaft/Ökonomie differenzierenden Einträge am Ende zu dieser Reflexionsjournalfrage gesondert berichtet.

Ein Beispiel für Aussagen dieser Kategorie:

- Ich bin immer noch der Meinung, dass die Erkenntnisse von Systemwissenschaftlern akzeptiert sind, da sie uns mit ihren Erkenntnissen die Möglichkeit geben, unsere Umwelt und auch Dinge, die unseren Körper betreffen besser zu verstehen und auch bei aktuellen Themen wie dem Klimawandel einen Überblick verschaffen. (TCIS24)

B. Umstritten/eher umstritten

In diese Kategorie fallen Aussagen mit einer klaren Tendenz in Richtung von umstritten. Beispiele für Aussagen dieser Kategorie:

- Umstritten. Nimmt man z.B. die Grenzen d. Wachstums v. Meadows als Beispiel heran, ist das ein Buch, dass schon 1972 umstritten war & es heute immer noch ist, obwohl sich viele der Dinge daraus bewahrheitet haben. (AEGP17)
- [...] umstritten. Den Grund dafür sehe ich an den verschiedenen Möglichkeiten ein Ökosystem einzugrenzen. Außerdem gibt es immer verschiedene Modelle ein System zu erstellen. Je nachdem welchen Faktor man in ein Modell miteinbaut, kommt man zu unterschiedlichen Erkenntnissen. (LPUS22)

C. Akzeptiert und umstritten (teilw. kontextabhängig)

Diese Kategorie umfasst Aussagen, die beiden Möglichkeiten in Bezug auf die Systemwissenschaften besondere Bedeutung beimisst. In den Argumentationen der Studierenden wird dabei häufig auf die Kontextabhängigkeit verwiesen, ob bestimmte Erkenntnisse akzeptiert oder umstritten sind. Beispiele für Aussagen dieser Kategorie:

- Ich denke hier hängt es wie bei Frage 11 davon ab, um welche Themen es sich handelt und wie komplex das zugehörige System ist. Es dürfte wohl ziemlich unumstritten sein, dass der Kabeljau in Neufundland völlig ausstirbt, wenn man weiterhin ohne Maßregelung dort fischen lässt. Aber wenn es um die Weltentwicklung geht, so gibt es kein umstritteneres Thema. (EEDH04)
- Die Tatsache, dass es solche Verknüpfungen und Wechselwirkungen gibt, ist wohl allgemein akzeptiert. Doch die genauen Zusammenhänge sind umstritten, da die Beweisführung schwierig ist und anfechtbar. (OUKK14)

D. Kein Urteil/Keine Aussage

Wenn die Reflexionen kein vorhandenes (Vor-)Wissen zurückmelden bzw. über die Fragestellung bisher nicht nachgedacht wurde, wurden die Aussagen in dieser Kategorie gesammelt. Ein Beispiel für Aussagen dieser Kategorie:

- Siehe alle vorherigen Fragen: Unter Systemwissenschaften habe ich mir nichts vorgestellt. (ABJE01)

E. Äußerung nicht zur Fragestellung/Ausschließlich Reflexion über eine andere Fragestellung/Unklare Äußerungen

Wenn im Reflexionsjournal über eine Frage nachgedacht wurde, die nicht zur eigentlichen Fragestellung passt, wurde die Aussage mit dieser Kategorie beschrieben. Sollte in einem vorherigen Reflexionsjournaleintrag bereits eine Einschätzung zu dieser Fragestellung stattgefunden haben, wird der dieser Eintrag neben der Kategorie „E" auch wie der vorherige codiert, da keine Entwicklung zurückgemeldet wurde. Ein Beispiel:

- Betrachten wir die Komplexität einer Systemanalyse, so nähern sich „beforschte" Fragestellungen und deren Forschungsergebnisse vermutlich näher an die Realität an als „einseitige" Forschungsfragen, die nicht inter-disziplinär arbeiten und nach Ergebnissen suchen. (HECN10)

Vor der Intervention gaben sechs Studierende an, sie hätten noch kein Vorwissen gehabt bzw. könnten die Frage noch nicht beurteilen. Zehn Studierende sahen Erkenntnisse als (eher) akzeptiert an und acht Studierende beschrieben die Erkenntnisse als umstritten.

Nach der ersten Befragung änderten zehn Studierende ihre Einschätzungen. Die Erkenntnisse werden insgesamt als umstrittener ($n = 14$) gesehen. Als Begründung werden sowohl Interessensgruppen als auch das Festlegen von Systemgrenzen durch die Forschenden angeführt. Drei Studierende bewerten die Erkenntnisse sowohl als umstritten als auch als akzeptiert und verweisen auf verschiedene Kontexte der Forschung (vgl. Abbildung 5.5).

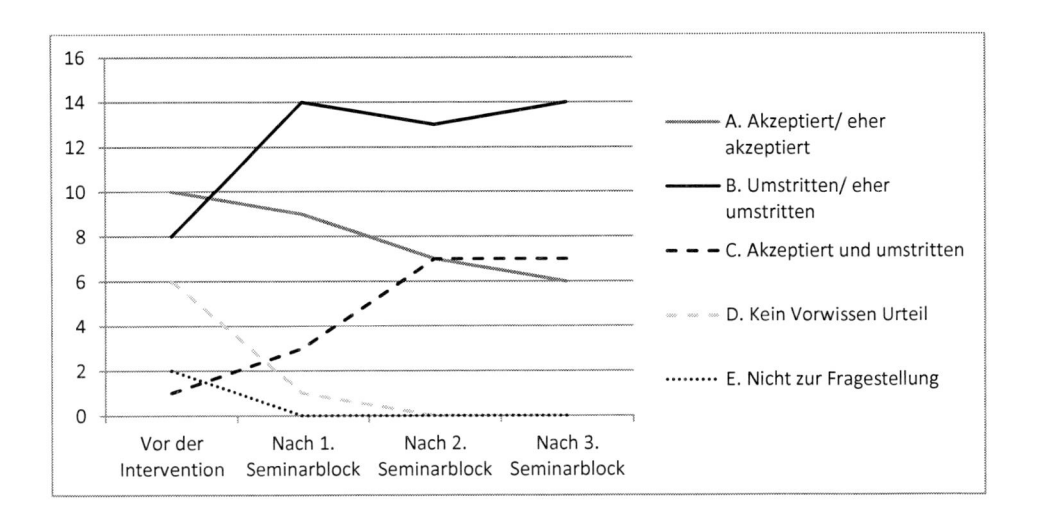

Abbildung 5.5. Ergebnisse zu Frage 10 *Sind die Erkenntnisse der Systemwissenschaften akzeptiert oder umstritten?* N = 27 Mehrfachcodierungen nicht möglich.

Nach der zweiten Befragung ändern elf Studierende ihre Meinung. Beide Aspekte werden inzwischen von sieben Studierenden gesehen (vor der 2. Befragung: $n = 3$), in Abgrenzung zu Pauschalurteilen sehen sie Erkenntnisse kontextbezogen je nach Prognose oder Interessengruppen unterschiedlich. Grundsätzlich werden Entwicklungen sowohl zu mehr Vertrauen als auch zur Forschungsmethodik deutlich, der Erkenntnisgewinn sei logisch und nachvollziehbar. Gleichwohl wird auch mit Beispielen argumentiert, in denen Erkenntnisse Jahrzehnte galten und inzwischen anders eingeschätzt werden.

Als (eher) umstritten sehen die Ergebnisse 13 der Teilnehmenden an und als (eher) akzeptiert sieben. Nach der dritten Befragung ändern nur noch drei Studierende ihre grundsätzliche Einschätzung.

Tabelle 5.16. Ergebnisse zu Gruppenunterschieden zu Frage 10 (Reflexionsjournal)

Frage 10
Sind die Erkenntnisse der Systemwissenschaften akzeptiert oder umstritten?

$N = 27$

Kategorien	Vor der Intervention			Nach 1. Seminarblock			Nach 2. Seminarblock			Nach 3. Seminarblock		
	FW	FW/FD	FD	FW	FW/FD	FD	FW	FW/FD	FD	FW	FW/FD	FD
A. Akzeptiert/eher akzeptiert	4	4	2	4	3	2	3	2	2	2	2	2
B. Umstritten/eher umstritten	1	3	4	4	4	6	5	3	5	5	3	6
C. Akzeptiert und umstritten	1	0	0	1	2	0	2	4	1	3	4	0
D. Kein Vorwissen/kein Urteil	3	1	2	1	0	0	0	0	0	0	0	0
E. Nicht zur Fragestellung	1	1	0	0	0	0	0	0	0	0	0	0
Änderungen zum vorherigen Seminarblock	entfällt			6	3	3	4	3	4	2	0	1

Anmerkungen. FW = fachwissenschaftlich ausgerichtetes Seminar, FW/FD = fachwissenschaftlich und fachdidaktisch ausgerichtetes Seminar, FD = fachdidaktisch ausgerichtetes Seminar. Mehrfachcodierungen nicht möglich.

Bei dieser Frage zeigen sich erneut Unterschiede zwischen den Gruppen, wie Tabelle 5.16 zeigt. Während zu Ende der Intervention in der fachwissenschaftlichen Gruppe drei und in der fachdidaktisch-fachwissenschaftlichen Gruppe vier Studierende differenziert sowohl akzeptierte und umstrittene Lösungsansätze in den Systemwissenschaften sehen und mit diesen argumentieren, nehmen in der fachdidaktischen Gruppe keine Studierenden diese Position ein.

Bei dieser Fragestellung argumentieren einige Studierende aus der fachdidaktischen Gruppe nach dem zweiten, besonders häufig aber nach dem dritten Seminarblock erneut, dass dies kein Seminarthema war und sich ihre Ansichten nicht geändert hätten. In diesen Fällen wurde dieselbe Kategorie gewählt wie im vorherigen Journaleintrag.

Weiterer Befund: Reflexionsjournaleinträge zu Unterschieden zwischen Gesellschaft und Wissenschaft.

Insgesamt neun Reflexionsjournaleinträge diskutieren die Akzeptanz von systemwissenschaftlicher Forschung als in Gesellschaft und Wissenschaft unterschiedlich.

Ein Beispiel für die Kombination „systemwissenschaftlich akzeptiert/gesellschaftlich umstritten":

- Ich denke unter Wissenschaftlern sind die Erkenntnisse der Systemwissenschaft eher akzeptiert als in der Gesellschaft. Bei Personen, die wenig Wissen darüber haben, wie Systeme funktionieren, wird wahrscheinlich weniger Anerkennung gezeigt. In der Wissenschaft dagegen weiß man über die Genauigkeit und Komplexität eines Systems eher Bescheid und kann diesem auch mehr vertrauen. (EASM03)

Ein Beispiel für die Kombination „gesellschaftlich akzeptiert/systemwissenschaftlich umstritten":

- In der Öffentlichkeit sind die Erkenntnisse Fakt. Wenn etwas an die Medien gerät, zählt es also als bewiesen. Auf Forschertagungen geht man sehr vorsichtig mit Behauptungen um, da ein anderer im Raum sitzen könnte, der die Theorie schlagkräftig widerlegen kann. Was für die Öffentlichkeit akzeptiert wird, ist meistens doch sehr umstritten. (EOBB19)

In der fachwissenschaftlichen Gruppe zeigen sich nach dem zweiten Seminarblock zwei Einträge, die systemwissenschaftliche Erkenntnisse unter Experten als akzeptiert annehmen, in der Gesellschaft jedoch als umstritten ansehen. Ein Eintrag hält systemwissenschaftliche Erkenntnisse gesellschaftlich für akzeptiert, in der Wissenschaft jedoch für umstritten. Nach dem dritten Seminarblock zeigen sich in der Gruppe ebenfalls zwei Einträge für die Kombination „systemwissenschaftlich akzeptiert/gesellschaftlich umstritten" sowie ein Eintrag der Kombination „gesellschaftlich akzeptiert/systemwissenschaftlich umstritten".

In der fachwissenschaftlich-fachdidaktischen Gruppe zeigt sich nach dem ersten Seminarblock ein Eintrag, der Kombination „gesellschaftlich akzeptiert/systemwissenschaftlich umstritten" und nach dem dritten Seminarblock ein Eintrag mit der umgekehrten Kombination „systemwissenschaftlich akzeptiert/gesellschaftlich umstritten".

In der fachwissenschaftlichen Gruppe zeigt sich nach dem ersten Seminarblock ein Eintrag mit der Kombination „gesellschaftlich akzeptiert/systemwissenschaftlich umstritten".

Frage 11: Wie sicher sind Prognosen der Systemwissenschaften?

Die Reflexionen zu dieser Frage wurden in folgende Kategorien eingeteilt:

A. *Prognosen sind recht sicher, haben aber Grenzen*
Aussagen dieser Kategorie gehen davon aus, dass Prognosen und Systemmodelle für den Erkenntnisprozess Grenzen haben (z.B. durch Berücksichtigung von Einflussfaktoren oder einer Eigendynamik), gleichwohl sind Prognosen grundsätzlich recht sicher bzw. richtungsweisend. Beispiele für Aussagen dieser Kategorie:

- Ich bin [...] immer mehr von der Sicherheit der Prognosen eines Systems überzeugt. [...] Ich denke, dass man diese getroffenen Prognosen sehr ernst nehmen kann, da alle Faktoren, die irgendeinen Einfluss auf das System haben könnten, mitberücksichtigt werden. Unvorhergesehenes kann das System zwar immer beeinflussen, dies ist jedoch selten der Fall. (EASM03)
- Ich denke nach wie vor, dass die Prognosen ziemlich sicher sind, allerdings benötigen sie nach ein paar Jahren Optimierungen. (UHTS18)

B. *Prognosen sind eher unsicher bis unsicher*
Aussagen dieser Kategorie verstehen Erkenntnisse in den Systemwissenschaften als unsicher bzw. als eher unsicher. Beispiele für Aussagen dieser Kategorie:

- Überhaupt nicht sicher, denke ich. Es können lediglich Tendenzen in Entwicklungen prognostiziert werden - mehr nicht. Sicher sind die Prognosen nie, da Unvorhersehbarkeiten aller Prognosen und Berechnungen einen ‚Strich durch die Rechnung' machen können. (HECN10)
- Wer kann schon genaue Vorhersagen für die Zukunft machen? Ich denke, dass die Natur so gewaltig ist, dass sich keine Prognosen für Ereignisse und Vorkommen in weit entfernter Zeit treffen lassen. Dadurch dass die Natur auch unter den Belastungen und Fehltaten der Menschen leidet ist es schwer sichere Prognosen zu treffen. (LPUS22)

C. *Prognosen sind interessegeleitet*
Aussagen dieser Kategorie gehen davon aus, dass hinter Prognosen (politische oder ökonomische) Interessen stehen. Ein Beispiel für Aussagen dieser Kategorie:

- Wenn es z.B. um den Klimawandel geht, existieren sehr unterschiedliche Prognosen. Dahinter stehen wieder politische Interessen. Sicher ist nichts. (HECN10)

D. *Sicherheit ist nicht (primäres) Ziel*

Aussagen dieser Kategorie verstehen Prognosen nicht als grundsätzlich präzises Instrument zur sicheren Vorhersage. Mit Prognosen können vielmehr mögliche Szenarien durchgespielt werden, die Wirklichkeit könne aber anders aussehen. Beispiele für Aussagen dieser Kategorie:

- Selbst Wissenschaftler können nicht in die Zukunft sehen und ermöglichen mit ihren konstruierten Modellen/Szenarien einen Einblick über mögliche Entwicklungen, einschließlich Risiken. Durch die simulierten Szenarien können wahrscheinliche Entwicklungswege dargestellt, analysiert und validiert werden. (HMFB04)
- Prognosen sind Prognosen, und keine sicheren Voraussagen. […] Bezogen auf den letzten Seminarblock denke ich, dass man diese Erkenntnis auch den Schülern nahe legen muss, sobald man sich mit Systemsimulation o.ä. beschäftigt. Selbst wenn ein Programm ein bestimmtes Ergebnis präsentiert, muss das in der Realität nicht zu 100% so auftreten. Diese Erkenntnis ist ein Bestandteil des Systembegriffs. (EEDH04)

E. *Sicherheit von Zeit, Gegenstand und Forschungsdesign abhängig*

Aussagen dieser Kategorie gehen von sicheren und unsicheren Prognosen aus. Zeit, Gegenstand und Forschungsdesign haben dabei zentralen Einfluss auf die Sicherheit der jeweiligen Prognose. Ein Beispiel für diese Kategorie:

- Ich denke immer noch, dass die Prognosen auf kurze Zeit gesehen relativ sicher sind, jedoch bei längerfristigen Betrachtungen immer unsicherer werden. Dazu kommt, dass auch die Systemmodelle, die zum Erstellen solcher Prognosen verwendet werden, immer wieder auf ihre Gültigkeit hin überprüft werden müssen, die Parameter auf die Aktualität ihrer Werte, um schließlich das Ganze verbessern zu können. (TCIS24)

F. *Keine Vorstellung*

Sollte noch keine Vorstellung zu Sicherheit von Prognosen vorhanden (gewesen) sein, wurde diese Kategorie gewählt. Ein Beispiel:

- Mir war vor dem Seminar nicht viel über Ökosystemforschung bekannt. Daher hätte ich zu dieser Frage nur Vermutungen anstellen können. (EEIL28)

Die gruppenübergreifende Entwicklung, wie sicher die Studierenden Prognosen der Systemwissenschaften beurteilen, wird in Abbildung 5.6 dargestellt. Im Verlauf des Seminars werden Prognosen (bei einem Bewusstsein für gewisse Grenzen), als zunehmend sicher gesehen. Vor der Intervention sahen das nur sechs der Teilnehmenden so, gegen Ende 13.

Auch nach Kontext differenzierende Aussagen, dass Prognosen von Zeit, Gegenstand und Forschungsdesign abhängen, nehmen im Verlauf der Seminare zu: Vor der Intervention dachte dies niemand, gegen Ende der Seminare haben sich sechs der Studierenden in diesem Sinne positioniert.

Die Überzeugung, dass Prognosen (eher) unsicher sind (Kategorie B), nimmt nach einem Höchstwert ($n = 10$) nach dem ersten Seminarblock wieder ab (gegen Ende $n = 7$). Dass Prognosen interessegeleitet sind wurde lediglich von einem Studierenden nach dem zweiten Seminarblock angemerkt.

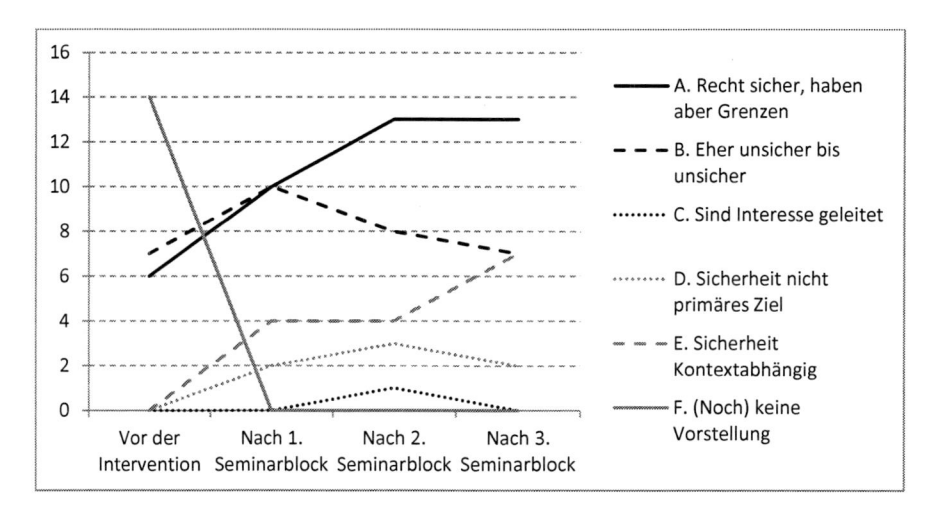

Abbildung 5.6. Ergebnisse zu Frage 11 *Wie sicher sind Prognosen der Systemwissenschaften?* $N = 27$. Mehrfachcodierungen möglich.

Insbesondere in der fachwissenschaftlichen Gruppe (7 von $n = 10$) betrachten Studierende im Verlauf des Seminars Prognosen zunehmend als eher sicher, wobei die Studierenden sich grundsätzlich der Grenzen von Prognosen bewusst sind. Vor Beginn der Intervention sah nur eine Teilnehmerin aus der fachwissenschaftlichen Gruppe Prognosen als recht sicher an. Als unsicher bis eher unsicher schätzt Prognosen in der fachwissenschaftlichen Gruppe zum Ende keine(r) der Teilnehmenden mehr ein (siehe Tabelle 5.16).

Tabelle 5.16. Ergebnisse zu Gruppenunterschieden zu Frage 11 (Reflexionsjournal)

Frage 11
Wie sicher sind Prognosen der Systemwissenschaften?

N = 27

Kategorien	Vor der Intervention			Nach 1. Seminarblock			Nach 2. Seminarblock			Nach 3. Seminarblock		
	FW	FW/FD	FD	FW	FW/FD	FD	FW	FW/FD	FD	FW	FW/FD	FD
A. Recht sicher, aber mit Grenzen	1	4	1	4	3	3	7	3	3	7	3	3
B. Eher unsicher bis unsicher	1	1	5	2	4	4	0	4	4	0	3	4
C. Sind interessegeleitet	0	0	0	0	0	0	1	0	0	0	0	0
D. Sicherheit nicht (primäres) Ziel	0	0	0	1	0	1	2	0	1	1	0	1
E. Sicherheit kontextabhängig	0	0	0	2	1	1	2	1	1	3	3	1
F. (Noch) keine Vorstellung	8	3	3	0	0	0	0	0	0	0	0	0
Änderungen zum vorherigen Seminarblock	entfällt			8	5	6	4	2	0	2	2	0

Anmerkungen. FW = fachwissenschaftlich ausgerichtetes Seminar, FW/FD = fachwissenschaftlich und fachdidaktisch ausgerichtetes Seminar, FD = fachdidaktisch ausgerichtetes Seminar. Mehrfachcodierungen möglich.

Anders die fachdidaktische und fachwissenschaftlich-fachdidaktische Gruppe: Hier werden Prognosen zu Ende der Intervention von jeweils knapp der Hälfte der Teilnehmenden als unsicher bis eher unsicher eingestuft.

Ferner wird eine Ansicht, dass die Sicherheit von Prognosen beispielsweise von Zeithorizont, Gegenstand und Forschungsdesign abhängt, zu Ende der Intervention sowohl in der fachwissenschaftlichen Gruppe als auch in der fachwissenschaftlich-fachdidaktischen von jeweils drei Studierenden so gesehen. In der rein fachdidaktischen Gruppe jedoch nur von einer Person. Und auch bei dieser Fragestellung fällt auf, dass sich nach dem ersten Seminarblock in der fachdidaktischen Gruppe keine Änderungen in den grundsätzlichen Urteilen mehr ergeben, sich die Einschätzungen einiger Studierender der fachwissenschaftlichen oder fachdidaktisch-fachwissenschaftlichen Gruppe jedoch noch weiterentwickeln.

Zusammenfassung des Reflexionsjournals

Das Reflexionsjournal bildet ab, dass bei den Teilnehmenden durch die inhaltliche Konfrontation mit dem Systemdenken und die Seminargestaltung eine Reflexion über die *nature of knowledge* und den *process of knowing* ausgelöst wird. Damit lässt sich

These 5.1 auf Basis der Ergebnisse des Reflexionsjournals bestätigen. Ferner zeigt sich eine unterschiedliche Entwicklung der epistemischen Kognition zwischen den drei Experimentalgruppen, womit auch These 5.2 bestätigt wird.

Verschiedene Entwicklungen innerhalb der fachdidaktischen Gruppe

Neben der Auswertung anhand eines Kategoriensystems fiel auf, dass die Seminarinhalte bei Probanden in Verbindung mit einer unterschiedlichen Öffnung der Studierenden für epistemologische Reflexionen in verschiedene Richtungen wirken. Dies soll an einem Einzelbeispiel innerhalb der fachdidaktischen Gruppe verdeutlicht werden. Das Beispiel zeigt einen unterschiedlichen Umgang bzw. ein anderes Verständnis von didaktischen Unterrichtsmaterialien wie in diesem Fall der Software „Förster-Waldspiel". Einige Studierende sehen sie als unterrichtsmethodische Hilfe an, andere nutzen sie für eigene Reflexionen in Bezug auf wissenschaftliche Erkenntnis.

Nach dem ersten Seminarblock schildern zwei Probanden der fachdidaktischen Gruppe in den folgenden Einträgen in ihrem Reflexionsjournal ein ähnliches epistemisches Verständnis der Systemwissenschaften, dass die Position beinhaltet, dass diese ihre Erkenntnisse entdecken:

- [Sie] entdecken ihre Erkenntnisse eher. Das Ökosystem gibt es zwar bereits, aber die Ökosystemforschung macht sich über die einzelnen Elemente und Relationen Gedanken [...]. (OEGH10)

- Er entdeckt sie! Ein Forscher forscht und sammelt Informationen. (EIER01)

Im Anschluss wurde in den Seminaren die Lernsoftware Förster-Waldspiel eingesetzt. Die Computersimulation wurde von A. Reinbolz, N. Stollenwerk, S. Lingler, C. Dertschei und W. Rieß in Kooperation mit der *Forstlichen Versuchs- und Forschungsanstalt Freiburg* entwickelt. Ziel der Simulation ist es, Schülerinnen und Schülern die kurze und langfristige Dynamik des Waldes als kultiviertes Ökosystem erfahren zu lassen (vgl. Riess & Mischo, 2010).

Der folgende Eintrag nach dem zweiten Seminarblock zeigt, dass die Seminarteilnehmerin mit dem Code OEGH10 die Software ausschließlich als mögliches Unterrichtsmaterial wahrgenommen hat:

> Nein, meine Meinung hat sich hinsichtlich dieser Frage nicht verändert. Wir haben jedoch dazugelernt, wie man sie mit Schülerinnen und Schülern auf verschiedene Weisen (Bsp. Waldspiel) entdecken kann – dies ist bezogen auf die spätere Schullaufbahn wichtig.

Die Teilnehmerin mit dem Code EIER01 dagegen hat anhand der Lernsoftware ihre eigenen epistemologischen Vorstellungen korrigiert:

> [Entdecken und aushandeln] geht Hand in Hand; je nach Forschung ist es aber eher ein aushandelndes Verhalten. Er plant, verändert u. unterersucht u. aufgrund dieser Rückschlüsse verändert er seinen Ansatz wieder, um den bestmöglichen Idealfall zu bekommen. S. k. PC-Spiel `Förster-Waldspiel.

5.3.2 Prüfung der Gütekriterien

In Kapitel 3.2.5 und 4.2.5 sind Gütekriterien quantitativer und qualitativer Forschung beschrieben. An dieser Stelle sollen sie nicht wiederholt, wohl aber zur Prüfung angewandt werden. Da sich die Studie dieses Kapitels sowohl qualitativer als auch quantitativer Methoden bedient, werden auch Gütekriterien aus beiden Bereichen angewandt.

Verfahrensdokumentation

Zur Verfahrensdokumentation zählt Mayring (2002) die Explikation des Vorverständnisses, die Zusammenstellung des Analyseinstrumentariums sowie die Durchführung und Auswertung der Datenerhebung.

Das Vorverständnis des Autors zu epistemischer Kognition ist in Kapitel 2 beschrieben. Die Zusammenstellung der Instrumente sowie deren Anwendung sind in Kapitel 5.3 dokumentiert. Explizit wird dort die qualitative Auswertung mit Kategorienbildung, Entwicklung eines Leitfadens zur Kodierung mit Ankerbeispielen und der Bearbeitung des gesamten Materials durch zwei Inter-Rater dargestellt.

Argumentative Interpretationsabsicherung

Die Auswertungsschritte und die Entwicklung des Kategoriensystems werden dokumentiert. Das entstandene Kategoriensystem wird zu Beginn dieses Ergebnisteils begründet und offengelegt, ferner werden die einzelnen Kategorien mit Originalzitaten illustriert.

Regelgeleitetheit

In der vorliegenden Untersuchung wurde zur Erstellung eines Kategoriensystems nach dem in Kapitel 5.2 geschilderten Schema mit einer festen Abfolge von Analyseschritten regelgeleitet vorgegangen.

Das entstandene Kategoriensystem bildete die Grundlage für eine regelgeleitete weitere Auswertung. Ferner entspricht der Einsatz eines Codierleitfadens und eines Codierens mit Inter-Rater einem regelgeleiteten Vorgehen.

Nähe zum Gegenstand

Das Systemdenken ist für die angehenden Lehrpersonen der Fächer Biologie und Geographie ein wichtiger Inhalt ihres zukünftigen Unterrichts. Ein differenziertes Problembewusstsein dieses Gegenstands ist für ihre zukünftige Lehrtätigkeit notwendig. Grundsätzlich ist der Umgang mit Wissen und Wissensvermittlung ferner tägliches Geschäft der Lehrenden. Die Nähe zum Gegenstand ist somit gegeben.

Triangulation

Es werden sowohl quantitative Instrumente wie der CAEB und ein Fragebogen eingesetzt, als mit der qualitativen Inhaltsanalyse zur Auswertung der Reflexionsjournale auch ein zumindest teilweise qualitatives Verfahren verwendet (vgl. Kapitel 3).

Gleichwohl gelingt es nicht, die Ergebnisse im Sinne einer Triangulation aufeinander zu beziehen, da sie die Entwicklung unterschiedlich abbilden.

Die qualitative Analyse der Reflexionsjournale zeigt vielmehr, dass die quantitativ eingesetzten Instrumente für diese Studie nicht ausreichen, um die Entwicklung epistemologischer Urteile zu abzubilden.

Wie in Kapitel drei beschrieben, ist es in qualitativ orientierter Forschung gerade nicht das Ziel, zu einer völligen Übereinstimmung der Instrumente zu gelangen, sondern durch verschiedene Blickwinkel Stärken und Schwächen der Analysewege aufzuzeigen (Mayring, 2002). Zumindest dies zeigt sich, wenngleich keine Triangulation stattfindet.

Objektivität

Durchführungsobjektivität

Alle Probanden haben die zwei Fragebogeninstrumente unter denselben Bedingungen bearbeitet, ferner wurden Rückfragen während der Bearbeitung nicht zugelassen. Somit hatten die Teilnehmenden in dieser Hinsicht gleiche Bedingungen. In Bezug auf das Reflexionsjournal ist keine Durchführungsobjektivität gegeben, da die Lernenden ihr Journal als Hausaufgabe bearbeitet haben.

Auswertungsobjektivität

Die Auswertungsobjektivität ist für die Fragebogeninstrumente gegeben, da geschlossene Antwortformate vorlagen. Durch ein Inter-Rater-Verfahren wurde versucht, für die Auswertung des Reflexionsjournals Objektivität herzustellen.

Interpretationsobjektivität

Dieses Kriterium muss für die Auswertung des Reflexionsjournals mit offenen Antwortformaten geprüft werden. Das gesamte Material wurde von zwei Codierern bearbeitet. Dabei ergaben sich für die einzelnen Fragestellungen ausnahmslos Cohen´s κ-Werte von .89 und höher, was eine gute Übereinstimmung übertrifft (vgl. Kapitel 5.2), somit wird von einer hohen Interpretationsobjektivität ausgegangen.

Reliabilität

Die Reliabilität als Kriterium der klassischen Testtheorie ist auch für eine Datenanalyse zentral, die methodisch mit einer qualitativen Inhaltsanalyse arbeitet (Kuckartz, 2012, 61).

Ein Kategoriensystem, wie es in dem Studienteil zu Reflexionsjournalen dieses Kapitels beschrieben wird, gilt als reliabel, wenn die Zuordnung zu verschiedenen Kategorien von verschiedenen Codierern zum gleichen Ergebnis führt. Dies kann für die Studie dieses Kapitels aufgrund hoher Inter-Rater-Übereinstimmungen in Anspruch genommen werden. Die Werte übertreffen den nach Cohen und Fleiss (zit. nach Bortz & Döring, 2006) als gut definierten Bereich von .6 bis .75.

In Bezug auf das Instrument CAEB liegen die Cronbachs-Alpha-Werte über alle Gruppen für den Faktor Textur bei .69, .73 und .74. Für den Faktor Variabilität liegen die Cronbachs-Alpha-Werte über alle Gruppen zwischen .65 und .70. Hair et al.

(2013, 123) definieren eine Grenze für akzeptable *Cronbach's* α-Werte bei .7, die vom Faktor Textur zweimal erreicht und einmal annähernd erreicht wird. Für den Faktor Variabilität liegen die Werte einmal auf der Grenze von .7 und darunter, sodass dieser Faktor vorsichtig zu interpretieren ist.

Validität

In der vorliegenden Studie wird das Kriterium der Validität mehrfach verletzt. Voraussetzung für Validität ist, dass ein Test reliabel ist. Die erforderlichen Cronbachs-Alpha-Werte von .07 werden im Einsatz der Fragebögen nicht durchgehend erreicht, so liegt hier bereits eine Verletzung der Validität vor. Eine Verletzung der internen Validität wird darin gesehen, dass sich Entwicklungen der Fragebögen auch in der Kontrollgruppe zeigen, weshalb im folgenden Kapitel 5.4 Alternativerklärungen diskutiert werden. Als drittes Validitätsproblem wird eine mangelnde Randomisierung sowohl innerhalb der Zuweisung auf die Treatmentgruppen als auch in der Zuweisung der Teilnehmenden auf die Kontrollgruppe interpretiert.

5.4 Diskussion

Zusammenfassung und Diskussion wesentlicher Befunde

In der Studie wurde mit verschiedenen Instrumenten untersucht, inwiefern sich in fachwissenschaftlichen, fachwissenschaftlich-fachdidaktischen und fachdidaktischen Seminaren zu Systemwissenschaften und dem systemischen Denken Veränderungen epistemischer Kognition bewirken lassen. Die grundsätzliche These 5.1, dass sich durch die Auseinandersetzung mit den Seminarinhalten über eine Förderung *themenbezogenen Wissens*, *forschungsmethodischer Kenntnisse* und *persönlicher Erfahrung* epistemologische Urteile verändern lassen, kann bestätigt werden. Reflexionsjournale und Fragebögen bilden Entwicklungen in der epistemischen Kognition ab.

Die Ergebnisse des Reflexionsjournals zeigen, dass die Seminare zu Veränderungen in Bezug auf *themenbezogenes Wissen* und *forschungsmethodische Kenntnisse* zu den Systemwissenschaften sowie *persönliche Erfahrungen* in der Modellkonstruktion führen und und die Studierenden diese veränderten kognitiven Elemente in ihren Reflexionen und Argumentationen nutzen.

Die Effekte zur Entwicklung epistemischer Kognition des Fragebogens aus klassischen Items zeigen sich bei fünf Aussagen allerdings auch in der Kontrollgruppe.

These 5.2 nimmt an, dass unterschiedliche Seminarinhalte der Experimentalgruppen einen unterschiedlichen Einfluss auf die Entwicklung der epistemischen Kognition in den einzelnen Seminargruppen ausüben. Diese These kann aufgrund der Resultate des Reflexionsjournals ebenfalls bestätigt werden. Es zeigen sich insbesondere in der fachwissenschaftlichen Seminargruppe in Bezug auf Veränderungen epistemischer Kognition bis zum Schluss die meisten Entwicklungen. Der CAEB und der Fragebogen aus klassischen Items bilden diese unterschiedliche Entwicklung jedoch nicht ab.

Fragebogen aus klassischen Items

Zunächst sei darauf hingewiesen, dass kleine Effektstärken, die sich in den Varianzanalysen in Bezug auf Prä-, Post und Follow-Up-Zeitpunkte zeigen, vorsichtig interpretiert werden sollten, da diese für das angenommene Signifikanzniveau von α = .05 aufgrund der Stichprobengröße nicht über die notwendige Power verfügen (Cohen, 1992).

In Bewertungen der Aussagen aus klassischen Fragebogeninstrumenten zeigen sich Haupteffekte. Gleichwohl zeigen sich diese zum Großteil auch in der Kontrollgruppe. Die Aussagen 1 (*Ich glaube allen Aussagen, die auf wissenschaftlicher Forschung basieren.*), 2 (*Um Aussagen in naturwissenschaftlichen Texten vertrauen zu können, muss ich verschiedene Quellen überprüfen.*), 6 (*Antworten auf Forschungsfragen der Ökosystemforschung ändern sich über die Zeit.*), 7 (*Die Fakten, die ich zu der Ökosystemforschung lerne, sind eindeutig.*) verändern sich sowohl bei den Teilnehmenden der Experimentalgruppen als auch der Kontrollgruppe in eine im Sinne der Instrumente, denen sie entnommen wurden in eine differenziertere Richtung epistemischer Kognition. Zwischen den vier Gruppen zeigen sich zu diesen Aussagen weder Interaktions-, noch Zwischensubjekteffekte, somit zeigt sich eine vergleichbare Veränderung unerwartet auch in der Kontrollgruppe.

Da die Aussagen sehr allgemein gehalten sind und die Kontrollgruppe sich bei diesen Entwicklungen nicht signifikant von den Experimentalgruppen unterscheidet, wird angenommen, dass auch ein Treatment-as-usual (TAU) mit anderen Seminaren in dem Semester eine Veränderung in den epistemologischen Urteilen anzustoßen vermag und die Aussagen zu unspezifisch sind, um differenziert unterschiedliche Entwicklungen verschiedener Seminargruppen zum systemischen Denken abzubilden. Diese allgemeine Veränderung epistemischer Kognition wird auf ein Anwachsen von *themenbezogenem Wissen* in Bezug auf (Natur-)wissenschaft zurückgeführt, das auch außerhalb der Seminare in anderen Veranstaltungen gefördert worden sein könnte. Die in den Fragebögen wiederholt bearbeiteten Aussagen könnten in der Kontrollgruppe weitere Reflexionen im Laufe des Semesters anstoßen. Es wird erwogen, dass das wiederholte Ausfüllen der Fragbögen zur Reflexion über epistemische Fragen auch in anderen Seminaren motiviert.

Unterschiede zwischen Kontroll- und Treatmentgruppen zeigen sich in Aussage 3 (*Ich bin überzeugt, dass alles, was ich in Vorlesungen zur Ökosystemforschung lerne, korrekt ist.*). Im Gegensatz zu den drei Treatmentgruppen lehnt die Kontrollgruppe die Aussage zum Seminarende stärker ab. Die klassische Interpretation epistemischer Lehr-Lernforschung wäre für die Kontrollgruppe eine Zunahme als in der Literatur (z. B. Hofer, 2000) als angemessener betrachteter epistemischer Kognition, während die Experimentalgruppen sich epistemisch nicht verändern. Im Kontext wird das Ergebnis jedoch in dem Sinne interpretiert, dass die Seminare überzeugend wirkten. Die Dozierenden diskutierten in den Seminaren explizit historische Bedingtheit, Grenzen und die Konstruktion von Modellen, sie präsentierten die Inhalte nicht als sichere Fakten. So wird die Entwicklung zur Aussage auf diesem Hintergrund interpretiert und nicht im klassischen Sinne eines naiven Vertrauens in die Dozierenden oder die dargeboten Wissensinhalte.

Der Aussage 5 (*„Jeder kann zu den Erkenntnissen der Ökosystemforschung unterschiedlicher Meinung sein, denn es gibt in dieser Disziplin keine vollkommen korrekten Antworten."*) stimmen die Teilnehmenden im Posttest signifikant mehr zu. Dies deutet in klassischer Interpretation zunächst auf eine multiplistische Sichtweise hin, die verschiedene Aussagen nebeneinander akzeptiert (vgl. Kapitel 2). Der zweite

Teil der Aussage, dass es in der Disziplin keine vollkommen korrekten Antworten gibt, wurde im Seminar auch explizit im Sinne dieser Aussage so behandelt und wird als Teil eines wünschenswerten Wissenschaftsverständnisses angesehen. Durch die multiplistische Schlussfolgerung des ersten Teils der Aussage, dass jeder unterschiedlicher Meinung zu Erkenntnissen der Ökosystemforschung sein könne, überwiegt in der Aussage eine wissenschaftlich unangemessene Richtung, die ein evaluatives Gewichten verschiedener Erkenntnisse unberücksichtigt lässt.

Am Item dieser Aussage zeigen sich methodologische Probleme des Einsatzes von Fragebögen mit Likert-Skalen, die hier keine differenzierte Begründung des Antwortverhaltens erlauben. Die Studierenden könnten ein Niveau epistemischer Kognition erreicht haben, das sich mit Fragebögen nicht mehr differenziert abbilden lässt.

Hofer (2016) diskutiert Fragebögen mit Likert-Skalen als für die Abbildung angemessenerer epistemischer Kognition als wenig geeignetes Instrument und empfiehlt es eher für die Abbildung unangemessener epistemischer Kognition (vgl. Kapitel 2.4.3.6).

Alternativ könnten sich die Studierenden im Seminarverlauf wirklich in eine unangemessenere Richtung entwickelt haben (Beispiele für eine Entwicklung in unangemessenere Richtung zeigen Kienhues et al., 2008). Gegen diese Alternativerklärung spricht jedoch die Analyse der Reflexionsjournale, die eine zunehmend differenzierte epistemische Kognition belegten.

Die Aussage 8 (*„Bei systemwissenschaftlichen Fragen würden alle ProfessorInnen, die das Fach vertreten, zu denselben Antworten gelangen."*) wurde bereits im Prätest angezweifelt, im Posttest kam es durchweg zu einer noch stärkeren Ablehnung. Es lassen sich keine Interaktionseffekte berichten, wohl aber ein Zwischensubjekteffekt, der zeigt, dass die Kontrollgruppe und die fachwissenschaftliche Gruppe die Aussage signifikant stärker ablehnen als die fachdidaktische Gruppe.

Kontrollgruppe und fachwissenschaftliche Experimentalgruppe haben in Bezug auf diese Frage womöglich eine bereits differenziertere epistemische Kognition, da die Frage allgemein gehalten ist und nicht unbedingt spezielles systemwissenschaftliches Wissen erfordert.

Das Instrument CAEB zeigt keine Unterschiede zwischen den Treatmentgruppen.

Reflexionsjournal

Zunächst sei darauf hingewiesen, dass es sich bei den Untersuchungen zu den Reflexionsjournalen um kleine Zellbesetzungen ($n = 10$; $n = 9$; $n = 8$) handelt und mit einer Generalisierung vorsichtig umzugehen ist. Dennoch zeigen sich in den Reflexionsjournalen systematische Veränderungen epistemischer Kognition. In ihren Reflexionen melden die Studierenden häufig zurück, dass sie vor den Einführungen des ersten Seminarblocks kein Vorwissen oder mathematische Verständnisse zu Fragen in Hinblick auf *Eindeutigkeit* (Frage 5), *Widerlegbarkeit* (Frage 7), *Exaktheit* (Frage 8), *Entdecken und Aushandeln* (Frage 9), *Akzeptanz* (Frage 10) und *Sicherheit* (Frage 11) hatten, was auf ein zuvor wenig entwickeltes *themenbezogenes Wissen* und *forschungsmethodische Kenntnisse* in dieser Domäne deutet. Nach den Einführungen im ersten Seminarblock steigt die Zahl der Studierenden an, die eine größere *Sicherheit* (Frage 11) und insbesondere eine größere *Exaktheit* (Frage 8) systemwissenschaftlicher Erkenntnisse bzw. Prognosen annehmen. Zu Frage 7 nehmen sie explizit aus systemwissenschaftlicher Perspektive zur *Widerlegbarkeit* systemwissenschaftlicher Erkenntnisse Stellung. Es wird davon ausgegangen, dass das *themenbezogene Wissen* in den Einführungen stark anstieg. Im Sinne der *Generative Nature of Epistemological Judgments* und der Bedeutung kognitiver Elemente in den Studien der Kapitel drei und vier wird interpretiert, dass der Anstieg *themenbezogenen Wissens* zu veränderten Urteilen führt, die sich in detaillierteren Argumentationen in den Reflexionsjournalen zeigen. Somit profitieren zunächst alle Experimentalgruppen durch grundlegende Einführungen zu Systemwissenschaften.

Im weiteren Seminarverlauf zeigen sich zu einzelnen Fragen Unterschiede in der Veränderung epistemischer Kognition zwischen den Experimentalgruppen. Diese wird auf verschiedene inhaltliche Schwerpunkte zurückgeführt. Veränderungen in der weiteren Entwicklung in der fachwissenschaftlichen und fachwissenschaftlich-fachdidaktischen Gruppe werden auf den dort unterrichteten inhaltlichen Schwerpunkt der authentischen systemwissenschaftlichen und softwaregestützten Modellbildung und Simulation zurückgeführt, während es in der fachdidaktischen Gruppe kaum noch zu Änderungen kommt.

Ein Beispiel: Nach dem ersten Seminarblock zeigt sich zwischen den Studierenden der unterschiedlichen Experimentalgruppen zur Frage 11 (*Sicherheit von Prognosen*) ein recht homogenes Bild mit wenigen Unterschieden. Nach dem zweiten Seminarblock nahmen die Studierenden der fachwissenschaftlichen Experimentalgruppe (mit begründeten Einschränkungen) Prognosen als deutlich sicherer an, als die Studierenden der fachdidaktischen Experimentalgruppe, in der sich ab dem zweiten Seminarblock keine Veränderungen mehr in Hinblick auf diese Frage zeigten. Es wird interpretiert, dass diese unterschiedliche Veränderung durch eine authentische Aktivitäten von Wissenschaftlern nachvollziehende Seminargestaltung in den fachwissenschaftlichen und fachwissenschaftlich-fachdidaktischen Seminaren zurückgeht. Es wird angenommen, dass diese Seminargestaltung sowohl die kognitiven Elemente *persönlicher Erfahrungen*, als auch *forschungsmethodischer Kenntnisse* verändert und epistemologische Urteile beeinflusst. Basis dieser methodischen Umsetzung ist das Modell problemorientierten Lehrens und Lernens (MoPoLL, Rieß et al., in Vorbereitung), nach dem die Studierenden durch authentische Aktivitäten und gezielte Instruktionen in die „Expertenkultur" einer jeweiligen Domäne eingeführt werden.

Somit wird angenommen, dass die fachlichen und methodischen Inhalte in Bezug auf *themenbezogenes Wissen, persönliche Erfahrung* und *forschungsmethodische Kenntnisse* in den fachdidaktischen Seminaren ab dem zweiten Seminarblock zu gering waren, um Veränderungen in derselben Größenordnung wie in den anderen Experimentalgruppen in epistemischer Kognition zu bewirken und die fachdidaktische Seminargruppe weniger Impulse zur Weiterentwicklung der kognitiven Elemente bekommen hat.

Weitere Studienergebnisse zeigen Veränderungen in epistemischer Kognition durch kurzfristige Interventionen (z.B. Ferguson & Braten, 2013; Muis & Duffy, 2013; Kienhues, Bromme & Stahl, 2008; Valanides & Angeli, 2005). Bendixen und Rule haben mit ihrem *Process Model of Epistemic Belief Change* (2004) ein Modell entwickelt, das Veränderungen mit den drei Komponenten epistemischem Zweifel, epistemischem Willen und Lösungsstrategien beschreibt (vgl. Kapitel 2). Die Auseinandersetzung mit (system-)wissenschaftlichen Erkenntnisprozessen und Wissen konnte bei den Studierenden Zweifel an bisherigen Annahmen provozieren und könnte einen *Epistemic Conceptual Change* (Sinatra & Chinn, 2011) angestoßen haben.

Abbildung der Kontextsensitivität epistemischer Kognition in Reflexionsjournalen

Die Reflexionsjournale liefern Belege für ein Bewusstsein bei den Studierenden für die in Kapitel drei und vier gefundene Kontextsensitivität. Zu den Impulsen 5, 8, 10 und 11 bildeten sich aus den Reflexionen jeweils Kategorien, die Antworten vom Kontext (wie Datenlage, Zeithorizont und Forschungsgegenstand) abhängig machten - ohne dass explizit nach Kontextsensibilität gefragt wurde. Die Untersuchung unterstützt damit die Annahme einer Kontextsensibilität epistemischer Kognition. Nach Stahl (2011) betonen zwar zahlreiche Veröffentlichungen die Kontextabhängigkeit epistemischer Kognition (z.B. Chandler, Hallet & Sokol, 2002; Hammer & Elby, 2002; Hofer, 2006; Buehl & Alexander, 2006). Das verbreitetste Instrument SEQ (Schommer, 1990; Einsatz z.B. Clarebout, Elen, Luyten & Bamps, 2001, Schraw, Bendixen & Dunkle, 2002; Müller, 2009) sowie in der Nachfolge entstandene Instrumente (DEBQ, Hofer 2000, EBI, Jacobsen & Jehng, 1999) messen jedoch nicht kontextspezifisch, sondern erheben möglichst allgemein bzw. fragen gegebenenfalls nach epistemischer Kognition in Bezug auf Sicherheit oder Veränderung hinsichtlich der Domäne, nicht jedoch nach dem exakten Kontext.

Alternativerklärungen

Domänenspezifische Änderungen epistemischer Kognition

Es wird im Sinne von Stahl (2011; vgl. Kap. 2.3.4.8) angenommen, dass sich in kurzfristigen Interventionen keine grundsätzlichen Überzeugungen oder domänenspezifische epistemische Überzeugungen ändern, sondern dass sich andere kognitive Elemente aus den Kategorien *themenbezogenes Wissen*, *forschungsmethodischer Kenntnisse* und persönlicher Erfahrung weiterentwickeln und in Interaktion mit epistemischen Überzeugungen aktiviert werden, die zu veränderten epistemologischen Urteilen führen. Alternativ kann angenommen werden, dass sich domänenspezifische epistemische Überzeugungen direkt verändert haben. Grundlagen zu den Systemwissenschaften haben die Studierenden mit den Einführungen erst differenzierter kennengelernt und verfügten zuvor über wenig grundsätzliche Vorstellungen in Bezug auf die Systemwissenschaften, wie die Studierenden selbst in den Reflexionsjournalen zurückmelden. In den differenzierten Einführungen mit Modellbewertungen und den anschließenden authentischen systemwissenschaftlichen Arbeitsweisen könnten sich somit Überzeugungen selbst im Sinne von Bendixen & Rules *Process Model of Epistemic Belief Change* (2004) über die drei Komponenten epistemischem Zweifel, epistemischem Willen und Lösungsstrategien (vgl. Kapitel 2). verändert haben. Die Reflexionsjournal-Antworten entsprechen zur Frage nach der Widerlegbarkeit wissenschaftlichen Wissens (Frage 7) der in der Literatur dargestellten Annahme, dass Individuen sowohl über generelle als auch domänenspezifische epistemische Überzeugungen verfügen (z.B. Buehl & Alexander, 2006; Stahl, 2011). So lassen sich einige der Antworten in den Reflexionsjournalen in der Kategorie „Wissenschaftliche Erkenntnisse seien grundsätzlich widerlegbar" zusammenfassen, andere Antworten argumentieren explizit in Bezug auf die Systemwissenschaften und werden als „systemwissenschaftlich widerlegbar" kategorisiert. Die Studierenden argumentieren in Reflexionen zu den Fragen einerseits mit generellen („Im Prinzip ist jedes Ergebnis, das der Forschung entspringt, widerlegbar.", AEJR23) oder explizit systemwissenschaftlichen und somit domänenspezifischen Überzeugungen („Ich denke, die Forschungsfragen lassen sich nicht eindeutig beantworten, da man mit Systemmodellen [...] nur Prognosen und Tendenzen aufzeigen kann, aber nie eine

100%-ige Aussage.", TCIS24). Fragen, ob die Systemwissenschaften ihre Erkenntnisse entdecken oder aushandeln, wurden ebenfalls sowohl mit generellen Argumenten als auch mit speziellen Erkenntniswegen der Systemwissenschaften beantwortet. Gleichwohl: Dies kann sowohl im Sinne eines Anwachsens kognitiver Elemente als auch wirklich veränderten epistemischen Überzeugungen interpretiert und für die vorliegende Untersuchung nicht abschließend geklärt werden.

Epistemisch relevante Inhalte in den Seminaren

Veränderungen in epistemischer Kognition wurden darauf zurückgeführt, dass sich *themenbezogenes Wissen, forschungsmethodische Kenntnisse* und *persönliche Erfahrung* weiterentwickelt haben und diese in Interaktion mit epistemischen Überzeugungen zu veränderten epistemischen Urteilen führten. Alternativ könnte eine Veränderung darauf zurückgeführt werden, dass in den Sitzungen explizit Kernfragen epistemischer Kognition wie die Sicherheit und Bewertung bzw. Rechtfertigung von Wissen und Modellen thematisiert wurden. Die Dozierenden haben den Studierenden explizit verdeutlicht, was als systemwissenschaftliches Wissen zählt und was angemessene Wege sind, dieses zu erwerben. Maggioni & Parkinson (2008) beschreiben solche Reflexionen als „Epistemological Moves", also *epistemologische Bewegungen*, die einen *Epistemic Conceptual Change* sowohl in den epistemologischen Urteilen als auch in den epistemischen Überzeugungen angestoßen haben könnten.

Alternativerklärungen zu unterschiedlichen Entwicklungen der Gruppen
Zwischen den Experimentalgruppen zeigt sich eine unterschiedliche Entwicklung epistemischer Kognition in den Reflexionsjournalen. Neben der zentralen Annahme, dass der fachliche Inhalt ab dem zweiten Seminarblock zu gering war, wird alternativ eine Stichprobenverzerrung aufgrund mangelnder Randomisierung erwogen: Da es sich um ein Quasi-Experiment handelt, wurden die Gruppen nicht randomisiert zugeteilt. Möglicherweise haben sich bewusst Interessenten für die fachdidaktische Gruppe gemeldet, die nach ihrem Selbstverständnis den Schülerinnen und Schülern etwas „beibringen" möchten, aber weniger an wissenschaftlichen Hintergründen und

wissenschaftlichem Erkenntnisgewinn interessiert sind – und auch fachdidaktische Seminare nicht mit einer Offenheit für eine Weiterentwicklung in diesen Feldern besucht haben.

Da sich nach dem zweiten und dritten Seminarblock in der fachdidaktischen Gruppe im Reflexionsjournal häufig Äußerungen finden, die gestellten Fragen seien nicht Seminarthema gewesen, könnten sich die Probanden auch ausgetauscht haben und in der Folge gemeinschaftlich der Ansicht sein, es wären keine für das Reflexionsjournal relevanten Inhalte Seminarthema gewesen.

Alternativ wird außerdem erwogen, dass ein zu enges Verständnis von den Inhalten didaktischer Seminare epistemologische Reflexionen blockiert haben könnte. Es muss nicht an Seminarinhalten der fachdidaktischen Gruppe liegen, dass diese weniger geeignet sind, um Veränderungen in epistemologischen Urteilen anzustoßen. Einzelbeispiele zeigen, dass sich auch aus den Inhalten der fachdidaktischen Seminargruppe differenziertere Positionen entwickeln können. Die Beispiele zeigen dass eine Veränderung explizit mit Unterrichtsmaterial begründet wird. Anfangs hatte die Probandin mit dem Code EIER01 ein klares Bild, in dem Sinne das Forschende im Prozess des Entdeckens zu Erkenntnis gelangen, in ihrem späteren Eintrag beschreibt sie, wie auch Schritte des Aushandelns eine Rolle spielen, die ihr durch die Auseinandersetzung mit dem Försterwaldspiel klar geworden sind (vgl. Kapitel 5.3). So könnte bei einigen Studierenden eine mangelnde Offenheit oder ein grundsätzliches Bewusstsein existieren, fachdidaktische Seminare würden nicht der Entwicklung des eigenen Fachverständnisses dienen, sondern nur der unterrichtsmethodischen Weiterentwicklung.

Grenzen der Studie
Grenzen der Studie in Bezug auf Zellbesetzungen zu den Reflexionsjournalen und der damit verbundenen Schwierigkeiten der Generalisierung wurden bereits erwähnt. Auch die in der Prüfung der Gütekriterien berichteten Validitätsprobleme (vgl. Kap. 5.3.2) sollten bei der Interpretation der Ergebnisse beachtet werden. Eine weitere Begrenzung der Studie stellt ein zeitnaher Follow-Up-Test dar, der bereits zwei Wochen nach dem Posttest stattfand. Das war nötig, um die Studierenden noch zu

erreichen. Um langfristige Effekte in Bezug auf epistemische Kognition zu messen, wird angenommen, dass dieser Zeitraum zu kurz ist (vgl. Hager, 2008).

Schwäche des CAEB-Einsatzes in dieser Studie ist, dass dieser nur nach dem Ökosystem Wald gefragt hat (vgl. Anhang A.1): Das wäre sinnvoll gewesen, wenn auch nach dem Wissen zu anderen Systemen gefragt worden wäre, um Kontextsensitivität zu verschiedenen Modellen der Systemwissenschaften zu untersuchen. Da die Fragebögen aber auch ökonomischen Gesichtspunkten genügen sollten (die Probanden sollten zu den Testzeitpunkten ebenfalls den umfangreichen Fragebogen zu den Systemwissenschaften selbst und dem PCK ausfüllen), wäre ein CAEB mit der Überschrift „Das Wissen in den Systemwissenschaften…" anstelle „Das Wissen zum Ökosystem Wald ist…" möglicherweise aufschlussreicher gewesen.

Ferner war die Studie quasiexperimentell angelegt. Die Studierenden der Seminare konnten nicht randomisiert auf die drei Seminare verteilt werden, da diese für ihr Studium noch Leistungsnachweise unterschiedlicher Schwerpunkte (fachdidaktisch, bzw. fachwissenschaftlich) benötigten. Es handelt sich somit bei der Studie um ein Quasiexperiment. Bereits im Prätest unterscheiden sich insbesondere die fachwissenschaftliche und die fachdidaktische Experimentalgruppe bei verschiedenen Aussagen des Fragebogens voneinander. Ferner zeigt sich bei Aussage 8 des Fragebogens aus bisherigen Items keine Interaktion, jedoch ein Zwischensubjekteffekt (der die Entwicklung im Seminarverlauf unberücksichtigt lässt) zwischen den Experimentalgruppen, was auf eine mögliche Stichprobenverzerrung schließen lässt.

Zusammenfassung

Die Studie dieses Kapitels untersuchte die Veränderung epistemologischer Urteile durch Seminare zum systemischen Denken. Mit verschiedenen Instrumenten wurde erhoben, inwiefern sich die Seminarinhalte auf Änderungen in der epistemologischen Urteilsbildung auswirken. Mit drei Experimentalgruppen wurde ferner untersucht, inwiefern unterschiedliche fachwissenschaftliche und fachdidaktische Seminarausrichtungen Auswirkung auf eine unterschiedliche Entwicklung der epistemischen Kognition haben. Die Untersuchungsergebnisse zeigen, dass die Seminare zu einer Erweiterung *themenbezogenen Wissens*, *persönlicher Erfahrung* und *forschungsmethodischer Kenntnisse* führen und die Studierenden diese Veränderungen für ihre epistemologische Urteilsbildung nutzen. Ferner zeigt sich in den Reflexionsjournalen eine unterschiedliche epistemische Entwicklung zwischen den Experimentalgruppen. In den fachwissenschaftlichen und fachwissenschaftlich-fachdidaktischen Gruppen zeigen sich bis zum Ende der Intervention die meisten Veränderungen. Der CAEB und der Fragebogen aus klassischen Items bilden diese unterschiedliche Entwicklung jedoch nicht ab.

6 Gesamtdiskussion

6.1 Zusammenfassung der Ergebnisse der drei empirischen Studien

Die vorliegende Arbeit hatte den Anspruch die epistemologische Urteilsbildung im Sinne der Theorie der *Generative Nature of Epistemological Judgments* empirisch zu prüfen. Die zentralen Fragen der Untersuchung lauteten:

Generieren sich epistemologische Urteile neben epistemischen Überzeugungen aus anderen kognitiven Elementen wie themenbezogenem Wissen, persönlicher Erfahrung, wissenschaftsmethodischer Kenntnisse und rationaler Überlegungen? Können Veränderungen in epistemischer Kognition über diese Elemente durch Seminare zum Systemdenken angestoßen werden? Mit welchen Instrumenten lassen sich mögliche Veränderungen erfassen?

Studie 1 untersuchte mit Interviews bei 23 Lehrerinnen und Lehrern, welche kognitiven Elemente diese für ihre epistemologische Urteilsbildung einsetzen. Es wurde geprüft, ob die Aktivierung kontextsensitiv erfolgt und ob sich die kognitiven Elemente zu Kategorien zusammenfassen lassen. Der theoretisch angenommene je nach Kontext stark unterschiedliche Einsatz kognitiver Elemente konnte bestätigt werden. Ferner zeigen sich vier Hauptkategorien kognitiver Elemente: Themenbezogenes Wissen, persönliche Erfahrung, wissenschaftsmethodische Kenntnisse sowie rationale Überlegungen. Vereinzelt wurden Belege für die weiteren Kategorien Intuition und epistemische Überzeugungen zu Disziplinen gefunden.

Außerdem wurde an zwei Fragebogenitems geprüft, inwiefern sich Lehrerinnen und Lehrer bei Beurteilung von klassischen Fragebögen epistemischer Lehr-Lernforschung Vorstellungen von gesellschaftlicher kognitiver Arbeitsteilung bewusst sind. Klassische Instrumente verstehen selbst erworbenes Wissen implizit als höherwertiger als von anderen übernommenes Wissen. Bromme (z.B. 2005) kritisiert, dass die Fragebogeninstrumente ein Bewusstsein kognitiver Arbeitsteilung bei Probanden nicht in Erwägung ziehen. Es konnte bei einem der zwei geprüften Items gezeigt werden, dass ein Bewusstsein kognitiver Arbeitsteilung für die Beurteilung bedeutsam ist.

Studie 2 untersuchte auf Basis einer Online-Erhebung, ob sich der kontextsensitive Einsatz kognitiver Elemente sowie die gefundenen Kategorien aus *Studie 1* quantitativ bestätigen lassen. Ferner wurden Unterschiede in der Verwendung der Kategorien kognitiver Elemente in Bezug auf verschiedene studierte Lehrämter (Grundschule, Hauptschule/Werkrealschule, Realschule, Gymnasium), studiertem Unterrichtsfach (Biologie, Sachunterricht sowie keinem Fachstudium Biologie/Sachunterricht), Geschlecht und Altersgruppen untersucht. Die angenommene kontextsensitive Aktivierung kognitiver Elemente ließ sich bestätigen. Dagegen konnte keine systematisch-unterschiedliche Verwendung kognitiver Elemente in Bezug auf studiertes Lehramt oder Geschlecht belegt werden. Unterschiede zeigten sich jedoch, je nachdem ob Biologie als Unterrichtsfach studiert oder nicht studiert wurde. Ferner liefert die Untersuchung Hinweise für die Notwendigkeit einer weiteren Ausdifferenzierung der Hauptkategorien, da sich gezeigt hat, dass beispielsweise themenbezogenes Wissen sowohl auf einem Fachstudium als auch auf einer Fernsehsendung basieren kann, was als qualitativ unterschiedlich angenommen wird.

Studie 3 untersuchte die Veränderung epistemologischer Urteile durch Seminare zum systemischen Denken. Erstens wurde erhoben, inwiefern sich die Auseinandersetzung mit Seminarinhalten zu Systemwissenschaften, systemischem Denken, *paedagogical content knowledge* (PCK) und einer Förderung themenbezogenen Wissens, wissenschaftsmethodischer Kenntnisse und persönlicher Erfahrungen auf Änderungen in der epistemologischen Urteilsbildung auswirkt. Zweitens wurde mit drei Experimentalgruppen mit (a) fachwissenschaftlichem, (b) fachdidaktischem und (c) fachwissenschaftlich-fachdidaktischem Schwerpunkt sowie (d) einer Kontrollgruppe untersucht, inwiefern unterschiedliche fachwissenschaftliche und fachdidaktische Seminarausrichtungen eine unterschiedliche Entwicklung der epistemischen Kognition bewirken. Neben einem Fragebogen aus klassischen Items und dem Instrument CAEB erfolgte die Erhebung mit Reflexionsjournalen.

Die Untersuchungsergebnisse zeigen, dass die Seminare zu einem Anwachsen und Veränderungen *themenbezogenen Wissens*, *persönlicher Erfahrung* und *forschungsmethodische Kenntnissen* führen und die Studierenden diese Veränderungen in ihren Reflexionen und Argumentationen in den Reflexionsjournalen nutzen. Ferner zeigt sich in den Reflexionsjournalen eine unterschiedliche epistemische Entwicklung zwischen den Experimentalgruppen. In den fachwissenschaftlichen und fachwissenschaftlich-fachdidaktischen Gruppen zeigen sich bis zum Ende der Intervention die meisten Veränderungen. Der CAEB und der Fragebogen aus klassischen Items bilden diese unterschiedliche Entwicklung jedoch nicht ab.

6.2 Generierung, Kontextsensitivität und Veränderung epistemologischer Urteile

Die kontextsensitive Generierung epistemologischer Urteile unter Einfluss von kognitiven Elementen wie *themenbezogenem Wissen*, *persönlicher Erfahrung* und *wissenschaftsmethodischen Kenntnissen* wird als wichtiges empirisches Ergebnis der vorliegenden Arbeit verstanden. Die beschriebenen *kognitiven Elemente* wurden in den Untersuchungen stets kontextabhängig aktiviert. Ein kontextsensibles Verständnis epistemischer Kognition entspricht den Annahmen heutiger epistemischer Lehr-Lernforschung (vgl. Kap. 2).

Elby und Hammer nehmen mit einer eigenen Konzeption von Kontextsensitivität an, dass epistemische Kognition in Lernsituationen nicht durch stabile Strukturen wie Entwicklungsstufen (vgl. Kapitel 2.4.1), Überzeugungen (vgl. Kapitel 2.4.2) oder persönliche Theorien (vgl. Kapitel 2.4.3.1) geprägt ist, sondern durch deutlich kleinere kognitive Elemente. Diese werden kontextsensitiv aktiviert und von Elby und Hammer als *kognitive Ressourcen* bezeichnet (vgl. Kapitel 2.4.3.7).

Ebenfalls Buehl und Alexander (2006) nehmen an, dass Prozesse epistemischer Kognition kontextsensitiv aktiviert werden. Die Autorinnen haben Analogien zur Conceptual-Change-Forschung hergestellt (z.B. Vosniadou & Brewer, 1992), die zeigen, dass Schul- und Alltagswissen nebeneinander im Gedächtnis existieren können und Lernende kontextsensitiv einerseits Fragen im Physikunterricht und andererseits Fragen zu Alltagsphänomenen mit unterschiedlichen Vorstellungen beantworten, obwohl sich beide Vorstellungen widersprechen. Das Beispiel zeigt, dass je nach Kontext oder Situation unterschiedliche kognitive Prozesse aktiviert werden, was im Sinne der *Generative Nature* als Aktivierung verschiedener Elemente der Kategorie *themenbezogenen Wissens* interpretiert werden kann. Die

Autorinnen begründen damit, dass epistemische Kognition stets im Kontext betrachtet werden muss.

Auch Chinn et al. (2011, 146) betonen

> ... EC [=epistemic cognition] is often highly specific and often varies from situation to situation. To predict and explain learning in a given situation, one needs to know the specific epistemic cognitions that are operative in the situation.

So müsse epistemische Kognition in Bezug auf konkrete Lernsituationen verstanden und untersucht werden, um Lernprozesse und deren Ergebnisse zu erklären und vorhersagen zu können. Die Untersuchungen zur Generierung und Veränderung epistemologischer Urteile in den Kapiteln drei bis fünf zeigen für ein solch kontextsensitives Verständnis, dass kognitive Elemente bedeutsam für die kontextsensitive epistemologische Urteilsbildung sind. Die Untersuchung in Kapitel 5 zeigt insbesondere, dass sich diese kognitiven Elemente verändern lassen und sich epistemische Kognition über Elemente wie *themenbezogenes Wissen*, *persönliche Erfahrung* und *forschungsmethodische Kenntnisse* entwickeln kann (vgl. ausführliche Diskussion in Kap. 5). Ein konzeptionell verändertes Verständnis des Konstrukts epistemischer Kognition im Sinne der *Generative Nature* kann somit zum Verständnis von Lernprozessen und der angenommenen Kontextsensitivität beitragen.

Ferner kann die Theorie helfen, angemessen eingesetzte epistemische Kognition zu verstehen. Verschiedene Veröffentlichungen (z. B. Greene et al., 2016; Murphy & Alexander, 2016; Bromme et al., 2008; vgl. Kapitel 2.4.3.3) halten das ursprüngliche Verständnis angemessener epistemischer Kognition für zu undifferenziert, das davon ausging, Wissen sei vorläufig und im Wandel begriffen. Für alle Kontexte lasse sich dies nicht gleichermaßen behaupten. So werden fortgeschrittene Lernende die Aussage, dass die Erde rund und keine Scheibe sei, nicht als im Wandel begriffene Behauptung verstehen. Dagegen könnten sie Theorien zum Aussterben der Dinosaurier deutlich vorsichtiger beurteilen (vgl. Kapitel 2.4.3.3; Louca et al., 2004). Bromme et al. (2008) schlagen aus diesem Grunde ein kontextsensitives Verständnis angemessener epistemischer Kognition vor, dass Prozesse und Urteile als angemessene epistemische Kognitionen betrachtet, die Wissensaussagen kontextsensitiv angemessen bewerten (z.B. Bromme, 2005; Chinn et al., 2011,

Sinatra, Kienhues & Hofer, 2014; Murphy & Alexander, 2016). In Bezug auf ein solch kontextsensitives Verständnis epistemischer Kognition kann die Theorie der *Generative Nature* dazu beitragen, ein angemessenes Verständnis mit einem angemessenen Einsatz kognitiver Elemente wie *themenbezogenes Wissen, persönliche Erfahrung* oder *wissenschaftsmethodische Kenntnisse* zu erklären.

Replikationsprobleme bisher eingesetzter Fragebögen (vgl. z.B. Clarebout et al., 2001; Kap. 2.4.3.6) könnte die Theorie damit erklären, dass bei Beantwortung bisheriger Instrumente von den Probanden neben ihren epistemischen Überzeugungen weitere verschiedene kognitive Elemente eingesetzt werden, die sich voneinander unterscheiden und zu unterschiedlich beantworteten Fragebögen führen.

Die durchgeführten Studien haben gezeigt, dass die Hauptkategorien eine erste Orientierung darstellen, aber eine weitere Untergliederung und qualitative Bewertung einzelner kognitiver Elemente nötig zu sein scheint. Dafür sollen im folgenden Hinweise gegeben werden.

Zur Beurteilung der Wissensbehauptungen in den Kontroversen wurde besonders häufig und kontextsensitiv *themenbezogenes Wissen* aktiviert. Gleichwohl zeigt sich in den Untersuchungen, dass eine nicht weiter differenzierte Hauptkategorie *themenbezogenen Wissens* für ein angemessenes Verständnis der individuellen epistemischen Kognition unzureichend ist. Über das offene Antwortformat in der Onlineerhebung und In den Interviews (Kapitel 3) melden die Lehrkräfte unterschiedlichste Quellen für ihr *themenbezogenes Wissen* zurück, von denen qualitative Unterschiede angenommen werden: Fernsehsendungen, wissenschaftliche Journals, Rat von Experten (Ärzte, Ernährungsberaterinnen). Die Studie in Kapitel 5 zeigt ferner, dass ein Studium wissenschaftlicher Inhalte *themenbezogenes Wissen* erweitert und dieses zur epistemischen Beurteilung von Wissensbehauptungen genutzt wird. Erstens scheint somit die Unterscheidung verschiedener Quellen *themenbezogenen Wissens* sinnvoll. Zweitens sollte Wissen in weitere Unterkategorien differenziert werden. Es finden sich Hinweise, dass Heuristiken eine Unterkategorie themenbezogenen Wissens darstellen. In der Onlineerhebung haben Lehrende in einigen Fällen vereinfachende Heuristiken zur Begründung der Urteile zurückgemeldet. Im Folgenden werden Heuristiken als

Unterkategorie diskutiert. Charakteristisch für Heuristiken ist, dass sie Informationen ausklammern oder reduzieren, um auf eine rasche Antwort zu kommen. Nach Kahneman (2014), wird damit häufig nicht die eigentliche und schwierige Zielfrage beantwortet, sondern eine leichtere und heuristisch müheloser zu beantwortende Frage. An folgendem kurzen Beispiel soll der Einsatz von Heuristiken erläutert werden: Die Frage, ob Kartoffelschalen gesundheitsschädlich sein könnten, wird nicht mit einer Analyse und Abwägung der Lagerung der Kartoffeln und den gegebenenfalls giftigen Inhaltsstoffen und wissenschaftlichen Untersuchungsmöglichkeiten diskutiert, sondern mit einer einfachen Faustregel beantwortet: „Die Menge macht das Gift." Kontextsensitiv im Sinne der Theorie der *Generative Nature of Epistemological Judgments* wird für die Beurteilung der Wissensbehauptung eine passende Heuristik aktiviert, ein Wissenselement das beispielsweise aus einem anderen Bereich kommt. In Heuristiken liegt die Gefahr, dass sie situationsangemessener epistemischer Kognition in verschiedenen Situationen widersprechen: Wird von Individuen in zu beurteilenden Kontroversen ein bestimmtes Muster erkannt und kann dazu eine verfügbare Heuristik aktiviert werden, so wird effizient auf diese zurückgegriffen und nicht intensiver über die eigentliche Kontroverse nachgedacht. Heuristiken sollten somit als Unterkategorie themenbezogenen Wissens aufgenommen werden.

Vertrauen in Personen stellt sich als eine weitere Kategorie kognitiver Elemente dar. Vertrauen wird dabei verstanden als subjektive Überzeugung von der Richtigkeit, Wahrheit bzw. Redlichkeit von Personen, von Handlungen, Einsichten und Aussagen eines anderen oder von sich selbst (Selbstvertrauen). In der Literatur hat bereits R. Kitchener (2011) Vertrauen als wichtige epistemische Kategorie beschrieben. Die Untersuchung in Kapitel drei belegt, dass Lehrende Experten in begründeten Fällen vertrauen und damit ein Bewusstsein *kognitiver Arbeitsteilung* zeigen. In Vertrauen liegt die Grundlage für eine gesellschaftliche und wissenschaftliche *kognitive Arbeitsteilung*. Für Bromme et al. (2008; vgl. Kap. 2.4.3.3) beinhaltet ein angemessenes epistemisches Verständnis, ein Bewusstsein kognitiver Arbeitsteilung, dass auch Experten bzw. deren Argumentationen anerkennt. So bezeichnet Bromme (2005) mit *kognitiver Arbeitsteilung* den Umstand, dass sowohl die Produktion als auch die Sicherung im Sinne von Gewährleistung und Gültigkeit von Wissen arbeitsteilig erfolgt. Wissenschaftler untersuchen nicht jede Hypothese selbst (vgl. Chinn et al., 2011), sondern verfolgen spezielle Fragestellungen in bereits diskutierten Theoriegebilden, die sie gegebenenfalls leicht verändern. Wissenschaftliche Erkenntnisse können nicht von Wissenschaftlern selbst ständig repliziert werden, so sind auch sie auf Beweise ihrer Fachkolleginnen und -kollegen angewiesen, denen sie vertrauen müssen (z.B. Chinn et al., 2011; Bromme et al., 2016). In einer kognitiv arbeitsteiligen Gesellschaft hat Vertrauen somit besondere Bedeutung. Nach Gigerenzer (2013b, 136) stellt Vertrauen eine Sonderform von Heuristiken dar und kann als „soziale Faustregel" verstanden werden. Wenn Heuristiken eine Sonderform von *Wissen* darstellen, so würde in der Folge *Vertrauen* nochmals eine besondere Form von Heuristiken und somit eine Sonderform von Wissen darstellen. Zugleich liegt eine Verbindung von Vertrauen zu der von Hofer und Pintrich (1997; vgl. Kap 2.4.3.1) und Schommer (1990; vgl. Kap. 2.4.2) definierten Dimension „Quelle von Wissen" nahe. Zukünftig muss sauber getrennt werden, inwiefern sich die Dimension epistemischer Kognition „Quelle von Wissen" und kognitive Elemente der Kategorie „Vertrauen" unterscheiden bzw. wie sie miteinander in Beziehung stehen. Warum wird einer Quelle vertraut oder warum nicht? Welche Elemente sind für diese Prozesse bedeutsam?

Persönliche Erfahrung ist eine weitere Kategorie kognitiver Elemente, die bereits Stahl (2011) nennt und die sich mit den Untersuchungen der Kapitel drei bis fünf belegen lässt. Qualitativ zu unterscheiden ist einerseits zwischen Alltagserfahrungen, wie sie in Kapitel drei und vier berichtet werden und die keiner wissenschaftlichen Prüfung unterzogen wurden, sowie andererseits *persönlichen Erfahrungen* in der Simulation authentischer Forschertätigkeiten, wie sie in den Seminaren der Intervention in Kapitel 5 gesammelt wurden. Die Untersuchung in Kapitel 3 sammelt ferner sowohl eigene *persönliche Erfahrungen* als auch *Erfahrungen* im Bekanntenkreis in einer gemeinsamen Kategorie. Es wird vorgeschlagen, dies zukünftig qualitativ zu trennen, da eigene Erfahrungen als in der Regel intensiver angenommen werden.

In den Studien der Kapitel drei und vier ließen sich ferner *Intuitionen* als Element der epistemologischen Urteilsbildung belegen. *Intuitionen* beruhen per Definition (vgl. Kap. 3) auf noch keiner Begründung („ein Urteil, das unvermittelt im Bewusstsein auftaucht [und] dessen tiefere Gründe uns nicht ganz bewusst sind", Gigerenzer,

2013b, 46). In der Interaktion kognitiver Elemente zur Generierung epistemologischer Urteile wird angenommen, dass *Intuitionen* somit zu anderen kognitiven Elementen führen (oder für ein nicht begründetes Urteil ausreichen). Stahl (2011) selbst diskutiert in seiner theoretischen Begründung der *Generative Nature* keine *Intuitionen*, nimmt aber von *contextual cues* (kontextuellen Hinweisreizen) an, dass diese zu kontextrelevanten Informationen führen. Für Simon (2002, 56) liegt in Hinweisreizen eine Entsprechung zu *Intuitionen*:

> Die Situation liefert einen Hinweisreiz [cue]; dieser Hinweisreiz gibt dem Experten Zugang zu Informationen, die im Gedächtnis gespeichert sind, und diese Informationen geben ihm die Antwort. Intuition ist nicht mehr und nicht weniger als Wiedererkennen (Simon, 2002, 56; dt. Übersetzung aus Kahneman, 2014, 292).

Kitchener (2011) diskutiert, dass die mit rationalen Überlegungen in Beziehung stehende Vernunft *("reason")* in der philosophischen Epistemologie häufig eine zentrale Kategorie darstellt, um zu Erkenntnis zu gelangen, diese Kategorie in epistemischer Lehr-Lernforschung bisher allerdings wenig berücksichtigt wurde. Stahl (2011) nennt *Vernunft* nicht. In den Studien der Kapitel drei und vier wurden jedoch Belege gefunden, dass in Verbindung mit Vernunft stehende *rationale Überlegungen* für die epistemologische Urteilsbildung bedeutsam sind. In den Kapiteln drei und vier wurden als *rationale Überlegungen* ausschließlich Elemente gewertet, wenn diese nicht gleichzeitig anderen Kategorien wie *wissenschaftsmethodische Überlegungen* oder *themenbezogenes Wissen* zugeordnet werden konnten.

Stahl (2011) nimmt von *wissenschaftsmethodischen Kenntnissen* in der Grundlegung seiner Theorie an, dass diese für die epistemologische Urteilsbildung bedeutsam sind, was in den Studien der Kapitel drei bis fünf belegt wurde.

Die diskutierten Kategorien scheinen allesamt bedeutsam für die epistemologische Urteilsbildung. In Kapitel fünf wurde belegt und diskutiert, dass eine Förderung dieser Kategorien wünschenswerte Entwicklungen epistemologischer Urteilsbildung beeinflussen kann. Um epistemische Entwicklungen gezielt zu fördern, scheint theoretisch eine weitere Differenzierung der Hauptkategorien sinnvoll und sollte sowohl verschiedene Quellen von Wissen (vom Fachstudium bis zur Fernsehsendung) und verschiedene kognitive Elemente (themenbezogenes Wissen,

Vertrauen, Heuristiken, persönliche Erfahrung, wissenschaftsmethodische Kenntnisse, Intuition) berücksichtigen.

6.3 Schlussfolgerungen für die Lehrerbildung

Klassisch hat Hofer (2006) bereits vor zehn Jahren gefordert, dass Wissenschaftler epistemischer Lehr-Lernforschung mehr unternehmen müssten, Lehrerinnen und Lehrern die Kraft und Bedeutung epistemischer Überzeugungen nahezubringen und ihnen zu helfen, den Wert epistemischen Verständnisses zu erkennen. Zu lernen, was es bedeutet, in einem Feld etwas zu wissen, wie Wissen entsteht und sich weiterentwickelt, sei fundamentaler Teil in der Entwicklung des Verständnisses für eine Disziplin und werde häufig ignoriert oder vorausgesetzt.

Die vorliegenden Untersuchungen mit Belegen für die Bedeutung *themenbezogenen Wissens*, *forschungsmethodischer Kenntnisse* und *persönlicher Erfahrung* lassen es hilfreich erscheinen, epistemische Kognition über diese Elemente zu fördern. Einschränkend sei erwähnt, dass die Studien erste Hinweise liefern, bisher jedoch noch keine langfristigen Effekte geprüft wurden und die zugrundeliegende Reflexionsjournaluntersuchung aufgrund geringer Teilnehmerzahl über wenig Power zur Generalisierung verfügt.

Die Studie in Kapitel 5 hat gezeigt, dass sich über *themenbezogenes Wissen* epistemologische Urteile in eine wissenschaftlich angemessenere Richtung verändern lassen. Die Förderung *themenbezogenen Wissens* bzw. Fachwissens scheint somit eine wichtige Grundlage zur Entwicklung einer angemessenen epistemischen Kognition in der Lehrerbildung zu sein. Allerdings gilt es bei der Förderung *themenbezogenen Wissens,* bestimmte Kriterien zu beachten. In den Seminaren wurden systemwissenschaftliche Inhalte nicht als Fakten oder abgeschlossene Konzepte dargestellt, sondern es wurden explizit Grenzen, Rechtfertigung und Bewertung von Erkenntnissen diskutiert. Es wird angenommen, dass dies einen Einfluss auf die epistemologische Urteilsbildung hatte. Ferner lassen weitere Veröffentlichungen epistemischer Lehr-Lernforschung annehmen, dass sich mit einem Anstieg themenbezogenen Wissens nicht zugleich ein wünschenswerter Effekt auf epistemische Kognition zeigt. Studien (z.B. TIMSS; Köller, Baumert & Neubrand, 2000) zeigen, dass eine Zunahme themenbezogenen Wissens (durch den Besuch eines Leistungskurses) negativ mit als angemessen angenommener epistemischer Kognition korrelieren kann (vgl. Kap. 2.4.3.4). Kienhues und Bromme (2008) vermuten einen U-Effekt, dass beispielsweise zunächst als stabil und sicher geltendes Wissen gelehrt wird und sich dies in der Bewertung von Wissen als stabil und sicher zeigt. Deshalb scheint es bei der Vermittlung von *themenbezogenem Wissen* sinnvoll, entsprechend der Seminare zum systemischen Denken explizit auch Grenzen, Rechtfertigung und Bewertung von Erkenntnissen zu unterrichten. Ferner sollten wissenschaftliche Kontroversen wie in den Seminarinhalten zum systemischen Denken als auch wissenschaftlich kontrovers dargestellt werden, was Erfahrungen in epistemischer Lehr-Lernforschung mit widerlegenden Texten entspricht (z.B. Gill, et al., 2004).

Die authentische Simulationen wissenschaftlicher Erkenntnistätigkeiten in Seminaren scheint ferner hilfreich, um die kognitiven Elemente persönlicher Erfahrung und wissenschaftsmethodischer Kenntnisse zu fördern, was sich in angemesseneren epistemologischen Urteilen in den Reflexionen der Studierenden niedergeschlagen hat.

Da einige Studierende in den fachdidaktischen Seminaren die Unterrichtsmaterialien für eigene epistemologische Reflexionen genutzt und andere Studierende die Materialien „nur" als sinnvolles Schülermaterial betrachtet haben, könnten Reflexionsanstöße der Lehrenden weitere epistemologische Reflexionen bei Studierenden bewirken.

6.4 Vorschläge für weitere Forschungsfragen

Themenbezogenes Wissen, forschungsmethodische Kenntnisse, persönliche Erfahrungen und weitere kognitive Elemente sind für epistemologische Urteile bedeutsam. Ein erstes Ziel für zukünftige Untersuchungen sollte es deshalb sein, kognitive Elemente in zukünftigen Studien mitzuerheben, um epistemologische Urteile differenziert abbilden zu können.

Zweitens hat der Einsatz von Reflexionsjournalen gezeigt, dass eine Ergänzung bisheriger Fragebogeninstrumente dazu beitragen kann, Veränderungsprozesse in epistemischer Kognition sensitiv zu dokumentieren. Ergebnisse des CAEB und Items bisheriger Fragebögen zeigten nur wenige Veränderungen zwischen den Experimentalgruppen, dagegen wurden unterschiedliche Entwicklungen zwischen den verschiedenen Experimentalgruppen mit den Reflexionsjournalen differenziert abgebildet. Dies entspricht der Annahme, dass Instrumente auf Basis von Likert-Skalen für die Erfassung differenzierter Entwicklungen oder Sichtweisen ergänzt oder ersetzt werden sollten (Hofer, 2016; vgl. auch Stahl, 2011; Elby & Hammer, 2001). Weitere Studien kamen im Einsatz alternativer Instrumente wie Protokollen lauten Denkens (z.B. Ferguson et al, 2012; Mason et al., 2011; Kardash & Howell, 2000), Klassenraumbeobachtungen (Louca et al., 2004) oder Lerntagebüchern (Many et al., 2002) ebenfalls zu einer differenzierten Erfassung epistemischer Kognition. Um das Konstrukt epistemischer Kognition möglichst differenziert abbilden zu können, scheint somit ein Einsatz unterschiedlicher Instrumente in denselben Studien sinnvoll.

Drittens scheint eine weitere Ausdifferenzierung und Ordnung der Kategorien kognitiver Elemente notwendig. Z.B. Pajares (1996; zit. nach Buehl & Alexander, 2006) hat das Studium von *beliefs* als unordentliches („messy") Vorhaben bezeichnet und Buehl und Alexander (2006) stimmen ihm insbesondere in Bezug auf das Studium epistemischer Überzeugungen zu. Mit der Bedeutung kognitiver Elemente für epistemologische Urteile kommt eine weitere zu ordnende Aufgabe hinzu. Erste Vorschläge für weitere Differenzierungen in Unterkategorien und qualitative Niveaus wurden oben diskutiert. Es gilt zweitens, auf Kontextebene qualitativ zwischen angemessener und unangemessener epistemischer Kognition bzw. epistemologischen Urteilen zu unterscheiden. Besondere Aufgabe fällt dabei in der Konkretisierung eines situationsangemessenen Verständnisses epistemischer Kognition (vgl. Bromme et al., 2008) und den eingesetzten *kognitiven Elementen* zu.

Drei weitere Vorschläge zu Forschungsfragen ergeben sich aus den Untersuchungen in Kapitel 5. Erstens präsentieren sich die Systemwissenschaften und das systemische Denken für die meisten der Studierenden vor der Intervention als eine für sie grundsätzlich neue Wissenschaftsdomäne bzw. –konzeption, auch wenn sich die Geographie als Systemwissenschaft versteht (DGfG, 2014). Somit stellt sich die Frage, ob in anderen Veranstaltungen der Biologie und Geographie, bzw. ihren Fachdidaktiken Veränderungen in epistemischer Kognition ähnlich effektiv bewirkt werden können, wenn die Studierenden bereits über ein stärker entwickeltes

Fachverständnis, *themenbezogenes Wissen* oder *forschungsmethodische Kenntnisse* verfügen.

Zweitens wurde in der Studie des Kapitels 5 nicht variiert untersucht, welchen Einfluss die Seminargestaltung hat, da im Rahmen dieser Intervention nicht zu viele Bedingungen variiert werden konnten. Gleichwohl folgt die Seminargestaltung nach MoPoLL (Rieß et al., in Vorbereitung) mit authentischen systemwissenschaftlichen Problemlösungsbedingungen einem Konzept, das möglicherweise Einfluss auf die Entwicklung epistemischer Kognition hat. In Bezug auf Veränderungsprozesse epistemischer Kognition spielte die Seminargestaltung in einer Untersuchung von Muis und Duffy (2013) ebenfalls eine Rolle. Sie berichten von Veränderungen in einer Intervention, die durch konstruktivistische Lehrtechniken in einem Statistikseminar angestoßen wurden. Eine Kontrollgruppe wurde zu statistischen Methoden traditionell unterrichtet und eine Treatmentgruppe erhielt ein spezielles Seminarprogramm mit Bezügen zum kritischen Denken, der Evaluation verschiedener Ansätze zur Problemlösung und der Anknüpfung an Vorwissen, die Seminarthemen selbst wurden jedoch nicht variiert. Die epistemische Kognition der Treatmentgruppe veränderte sich im Laufe des Seminars in eine wünschenswerte Richtung, während das Niveau der Kontrollgruppe unverändert blieb. Der Diskussion und Bewertung der unterschiedlichen Verfahren wurde im Seminar der Treatmentgruppe viel Raum gegeben, so wie in den Seminaren zu den Systemwissenschaften verschiedene systemwissenschaftliche Modelle miteinander verglichen und jeweils bewertet wurden. Zukünftige Untersuchungen könnten variiert erheben, welchen Einfluss hochschuldidaktische Konzepte wie MoPoLL (Rieß et al., in Vorbereitung) auf epistemische Kognition haben.

Drittens haben die Untersuchungen in Kapitel fünf gezeigt, dass *persönliche Erfahrungen* eine Veränderung im Verständnis zu (wissenschaftlichem) Wissen und dem Wissenserwerb bewirken. Weitere Forschungsvorhaben könnten prüfen, ob *persönliche Erfahrung* in der Simulation authentischer wissenschaftlicher Tätigkeiten womöglich einen nachhaltigeren Effekt auf epistemische Kognition hat, als lediglich eine Erweiterung *themenbezogenen Wissens* oder *wissenschaftsmethodischer Kenntnisse*.

Die vorliegende Arbeit hat die epistemologische Urteilsbildung im Sinne der Theorie der *Generative Nature of Epistemological Judgments* (Stahl, 2011; Bromme et al., 2008; Kienhues et al, 2016) empirisch geprüft. In drei Studien zeigen sich Belege für eine entsprechende Urteilsbildung, die sich neben angenommenen epistemischen Überzeugungen auch aus kognitiven Elementen wie *themenbezogenem Wissen*, *persönlicher Erfahrung* und *wissenschaftsmethodischen Kenntnissen* generiert. Die empirisch belegte situationsbedingte Aktivierung unterschiedlicher kognitiver Elemente leistet ein Beitrag zur Erklärung und zum Verständnis der Kontextabhängigkeit epistemischer Kognition. Ferner lassen sich mit der in der dritten Studie nachgewiesenen Veränderung kognitiver Elemente Entwicklungsprozesse in der epistemologischen Urteilsbildung erklären.

Literatur

Adorno, T. W., Frenkel-Brunswik, E., Levinson, D. J. & Sanford, R. W. (1950). *The authoritarian personality.* New York, NY: Harper and Row.

Amsterlaw, J. (2006). Children's Beliefs About Everyday Reasoning. *Child Development, 77 (2),* 443 – 464.

Backhaus, K., Erichson, B. & Weiber, R. (2011). *Fortgeschrittene multivariate Analysemethoden. Eine anwendungsorientierte Einführung.* Heidelberg: Springer.

Bendilla, W. (1999). WWW-Umfragen - Eine alternative Datenerhebungstechnik für die empirische Sozialforschung? In B. Batinic (Hrsg.), *Online Research: Methoden, Anwendungen und Ergebnisse* (S. 9 - 21). Göttingen: Hogrefe.

Barsalou, L. W. (1987). The instability of graded structure: Implications for the nature of concepts. In U. Neisser (Ed.) *Concepts and conceptual development: Ecological and intellectual factors in categorization* (pp. 101-140). Cambridge: Cambridge University Press.

Barth, H., Bhandari, K., Garcia, J., MacDonald, K. & Chase. E. (2014). Preschoolers trust novel members of accurate speakers` groups and judge them favorably. *Quarterly Journal of Experimental Psychology, 67*, 872-883.

Bartlett, F.C. (1932). *Remembering: A Study in Experimental and Social Psychology.* Cambridge: Cambridge University Press.

Barton, A. H. & Lazarsfeld, P. F. (1979). Einige Funktionen von qualitativer Analyse in der Sozialforschung. In C. Hopf & E. Weingarten (Hrsg.) *Qualitative Sozialforschung* (S. 41-89). Stuttgart: Klett-Cotta.

Barzilai, S. & Zohar, A. (2016). Epistemic (meta)cognition: Ways of thinking about knowledge and knowing. In J. A. Greene, W. A. Sandoval, & I. Bråten (Eds.). *Handbook of Epistemic Cognition* (pp. 409-424). New York, NY: Routledge.

Batinic, B. & M. Bosnjak (1997). Fragebogenuntersuchungen im Internet. In B. Batinic (Hrsg.), *Internet für Psychologen.* (S. 221-243) Göttingen: Hogrefe.

Baumert, J., Bos, W., Brockmann, J., Gruehn, S., Klieme, E., Köller, O. et al. (2000). *TIMSS/III-Deutschland. Der Abschlussbericht. Zusammenfassung ausgewählter Ergebnisse der Dritten Internationalen Mathematik- und Naturwissenschaftsstudie zur mathematischen und naturwissenschaftlichen Bildung am Ende der Schullaufbahn.* Berlin.

Baxter Magolda, M. B. (1992). *Knowing and reasoning in college: Gender-related patterns in student' intellectual development.* San Francisco, CA: Jossey-Bass.

Baxter Magolda, M. B. (2004). Evolution of a Constructivist Conceptualization of Epistemological Reflection. *Educational Psychologist, 39 (1),* 31–42.

Belenky, M. F., Clinchy, B. M., Goldberger, N. R. & Tarule, J. R. (1986). *Women's Ways of Knowing.* New York, NY: Basic Books.

Bendixen, L. D. & Rule, D. C. (2004). An integrative approach to personal epistemology: A guiding model. *Educational Psychologist, 39,* 69-80.

Bendixen, L. D., Schraw, G. & Dunkle, M. E. (1998). Epistemic beliefs and moral reasoning. *The Journal of Psychology, 132(2),* 187-200.

Bergstrom, B., Moehlmann, B. & Boyer, P. (2006). Extending the testimony problem: Evaluating the truth, scope, and source of cultural information. *Child Development, 77(3),* 531–538.

Bondy, E., Ross, D., Adams, A., Nowak, R., Brownell, M., Hoppey, D. et al. (2007). Personal epistemologies and learning to teach. *Teacher Education and Special Education: The Journal of Teacher Education Division of the Council for Exeptional Children, 30,* 67-82.

Bortz, J. & Döring, N. (2006). *Forschungsmethoden und Evaluation für Human- und Sozialwissenschaftler.* Heidelberg: Springer.

Bortz, J. & Schuster, C. (2010). *Statistik für Human- und Sozialwissenschaftler.* Heidelberg: Springer.

Boscolo, P. & Mason, L. (2001). Writing to learn, writing to transfer. In P. Tynjala, L. Mason, & K. Lonka (Eds.) *Writing as a learning tool: Integrating theory and practice* (pp. 83-104). Dordrecht: Kluwer.

Bråten, I., Britt, A., Strømsø, H. & Rouet, J.-F. (2011). The Role of Epistemic Beliefs in the Comprehension of Multiple Expository Texts: Toward an Integrated Model, *Educational Psychologist, 46(1),* 48-70.

Bråten, I., Ferguson, L.E., Strømsø, H.I. & Anmarkrud, Ø. (2013). Justification beliefs and multiple-documents comprehension. *European Journal of Psychology of Education, 28(3),* 879-902.

Bricker, L. A. & Bell, P. (2016). Exploring Images of Epistemic Cognition Across Contexts and Over Time. In J. A. Greene, W. A. Sandoval & I. Bråten (Eds.) *Handbook of Epistemic Cognition* (pp. 197-214). New York, NY: Routledge.

Bromme, R. (2005). Thinking and knowing about knowledge: A plea for and critical remarks on psychological research programs on epistemological beliefs. In J. Lenhard, M. Hoffmann & F. Seeger (Eds.), *Activity and Sign – Grounding Mathematics Education* (pp. 191-201). Dordrecht: Kluwer.

Bromme, R. & Kienhues, D. (2007). Epistemologische Überzeugungen: Was wir von (natur-) wissenschaftlichem Wissen erwarten können. In J. Zumbach & H. Mandl (Hrsg.), *Pädagogische Psychologie in Theorie und Praxis. Ein fallbasiertes Lehrbuch* (S.193-203). Göttingen: Hogrefe.

Bromme, R. & Kienhues, D. (2008). Allgemeinbildung. In W. Schneider & M. Hasselhorn (Hrsg.), *Handbuch der Pädagogischen Psychologie, (S.* 619-628). Göttingen: Hogrefe.

Bromme, R. Kienhues, D., & Stadtler, M. (2016). Die kognitive Arbeitsteilung als Herausforderung der Forschung zu epistemischen Überzeugungen. In A.-K.

Mayer & T. Rosman (Hrsg.) *Denken über Wissen und Wissenschaft. Epistemologische Überzeugungen als Gegenstand psychologischer Forschung.* Lengerich: Pabst Science Publishers.

Bromme, R., Kienhues, D. & Stahl, E. (2008). Knowledge and epistemological beliefs: An intimate but complicate relationship. In M. S. Khine (Ed.), *Knowing, Knowledge, and Beliefs: Epistemological Studies Across Diverse Cultures* (pp. 423-444). New York, NY: Springer.

Brownlee, J. & Berthelsen, D. (2008): Developing Relational Epistemology Through Relational Pedagogy: New Ways of Thinking About Personal Epistemology in Teacher Education. In: M. S. Khine (Ed.), *Knowing, Knowledge, and Beliefs: Epistemological Studies Across Diverse Cultures* (pp. 405 - 422). New York, NY: Springer.

Brownlee, J., Schraw, G., & Berthelsen, D. (2013). Personal Epistemology and Teacher Education: An Emerging Field of Research. In J. Brownlee, G. Schraw & D. Berthelsen (Eds.), *Personal Epistemology and Teacher Education* (pp. 3-21). New York, NY: Routledge.

Buck, P. (2012). Verstehen kann jeder nur für sich selbst (Wagenschein). Wie wird aus einem Phänomen vor mir ein wissenschaftlicher Begriff in mir? In N. Kruse, R. Messner & B. Wollring (Hrsg.), *Martin Wagenschein – Faszination und Aktualität des Genetischen.* Baltmannsweiler: Schneider Verlag Hohengehren.

Buehl, M. M. & Alexander, P. A. (2001). Beliefs about Academic Knowledge. *Educational Psychology Review, 13 (4)*, 385-418.

Buehl, M. M. & Alexander, P. A. (2005). Motivation and Performance Differences in Students' Domain-Specific Epistemological Belief Profiles. *American Educational Research Journal, 42, (4)* 697–726.

Buehl, M. M. & Alexander, P. A. (2006). Examining the dual nature of epistemological beliefs. *International Journal of Educational Research, 45 (1-2)*, 28-42.

Buehl, M. M., Alexander, P. A. & Murphy, P. K. (2002). Beliefs about Schooled Knowledge: Domain Specific or Domain General? *Contemporary Educational Psychology, 27,* 415 - 449.

Buelens, H., Clement, M. & Clarebout, G. (2002) University assistants´conceptions of knowledge, learning and instruction. *Research in education, 67,* 44-57.

Burr, J. E., & Hofer, B. K. (2002). Personal epistemology and theory of mind: deciphering young children's beliefs about knowledge and knowing. *New Ideas in Psychology, 20,* 199-224.

Bützer, P. & Roth, M. (2006). *Die Zeit im Griff: Systemdynamik in Chemie und Biochemie.* Baltmannsweiler: Schneider Verlag Hohengehren.

Chai, C. S., Khine, M. S. & Teo, T. (2006). Epistemological beliefs on teaching and learning: A survey among pre-service teachers in Singapore. *Educational Media International, 43 (4),* 285-298.

Chandler, M. J., Hallet, D. & Sokol, B. W. (2002). Competing claims about competing knowledge claims. In Hofer, B. K. & P. R. Pintrich, (Eds.). *Personal epistemology: The psychology of beliefs about knowledge and knowing.* (pp. 145-168). Hillsdale, NJ: Erlbaum.

Chan, K., & Elliott, R. G. (2004). Epistemological beliefs across cultures: Critique and analysis of beliefs structure studies. *Educational Psychology, 24(2),* 123-142.

Chinn, C. A., Buckland, L. A. & Samarapungavan, A. (2011). Expanding Dimensions of Epistemic Cognition: Arguments From Philosophy and Psychology. *Educational Psychologist, 46 (3),* 141-167.

Clarebout, G., Elen, J., Luyten, L., & Bamps, H. (2001). Assessing Epistemological Beliefs: Schommer's Questionnaire Revisited. *Educational Research and Evaluation, 7 (1),* 53-77.

Cohen, J. (1960). *A coefficient of agreement for nominal scales.* In: *Educational and Psychological Measurement. 20,* 37-46.

Cohen, J. (1988). *Statistical Power Analysis for the Behavioral Sciences.* Hillsdale, NJ: Erlbaum.

Cohen, J. (1992). A power primer. *Psychological Bulletin, 112 (1),* 155–159.

Conley, AM. M., Pintrich, P. R., Vekiri, I., & Harrison, D. (2004). Changes in epistemological beliefs in elementary science students. *Contemporary Educational Psychology, 29,* 186–204

De Corte, E., Op t Eynde, P. & Verschaffel, L. (2002). Knowing what to believe: The relevance of Students mathematical beliefs for mathematics education. In B. K. Hofer & P. R. Pintrich (Eds.), *Personal epistemology: The psychology of beliefs about knowledge and knowing* (pp. 297–320). Hillsdale, NJ: Erlbaum.

Deutsche Gesellschaft für Geographie (Hrsg.). (2014). *Bildungsstandards im Fach Geographie für den Mittleren Schulabschluss mit Aufgabenbeispielen.* Bonn: Selbstverlag.

diSessa, A. A. (1993). Towards an epistemology of physics. *Cognition and Instruction, 10 (2-3),* 105-225.

Dubberke, T., Kunter, M., McElvany, N., Brunner, M. & Baumert, J. (2008). Lerntheoretische Überzeugungen von Mathematiklehrkräften: Einflüsse auf die Unterrichtsgestaltung und den Lernerfolg von Schülerinnen und Schülern. *Zeitschrift für Pädagogische Psychologie, 22(3–4),* 193–206.

Duell, O. K., Schommer-Aikins, M. (2001). Measures of People´s Beliefs About Knowledge and Learning. *Educational Psychology Review, 13 (4),* 419-449.

Dresing, T. & Pehl, T. (2011). *Praxisbuch Transkription. Regelsysteme, Software und praktische Anleitungen für qualitative ForscherInnen.* Marburg: Eigenverlag.

Dweek. C. S. &, Leggett- E. L. (1988). A social-cognitive approach to motivation and personality. *Psychological Review, 95,* 256-273.

Elby, A. & Hammer, D. (2001). On the Substance of a Sophisticated Epistemology. *Science Education, 85 (5),* 554-567.

Elby, A. & Hammer, D. (2010). Epistemological resources and framing: A cognitive framework for helping teachers interpret and respond to their students´ epistemologies. In L.D. Bendixen & F.C. Feucht (Eds.), *Personal epistemology in the classroom: Theory, research, and implications for practice* (pp. 409-434). Cambridge: Cambridge University Press.

Elby, A., Macrander, C., Hammer, D. (2016). Epistemic Cognition in Science. In Greene, J. A., Sandoval, W. A. & Bråten, I. (Eds.) *Handbook of Epistemic Cognition,* (pp. 113-127). New York, NY: Routledge.

Fanta, D., Braeutigam, J. & Riess, W. (in Vorbereitung). *Teaching systems thinking: Evaluating an intervention for biology and geography university students.*

Feucht, F. C. (2010). Epistemic climate in elementary classrooms. In L.D. Bendixen & F.C. Feucht (Eds.), *Personal epistemology in the classroom: Theory, research, and implications for practice* (pp. 55-93). Cambridge: Cambridge University Press.

Field, A. (2013). *Discovering Statistics using IBM SPSS Statistics.* London: Sage.

Flavell, J. (1971). Stage related properties of cognitive development. *Cognitive Psychology, 2(4),* 421-453.

Flick, U. (1987). Methodenangemessene Gütekriterien in der qualitativ-interpretativen Forschung. In J. B. Bergold & U. Flick (Hrsg.). *Ein-Sichten. Zugänge zur Sicht des Subjekts mittels qualitativer Forschung* (S. 246-263). Tübingen: DGVT-Verlag,.

Flick, U. (1995). *Qualitative Forschung. Theorie, Methoden, Anwendung in Psychologie und Sozialwissenschaften.* Reinbeck: Rowohlt.

Flick, U. (2007). *Qualitative Sozialforschung. Eine Einführung.* Reinbeck: Rowohlt.

Ferguson, L. E. & Bråten, I. (2013). Student profiles of knowledge and epistemic beliefs: Changes and relations to multiple-text comprehension. *Learning and Instruction, 25,* 49-61.

Ferguson, L. E., Bråten, I., & Strømsø, H. I. (2012). Epistemic cognition when students read multiple documents containing conflicting scientific evidence: a thinkaloud study. *Learning and Instruction, 22,* 103-120.

Ferguson, L.E., Bråten, I., Strømsø, H.I. & Anmarkrud, Ø. (2013). Epistemic beliefs and comprehension in the context of reading multiple documents: Examining the role of conflict. *International Journal of Educational Research, 62,* 100-114.

Gigerenzer, G. (2013a). Kognition. In M. A. Wirtz (Hrsg.) *Dorsch - Lexikon der Psychologie* (S. 837-838). Bern: Hans Huber.

Gigerenzer, G. (2013b). *Risiko. Wie man die richtigen Entscheidungen trifft.* München: C. Bertelsmann.

Gill, M. G., Ashton, P. & Algina, J. (2004). Changing preservice teachers epistemological beliefs about teaching and learning in mathematics: An intervention study. *Contemporary Educational Psychology, 29*, 164–185.

Glenn, N. D. (1977). *Cohort analysis.* Beverly Hills, CA: Sage.

Greene, J. A., Sandoval, W. A. & Bråten, I. (2016). Reflections & Future Directions. In J. A. Greene, W. A. Sandoval & I. Bråten (Eds.). *Handbook of Epistemic Cognition* (pp. 495-510). New York, NY: Routledge.

Greene, J. A., Torney-Purta, J. & Azevedo, R. (2010). Empirical evidence regarding relations among a model of epistemic and ontological cognition, academic performance, and educational level. *Journal of Educational Psychology, 102,* 234-255.

Greiff, S. & Wuestenberg, S. (2014). Assessment with microworlds: factor structure, invariance, and latent mean comparison of the MicroDYN test. *European Journal of Psychological Assessment, 30,* 1-11.

Groeben, N., Wahl, D., Schlee, J. & Scheele, B. (1988). *Das Forschungsprogramm Subjektive Theorien. Einführung in die Psychologie des reflexiven Subjekts.* Tübingen: Francke.

Groeben, N. & Scheele, B. (2010). Das Forschungsprogramm Subjektive Theorien. In G. Mey & K. Mruck (Hrsg.). *Handbuch Qualitative Forschung in der Psychologie* (S. 151-165). Wiesbaden: Springer VS.

Guzzetti, B. J., Snyder, T. E., Glass, G. V., & Gamas, W. S. (1993). Promoting conceptual change in science: A comparative meta-analysis of instructional interventions from reading education and science education. *Reading Research Quarterly, 28,* 117–155.

Häcker, H. (2013). Fragebogen. In M. A. Wirtz (Hrsg.). *Dorsch – Lexikon der Psychologie.* Bern: Huber. 569-570.

Hager, W. (2008). Evaluation von pädagogisch-psychologischen Interventionsmaßnahmen. In W. Schneider, & M. Hasselhorn (Hrsg.). *Handbuch der Pädagogischen Psychologie* (S. 721–732). Göttingen: Hogrefe.

Hair, J. F., Black, W. C., Barbin, B. J., Anderson, R. E. (2013). *Multivariate data analysis.* New Jersey: Pearson.

Hammer, D. M. (1994). Epistemological beliefs in introductory physics. *Cognition and Instruction, 12*(2), 151-183.

Hammer, D. & Elby, A. (2002). On the Form of a Personal Epistemology. In B. K. Hofer & P. R. Pintrich, (Eds.) *Personal Epistemology: The Psychology of Beliefs about Knowledge and Knowing* (pp. 169-190), Mahwah, NJ: Erlbaum.

Haerle, F. C. & Bendixen, L. B. (2008). Personal epistemology in elementary classrooms: A conceptual comparison of Germany and the United States and a guide for cross-cultural research. In M. S. Khine (Ed.). *Knowing, knowledge and beliefs. Epistemological studies across diverse cultures* (S. 151-176). New York, NY: Springer.

Hattie, J. A. C. (2008). *Visible Learning. A synthesis of over 800 meta-analyses relating to achievement.* New York, NY: Routledge.

Hofer, B.K. (2000). Dimensionality and Disciplinary Differences in Personal Epistemology. *Contemporary Educational Psychology 25,* 378-405.

Hofer, B. K. (2001). Personal epistemology research: Implications for learning and instruction. *Educational Psychology Review, 13 (4),* 353-382.

Hofer, B. K. (2004a). Epistemological Understanding as a Metacognitive Process: Thinking Aloud During Online Searching. *Educational Psychologist, 39 (1),* 43-55.

Hofer, B. K. (2004b). Exploring the dimensions of personal epistemology in differing classroom contexts: Student interpretations during the first year of college. *Contemporary Educational Psychology, 29 (2),* 129-163.

Hofer, B. K. (2006). Domain specificity of personal epistemology: Resolved questions, persistent issues, new models. *International Journal of Educational Research. 45,* 85-95.

Hofer, B. K. (2008). Personal epistemology and culture. In M. S. Khine (Ed.), *Knowing, knowledge and beliefs: Epistemological studies across cultures.* (pp. 3-22). Dorchert: Springer.

Hofer, B. K. (2016). Epistemic Cognition as a Psychological Construct: Advancements and Challenges. In J. A. Greene, W. A. Sandoval, & I. Bråten (Eds.). *Handbook of Epistemic Cognition* (pp. 19-38). New York, NY: Routledge.

Hofer, B. K. & Pintrich, P. R. (1997). The Development of Epistemological Theories: Beliefs About Knowledge and Knowing and Their Relation to Learning. *Review of Educational Research, 67 (1),* 88-140.

Hofer, B. K. & Pintrich, P. R. (Eds.). (2002). *Personal epistemology: The psychology of beliefs about knowledge and knowing.* Hillsdale, NJ: Erlbaum.

Hofer, B. K., Schoenefeld, J., Greis, K., Murphy, D., & Boyd, C. (2010, March). Epistemological development in adolescence: Preliminary findings from a multi-method study. Paper presented at the Society for Research on Adolescence, Philadelphia, PA.

Höttecke, D. (2001). *Die Natur der Naturwissenschaften historisch verstehen.* Berlin: Logos.

Jacobsen, M. J. & Jehng, J.-C. (1999) *Epistemological beliefs instrument: Scales and items.* San Francisco: Metacourse.

Jehng, J.-C., Johnson, S. D. & Anderson, R. C. (1993). Schooling and Students´ Epistemological Beliefs about Learning. *Contemporary Educational Psychology, 18,* 23-35.

Johnston, P., Woodside-Jiron, H. & Day, J. (2001). Teaching and learning literate epistemologies. *Journal of Educational Psychology, 93 (1),* 223-233.

Kahneman, D. (2014). *Schnelles Denken, langsames Denken.* München: Pantheon.

Kaiser, A. (2008). *Neue Einführung in die Didaktik des Sachunterrichts.* Baltmannsweiler: Schneider Verlag Hohengehren.

Karabenick, S. A. & Moosa, S. (2005). Culture and personal epistemology: U.S. and Middle Eastern students' beliefs about scientific knowledge and knowing. *Social Psychology of Education, 8 (4),* 375–393.

Kardash, C. M. & Howell, K. L. (2000). Effects of epistemological beliefs and topic-specific beliefs on undergraduates´ cognitive and strategic processing of dual-positional text. *Journal of Educational Psychology, 92 (3),* 524-535.

Khine, M. S. & Hayes, B. (2010). Investigating women's ways of knowing: An exploratory study in the UAE. *Issues in Educational Research, 20(2),* 105-117.

Kienhues, D., Bromme, R. & Stahl, E. (2008): Changing epistemological beliefs: The unexpected impact of a short-term intervention. *British Journal of Educational Psychology, 78,* 545-565.

Kienhues, D., Ferguson, L. & Stahl, E. (2016). Diverging Information and Epistemic Change. In J. A. Greene, W. A. Sandoval & I. Bråten (Eds.) *Handbook of Epistemic Cognition* (pp. 318-330). New York, NY: Routledge.

King, P. M. & Kitchener, K. S. (1994). *Developing reflective judgment: Understanding and promoting intellectual growth and critical thinking in adolescents and adults.* San Francisco, CA: Jossey-Bass.

Kintsch, W. (1998). *Comprehension: A paradigm for cognition.* New York, NY: Cambridge University Press.

Kirk, J. & Miller, M. L. (1986). *Reliability and Validity in Qualitative Research.* London: Sage.

Kitchener, K. S. (1983). Cognition, metacognition, and epistemic cognition: A three level model of cognitive processing. *Human Development, 4,* 222-232.

Kitchener, R. F. (2002). Folk epistemology: An introduction. *New Ideas in Psychology, 20,* 89–105.

Kitchener, R. F. (2011). Personal Epistemology and Philosophical Epistemology: The View of a Philosopher. In J. Elen, E. Stahl, R. Bromme & G. Clarebout (Eds.). *Links between beliefs and cognitive flexibility: lessons learned* (pp. 79-104). New York, NY: Springer.

Kohlberg, L. (1969). Stage and sequence: The cognitive-developmental approach to socialization. In D. Goslin (Ed.), *Handbook of socialization theory and research* (pp. 347-480). New York: Rand McNally.

Köller, O., Baumert, J. & Neubrand, J. (2000). Epistemologische Überzeugungen und Fachverständnis im Mathematik- und Physikunterricht. In J. Baumert, W. Bos & R. H. Lehmann (Hrsg.). *Dritte Internationale Mathematik- und Naturwissenschaftsstudie: Mathematische und naturwissenschaftliche Bildung am Ende der Schullaufbahn, Bd. 2: Mathematische und physikalische Kompetenzen am Ende der gymnasialen Oberstufe* (S. 229-270). Opladen: Leske + Budrich.

Kromrey, H. (2006). *Empirische Sozialforschung. Modelle und Methoden der standardisierten Datenerhebung und Datenauswertung.* Stuttgart: Lucius & Lucius.

Kuckartz, U., Dresing, T., Rädiker, S. & Stefer, C. (2008). *Qualitative Evaluation – Der Einstieg in die Praxis.* Wiesbaden: VS Verlag.

Kuhn, D. (1991). *The skills of argument.* Cambridge: Cambridge University Press.

Kuhn, D. (2000a). Metacognitive development. *Current Directions in Psychological Science, 9,* 178–181.

Kuhn, D. (2000b). Theory of mind, metacognition, and reasoning: A life-span perspective. In P. Mitchell & K. J. Riggs (Eds.). *Children's reasoning and the mind* (pp. 301–326). Hove: Psychology Press.

Kuhn, D., Cheney, R. & Weinstock, M. (2000). The development of epistemological understanding. *Cognitive Development, 15,* 309-328.

Kuhn, D. & Weinstock, M. (2002). What is epistemological thinking and why does it matter? In B. K. Hofer & P. R. Pintrich (Eds.): *Personal epistemology: The psychology of beliefs about knowledge and knowing* (pp. 121-144). Mahwah: Erlbaum.

Kuhn, T. S. (1968). *Die Struktur wissenschaftlicher Revolutionen.* Frankfurt/Main: Suhrkamp.

KMK (Hrsg.). (2005). *Bildungsstandards im Fach Biologie für den Mittleren Schulabschluss Beschluss vom 16.12.2004.* München: Wolters Kluwer.

Lamnek, S. (2005). *Qualitative Sozialforschung: Lehrbuch. Mit Online-Materialien.* Weinheim und Basel: PVU/Beltz.

Latour, B. & Woolgard, S. (1979). *Laboratory life: The construction of scientific facts.* Princeton: Princeton University Press.

Leiner, D. J. (2012). SoSci Survey [Computer software]. Available at https://www.soscisurvey.de

Leiner, D. J. (2014). SoSci Survey (Version 2.5.00-i) [Computer software]. Available at https://www.soscisurvey.de

Liu, S. & Tsai, C. (2008). Differences in the scientific epistemological views of undergraduate students. *International Journal of Science Education, 30 (8),* 1055-1073.

Liu, X. (2004). Using concept mapping for assessing and promoting relational conceptual change in science. *Science Education, 88 (3),* 373-396.

Louca, L., Elby, A., Hammer, D. & Kagey, T. (2004). Epistemological Resources: Applying a New Epistemological Framework to Science Instruction. *Educational Psychologist, 39 (1),* 57–68.

Maggioni, L., Alexander, P. A., VanSledright, B. (2004). At the crossroads: The development of epistemological beliefs and historical thinking. *European Journal of School Psychology, 2 (1),* 169-197.

Maggioni, L. & Parkinson, M. (2008). The role of teacher epistemic cognition, epistemic beliefs, and calibration in instruction. *Educational Psychology Review, 20 (4),* 445-461.

Many, J., Howard, F. & Hoge, P. (2002). Epistemology and preservice teacher education: How do beliefs about knowledge affect our students´experiences? *English Education, 34 (4),* 302-322.

Mason, L. (2016). Psychological perspectives on measuring epistemic cognition. In J. A. Greene, W. A. Sandoval & I. Bråten (Eds.) *Handbook of Epistemic Cognition,* (pp. 375-392). New York: Routledge.

Mason, L., Boldrin, A. & Zurlo, G. (2006). Epistemological understanding in different judgment domains: Relationships with gender, grade and curriculum. *International Journal of Educational Research, 45 (1/2),* 43-56.

Mason, L. & Boscolo, P. (2004). Role of epistemological understanding and interest in interpreting a controversy and in topic-specific belief change. *Contemporary Educational Psychology, 29,* 103–128.

Mason, L, Pluchino, P. & Ariasi, N. (2014). Reading information about a scientific phenomenon on webpages varying for reliability: An eye-movement analysis. *Educational Research & Development, 62,* 663-685.

Max-Rubner-Institut (Hrsg.). (2008). *Nationale Verzehrsstudie II. Die bundesweite Befragung zur Ernährung von Jugendlichen und Erwachsenen. Ergebnisbericht, Teil 2.* Karlsruhe: Bundesforschungsinstitut für Ernährung und Lebensmittel.

Mayers, A. (2013). *Introduction to Statistics and SPSS in Psychology.* London: Pearson.

Mayring, P. (2001). Kombination und Integration qualitativer und quantitativer Analyse [31 Absätze]. *Forum Qualitative Sozialforschung / Forum Qualitative Social Research, 2*(1), Art. 6, http://nbn-resolving.de/urn:nbn:de:0114-fqs010162

Mayring, P. (2002). *Einführung in die qualitative Sozialforschung.* Weinheim: Beltz.

Mayring, P. (2010). *Qualitative Inhaltsanalyse. Grundlagen und Techniken.* Weinheim: Beltz.

Mayring, P., König, J. & Birk, N. (1996). Qualitative Inhaltsanalyse von Berufsbiographien arbeitsloser LehrerInnen in den neuen Bundesländern. In W. Bos & C. Tarnai (Hrsg.) *Computerunterstützte Inhaltsanalyse in den Empirischen Sozialwissenschaften* (S. 105-120). Münster: Waxmann.

Meyer, H. (2004). *Was ist guter Unterricht? Sonderausgabe.* Berlin: Cornelsen.

Mildner, D. (2013). Varianzanalyse. In M. A. Wirtz (Hrsg.) *Dorsch – Lexikon der Psychologie* (S. 1613-1614). Bern: Huber.

Minsky, M. L. (1986). *Society of Mind.* New York: Simon & Schuster.

Möller, K., Kleickmann, T. & Sodian, B. (2011). Naturwissenschaftlich-technischer Lernbereich. In W. Einsiedler, M. Götz, A. Hartinger, F. Heinzel, J. Kahlert, U.

Sandfuchs (Hrsg.). *Handbuch Grundschulpädagogik und Grundschuldidaktik* (S. 509-517). Bad Heilbrunn: Klinkhardt.

Muis, K. R., Trevors, G. & Chevrier, M. (2016). Epistemic Climate for Epistemic Change. In J. A. Greene, W. A. Sandoval & I. Bråten (Eds.) *Handbook of Epistemic Cognition* (pp. 331-359). New York: Routledge.

Müller, S. (2009). *Methoden zur Erfassung epistemologischer Überzeugungen von Handelslehramtsstudierenden – eine empirische Vergleichsstudie.* München: Hampp.

Murphy, P. K. & Alexander, P. A. (2016). Interrogating and the Relation Between Conceptual Change and Epistemic Beliefs. In J. A. Greene, W. A. Sandoval & I. Bråten (Eds.) *Handbook of Epistemic Cognition* (pp. 439-459). New York: Routledge.

Nückles, M. & Leuders, T. (Hrsg.). (2010): *Fachbezogene Pädagogische Kompetenzen und Wissenschaftsverständnis – Pädagogische Professionalität in Mathematik und Naturwissenschaften. Antrag für ein kooperatives Promotionskolleg.* Freiburg: unveröffentlicht.

Olafson, L., Schraw, G. & Foy, M. (2007) *Beyond Epistemology: Assessing Teacher Beliefs and Practices*, American Educational Research Association, Chicago.

Osgood, C. E., Suci, G. J. & Tannenbaum, D. H. (1957). *The Measurement of Meaning.* Urbana: University of Illinois Press.

Otte, M. (1994). *Das Formale, das Soziale und das Subjektive. Eine Einführung in die Philosophie und Didaktik der Mathematik.* Frankfurt/Main: Suhrkamp.

Pajares, F. (1996). Self-efficacy beliefs in academic settings. *Review of Educational Research, 66,* 543-578.

Perry, W. G. (1970). *Forms of intellectual and ethical development in the college years: A scheme.* New York: Holt, Rinehart & Winston.

Peters, J. H. & Dörfler, T. (2014). *Abschlussarbeiten in der Psychologie und den Sozialwissenschaften - Planen, Durchführen und Auswerten.* Hallbergmoos: Pearson.

Piaget, J., & Inhelder, B. (1969). *The psychology of the child.* New York: Basic Books.

Pieschl, S., Stahl, E., & Bromme, R. (2008). Epistemological beliefs and self-regulated learning with hypertext. *Metacognition and Learning, 1,* 17-37.

Porsch, T. & Bromme, R. (2011). Effects of epistemological sensitization on source choices. *Instructional Science, 39 (6),* 805-819.

Posner, G. J., Strike, K. A., Hewson, P. W., & Gertzog, W. (1982). Accommodation of scientific conception: Toward a theory of conceptual change. *Science Education, 66,* 211–227.

Priemer, B. (2006). Deutschsprachige Verfahren der Erfassung von epistemologischen Überzeugungen. *Zeitschrift für Didaktik der Naturwissenschaften, 12,* 159-175.

Pryziborski, A. & Wohlrab-Sahr, M. (2014). *Qualitative Sozialforschung. Ein Arbeitsbuch.* München: Oldenbourg.

Ramsenthaler, C. (2013). Was ist „Qualitative Inhaltsanalyse?". In Schnell, M. W., Schulz, C., Kolbe, H., Dunger, C. (Hrsg.) *Der Patient am Lebensende. Eine Qualitative Inhaltsanalyse.* Wiesbaden: Springer VS.

Rapp, A. F. (2013). Metakognition. In M. A. Wirtz (Hrsg.). *Dorsch - Lexikon der Psychologie.* (S. 1023-1024). Bern: Hans Huber.

Richter, T. (2003). *Epistemologische Einschätzungen beim Textverstehen.* Lengerich: Pabst.

Richter, T. (2011). Cognitive flexibility and epistemic validation in learning from multiple texts. In J. Elen, E. Stahl, R. Bromme & G. Clarebout (Eds.). *Links between beliefs and cognitive flexibility: lessons learned* (pp. 125-140). New York: Springer.

Riess, W. & Mischo, C. (2010). Promoting Systems Thinking through Biology Lessons. *International Journal of Science Education, 32 (6),* 705-725.

Rieß, W., Schuler, S. & Hörsch, C. (2015). Wie lässt sich systemisches Denken vermitteln und fördern? Theoretische Grundlagen und praktische Umsetzung am Beispiel eines Seminars für Lehramtsstudierende. *Geographie aktuell & Schule, 215 (37),* 16-29.

Rieß, W., Stahl, E., Blumenschein, P. (in Vorbereitung). Wie können naturwissenschaftliche Problemlösefähigkeiten im Unterricht und Studium wirksam gefördert werden? Auf dem Weg zu bewährten Lehr-/Lernverfahren.

Redish, E. F., Saul, J. M. & Steinberg, R. N. (1998). Student expectations in introductory physics. *American Journal of Physics, 66,* 212-224.

Rosenberg, S. A., Hammer, D. & Phelan, J. (2006). Multiple epistemological coherences in an eighth-grade discussion of the rock cycle. *The Journal of the Learning Sciences, 15 (2),* 261-292.

Rosenkraenzer, F., Kramer, T., Hoersch, C., Riess, W. & Schuler, S. (submitted). *Promoting Student Teachers' Content Related Knowledge in Teaching Systems Thinking: Measuring Effects of an Intervention Through Evaluation a Videotaped Lesson.*

Rosenkränzer, F., Stahl, E., Hörsch, C. Riess, W., & Schuler, S. (angenommen). Das Fachdidaktische Wissen von Lehramtsstudierenden zur Förderung von systemischem Denken: Konzeptualisierung, Operationalisierung und Erhebungsmethode. *Zeitschrift für Didaktik der Naturwissenschaften.*

Ryan, M. P. (1984): Monitoring Text Comprehension: Individual Differences in Epistemological Standards. *Journal of Educational Psychology, 76(2),* 248-258.

Schank, R. C. (1972): *Dynamic memory.* Cambridge: Cambridge University Press.

Schank, R. C., & Abelson, R. P. (1977). *Scripts, plans, goals and understanding.* Hillsdale: Erlbaum.

Schank, R. C. (1982). *Dynamic memory: A theory of reminding and learning in computers and people.* Cambridge: Cambridge University Press.

Schiefele, U., Streblow, L., Ermgassen, U. & Moschner, B. (2003). Lernmotivation und Lernstrategien als Bedingungen der Studienleistung. *Zeitschrift für Pädagogische Psychologie, 17 (3/4),* 185-198.

Schoenfeld, A.H. (1983). Beyond the purely cognitive: Belief systems, social cognitions, and metacognitions as driving forces in intellectual performance. *Cognitive Science, 7,* 329-363.

Schoenfeld, A. H. (1985). *Mathematical problem solving.* New York: Academic Press.

Schommer, M. (1990). Effects of beliefs about the nature of knowledge on comprehension. *Journal of Educational Psychology, 82,* 498-504.

Schommer, M. (1993). Epistemological development and academic performance among secondary students. *Journal of Educational Psychology, 85 (3),* 406-411.

Schommer, M. (1998). The influence of age and schooling on epistemological beliefs. *The British Journal of Educational Psychology, 68,* 551-562.

Schommer, M., Calvert, C, Giana, G. & Bajaj, A. (1997). The development of epistemological beliefs among secondary students: A longitudinal study. *Journal of Educational Psychology, 89,* 37-40.

Schommer, M., Mau, W., Brookhart, S. & Hutter, R. (2000). Understanding middle students´ beliefs about knowledge and learning using a multidimensional paradigm. *Journal of Educational Research, 94,* 120-127.

Schommer, M. & Walker, K. (1995). Are Epistemological Beliefs Similar Across Domains? *Journal of Educational Psychology, 87 (3),* 424-432.

Schommer-Aikins, M. (2002). An Evolving Theoretical Framework for an Epistemological Belief System. In B. K. Hofer & P. R. Pintrich, (Eds.) *Personal Epistemology: The Psychology of Beliefs about Knowledge and Knowing,* 103-118, Mahwah: Erlbaum.

Schommer-Aikins, M. & Hutter, R. (2002). Epistemological Beliefs and Thinking About Everyday Controversial Issues. *The Journal of Psychology, 136 (1),* 5–20.

Schraw, G. (2013). Conceptual Integration and Measurement of Epistemological and Ontological Beliefs in Educational Research. *ISRN Education.*

Schraw, G., Bendixen, L. D. & Dunkle, M. E. (2002): Development and Validation of the Epistemic Belief Inventory (EBI). In B. K. Hofer & P. R. Pintrich (Eds.). *Personal epistemology: The psychology of beliefs about knowledge and knowing* (pp. 261-275). Hillsdale, NJ: Erlbaum.

Schraw, G., Dunkle, M. E. & Bendixen, L. D. (1995). Cognitive processes in well-defined and ill-defined problem solving. *Applied Cognitive Psychology, 9 (6)*, 523-538.

Schraw, G. & Olafson, L. J. (2002). Teachers` epistemological world views and educational practices. *Issues in Education, 8,* 99-148.

Schuler, S., Rosenkränzer, F., Fanta, D., Hörsch, C. & Rieß, W. (2016). Das Professionswissen von Lehramtsstudierenden zur Förderung von systemischem Denken im Unterricht - eine Interventionsstudie. In K.H. Otto (Hrsg.). *Geographie und naturwissenschaftliche Bildung – Der Beitrag des Faches für Schule, Lernlabor und Hochschule. Dokumentation des 21. HGD-Symposiums im März 2015 in Bochum* (S. 172-187). Münster: MV-Verlag.

Siegler, R. S. (1996). *Emerging minds: The process of change in children´s thinking.* New York: Oxford University Press.

Simon, H. (2002). What Is an Explanation of Behavior? In D. G. Myers (Ed.): *Intuition. Its Powers and Perils.* New Haven: Yale University Press.

Sinatra, G. M., & Chinn, C. (2011). Thinking and reasoning in science: Promoting epistemic conceptual change. In K. Harris, C. B. McCormick, G. M. Sinatra & J. Sweller (Eds.). *Critical theories and models of learning and development relevant to learning and teaching*, Volume 1. APA Educational Psychology Handbook Series, (pp. 257–282). Washington, DC: APA Publications.

Sinatra, G. M., Kienhues, D., Hofer, B. K. (2014). Adressing Challenges to Public Understanding of Science: Epistemic Cognition, Motivated Reasoning, and Conceptual Change. *Educational Psychologist, 49 (2),* 123-138.

Smith, C. L., Maclin, D., Houghton, C. & Hennessey, M. G. (2000). Sixth-Grade Students´ Epistemologies of Science: The Impact of school Experiences on Epistemological Development. *Cognition and Instruction, 18 (3),* 349-422.

Spiro, R. J., Feltovich, P. J., Jacobson, M. J., & Coulson, R. L. (1991). Knowledge representation, content specification, and the development of skill in situation-specific knowledge assembly: some constructivist issues as they relate to cognitive flexibility theory and hypertext, *Educational Technology, 31(9),* 22-25.

Spiro, R. J. & Jehng, J.-C. (1990). Cognitive flexibility and hypertext: Theory and technology for the nonlinear and multidimensional traversal of complex subject matter. In D. Nix & R. Spiro (Eds.), *Cognition, education and multimedia: Exploring ideas in high technology* (pp. 163-205). Hillsdale: Erlbaum.

Stahl, E. (2001). *Hyper - Text - Schreiben. Die Auswirkungen verschiedener Instruktionen auf Lernprozesse beim Schreiben von Hypertext.* Münster: Waxmann.

Stahl, E. (2011). The generative nature of epistemological judgements: Focussing on interactions instead of elements to understand the relationship between epistemological beliefs and cognitive flexibility. In J. Elen, E. Stahl,

R. Bromme & G. Clarebout (Eds.). *Links between beliefs and cognitive flexibility: lessons learned* (pp. 37-60), New York: Springer.

Stahl, E. & Bromme, R. (2007). The CAEB: An instrument for measuring connotative aspects of epistemological beliefs. *Learning and Instruction, 17,* 773-785.

Stanovich, K. E. (2010). *Rationality and the Reflective Mind.* Oxford: Oxford University Press.

Staub, F. C. & Stern, E. (2002). The nature of teachers´ pedagogical content beliefs matters for students´ achievement gains: Quasi-experimental evidence from elementary mathematics. *Journal of Educational Psychology, 94 (2),* 344-355.

Stevens, J. (2002). *Applied multivariate statistics for the social sciences.* Mahwah, New Jersey: Erlbaum.

Stier, W. (1996). *Empirische Forschungsmethoden.* Heidelberg: Springer.

Strømsø, H., Bråten, I., & Britt, M. (2011). Do students' beliefs about knowledge and knowing predict their judgement of texts' trustworthiness? *Educational Psychology, 31,* 177–206.

Tabachnick, B. G. & Fidell, L. S. (2012). *Using Multivariate Statistics.* Boston: Pearson.

Tabak, I. & Weinstock, M. (2008). A sociocultural exploration of epistemological beliefs. In M. S. Khine (ed.) *Knowing, knowledge and beliefs: Epistemological studies across diverse cultures.* (pp. 177-195), New York: Springer.

Tiefel, S. (2012). Grounded Theory. In *Klinkhardt Lexikon Erziehungswissenschaft KLE Band 1: Aa, Karl von der – Gruppenprozesse.* (S. 499-501). Bad Heilbrunn: Klinkhardt.

Trautner, H.M. (1978). *Lehrbuch der Entwicklungspsychologie.* Göttingen: Hogrefe.

Trautwein, U. & Lüdtke, O. (2004). Aspekte von Wissenschaftspropädeutik und Studierfähigkeit. In O. Koller, R. Watermann, U. Trautwein & O. Lüdtke (Hrsg.), *Wege zur Hochschulreife in Baden-Württemberg: TOSCA – eine Untersuchung an allgemeinbildenden und beruflichen Gymnasien* (S. 327-366). Opladen: Leske + Budrich.

Trautwein, U. & Lüdtke, O. (2007). Epistemological beliefs, school archivement, and college major: A large-scale longitudinal study on the impact of certainty beliefs. *Contemporary Educational Psychology, 32 (3),* 348-366.

Tsai, C. C. (1998). An analysis of scientific epistemological beliefs and learning orientations of Taiwanese eighth graders. *Science Education, 82 (4),* 473-489,.

Urhahne, D. (2006). Die Bedeutung domänenspezifischer epistemologischer Überzeugungen für Motivation, Selbstkonzept und Lernstrategien von Studierenden. *Zeitschrift für Pädagogische Psychologie, 20 (3),* 189-198.

Urhahne, D. & Hopf, M. (2004): Epistemologische Überzeugungen in den Naturwissenschaften und ihre Zusammenhänge mit Motivation, Selbstkonzept und Lernstrategien. *Zeitschrift für Didaktik der Naturwissenschaften, 10,* 71-87.

Valanides, N. & Angeli, C. (2005). Effects of instruction on changes in epistemological beliefs. *Contemporary Educational Psychology, 30*, 314–330.

Vosniadou, S. (2003). Exploring the relationships between conceptual change and intentional learning. In G. M. Sinatra and P. R. Pintrich (Eds.), *Intentional conceptual change* (pp. 377-406). Mahwah, NJ: Erlbaum.

Vosniadou, S. (2013). *International handbook of conceptual change*. New York, NY: Routledge.

Vosniadou, S. E. & Brewer, W. F. (1992). Mental models of the earth: A study of conceptual change in childhood. *Cognitive Psychology, 24,* 535-585.

Weinstock, M. & Roth, G. (2013). Teachers´ Personal Epistemologies as Predictors of Support for their Students' Autonomy. In J. Brownlee, G. Schraw & D. Berthelsen (Eds.): *Personal Epistemology and Teacher Education* (p. 165-179). New York, NY: Routledge.

Wellman, H. M. (1990). *The Child's Theory of Mind*. Cambridge: MIT Press.

Willett, W.C., Stampfer, M.J., Manson, J.E., Speizer, G.A., F.E., Rosner, B.A., Hennekens, C.H. (1993). Intake of trans fatty acids and risk of coronary heart disease among women. *The Lancet, 341*, 581 – 585.

Yadav, A. & Koehler, M. (2007). The role of epistemological beliefs in preservice teachers´ interpretations of video cases of early-grade literacy instruction. *Journal of Technology and Teacher Education, 15 (3),* 335-361.

Zinn, B. (2013). *Überzeugungen zu Wissen und Wissenserwerb von Auszubildenden. Empirische Untersuchungen zu den epistemologischen Überzeugungen Lernender*. Münster: Waxmann.

Dank

Diese Arbeit wäre ohne viel Unterstützung nicht entstanden. Elmar Stahl danke ich für die Betreuung, insbesondere für hilfreiche Rückmeldungen und Impulse sowie die mentale Unterstützung am Ende der Arbeit. Außerdem danke ich sowohl ihm, als auch Kristina Dietrich, Steffen Walther und Frank Rosenkränzer für ihre Hilfe als Inter-Rater. Frank danke ich ferner für die Bücherversorgung in der Endphase der Arbeit sowie gemeinsam mit Melissa Schlenker und Vera Bäder für Transkriptionen der Interviews. Torge Hinsch und Steven Schiemann haben mir bei der Teilnehmerrekrutierung zu den Interviews und der Pilotierung des Online-Fragebogens sehr geholfen. Auch dafür: herzlichen Dank! Michael Wiedmann danke ich für seine Rückmeldungen zum Theorieteil. Werner Rieß und unserer Arbeitsgruppe danke ich für ein gutes Arbeitsklima, insbesondere auch bei der Vorstellung unserer Ergebnisse auf Kongressen. Ein besonderer Dank geht an alle über 800 Lehrerinnen und Lehrer für ihre freiwillige Teilnahme an den Interviews, bzw. Onlinebefragungen und die 27 Lehramtsstudierenden, die sich bereit erklärt haben, während der Intervention ein Reflexionsjournal zu führen. Meinen Eltern Almuth und Gerriet danke ich für die mühsame Korrektur von Rechtschreib-, Komma- und Grammatikfehlern. Miriam Nürnberger und Bernd Schüssele danke ich für viele fruchtbare Diskussionen. Anton, Raphou, Pauline und Maëlle danke ich, dass sie mich insbesondere in der Endphase unterstützt und mir viel Zeit für diese Arbeit eingeräumt haben.

Anhang

A.1 Fragebogen SysThema

Vorstellungen zur Ökosystemforschung

In diesem Teil des Fragebogens möchten wir Sie bitten, die **Ökosystemforschung als Wissenschaft** zu beurteilen. Die Ökosystemforschung beschäftigt sich mit der Erforschung von Ökosystemen unter Anwendung der Methoden der Systemwissenschaft.

Zuerst interessiert uns, wie Sie das **zurzeit bestehende Fachwissen über das Ökosystem Wald** beurteilen. Hierbei gibt es keine richtigen oder falschen Antworten, sondern Ihre persönliche Meinung ist gefragt. Geben Sie bitte auch dann Ihre Einschätzung ab, wenn Sie wenige oder keine Erfahrungen mit diesem Wissenschaftsbereich haben.

Wichtig: Beurteilen Sie also bitte nicht Ihre eigenen Kenntnisse bzw. Ihr Wissen in diesem Bereich, sondern die Fachwissenschaft, die sich mit der Thematik auseinandersetzt.

Zur Beurteilung stellen wir Ihnen eine Liste mit verschiedenen Adjektivpaaren zur Verfügung. Diese Begriffspaare umschreiben jeweils die Enden einer Skala. Zum Beispiel kann man sich Wissen als „einfach" bis „komplex" vorstellen. Diese Skalen sind jeweils in sieben Stufen gegliedert:

einfach	☐ ☐ ☐ ☐ ☐ ☐ ☐	komplex

Ihre Aufgabe besteht darin, anzugeben, wie Sie das Fachwissen über das Ökosystem Wald mit Hilfe der Skalen beschreiben würden. Wenn Sie das Wissen beispielsweise stark mit dem Adjektiv „einfach" assoziieren, kreuzen Sie das Kästchen bei „einfach" an.
Wenn Sie das Wissen eher in der Mitte liegend zwischen „einfach" und „komplex" ansehen, kreuzen Sie das Kästchen in der Mitte an. Sehen Sie das Wissen ein bisschen mehr „komplex" als „einfach" an, kreuzen Sie entsprechend näher bei „komplex" an.

Bitte nehmen Sie für *jedes* Adjektivpaar eine Beurteilung vor, auch wenn Ihnen einige Paare vielleicht abstrakt erscheinen.

Das Fachwissen zum Ökosystem Wald ist:

1.	offen	☐	☐	☐	☐	☐	☐	☐	abgeschlossen
2.	exakt	☐	☐	☐	☐	☐	☐	☐	diffus
3.	absolut	☐	☐	☐	☐	☐	☐	☐	relativ
4.	geordnet	☐	☐	☐	☐	☐	☐	☐	ungeordnet
5.	genau	☐	☐	☐	☐	☐	☐	☐	ungenau
6.	flexibel	☐	☐	☐	☐	☐	☐	☐	inflexibel
7.	oberflächlich	☐	☐	☐	☐	☐	☐	☐	tief
8.	ausgehandelt	☐	☐	☐	☐	☐	☐	☐	entdeckt
9.	strukturiert	☐	☐	☐	☐	☐	☐	☐	unstrukturiert
10.	fertig	☐	☐	☐	☐	☐	☐	☐	unvollständig
11.	widerlegbar	☐	☐	☐	☐	☐	☐	☐	unwiderlegbar
12.	detailliert	☐	☐	☐	☐	☐	☐	☐	global
13.	beweisbar	☐	☐	☐	☐	☐	☐	☐	unbeweisbar

Im Folgenden finden Sie einige Aussagen zur wissenschaftlichen Forschung, speziell zur Ökosystemforschung. Mit diesem Teil des Fragebogen möchten wir weiterhin Ihre persönlichen Einschätzungen erfassen und nicht Ihre persönlichen Kenntnisse in diesem Gebiet. Dementsprechend gibt es auch hier keine richtigen oder falschen Antworten. Bewerten Sie jede Aussage anhand der Skala von **-2** (trifft überhaupt nicht zu) über **0** (weder noch) bis **+2** (trifft genau zu).

		trifft überhaupt nicht zu	trifft eher nicht zu	weder noch	trifft eher zu	trifft genau zu
(1)	Ich glaube allen Aussagen, die auf wissenschaftlicher Forschung basieren.	-2	-1	0	+1	+2
(2)	Um Aussagen in naturwissenschaftlichen Texten vertrauen zu können, muss ich verschiedene Quellen überprüfen.	-2	-1	0	+1	+2
(3)	Ich bin überzeugt, dass alles, was ich in Vorlesungen zur Ökosystemforschung lerne, korrekt ist.	-2	-1	0	+1	+2
(4)	Ich bin dann am stärksten überzeugt von Aussagen zur Ökosystemforschung, wenn ich weiß, was Experten darüber denken.	-2	-1	0	+1	+2
(5)	Jeder kann zu den Erkenntnissen der Ökosystemforschung unterschiedlicher Meinung sein, denn es gibt in dieser Disziplin keine vollkommen korrekten Antworten.	-2	-1	0	+1	+2
(6)	Antworten auf Forschungsfragen der Ökosystemforschung ändern sich über die Zeit.	-2	-1	0	+1	+2
(7)	Die Fakten, die ich zu der Ökosystemforschung lerne, sind eindeutig.	-2	-1	0	+1	+2
(8)	Bei systemwissenschaftlichen Fragen würden alle ProfessorInnen, die das Fach vertreten, zu denselben Antworten gelangen.	-2	-1	0	+1	+2

Vielen Dank für Ihre Mitarbeit!!

10. Mai 2013

Ihr Lerntagebuch

Liebe Seminarteilnehmerin, lieber Seminarteilnehmer,

wir freuen uns, dass Sie ein Lerntagebuch führen möchten. Dabei geht es um den Prozess Ihrer eigenen Erkenntnisgewinnung. Welche Einsichten haben Sie im Seminar hinzugewonnen, bzw. wie hat sich Ihre Sichtweise verändert?

Das lohnt sich für Sie gleich mehrfach:

- Mit dem Lerntagebuch vertiefen Sie durch eine zusätzliche Reflexion die Lerninhalte und wir erhoffen uns, dass dies zu einem besseren Verständnis beiträgt.
  Ferner haben Sie durch die intensivere Beschäftigung die Möglichkeit, logische Fehler und Widersprüche in Ihren Vorstellungen zu entdecken und zu korrigieren.
  Hauptziel des Einsatzes ist daneben, dass Sie ein Bewusstsein für Ihren eigenen Lernprozess entwickeln.
- Für ein vollständig geführtes Lerntagebuch bekommen Sie von uns eine Teilnahmeprämie von EUR 100,-

Bitte korrigieren Sie vorherige Einträge nicht. Sehen Sie Ihr Lerntagebuch vielmehr als Dokument Ihres eigenen Lernprozesses.

Ferner sind Sie eingeladen, Ihr Lerntagebuch durch Internetseiten, Zeitungsauschnitte, kurze Zusammenfassungen von öffentlichen Diskussionen zu bereichern. Bitte versehen Sie diese mit kurzen eigenen Kommentaren, die den Stellenwert und Bezug zum Thema deutlich machen.

Ihr Lerntagebuch ist selbstverständlich anonym. Um dies zu gewährleisten wird es mit dem unten stehenden Code gekennzeichnet. Das Lerntagebuch erhalten Sie mit diesem Code nach der Auswertung in unserem Sekretariat zurück.

Wir wünschen Ihnen neue Erkenntnisse und viel Spaß!

Angaben zu ihrer Person
Bitte tragen Sie hier ihren sechsstelligen Code ein.   *Ihr Code*
Ihr CODE besteht aus dem zweiten Buchstaben des Vor- und Nachnamens ihres Vaters, den Initialen Ihrer Mutter   __ __ __ __ __ __
und dem Tag ihres eigenen Geburtstages
Umlaute ändern Sie bitte wie folgt: ä=a, ö=o, ü=u

Beispiel: Vater – J*o*hannes M*ü*ller; Mutter: *L*uise *K*eller; Ihr Geburtstag **06**.11.1988
→ Code OULK06

22. Mai 2013

Ihr Lerntagebuch – Teil II

Angaben zu ihrer Person

Bitte tragen Sie hier ihren sechsstelligen Code ein.
Ihr CODE besteht aus dem zweiten Buchstaben des Vor- und Nachnamen ihres Vaters, den Initialen Ihrer Mutter und dem Tag ihres eigenen Geburtstages
Umlaute ändern Sie bitte wie folgt: ä=a, ö=o, ü=u

Ihr Code

_ _ _ _ _ _

Beispiel: Vater – J*o*hannes M*ü*ller; Mutter: *L*uise *K*eller; Ihr Geburtstag **06**.11.1988
→ Code OULK06

Sie studieren:

☐ Biologie Hauptfach

☐ Biologie Nebenfach

☐ Geographie Hauptfach

☐ Geographie Nebenfach

Semester ___

1. Hat sich Ihr Verständnis vom Systembegriff in den Tagen im Waldschulheim geändert? Wenn ja, wie?

_____
_____
_____
_____
_____
_____
_____

2. Welche Bedeutung hat die Systemwissenschaft für das Schulfach „Biologie", bzw. „Geographie"?
Denken Sie nach den Tagen im Waldschulheim anders über diese Frage nach? Wenn ja, inwiefern? (Antworten Sie bitte für das Fach, das Sie studieren.)

_____
_____
_____
_____
_____
_____
_____
_____
_____
_____
_____
_____

3. Hat die Systemwissenschaft eine Bedeutung für gesellschaftliche Probleme/Themen? Denken Sie nach den Tagen im Waldschulheim anders über diese Frage nach? Wenn ja, inwiefern?

_____
_____
_____
_____
_____
_____
_____
_____

4. Wenn Sie sich die behandelten Inhalte der Tage im Waldschulheim vor Augen halten: Sehen Sie die Inhalte als relevant an im Vergleich zu den sonstigen Themen der Biologie oder Geographie? Warum?

5. Wie eindeutig lassen sich Forschungsfragen in der Systemwissenschaft beantworten? Denken Sie nach den Tagen im Waldschulheim anders über diese Frage nach? Wenn ja, inwiefern?

6. Was assoziieren Sie in der Systemwissenschaft mit „beweisbar"? Denken Sie nach den Tagen im Waldschulheim anders über diese Frage nach? Wenn ja, inwiefern?

7. Was assoziieren Sie in der Systemwissenschaft mit „widerlegbar"?
   Denken Sie nach den Tagen im Waldschulheim anders über diese Frage nach? Wenn ja, inwiefern?

8. Wie exakt sind Ergebnisse der Systemwissenschaft?
   Denken Sie nach den Tagen im Waldschulheim anders über diese Frage nach? Wenn ja, inwiefern?

9. Handelt die Systemwissenschaft ihre Erkenntnisse eher aus oder entdeckt sie diese? Denken Sie nach den Tagen im Waldschulheim anders über diese Frage nach? Wenn ja, inwiefern?

10. Sind Erkenntnisse der Systemwissenschaft akzeptiert oder umstritten?
    Denken Sie nach den Tagen im Waldschulheim anders über diese Frage nach? Wenn ja, inwiefern?

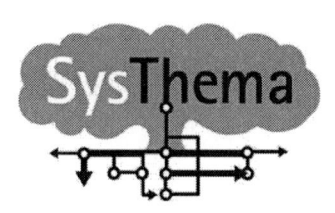

11. Wie sicher sind Prognosen der Systemwissenschaft?
    Denken Sie nach den Tagen im Waldschulheim anders über diese Frage nach? Wenn ja, inwiefern?